# Gesellschaftsrechtliche Treuepflicht

# Frankfurter wirtschaftsrechtliche Studien

Herausgegeben von
Theodor Baums, Andreas Cahn, Friedrich Kübler,
Hans-Joachim Mertens, Eckard Rehbinder,
Gunther Teubner

Band 51

## PETER LANG

Frankfurt am Main · Berlin · Bern · Bruxelles · New York · Oxford · Wien

# Matthias Janke

# Gesellschaftsrechtliche Treuepflicht

Neubewertung der
richterrechtlichen Generalklausel
im Rahmen einer rechtsvergleichenden
und ökonomischen Analyse

PETER LANG
Europäischer Verlag der Wissenschaften

**Bibliografische Information Der Deutschen Bibliothek**
Die Deutsche Bibliothek verzeichnet diese Publikation in der
Deutschen Nationalbibliografie; detaillierte bibliografische
Daten sind im Internet über <http://dnb.ddb.de> abrufbar.

Zugl.: Osnabrück, Univ., Diss., 2003

Gedruckt auf alterungsbeständigem,
säurefreiem Papier.

D 700
ISSN 0723-0427
ISBN 3-631-50909-X

© Peter Lang GmbH
Europäischer Verlag der Wissenschaften
Frankfurt am Main 2003
Alle Rechte vorbehalten.

Printed in Germany 1 2 3 4 5   7

www.peterlang.de

*Meinen Eltern*

# Vorwort

Diese Arbeit hat im Wintersemester 2002/03 dem Fachbereich Rechtswissenschaften der Universität Osnabrück als Dissertation vorgelegen. Das Manuskript habe ich im Frühjahr 2002 abgeschlossen.

Ich bin mir dankbar bewußt, daß ohne die großzügige Unterstützung von vielen Seiten diese Arbeit in der vorliegenden Form nicht hätte zustande kommen können.

Mein besonderer Dank gehört dabei meinem verehrten Lehrer Herrn Professor Dr. Dr. h.c. Theodor Baums. Die Untersuchung wurde von ihm angeregt und er hat auch den weiteren Fortgang und Abschluß dieser Arbeit mit kritischem Rat begleitet und gefördert.

Ebenso danken möchte ich Herrn Professor Dr. Michael Adams. Als sein Mitarbeiter genoß ich einen unschätzbaren Freiraum für die eigene wissenschaftliche Arbeit.

Auch seinen Mitarbeitern am Institut für Recht der Wirtschaft der Universität Hamburg gilt mein Dank für das freundschaftliche kollegiale Verhältnis und für die vielen fruchtbaren Diskussionen und Gespräche, die ich mit ihnen führen durfte. Stellvertretend für sie alle möchte ich Herrn Diplom-Volkswirt Dr. Henning Curti danken, der mir insbesondere beim Nachvollziehen ökonomischer Theorien eine wertvolle Hilfe war.

Ferner danke ich Frau Professor Dr. Renate Käppler für die Erstellung des Zweitgutachtens sowie den Herausgebern und dem Verlag für die Aufnahme und Veröffentlichung dieser Arbeit in den Frankfurter wirtschaftsrechtlichen Studien.

Mehr als Dank schulde ich schließlich meinen Eltern. Sie haben meine akademische Ausbildung in jeder erdenklichen Weise gefördert und dabei große Geduld bewiesen. Ihnen ist diese Arbeit gewidmet.

Oldenburg, im Februar 2003                                    Matthias Janke

# Inhaltsübersicht

# Inhaltsverzeichnis

11

13

14

# Abkürzungsverzeichnis

| | |
|---|---|
| A. (2d) | Atlantic Reporter (2nd Series) |
| a.A. | anderer Ansicht |
| a.a.O. | am angegebenem Ort |
| A.Econ.Rev | American Economic Review |
| A.L.I. | American Law Institut |
| ABA | American Bar Association |
| AcP | Archiv für die civilistische Praxis |
| AG | Aktiengesellschaft / Die Aktiengesellschaft |
| AGBG | Gesetz zur Regelung des Rechts der Allgemeinen Geschäftsbedingungen |
| AktG | Aktiengesetz |
| Anh. | Anhang |
| | |
| BB | Der Betriebs Berater |
| Begr. | Begründer |
| BGB | Bürgerliches Gesetzbuch |
| BGH | Bundesgerichtshof |
| BGHZ | Entscheidungen des Bundesgerichtshofs in Zivilsachen |
| BJM | Bundesminister der Justiz |
| BverfG | Bundesverfassungsgericht |
| | |
| c.i.c. | culpa in contrahendo |
| Cal.Gen.Corp.L. | California General Corporation Law |
| Cal.L.Rev. | California Law Review |
| cir. | circuit |
| Col.L.Rev. | Columbia Law Review |
| Comp.Corp.Gov. | Comperative Corporate Governance |
| Corp.Gov. | Corporate Governance |
| | |
| DB | Der Betrieb |
| D.C.G.K. | Deutscher Corporate Governance Kodex |
| Del. | Delaware |
| Del.G.C.L. | Delaware General Corporation Law |
| Diss. | Dissertation |
| DJT | Deutscher Juristentag |
| DR | Deutsches Recht |
| DStR | Deutsches Steuerrecht |

| | |
|---|---|
| DStRE | DStR - Entscheidungsdienst |
| | |
| F (2d) | Federal Reporter (2nd Series) |
| FG Nds. | Finanzgericht Niedersachsen (Hannover) |
| FN | Fußnote |
| FS | Festschrift |
| | |
| GbR | Gesellschaft bürgerlichen Rechts |
| GenG | Genossenschaftsgesetz |
| GmbH | Gesellschaft mit beschränkter Haftung |
| GmbHG | GmbH Gesetz |
| GmbHR | GmbH Rundschau |
| Großkomm. | Großkommentar |
| | |
| Habil. | Habilitation |
| Harv.L.Rev. | Harvard Law Review |
| HGB | Handelsgesetzbuch |
| | |
| Ill. | Illinois |
| Inc. | Incorporation |
| | |
| J.o.Bus. | Journal of Business |
| J.o.Fin.Econ. | Journal of Financial Economics |
| J.o.Law Econ. | Journal of Law & Economics |
| J.o.Leg.Stud. | Journal of Legal Studies |
| J.o.Pol.Econ. | Journal of Political Economy |
| JuS | Juristische Schulung |
| JW | Juristische Wochenschrift |
| JZ | Juristen - Zeitung |
| | |
| KG | Kommanditgesellschaft / Kammergericht (Berlin) |
| KGaA | Kommanditgesellschaft auf Aktien |
| KölnKomm. | Kölner Kommentar (zum Aktiengesetz) |
| KonzR | Konzernrecht |
| | |
| LG | Landgericht |
| LLC | Limited Liability Company |
| LLP | Limited Liability Partnership |
| LM | Das Nachschlagwerk des Bundesgerichtshofs in Zivilsachen, hrsgg. v. Lindenmaier und Möhring |
| LZ | Leipziger Zeitschrift für Deutsches Recht |
| M.B.C.A | Model Business Corporation Act |
| M.S.C.C.S | Model Statutory Close Corporation Supplement |

| | |
|---|---|
| Mass. | Massachusetts |
| MDR | Monatsschrift für Deutsches Recht |
| Minn.L.Rev. | Minnesota Law Review |
| MüKo | Münchener Kommentar |
| | |
| N.C.C.U.S.L. | National Conference of Commissioners on Uniform State Laws |
| N.C.L.Rev. | North Carolina Law Review |
| N.E. | North - Eastern Reporter |
| N.J. | New Jersey |
| N.Y. | New York |
| N.Y. App. | New York Court of Appeals |
| NJW | Neue Juristische Wochenschrift |
| NJW RR | Neue Juristische Wochenschrift Rechtsprechungs - Report |
| NW 2d | North Western Reporter ( 2nd Series ) |
| NZG | Neue Zeitschrift für Gesellschaftsrecht |
| | |
| OHG | Offene Handelsgesellschaft |
| OLG | Oberlandesgericht |
| | |
| pVV | positive Vertragsverletzung |
| | |
| R.M.B.C.A. | Revised Model Business Corporation Act |
| R.U.P.A. | Reversed Uniform Partnership Act |
| R.U.P.L.A. | Reversed Uniform Limited Partnership Act |
| Rdnr. | Randnummer |
| RegKom. | Regierungskommission (Corporate Governance) |
| RG | Reichsgericht |
| RG Warn. | Warneyers Rechtsprechung des Reichsgerichts in Zivilsachen |
| RGRK | Reichsgericht Rätekommentar |
| RGZ | Entscheidungen des Reichsgericht in Zivilsachen |
| | |
| Set.H.L.R. | Seton Hall Law Review |
| Str.S. | Strafsenat (des BGH) |
| Tex.L.Rev. | Texas Law Review |
| | |
| U.L.P.A. | Uniform Limited Partnership Act |
| U.P.A. | Uniform Partnership Act |
| UCLA.L.Rev. | University of California, Los Angeles, Law Review |
| UmwG | Umwandlungsgesetz |
| | |
| Van.L.R. | Vanderbilt Law Review |

| | |
|---|---|
| VVaG | Versicherungs-Verein auf Gegenseitigkeit |
| | |
| Wake F.L.R. | Wake Forrest Law Review |
| WM | Wertpapier - Mitteilungen |
| WpHG | Wertpapierhandelsgesetz |
| WpÜG | Wertpapiererwerbs- und Übernahmegesetz |
| | |
| YaleL.J. | Yale Law Journal |
| | |
| ZGR | Zeitschrift für das gesamte Gesellschaftsrecht |
| ZHR | Zeitschrift für das gesamte Handelsrecht |
| ZIP | Zeitschrift für Wirtschaftsrecht (und Insolvenzpraxis) |
| ZPO | Zivilprozeßordnung |

In der folgenden Arbeit werden Monographien mit ihrem Erscheinungsjahr zitiert. Bei US-amerikanischen Urteilen und Aufsätzen wurde die dortige Zitierweise beibehalten.

# Einleitung

Die gesellschaftsrechtliche Treuepflicht ist von zentraler Bedeutung bei der Beurteilung der Rechtsbeziehungen im Innenverhältnis der Gesellschaften und Verbände. Seitdem *Hachenburg* 1907 mit einem Aufsatz erstmals die Treuepflichten im Gesellschaftsrecht erwähnte,[1] hat sich diese ungeschriebene Norm in einer fast 90 jährigen Entwicklung zu einer allgemein anerkannten, rechtsformübergreifenden und von der Stellung des Einzelnen unabhängigen richterrechtlichen Generalklausel entwickelt.[2] Gekrönt wurde diese Entwicklung 1995 durch das sogenannte „Girmes"-Urteil des BGH.[3] In dieser Entscheidung wurde die Bindung an die Treuepflicht auch für die letzte Personengruppe höchstrichterlich anerkannt, bei der diese noch umstritten war: die Minderheitsaktionäre.[4]

Auch außerhalb Deutschlands sind Treuepflichten weiterhin aktuell. So beruht etwa ein wesentlicher Bestandteil der von dem *Amercian Law Institute* 1994 veröffentlichten Empfehlungen für ein System der *corporate governance* in den USA auf der sogenannten *duty of fair dealing*, einer Neufassung der bekannten *duty of loyalty*, die ihr Gegenstück wiederum in der deutschen gesellschaftsrechtlichen Treuepflicht findet.

Es ist bemerkenswert, daß die Gesellschaftsrechte zweier solch entwickelter Rechtssysteme, wie sie die Vereinigten Staaten und die Bundesrepublik besitzen, an der Schwelle zum dritten Jahrtausend in ihrer fundamentalen Struktur immer noch auf den vergleichsweise unpräzisen und mit Moralvorstellungen[5] behafteten Rechtsbegriffen wie Loyalität und Treue basieren.

Dabei kann die Wirkungsweise der gesellschaftsrechtlichen Treuepflicht durchaus kritisch betrachtet werden. Diese beschränkt den Inhaber von gesellschafts-

---

[1] Hachenburg, LZ 1907, 460ff.

[2] BVerfG WM 1990, 755, 757 („DAT/Altana"); OLG Stuttg. DB 1999, 2256, 2257; Dreher, DStR 1993, 1632f; ders., ZHR 157 (1993) 150, 169; Fillmann, (1991) S. 22; Hachenburg/ Raiser, GmbHG § 14 Rdnr. 52; Häuser, (1981) S. 178; Henze, BB 1996, 489, 499; Hueck, (1947) S. 19; Hüffer, FS Steindorff 1990, 59, 68f; ders., AktG § 53a Rdnr. 15; Lutter, ZHR 162 (1998), 164, 166; Marsch-Barner, ZIP 1996, 853; Nehls, (1993) S. 4; Ritter, in Rechtsfortbildung S. 28; Rottnauer, NZG 2001, 115; Staub/Ulmer, HGB § 105 Rdnr. 233; Staudinger/Keßler, BGB12 Vor § 705 Rdnr. 41f; Steindorff, FS Rittner 1991, 675, 687; Stimpel, in Rechtsfortbildung S. 18; M.Weber, (1999) S. 134; Wiedemann, FS Heinsius 1991, 949, 950.

[3] BGHZ 129, 136ff.

[4] Vgl. Lutter, JZ 1995, 1053, 1054.

[5] Vgl. hierzu Frankel, 71 Cal.L.Rev. 795, 829ff (1983).

rechtlichen Gestaltungsbefugnissen bei der Ausübung seiner Kompetenzen. Entscheidungsträger, seien dies Geschäftsleiter bei Wahrnehmung von Geschäftsführungsaufgaben oder seien dies Gesellschafter bei der Ausübung ihrer mitgliedschaftlichen Befugnisse, dürfen ihre Rechte gegenüber der Gesellschaft und ihren Mitgesellschaftern nicht mißbrauchen. Wann ein solcher Mißbrauch vorliegt, wird im Zweifel erst nachträglich durch die Gerichte festgestellt. Damit werden den Parteien Pflichten auferlegt, die so nicht aus dem Vertrag oder Gesetz ersichtlich waren. Vielmehr greifen Richter mit Hilfe der gesellschaftsrechtlichen Treupflicht in das ausgehandelte Kompetenzgefüge des Gesellschaftsvertrages ein.

Das Gesellschaftsrecht ist aber wie die gesamte Zivilrechtsordnung getragen vom Grundsatz der Privatautonomie. In einem derartigen System sind die Parteien befugt, ihre Rechte und Pflichten zueinander völlig frei durch Vertrag zu regeln. Folge dieses Systems ist es jedoch, daß vertraglich vereinbarte Rechte grundsätzlich auch zur vollen Gänze ausgeübt werden dürfen. Sollte die andere Partei hierdurch benachteiligt werden, ist dies strenggenommen irrelevant, da sie sich schließlich „sehenden Auges" auf diese Gefahr eingelassen hat und sich an anderer Stelle entsprechend kompensieren konnte.[6] Der Treuegedanke ist einem solchen System fremd.[7]

Diese Einschränkung privatautonom gewährter Freiheiten mag man mit der Begründung rechtfertigen können, die von der Rechtsausübung Betroffenen verdienten einen besonderen Schutz. Insbesondere im jüngeren juristischen Schrifttum findet sich die diesbezüglich populäre Begründung, mit gestiegener Rechtsmacht müsse immer auch eine gestiegene Verantwortung des Rechtsinhabers einhergehen.[8]

Bei einer zu schnellen und pauschalen Bejahung von Treupflichten besteht jedoch die Gefahr, daß die Rechte und Pflichten zwischen den Vertragsparteien nicht mehr optimal verteilt sind. Beschneidet die Treupflicht in zu starkem Maße die Kontrollrechte der Anleger, kann dies zu einer mangelhaften Kontrolle der Geschäftsleitung führen, was diese wiederum dazu verleiten könnte, die eingeräumten Führungskompetenzen zu mißbrauchen.[9] Andererseits muß für das Management jedoch genügend unternehmerischer Freiraum gewahrt bleiben. Hier kann eine zu strenge Treupflichtregulierung dazu führen, daß interessante Investitionen vor dem Hintergrund einer rigorosen Haftung unterbleiben. Darüber hinaus besteht bei einer großzügigen Gewährung von mitgliedschaftlichen Kontrollrechten ebenfalls eine Mißbrauchsgefahr. Sie versetzt die Gesell-

---

[6] Vgl. Eisenberg, 89 Col.L.Rev. 1461, 1463 (1989).
[7] Easterbrook-Fischel, (1996) S. 90: *„Fiduciary principles are uncommon in contractual relations."*
[8] Siehe unten § 1 II. 3. c).
[9] Adams, AG 2000, 396, 397.

schafter in die Lage, wichtige Unternehmensentscheidungen zu blockieren, etwa um für sich private Vorteile zu erpressen.

Auch wenn sich eine allgemeine Geltung der Treuepflicht juristisch-dogmatisch begründen läßt, so wird anhand dieser Beispiele deutlich, daß die konkrete Ausgestaltung dieser Pflicht im Rahmen einer Ausformulierung von Fallgruppen sich daran orientieren muß, welche (richtigen oder falschen) Anreize mit den jeweiligen Verhaltensanforderungen gesetzt werden.

Das System der aus der Treuepflicht fließenden Verhaltensanforderungen muß insgesamt stimmig sein und die Rechte und Pflichten zwischen den Parteien angemessen verteilen. Andernfalls wird die Beteiligung an einer Gesellschaft für den einzelnen Anleger zu risikoreich; die Führung einer Gesellschaft für einen Geschäftsleiter zu unattraktiv.

Diese Gefahr verschärft sich durch die Internationalisierung der Kapitalmärkte und die Flexibilität der Führungskräfte. In einem Land, das keine effiziente Regulierung der *governance*-Strukturen seiner Gesellschaftsformen anbietet, erhöhen sich die Kapitalbeschaffungskosten bzw. fähiges Führungspersonal wandert ab. Im Rahmen dieses Wettbewerbs der Regelungssysteme bedürfen nationale Regulierungen der ständigen Vergewisserung ihrer Leistungsfähigkeit.

Die vorliegende Arbeit will einen Beitrag hierzu leisten, indem die geltenden Anforderungen der gesellschaftsrechtlichen Treuepflicht kritisch hinterfragt und Anregungen für denkbare Weiterentwicklungen gegeben werden sollen.

Hierzu soll zunächst die deutsche Rechtslage in bezug auf die gesellschaftsrechtliche Treuepflicht mit der US-amerikanischen verglichen werden. Die Vereinigten Staaten verfügen infolge ihrer bundesstaatlichen Verfassung über eine lange Erfahrung mit dem Wettbewerb der Einzelstaaten um ein optimales Gesellschaftsrecht.[10] Diese Erfahrungen können bei der Beurteilung der „Wettbewerbsfähigkeit" der deutschen Treuepflichtregulierung nützliche Anhaltspunkte liefern.

Darüber hinaus gelten die allgemeinen Vorteile eines Rechtsvergleichs. So können gleichartige Regulierungen in unterschiedlichen Rechtssystemen ein Indiz für die Erforderlichkeit einer Regulierung sein. Hier ist die Vermutung zulässig, daß sich die Rechtsanwender mit generellen Problemen konfrontiert sehen, die sie selber durch Vertrag nicht angemessen lösen können.[11] Lassen sich hingegen

---

[10] Romano, (1993) passim. Siehe auch unten § 3 I. 2.

[11] Der Ökonom spricht hier von Marktstörung oder gar -versagen, einer Situation, in der die Präsenz öffentlicher Güter, Informationsasymmetrien, externer Effekte, Kollektivhandlungsprobleme oder Marktmacht dazu führen, daß die Parteien nicht in der Lage sind, optimale Ergebnisse i.S. einer effizienten Allokation knapper Güter zu erzielen. Vgl. Cooter-

unterschiedliche Regulierungen beobachten, so kann hierin ein Hinweis auf mögliche Ineffizienzen in einem der beiden Systeme liegen. Sei es, daß ein regulierungsbedürftiger Tatbestand in einem System nicht erkannt wurde, oder sei es, daß eine ungenügende Regulierung eines erkannten Tatbestandes weitere korrigierende Eingriffe erforderlich machen und somit letztlich eine Überregulierung vorliegt.[12]

Angesichts der bereits angedeuteten ökonomischen Relevanz der Treuepflichtregulierung soll diese in einem weiteren Schritt auch unter Heranziehung der Erkenntnisse der Ökonomie analysiert werden. So existiert mit der sogenannten „Ökonomischen Analyse des Rechts" ein Forschungsgebiet, das Normen unter Effizienz- und Wohlfahrtsgesichtspunkten untersucht.[13]

Die Annahme vorausgesetzt, daß im Regulierungswettbewerb sich letztlich die Normen durchsetzen werden, die den Rechtsanwendern größtmöglichen Nutzen unter den geringsten Aufwendungen ermöglichen, scheint diese Methodik vielversprechende Aussagen zu dem angestrebten Untersuchungsgegenstand liefern zu können.[14]

Im Rahmen dieser Analyse gilt es zunächst, den regulierungsbedürftigen Tatbestand herauszuarbeiten. Auch wenn dieser allgemein mit der Verhinderung des Mißbrauchs gesellschaftsrechtlich eingeräumter Kompetenzen bereits umschrieben ist,[15] bleibt zu fragen, weshalb es zu diesen Mißbräuchen kommt, weshalb überhaupt Kompetenzen durch Gesellschaftsrecht oder durch die Verträge und Satzungen eingeräumt werden. Erst wenn dieser Hintergrund einer Treuepflichtregulierung geklärt ist, kann die Untersuchung eine Antwort darauf geben, ob die Verhaltensanforderungen der gesellschaftsrechtlichen Treuepflicht jenem Regulierungsziel gerecht werden.

So können mit einer Regulierung allgemein zwei Funktionen verbunden sein. Zunächst ermöglicht sie, auf das Ergebnis einer unerwünschten Entwicklung zu reagieren und im Sinne des Normgebers korrigierend einzugreifen („reagierende Normen"). Diese Funktion kann damit beschrieben werden, den konkreten Ein-

---

Ulen, (2000) S. 40ff; Milgrom-Roberts, S. 600; Pindyck-Rubinfeld, (1998) S. 603; Schäfer-Ott, (2000) S. 95ff.
Derartige Marktversagen können Regulierungen rechtfertigen, welche korrigierend in die Marktmechanismen eingreifen; Procaccia, ZGR 1990, 169, 191.

[12] In einem solchen Fall liegt dann kein Markt-, sondern ein Regulierungs-(bzw. Staats-)versagen vor. Vgl. Ruffner, (2000) S. 78f; Schäfer-Ott, (2000) S. 99.

[13] Eine Einführung geben: Adams, (2002); Baird-Gertner-Picker, (1995); Cooter-Ulen, (2000); Polinsky, (1989); Posner, (1998); Richter-Furubotn, (1999); Schäfer-Ott, (2000).

[14] Zur Eignung ökonomischer Theorien, das Verständnis gesellschaftsrechtlicher Treuepflichten zu fördern, auch Fleischer, ZGR 2001, 1, 4f u. 7ff

[15] Vgl. BVerfG WM 1990, 755, 757 („DAT/Altana").

zelfall einer angemessenen Lösung zuzuführen, und dient damit in erster Linie der Wahrung des Rechtsfriedens (und der „Einzelfall-Gerechtigkeit").[16] Daneben kann der Normgeber aber versuchen, nicht nur auf das Verhalten der Rechtsanwender zu reagieren. Seine Regulierungen können auch zum Ziel haben, das Verhalten dieser Normadressaten zu lenken („steuernde Normen"). So können mit Normen Anreize verbunden sein, positiv in einer bestimmten Weise zu handeln, indem etwa für die Gewährung von bestimmten Rechten zuvor in einer konkreten Art und Weise gehandelt werden mußte; oder negativ, bestimmte Handlungen zu unterlassen, da andernfalls Sanktionen (etwa in Form von Strafe oder Schadensersatz) verhängt werden. Diese Funktion einer Regulierung wirkt präventiv, sie versucht mit Hilfe von Anreizen das Verhalten der Rechtsanwender so zu steuern, daß es erst gar nicht zu korrekturbedürftigen Zuständen kommt.[17]

Generalklauseln können in ihrer Funktionsweise eher den reagierenden Normen zugeordnet werden. Diese Regulierungen sind von ihren Voraussetzungen her bewußt offen gehalten, um Gerichten im konkreten Einzelfall zu ermöglichen, den vorliegenden Sachverhalt anhand allgemeinerer Wertungen einer Lösung zuzuführen, die als angemessen und gerecht empfunden wird.[18] Aufgrund der Unschärfe dieser Normen wird es dem Anwender aber *ex ante* erschwert zu prognostizieren, welches Verhalten schließlich *ex post* von ihm verlangt werden wird.[19] Damit sind Generalklauseln grundsätzlich schlechte Instrumente zur präventiven Verhaltenssteuerung.

Angesichts dieser Aussage überrascht die herausgehobene Stellung, welche die Generalklausel „gesellschaftsrechtliche Treuepflicht" im Innenrecht der Verbände besitzt. Ein Schwerpunkt der Analyse wird daher darin liegen, zu untersuchen, ob die gesellschaftsrechtliche Treuepflicht, trotz ihres Charakters als Generalklausel, nicht auch Anreizwirkungen entfalten kann und damit ein geeignetes Instrumentarium ist, präventiv dem Mißbrauch gesellschaftsrechtlich vermittelter Machtkompetenz vorzubeugen - ob also die gesellschaftsrechtliche Treuepflicht vor allem auch den steuernden Normen zuzurechnen ist.

---

[16] Vgl. Romano, (1993) S. 27; Ott-Schäfer, in Präventivwirkung 1999, 131, 136.

[17] Vgl. Adams, (1985) S. 266; Cooter-Ulen, (2000) S. 7; Ott-Schäfer, in Präventivwirkung 1999, 131, 132f; Romano, (1993) S. 27; Weber, (1999), S. 14.

[18] Vgl. Allen, in Comp.Corp.Gov. 1998, 307, 310; Häuser, (1981) S. 182f; Hedemann, (1933) S. 61.

[19] Häuser, (1981) S. 178; Martens, Rechtsdogmatik 1990, 251; 252; Schlegelber/Martens, HGB § 109 Rdnr. 24; Steindorff, FS Rittner, 1991, 675, 687. Vgl. auch Hedemann, (1933), S. 6f, der diesbezüglich den (damaligen) Gesetzgeber kritisierte, mit der Schaffung von Generalklauseln höre dieser auf, den Stoff selber zu durchdenken. Vielmehr betrete er den bequemen Weg der „Flucht in die Generalklausel".

# § 1 Gesellschaftsrechtliche Grundlagen

Zu Beginn soll eine Einführung in die Grundlagen der laut *Stimpel[1]* bedeutendsten durch Rechtsprechung und Literatur vorgenommenen Rechtsfortbildung im Gesellschaftsrecht gegeben werden, bevor in den nächsten Kapiteln die konkreten Verhaltensanforderungen der gesellschaftsrechtlichen Treuepflicht dargestellt (§ 2) und mit den Regulierungen des US-amerikanischen Rechtes verglichen (§ 3) werden.

## I. Zum Untersuchungsgegenstand

### 1. Eingrenzung

Trotz oder gerade wegen der umfangreichen Veröffentlichungen zur gesellschaftsrechtlichen Treuepflicht muß vor Beginn einer Analyse derselben zunächst eine Eingrenzung des Untersuchungsgegenstandes erfolgen, weil mit dem Stichwort „Treuepflicht" keineswegs ein feststehend definiertes und abgegrenztes Rechtsinstitut beschrieben wird.

So finden sich Darstellungen, welche die Treuepflicht lediglich ergänzend neben spezielleren Instituten wie Gleichbehandlungsgrundsatz oder Rechtsmißbrauchsverbot aufführen.[2] Diese Einordnung erfolgt vor dem Hintergrund, daß jene Rechtsgrundsätze im Gegensatz zur Treuepflicht teilweise gesetzlich geregelt sind.[3]

Andere Auffassungen verstehen dagegen die gesellschaftsrechtliche Treuepflicht als das umfassende Rechtsprinzip, aus dem sich Grundsätze wie die der Gleichbehandlung oder des Mißbrauchsverbotes als Fallgruppen ableiten lassen.[4]

---

[1] Stimpel, in Rechtsfortbildung, S. 18.

[2] So BGHZ 71, 40, 44f („Kali&Salz"), wo allein auf den Rechtsmißbrauch abgestellt wurde und die Treuepflicht keine Erwähnung fand. Des weiteren Baumbach-Hueck/G.Hueck, GmbHG § 13 Rdnr. 35; Piepenburg, (1996) S. 365; Zöllner, in KölnKomm. § 243 AktG[1] Rdnr. 145ff; wohl auch Immenga, FS GmbHG 1992, 189, 208.

[3] So wird der Gleichheitsgrundsatz in § 53a AktG und das Rechtsmißbrauchsverbot in § 226 BGB geregelt.

[4] OLG Stuttg. NZG 2000, 159, 162; Henze, BB 1996, 489, 494; G.Hueck, (1958) S. 108; Hüffer, AktG § 53a Rdnr. 2; ders., FS Steindorff 1990, 59, 72f; Lutter, JZ 1976, 225, 228f

Für Vertreter eines diesbezüglich sehr weitreichenden Ansatzes beinhaltet dabei die gesellschaftsrechtliche Treuepflicht in Anlehnung an das amerikanische Recht sogar eine *duty of care*, d.h. die Hauptpflicht der Geschäftsleitung, die durch den Gesellschaftszweck vorgegebene Unternehmenspolitik durch geeignete Maßnahmen und Organisation in die Praxis umzusetzen und dabei die Sorgfalt eines ordentlichen Geschäftsleiters zu beachten.[5]

Große praktische Bedeutung haben diese unterschiedlichen Auffassungen nicht. So wird beispielsweise die Geltung des Gleichheitsgrundsatzes nicht geleugnet. Ungeklärt bleibt lediglich, ob dieser neben der gesellschaftsrechtlichen Treuepflicht steht oder Ausfluß derselben ist. Einen Unterschied macht diese Frage allerdings bei der Beurteilung, ob die gesellschaftsrechtliche Treuepflicht als Haupt- oder Nebenpflicht einzuordnen ist.[6] Je mehr die Treuepflicht neben andere Rechtsinstitute als ergänzende Rücksichtspflicht zurücktritt, desto weniger kann man sie als eine Hauptpflicht charakterisieren.

Angesichts der geringen Bedeutung dieser Meinungsdifferenzen für die Beurteilung praktischer Fälle wird hier auf eine umfassende Stellungnahme verzichtet. Gleichwohl muß für den weiteren Fortgang klargestellt werden, was Gegenstand der Untersuchung sein soll.

Diese Eingrenzung hat sich am Ziel der Untersuchung zu orientieren. Da dieses hier darin besteht, eine Antwort auf die Frage zu finden, warum eine Regulierung erforderlich ist, die es den Gerichten ermöglicht, in konkreten Einzelfällen auf Mißbrauch gesellschaftsrechtlich vermittelter Gestaltungskompetenz zu reagieren, sollte der Untersuchungsgegenstand alle Regulierungen mit einbeziehen, deren Zweck darin liegt, einen derartigen Ermessensfehlgebrauch zu unterbinden.[7]

Damit entspricht das so umgrenzte Verständnis von der gesellschaftsrechtlichen Treuepflicht eher den weiten Auffassungen und damit denjenigen, die der Treuepflicht den Charakter einer Hauptpflicht zubilligen. Dies entspricht auch der Entwicklung der Rechtsprechung, die in der Treuepflicht zunehmend ein

---

und 562, 563; Reul, (1991) S. 251ff; Staudinger/W.Weber, BGB[11] § 242 Rdnr. 256; Steindorff, FS Rittner 1991, 675, 688; M.Weber, (1999) S. 55ff; Wiedemann, (1980) S. 427.

[5] Vgl. Fillmann, (1991) S. 104ff; Hopt, in Großkomm. AktG § 93 Rdnr. 145; Wiedemann, FS Heinsius 1991, 949, 950.

[6] In diesem beinahe schon klassisch anmutenden Streit für Hauptpflicht: Hennrichs, AcP 195 (1995) 221, 231f; Lutter, AcP 180 (1980) 84, 117; Lutter-Hommelhoff, GmbHG § 14 Rdnr. 18; Soergel/Hadding, BGB[11] § 705 Rdnr. 58; Staub/Fischer, HGB[3] § 105 Rdnr. 31; Staudinger/Keßler, BGB[12] Vor § 705 Rdnr. 42 u. 47; Staudinger/W.Weber, BGB[11] § 242 Rdnr. 246.
Für Nebenpflicht: MüKo/Reuter, BGB § 38 Rdnr. 41; M.Winter, (1988) S. 80.

[7] Vgl. Fillmann, (1991) S. 19.

das gesamte Gesellschaftsverhältnis überlagerndes oberstes Rechtsprinzip erblickt.[8]

Trotz dieses sehr weiten Verständnisses der gesellschaftsrechtlichen Treuepflicht wird durch jene Rahmensetzung dennoch ein Bereich der Treuepflichtdiskussion ausgeklammert, der erst jüngst von *Weber* umfassend untersucht wurde.[9] Es handelt sich dabei um die Frage, ob die gesellschaftsrechtliche Treuepflicht bereits Vorwirkungen entfaltet. Durch eine derartige vormitgliedschaftliche Treuepflicht würden primär die Erwerber von Gesellschaftsanteilen gebunden. Mit ihr ließen sich insbesondere Verhaltenspflichten von Bietern in Übernahmesituationen sowie eine Verbesserung der Markttransparenz erzielen.[10]

Nach dem hier zugrunde gelegten Verständnis ist es jedoch Ziel der Treuepflicht, den Mißbrauch gesellschaftsrechtlich vermittelter Kompetenzen zu verhindern, mögen diese durch Vertrag, Satzung oder formelles Recht eingeräumt worden sein. Voraussetzung dieses Ansatzes ist aber, daß entsprechende Kompetenzen vorhanden sind; die Rechtsverhältnisse folglich schon bestehen. An anderer Stelle dieser Untersuchung wird sich zeigen, daß die Treuepflichten vertragstheoretisch als Gegenrechte zu klassifizieren sind, welche die Parteien im Gegenzug für ihren eigenen Kompetenzverzicht erhalten.[11] Auch damit gilt wiederum, daß die Treuepflichten erst mit Begründung des Rechtsverhältnisses aufleben.

Mit dieser Eingrenzung des Untersuchungsgegenstandes soll nicht geleugnet werden, daß sich eine vormitgliedschaftliche Treuepflicht dogmatisch herleiten ließe.[12] Jedoch erscheint ein wirkliches Bedürfnis für eine derartige Erweiterung des Anwendungsbereichs der gesellschaftsrechtlichen Treuepflicht eher zweifelhaft. *Weber* sieht ein Bedürfnis nach entsprechender Regulierung insbesondere auf dem Kapitalmarkt, wo Kleinanleger vor einseitigen Informationsvorsprüngen und Verhandlungsmacht eines Kontrollerwerbers zu schützen seien.[13]

---

[8] OLG Stuttg. NZG 2000, 159, 161f; DB 1999, 2256, 2257; OLG Dresden ZIP 1996, 1780, 1782 („Sachsenmilch" - Dieses Urteil wurde zwar in der Revisionsinstanz aufgehoben (BGHZ 138, 71ff), der BGH vermied es jedoch in auffälliger Weise, zu den allgemeinen Aussagen des Berufungsgerichts im Hinblick auf die Treuepflicht Stellung zu beziehen und diese anzuzweifeln).

[9] Weber, (1999) passim.

[10] Weber, (1999) S. 24.

[11] Siehe unten § 4 IV. 3.

[12] Namentlich unter Heranziehung des Arguments, daß mit jeder Rechtsmacht eine entsprechende Verantwortung korreliere, dürfte sich auch eine Treuepflicht einflußreicher Akteure auf den Kapitalmärkten, wie Banken oder Kontrollerwerber, begründen lassen. Siehe unten § 1 II. 3. c).

[13] Weber, (1999) S. 4.

Die Ausnutzung von Informationsvorsprüngen und die Verdeckung eigener Absichten im Rahmen von Vertragsverhandlungen ist jedoch kein überwiegend gesellschafts- oder kapitalmarktrechtliches Problem. Entsprechendes Verhalten findet sich im Rahmen jeder Vertragsverhandlung, bei der eine starke Vertragspartei einem schwächeren Partner gegenübertritt. Zur Lösung dieser Asymmetrien können bereits allgemeine zivilrechtliche Grundsätze, wie etwa das Rechtsinstitut der *culpa in contrahendo*, herangezogen werden. Zudem liegt mit dem neuen Wertpapiererwerbs- und Übernahmegesetz (WpÜG) nunmehr auch eine spezielle gesetzliche Regulierung dieses Problemfeldes vor.

## 2. Inhalt

Eine allgemeine Inhaltsbeschreibung der so umgrenzten gesellschaftsrechtlichen Treuepflicht ist angesichts ihres generalklauselhaften Charakters schwierig. Diese muß offen und unpräzise bleiben, soll sie, dem Zweck der Generalklausel entsprechend, auf eine Vielzahl unterschiedlichster Einzelfälle Anwendung finden.[14]

In Anlehnung an die frühen Differenzierungen *Alfred Huecks*[15] läßt sich die gesellschaftsrechtliche Treuepflicht so definieren, daß derjenige, dem durch Gesellschaftsvertrag oder Satzung Rechte eingeräumt worden sind, sich bei Ausübung dieser Rechte loyal verhalten muß. Sind ihm diese Rechte nur zur Förderung des Gesellschaftszweckes eingeräumt worden, so hat er allein das Interesse der Gesellschaft zu beachten und eigene Interessen völlig hintenan zu stellen.[16] Sind ihm dagegen die Befugnisse zumindest auch im eigenen Interesse eingeräumt worden, so darf er bei deren Ausübung eigene Interessen verfolgen, muß jedoch auch auf die Belange der Gesellschaft sowie der Mitgesellschafter Rücksicht nehmen. Er hat bei Verfolgung der eigenen Interessen jenen gegenüber die schonendsten Mittel anzuwenden, insbesondere den Verhältnismäßigkeitsgrundsatz zu beachten.[17]

---

[14] Vgl. Zöllner, (1979) S. 37.

[15] A.Hueck, FS Hübner 1935, 72, 82.

[16] BGH NJW 1989, 166, 177; 1986, 584f u. 585f; WM 1983, 4987; Fischer, NJW 1954, 777, 778; ders. in Staub, HGB³ § 105 Rdnr. 31b; Geßler/Hefermehl, AktG § 76 Rdnr. 8; Grunewald, (2000) 1.A Rdnr. 18; Hachenburg/Raiser, GmbHG § 14 Rdnr. 55; Heymann/ Emmerich, HGB § 109 Rdnr. 7; Lutter-Hommelhoff, GmbHG § 14 Rdnr. 21; RGRK/ v. Gamm, BGB § 705 Rdnr. 17; Scholz/Winter, GmbHG § 14 Rdnr. 56; Stimpel, in Rechtsfortbildung, S. 18; Ulmer, in MüKo, BGB § 705 Rdnr. 186 und Staub, HGB § 105 Rdnr. 235; Zöllner, (1963) S. 322f.

[17] BGHZ 14, 25, 38; 142, 167, 170; OLG Stuttg. NZG 2000, 159, 161. Grundlegend zur Geltung des Verhältnismäßigkeitsgrundsatzes: Zöllner, (1963) S. 350ff. Vgl auch Fillmann, (1991) S. 119; A.Hueck, FS Hübner 1935, 72, 82; ders., (1971) S. 195; Dreher, DStR, 1993, 1632, 1634; Hachenburg/Raiser GmbHG § 14 Rdnr. 55; Henze, BB 1996, 489 (494); Lutter-Hommelhoff, GmbHG § 14 Rdnr. 21; Nehls, (1993) S. 81f; RGRK/v. Gamm, BGB

Im übrigen hängen Inhalt und Ausmaß der konkreten, aus der gesellschaftsrechtlichen Treuepflicht ableitbaren Handlungsanforderungen wesentlich von
den Einflußmöglichkeiten des Einzelnen und der Realstruktur der Gesellschaft
ab.[18]

So sind die Anforderungen an die Gesellschafter in personalistischen Gesellschaftsformen deutlich umfangreicher als in kapitalistisch strukturierten Verbänden. In personalistischen Gesellschaften besitzen die Gesellschafter häufig
umfangreiche Einflußmöglichkeiten auf die Geschäftsführung, ohne daß sie
notwendig eine formale Geschäftsführungsbefugnis innehaben, während kapitalistisch strukturierte Verbände regelmäßig durch eine klare Kompetenzverteilung gekennzeichnet sind.[19]

## 3. Systematisierung

Namentlich auf derartigen Kompetenzverteilungen aufbauend wird zur Systematisierung der gesellschaftsrechtlichen Treuepflicht heute auch zwischen der
organschaftlichen, der mitgliedschaftlichen und der mehrheitsbezogenen Treuepflicht differenziert.[20]

---

§ 705 Rdnr. 17; Scholz/Winter, GmbHG § 14 Rdnr. 57; Stimpel, in Rechtsfortbildung,
S. 18; Ulmer, in MüKo, BGB § 705 Rdnr. 187 und Staub, HGB § 105 Rdnr. 235.

[18] BGHZ 9, 157, 163; Hachenburg/Raiser, GmbHG § 14 Rdnr. 53; Lutter, AcP 180 (1980) 84,
105; Lutter-Hommelhoff, GmbHG § 14 Rdnr. 18; Nehls, (1993) S. 75; Schlegelberger/
Schmidt, HGB § 105 Rdnr. 163; Staub/Ulmer, HGB §105 Rdnr. 237; Wiedemann, FS
Heinsius 1991, 949, 950 f.
A.A. Müko/Reuter, BGB § 38 Rdnr. 42, der sich für eine einheitliche Pflichtenintensität
ausspricht, soweit eine Treuepflicht nach seinem engen Ansatz überhaupt existiert. Grundsätzlich unterscheidet er auch nicht zwischen Mehrheits- und Minderheitsgesellschaftern.

[19] Grundlegend in der Abgrenzung zwischen personalistisch und kapitalistisch strukturierten
Gesellschaften: Immenga, (1970) und Nitschke, (1970). Vgl. auch Grunewald, (2000) 1.A
Rdnr. 18; Heymann/Emmerich, HGB § 109 Rdnr. 7; Lutter, AcP 180 (1980) 84, 105f;
Meyer-Landrut, GmbHG § 14 Rdnr. 25; MüKo/Roth, BGB § 242 Rdnr. 123; MüKo/Ulmer,
BGB § 705 Rdnr. 185; Schlegelberger/Schmidt, HGB § 105 Rdnr. 163; Scholz/Winter,
GmbHG § 14 Rdnr. 50; Staub/Ulmer, HBG § 105 Rdnr. 237.

[20] Diese Dreiteilung geht in dieser Form auf einen Beitrag Wiedemanns zurück; in FS
Heinsius 1991, 949, 950. Sie wurde jüngst von Weber, (1999) S. 6 übernommen.
Ablehnend Piepenburg (1996) S. 8 und Schmidt, (1997) S. 590 (FN 109), die in der mehrheitsbezogenen Treuepflicht nichts anderes als eine besonders intensive, der Einwirkungs-
möglichkeit des Mehrheitsgesellschafters im Ausmaß entsprechende, mitgliedschaftliche
Treuepflicht sehen. Diese Herleitung mag richtig sein, sie spricht jedoch nicht dagegen, die
typischen Pflichten eines Mehrheitsgesellschafters in einer eigenständigen Fallgruppe zu-
sammenzufassen.
Diese Arbeit verzichtet, nicht zuletzt mit dem Ziel, einen einheitlichen Sprachgebrauch in
der Diskussion um die Treuepflichten zu fördern, auf eine eigenständige Terminologie und
den Versuch der Entwicklung neuer Definitionen. Vielmehr orientiert sich der Aufbau an

Diese Unterteilung orientiert sich nicht mehr allein an der Schrankenfunktion der Treuepflicht; so wie die Treuepflicht nicht nur die Ausübung von Rechten beschränkt, sondern darüber hinaus auch zum positiven Handeln verpflichten kann.[21]

Im Rahmen dieser Differenzierung werden fallgruppenartig Verhaltensanforderungen zusammengefaßt, die typischerweise mit einzelnen Funktionen in einer Gesellschaft verbunden sind. Damit eignet sie sich besonders für die Beschreibung der Pflichten in Kapitalgesellschaften, bei denen die Trennung von Geschäftsführung und Mitgliedschaft zumeist deutlich hervortritt; der unterschiedliche Inhalt der Treuepflicht somit nicht nur an unterschiedliche Befugnisse anknüpft, sondern vor allem an unterschiedliche Stellungen innerhalb der Gesellschaft.[22]

Die *organschaftliche Treuepflicht* ist vergleichbar mit der Beschränkung uneigennütziger Rechte. Sie knüpft an das wichtigste Recht an, das ausschließlich im Interesse der Gesellschaft eingeräumt wird: der Geschäftsführungsbefugnis. Jene dient einzig dazu, den Gesellschaftszweck zu fördern. Mit ihr dürfen keine eigenen oder sonstigen gesellschaftsfremden Interessen verfolgt werden.[23]

So sind mit der Verleihung der Geschäftsführungsbefugnis charakteristische Pflichten für deren Inhaber verbunden, welche die Ausübung dieser Befugnis mißbrauchshemmend reglementieren und unter dem Begriff organschaftliche Treuepflicht zusammengefaßt werden können.[24]

Für den Bereich der Geschäftsführungsbefugnis gilt, daß die organschaftliche Treuepflicht sowohl die Gesellschaftergeschäftsführer eines Verbandes trifft als auch die lediglich durch Arbeitsvertrag angestellten Fremdgeschäftsführer. Letzteren ist eine organschaftliche Befugnis eingeräumt worden, bei deren Aus-

---

der beschriebenen Grobunterglierung in organschaftliche, mitgliedschaftliche und mehrheitsbezogene Treuepflichten.

[21] Grunewald, (2000) 1. A. Rdnr. 19; Immenga, FS GmbHG 1992, 189, 195; Lutter, AcP 180 (1980) 84, 109f; ders. JZ 1976, 225, 230; Lutter-Hommelhoff, GmbHG § 14 Rdnr. 19; Martens, (1970) S. 120; Meyer-Landrut, GmbHG § 14 Rdnr. 25; Nehls, (1993) S. 4; Piepenburg, (1996) S. 163; Rowedder, GmbHG § 13 Rdnr. 15 Scholz/Winter, GmbHG § 14 Rdnr. 52; Wiedemann, (1980) S. 431; M.Winter, (1988) S. 24; a. A. Flume, (1977) S. 261.

[22] Je personalistischer eine Gesellschaft strukturiert ist, desto mehr werden die Grenzen innerhalb dieser Systematisierung aber verwischen. Vgl. M.Weber, (1990) S. 60. Der Vergleich mit personalistischen Gesellschaften würde jedoch gegen jeden Ordnungsansatz sprechen, weil diese Gesellschaften nicht nur personalisitischer, sondern auch individueller strukturiert sind, und sich damit gerade nicht in systematisierende Raster einfügen lassen.

[23] BGH NJW 1989, 166, 167; 1972, 862, 863; LM Nr. 11 zu § 105 HGB; Marsch-Barner, ZHR 157 (1993) 172, 175; RGRK/v.Gamm, BGB § 705 Rdnr. 17; Staub/Ulmer, HGB § 105 Rdnr. 235.

[24] Siehe unten § 2 I.

übung sie durch Treuepflicht beschränkt werden, wogegen die Gesellschafter der organschaftlichen Treuepflicht unterliegen, wenn sie die Geschäftsführung im Wege der Selbstorganschaft in die eigene Hand nehmen.[25]

Die *mitgliedschaftliche Treuepflicht* betrifft dagegen nur die Gesellschafter. Sie beschränkt diese in der Ausübung derjenigen Rechte, die ihnen letztlich aufgrund ihrer Eigentümerstellung gegenüber der Gesellschaft zustehen. Hierunter fallen insbesondere die Informations- und Kontrollrechte, die Rechte im Zusammenhang mit der Gewinnverwendung, sowie im allgemeinen das Stimmrecht. Diese mitgliedschaftliche Treuepflicht versagt dem Gesellschafter zwar nicht die Verfolgung eigener Interessen, jedoch verpflichtet sie ihn, bei der Ausübung seiner Rechte auf die Belange der Gesellschaft und der Mitgesellschafter Rücksicht zu nehmen, und ist insoweit vergleichbar mit der beschriebenen Beschränkung eigennütziger Rechte.[26]

Im Rahmen dieser Systematisierung berücksichtigt die *mehrheitsbezogene Treuepflicht* schließlich die besonders bei Kapitalgesellschaften aufgrund des Mehrheitsprinzips bestehende Möglichkeit, durch den Erwerb der Mehrheit der Gesellschaftsanteile unabhängig von den Mitgesellschaftern die Geschicke des gemeinsamen Verbandes allein zu bestimmen. Dieser hervorgehobenen Machtstellung entsprechend unterliegt ein solcher Mehrheitsgesellschafter einer gesteigerten mitgliedschaftlichen Treuepflicht.[27]

Sie verhindert ungerechtfertigte Eingriffe in das Gesellschaftsvermögen zum Nachteil der Gesamtheit der Gesellschafter und schützt die Minderheit bei Grundlagenentscheidungen vor einer Verschlechterung („Verwässerung") ihrer Rechtspositionen.[28]

## II. Dogmatische Begründungen

In der Geschichte der Treuepflichten hat es mehrere Ansätze einer dogmatischen Begründung dieses Rechtsinstitutes gegeben. Diese haben die Entwicklung der Treuepflicht im einzelnen mehr oder weniger stark gefördert. Tatsächlich können sie heute, wo die generalklauselhafte Geltung der Treuepflicht

---

[25] Verhoeven, (1978) Rdnr.158.
[26] Siehe hierzu unten § 2 III.
[27] Kort, ZIP 1990, 294, 286f; Wiedemann, FS Heinsius 1991, 949, 950 u.960ff.
[28] Siehe hierzu unten § 2 II.

rechtsformübergreifend und letztlich als Gewohnheitsrecht anerkannt ist, allesamt die Existenz dieser Pflicht untermauern.[29]

Darüber hinaus sind die einzelnen Ansätze selbst von ihren jeweiligen Vertretern keineswegs mit Ausschließlichkeitsanspruch vertreten worden. Häufig wurden bestimmte Meinungen nur höher gewichtet, im übrigen aber auch mit anderen Argumenten vermischt vorgebracht.[30]

Nicht zuletzt aus diesem Grunde ist es nicht das Ziel dieser Arbeit, die einzelnen Ansätze zu bewerten oder gar einen eigenen zu entwickeln. Die Vielzahl der Begründungen wird nicht als Aufforderung zur Stellungnahme verstanden, sondern als Argument dafür, daß die gesellschaftsrechtliche Treuepflicht eine hinreichende dogmatische Unterstützung erfahren hat.

## 1. Vertraglich begründete Pflicht

a) Abgrenzung zum Sittengebot

Zunächst wurden die Anforderungen, die heute aus der Treuepflicht hergeleitet werden, vom Reichsgericht noch zum großen Teil aus dem Sittengebot des § 826 BGB entnommen.[31] Auch in jüngerer Zeit gab es Vorstöße, wieder auf deliktsrechtliche Generalklauseln zurückzugreifen.[32] Durchgesetzt hat sich jener deliktische Ansatz jedoch nicht.

Die gesellschaftsrechtliche Treuepflicht trifft Regelungen im Innenverhältnis der Verbände. Diese sind durch privatautonome Entscheidungen zustandegekommen. Inhalt und Ausmaß der Rechte und Pflichten der Beteiligten untereinander werden von diesen selbst bestimmt. Damit ist bereits zweifelhaft, ob für einen von jedermann zu beachtenden deliktischen Schutz überhaupt hinreichend bestimmte Rechtspositionen vorliegen.[33]

Weder die Geschäftsführungsbefugnis noch die Mitgliedschaft in einem Verband werden durch etwas anderes als durch privatautonome Vereinbarung der Beteiligten vergeben.[34] Damit ist die an diese Positionen anknüpfende Treuepflicht kein unterschiedslos jedermann treffendes Gebot, wie dies bei der delik-

---

[29] Hüffer, FS Steindorff, 1990, 59, 72f; Staub/Ulmer, HGB § 105 Rdnr. 233.

[30] So namentlich Zöllner, (1960) §§ 27-30; auch Fillmann, (1991); Hüffer, FS Steindorff 1990, 59, 72ff.

[31] Siehe den historischen Überblick unten § 1 IV. 3.

[32] Mertens, FS Fischer 1979, 461, 468ff; ders., AcP 178 (1978), 227, 243f; Reul, (1991) S. 272ff.

[33] Fillmann, (1991) S. 87f; M.Winter, (1988) S. 55.

[34] Vgl. Bötticher, (1964) S. 28; Fillmann, (1991) S. 73; Flume, (1977) S. 257; Lutter, AcP 180 (1980) 84, 94f. Auszunehmen sind hiervon allerdings die Mitgliedschaften in den sogenannten „Zwangskörperschaften" des öffentlichen Rechts.

tischen Generalklausel des § 826 BGB der Fall ist, sondern setzt gerade eine durch privaten Entschluß zustande gekommenen Sonderverbindung voraus.[35]

Wie *Zöllner* überzeugend bemerkt, ist es nicht Sinn und Aufgabe des Sittengebots, die innere Ordnung von Gemeinschaftsverhältnissen zu regeln und zu gewährleisten; vielmehr lägen dessen wesentliche Funktionen außerhalb des durch privatautonome Bestimmungen regelbaren Raumes der Sonderverbindungen.[36]

Brauchbare Ansätze zur Begründung der Treuepflicht müssen daher als gemeinsamen Nenner zumindest die Existenz eines Gesellschaftsvertrages, bzw. die privatautonome Entscheidung, sich an einem Verbande zu beteiligen, voraussetzen. Damit ist die gesellschaftsrechtliche Treuepflicht als eine Pflicht aus einer vertraglich begründeten Sonderverbindung zu charakterisieren.[37]

b) Treuepflicht zwischen Gesellschaftern einer juristischen Person

Die Einordnung der Treuepflicht als vertraglich begründetes Gebot ist im Hinblick auf die Beziehung der Gesellschafter untereinander in einer juristischen Person allerdings nicht unproblematisch. Mit der Eintragung einer Körperschaft in das Handelsregister erlangt diese eine eigene Rechtssubjektivität und wird vom Bestand ihrer Gesellschafter unabhängig. Im Extremfall kann es zu einem völligen Austausch des gesamten Bestandes aller Gesellschafter kommen, ohne daß diese einmal miteinander in Kontakt gekommen wären.[38] Damit wird es schwer, eine Vertragsbeziehung zwischen diesen Gesellschaftern zu begründen,

---

[35] Lutter, AcP 180 (1980) 84, 124. Ähnlich Hennrichs, AcP 195 (1995) 221, 238f.

[36] Zöllner, (1963) S. 292.

[37] Heymann/Emmerich, HGB § 109 Rdnr. 5a; Hüffer, FS Steindorff 1990, 59, 68; ders., AktG, § 53a Rdnr. 2; Immenga, FS GmbHG 1992, 189, 203; MüKo/Ulmer, BGB § 705 Rdnr. 182; Schlegelberger/Schmidt, HGB § 105 Rdnr. 161.
In der Konsequenz folgt hieraus allerdings, daß innerhalb sogenannter „Zwangskörperschaften", deren Mitgliedschaft durch Gesetz angeordnet wird, keine privatrechtlichen, mitgliedschaftlichen Treuepflichten gelten. Dieses Ergebnis ist aber auch überzeugend: Wenn sich die Mitgliedschaft in einem Verband auf Gesetz und damit auf öffentliches Recht gründet, sind auch die aus dieser Mitgliedschaft herleitbaren Befugnisse solche des öffentlichen Rechts. Damit unterliegt die Ausübung dieser Befugnisse, soweit sie in Rechte anderer eingreifen, wie bei jeder öffentlich rechtlichen Eingriffsbefugnis dem in diesem Bereich geltenden Verhältnismäßigkeitsprinzip. Dieses bietet hinreichenden Schutz für die von der Rechtsausübung Betroffenen. Damit besteht kein Bedürfnis für eine gesellschaftsrechtliche Treuepflicht in diesen Verbänden. Hier eine „Treue"-Beziehung zu bejahen, wäre vielmehr eine reine rechtliche Konstruktion, die sich kaum auf den wirklichen Willen der Beteiligten stützen könnte.

[38] Vgl. Mertens, AG 1990, 49, 52.

die als Grundlage für eine Treuepflicht der Gesellschafter nicht nur zur Gesellschaft, sondern auch gegenüber den Mitgesellschaftern dient.[39] Es hat verschiedene Versuche gegeben, zwischen den Gesellschaftern eine dem Personengesellschaftsrecht entsprechende vertragliche Beziehung zu konstruieren. So wurde angenommen, daß neben der Körperschaft eine gesellschafteridentische Personengesellschaft bestehe,[40] oder aber die Verselbständigung der juristischen Person nur Auswirkungen auf das Außenverhältnis habe.[41] Überzeugen konnten diese Auffassungen jedoch nicht.[42]

Letztlich durchgesetzt hat sich der Ansatz, die Treuepflicht zwischen den Gesellschaftern einer juristischen Person auf eine Sonderverbindung derselben untereinander zu begründen. Grundlegend haben *Lutter, Winter* und *Zöllner* darauf hingewiesen, daß es im Zivilrecht nicht eines förmlichen Vertrages zwischen den Parteien bedarf, um vertragsähnliche Rücksichtspflichten auszulösen.[43]

So wie bei der *culpa in contrahendo* die Parteien sich freiwillig derartig in den Einflußbereich eines anderen begeben und jener dieses in einer Weise zuläßt, daß der andere darauf vertrauen darf, diese Einflußmöglichkeit werde nicht mißbraucht, so entstehe durch den Beitritt zu einer Körperschaft, bei der die Einflußmöglichkeit durch die Satzung vermittelt werde, eine gleichartige Sonderverbindung: die sogenannte organisationsrechtliche Sonderverbindung.[44]

---

[39] Dementsprechend lehnt *Flume* eine Treuepflicht zwischen den Mitgliedern einer juristischen Person ab: Flume (1983) S. 268ff; ders., ZIP 1996, 161, 164.

[40] Hoffmann, GmbHR 1963, 61, 63 (so argumentierend für die Klagebefugnis eines GmbH Gesellschafters zur actio pro socio); Verhoeven,(1978) Rdnr. 203ff.

[41] Immenga, (1970) S. 273f; Martens, (1970) S. 144f, der diese Aussage allerdings auf die personalistische GmbH begrenzt und Bindungen der Aktionäre untereinander ablehnt.

[42] Vgl. die umfassende Darstellung und überzeugende kritische Würdigung dieser Ansätze bei M.Winter, (1988) S. 43ff (§ 5).

[43] Lutter, AcP 1980, 84, 126f; M.Winter, (1988) S. 67ff; Zöllner, in KölnKomm.¹ AktG, § 243 Rdnr. 195.

[44] M.Winter, (1988) S. 69ff. Diesem Ansatz zustimmend: Bungert, BB 1995, 1749, 1750; Fillmann, (1991) S. 91; Hennrichs, AcP 195 (1995) 221, 242ff; Lutter, AcP 180 (1980) 84, 97; Schmidt, in Großkomm. AktG § 243 Rdnr. 48; auch Nehls, (1993) S. 61ff, wobei dieser sich gegen eine Anlehnung an die c.i.c ausspricht und vielmehr eine der zum Vertrag mit Schutzwirkung Dritter entsprechende Sonderverbindung favorisiert. Ablehnend weiterhin Altmeppen, NJW 1995, 1749, 1750; Flume, ZIP 1996, 161, 165ff; MüKo/Reuter, BGB § 34 Rdnr. 22.

## 2. Die Wurzel im Grundsatz von Treu und Glauben

Ist man zu der Erkenntnis gelangt, daß die gesellschaftsrechtliche Treuepflicht als die das Innenrecht der Verbände ausgestaltende Generalklausel nur als eine vertraglich begründete Pflicht eingeordnet werden kann, so ist deren naheliegende dogmatische Herleitung die aus dem allgemeinen bürgerlich-rechtlichen Grundsatz von Treu und Glauben, der die Grundlage schon für so viele Rücksichtspflichten im deutschen Vertragsrecht geliefert hat. Tatsächlich wurde auch diese Begründung zuerst geliefert[45] und dürfte als Wurzel der Treuepflicht anerkannt sein,[46] ein Umstand, der sich nicht zuletzt auch in der Terminologie „Treue"-Pflicht ausdrückt.

Das Gesellschaftsverhältnis wird, wie jedes andere privatrechtliche Verhältnis auch, vom Grundsatz aus Treu und Glauben überlagert.[47] Schon *Hachenburg* erkannte, daß die Rechte der Beteiligten so auszulegen seien, wie Treu und Glauben mit Rücksicht auf die Verkehrssitte es erforderten. Die gesellschafts-spezifischen Befugnisse seien im Interesse der Gesellschaft verliehen worden. Damit sei es unvereinbar, wenn diese mißbraucht würden, um ein Recht der Gesellschaft lahm zu legen oder undurchführbar zu machen oder um sich auf Kosten der Gesellschaft Vorteile zu verschaffen.[48]

Strittig an der Herleitung der Treuepflicht aus dem allgemeinen Grundsatz von Treu und Glauben ist allenfalls, ob diese Treuepflicht eine gegenüber der allgemeinen Vertragstreue gesteigerte Rücksichtspflicht darstellt und daher noch weitere, gesellschaftsspezifische Begründungen erfordere und worin diese zu sehen sind.

---

[45] Hachenburg LZ 1907, 460, 465 f.

[46] BVerfG WM 1990, 755, 757 („DAT/Altana"); BGHZ 25, 47, 53; Hachenburg LZ 1907, 460, 465 f; Henn, (1984) S. 17; Hennrichs, AcP 195 (1995) 221, 228ff; Heuer, GmbHR 1989, 1401, 1405; Hüffer, FS Steindorf 1990, 59, 72; Rowedder, GmbHG § 13 Rdnr. 13; Scholz/Winter, GmbHG § 14 Rdnr. 50; Staudinger/Keßler, BGB$^{12}$ Vor § 705 Rdnr. 42; Martens, (1970) S. 119; MüKo/Roth, BGB § 242 Rdnr. 120; Zöllner, (1963) S. 335 f.

[47] Fillmann, (1991) S. 83f; Grunewald, (2000) 2.C Rdnr. 35; Hachenburg LZ 1907, 460, 465f; Immenga, FS GmbHG 1992, 189, 190; Lutter, ZHR 153 (1989) 446, 452; ders.; JZ 1976, 225, 230 und 562; Martens, (1970) S 119; Nehls, (1993) S. 1; RGRK/v.Gamm, BGB, § 705 Rdnr. 17; Schmidt, (1997) S. 588; Staudinger/W.Weber, BGB$^{11}$ § 242 Rdnr. 246; Verhoeven, (1978) Rdnr. 151; Zöllner, (1963) S. 335f.
Selbst in der die Treuepflicht des Aktionärs grundsätzlich ablehnenden „Audi/NSU"-Entscheidung hat der BGH die Geltung von § 242 BGB im Gesellschaftsrecht bejaht; BGH JZ 1976, 561, 562. Ebenso Flume, (1977) S. 261.

[48] Hachenburg, LZ 1907, 460, 466.

### 3. Die Herleitung gesteigerter Rücksichtspflichten

Angesichts des Ausmaßes der aus der gesellschaftsrechtlichen Treuepflicht ableitbaren umfassenden Verhaltensanforderungen[49] geht die gesellschaftsrechtliche Treuepflicht in der Tat über die allgemeinen Verhaltensanforderungen des Vertragsgrundsatzes von Treu und Glauben hinaus.[50] Diese gesteigerten Rücksichtspflichten können jedoch mit Besonderheiten erklärt werden, wie sie in den Gesellschaften im Vergleich mit anderen Schuldverhältnissen zu finden sind.

a) Vertrauens- oder Nähebeziehung

Als eine solche Ergänzung zur Ableitung der Treuepflicht aus § 242 BGB zum Zwecke der Begründung einer gegenüber sonstigen Schuldverhältnissen gesteigerten Treuebindung in den Gesellschaften wurde die sogenannte Vertrauens- oder Nähebeziehung der Beteiligten untereinander angeführt.[51]

Die einzelnen gesellschaftsrechtlichen Befugnisse würden den Beteiligten durch den Gesellschaftsvertrag im Vertrauen darauf eingeräumt, daß diese mit allen Kräften die Ziele der Gesellschaft verfolgen. Auch die durch dauerhafte gemeinsame Arbeit in einem Verbande bewirkte Nähe schaffe bei den Beteiligten eine schutzwürdige Erwartung, der andere werde ihn nicht übervorteilen.

Hat sich dieser Ansatz für die Entwicklung der Treuepflicht in kleinen Personen-, namentlich Familiengesellschaften, noch als fruchtbar erwiesen, so hat er jedoch die Entwicklung einer allgemeinen rechtsformübergreifenden gesellschaftsrechtlichen Treuepflicht behindert. Insbesondere in der Nachkriegszeit hatte er nachteilige Auswirkungen auf die Anerkennung von Treuepflichten in Aktien- und sonstigen Publikumsgesellschaften.[52] In diesen anonymen kapitalistischen Gesellschaftsformen läßt sich beim besten Willen keine Nähebeziehung der Beteiligten untereinander konstruieren. Hier haben erst die „Linotype"- und „Girmes"-Entscheidungen des BGH Anfang/Mitte der 90er Jahre eine Wende gebracht.[53]

Heute geht das Verständnis dahin, daß das Vorhandensein eines besonderen Nähe- oder Vertrauensverhältnisses nicht mehr Voraussetzung für die Geltung einer Treuepflicht ist, sondern nur noch einen Faktor zur Bestimmung von

---

[49] Siehe hierzu im einzelnen unten § 2.

[50] A.A. Hennrichs, AcP 195 (1995) 221, 231.

[51] BGHZ 9, 157, 163; 25, 47, 53; 38, 306, 312; A.Hueck, FS Hübner 1935, 73, 80; ders., (1947) S. 12; Hüffer, FS Steindorff 1990, 59, 73f; Martens, (1970) S. 119; Staub/Fischer, HGB³ § 105 Rdnr. 31a; Stimpel, in Rechtsfortbildung, S.18; Zöllner, (1979) S. 34.

[52] Reul, (1991) S. 254.

[53] Siehe unten § 1 IV. 3.

Ausmaß und Intensität der aus der Treuepflicht fließenden Verhaltensanforderungen darstellt.[54]

## b) Zweckbindung

Ein anderer Ansatz sieht die gesellschaftsrechtliche Treuepflicht als einen Ausfluß der Mitgliedschaft in einem Verbande. Die Verhaltensanforderungen der Treuepflicht gründen sich hiernach auf § 705 BGB, genauer auf die dort festgeschriebene Zweckbindung der Gesellschaft.[55]

Der Gesellschafter verpflichte sich im Gesellschaftsvertrag, einen bestimmten Zweck zu fördern. Diese Pflicht überlagere die anderen aus dem Gesellschaftsvertrag fließenden Beziehungen, insbesondere die auf diesen Vertrag sich gründenden Befugnisse. Jene seien ihm wiederum nur zum Zwecke der Zweckerfüllung eingeräumt. Der Gesellschafter habe bei seinen Tätigkeiten in der Gesellschaft immer die Zweckbindung zu beachten, er dürfe seine Rechte nicht diesem Zwecke zuwider ausüben. Innerhalb dieser Zweckverfolgung habe er jedoch freies Ermessen.[56]

Diese Ansicht, welche die Treuepflicht als einen Teil der Zweckförderpflicht ansieht, setzt insbesondere auch dem Ausmaß der Treuepflicht Grenzen. Der Gesellschafter kann verpflichtet werden, dem Zwecke der Gesellschaft entsprechend zu handeln, er kann aber zu nichts verpflichtet werden, was über den Zweck der Gesellschaft hinausgeht. Insbesondere darf er nicht zu Änderungen des Gesellschaftsvertrages selbst angehalten werden, bestimmen diese Regelungen doch erst den Zweck, und ist mit der Änderung des Vertrages zugleich eine Änderung des Zweckes, bzw. die Art und Weise wie dieser gefördert werden soll, verbunden.[57]

---

[54] OLG Düss., ZIP 1994, 619, 623; Dreher, DStR 1993, 1632; Fillmann, (1991) S. 62f; Hachenburg/Raiser, GmbHG § 14 Rdnr. 53; MüKo/Ulmer, BGB § 705, Rdnr 185; Scholz/ M.Winter, GmbHG § 14 Rdnr. 50; Weisser, (1991) S. 139; M.Winter, (1988) S. 19; Zöllner, (1963) S. 338.

[55] Fillmann, (1991) S. 99f; Häuser, (1981) S. 182f; Lutter, AcP 180 (1980), 84 (103); Martens, (1970) S. 71; MüKo/Reuter, BGB § 34 Rdnr. 20; Nehls, (1993) S. 20f u. 36ff; Timm, WM 1991, 481, 482; Tröger, (2000) S. 84ff; Vehoeven, (1978) Rdnr. 153; Weipert, ZGR 1990, 142, 146. Vgl. auch Küster, (1954) S. 87ff, letzterer will allerdings mit der Zweckbindung nicht die Treuepflicht begründen, vielmehr lehnt er diese größtenteils ab (S. 65); mit seiner Begründung legitimiert er letztlich jedoch den Inhalt derselben durch die Berufung auf die Zweckbindung. Ähnlich Flume, (1977) S. 260.

[56] Küster, (1954) S. 89.

[57] So insbes. Küster, (1954) S. 89; Verhoeven, (1978) Rdnr. 244; Weipert, ZGR 1990, 142, 148 (dies jedoch nur für die reine Zweckbestimmungsklausel vertretend). Diese Konsequenz verneinend dagegen: Nehls, (1993) S. 170ff.

## c) Korrelat zur Rechtsmacht

Zum rechtsformübergreifenden Durchbruch hat der Treuepflicht schließlich ein Ansatz verholfen, der sich auf einen allgemein geltenden Rechtsatz beruft, wonach mit dem gesteigerten Maße an Rechtsmacht auch ein gesteigertes Maß an Verantwortung einhergehen müsse.[58]

Nachteil dieser Begründung ist jedoch, daß sie sich nur auf einen gewohnheitsrechtlichen Rechtsatz berufen kann, folglich gegenüber der Feststellung, daß die Treuepflicht selbst auf Gewohnheitsrecht beruhe, keinerlei Mehrwert zu bieten hat.[59]

Dennoch läßt sich namentlich die besondere Rücksichtspflicht des Mehrheitsgesellschafters mit diesem Ansatz begründen. Die Kontrolle der Mehrheitsmacht bildet eine Kernfunktion der Treuepflicht; ist doch der Mehrheitsgesellschafter mit seinem Stimmpotential in der Lage, selbst die Grundlagen des gemeinsamen Verbandes zu verändern und damit gravierend in die Rechtsstellung seiner Mitgesellschafter einzugreifen.[60] Trotz seiner dogmatischen Schwächen erfreut sich daher gerade dieser Ansatz in Rechtsprechung und Schrifttum einer ungebrochenen Beliebtheit.[61]

---

[58] Immennga, (1970) S. 266; Mestmäcker, (1958) S. 214f (für die organschaftliche Treuepflicht); M.Winter, (1988) S. 17, 62; Zöllner, (1960) S. 341f und in KölnKomm. AktG$^{1}$ § 243 Rdnr. 190, der diese Verknüpfung allerdings noch mit den zwischen den Beteiligten bestehenden Vertrauen begründet, wenn er auch für dieses Vertrauen eine Fiktion ausreichen läßt.

[59] So wird dieser Ansatz auch zum Teil nicht als Begründung für die Treuepflicht verstanden, sondern als das hinter dieser stehende Regulierungsziel (Geltungsgrund); Nehls, (1993) S. 18, 24, 30ff; wohl auch Hüffer, FS Steindorff 1990, 59, 74 und Piepenburg (1996) S. 72. Kritisch ggü. dieser Begründung insbes. Martens, in Rechtsdogmatik 1990, 251, 256f.

[60] BGHZ 103, 184, 195(„Linotype"); 129, 136, 143f („Girmes"); 142, 167, 170 („Hilgers"); Wiedemann, FS Heinsius 1991, 949, 960.

[61] BGHZ 65, 15, 19 („ITT"); 103, 184, 195 („Linotype"); 129, 136, 142f („Girmes"); 142, 167, 170 („Hilgers"); OLG Stuttg. DB 1999, 2256, 2257f; Baumbach-Hueck/Zöllner, GmbHG § 35 Rdnr. 20; Beckerhoff, (1996) S. 30ff; Dreher, DStR 1993, 1632 (1633); Fillmann, (1991) S. 91, 94; Hachenburg/Raiser, GmbHG § 14 Rdnr. 52f; Henssler, ZGR 1993, 91, 114; Hüffer, FS Steindorff 1990, 59, 74f; Lutter-Hommelhoff, GmbHG § 14 Rdnr. 18; Meyer-Landrut, GmbHG § 14 Rdnr. 26; Piepenburg, (1996) S. 44f, 47ff; Reul, (1991) S. 257ff; Rottnauer, NZG 2001, 115; Steindorff, FS Rittner 1991, 675, 686; Wiedemann, FS Heinsius 1991, 949, 960f; ders., JZ 1989, 447, 448; ders., (1980) S. 432; Windblicher, in mißbräuchliches Aktionärsverhalten, S. 35, 44.

## III. Das Verhältnis zu gesetzlichen Regulierungen

Der Inhalt der gesellschaftsrechtlichen Treuepflicht besteht wesentlich aus Richterrecht. Vereinzelt sind jedoch auch Verhaltensanforderungen, die allgemein aus der Treuepflicht hergeleitet werden können, vom Gesetzgeber normiert worden.

### 1. Überblick

Derartige Normierungen von Einzelpflichten finden sich in erster Linie im Aktienrecht. Zu nennen sind hier unter anderem die Beschränkung des Auskunftsrechtes nach § 131 Abs. 3 AktG, das Gleichbehandlungsgebot des § 53a AktG oder die Zustimmungspflicht des Aufsichtsrates zu Kreditverträgen zwischen Vorstand und Gesellschaft gemäß § 89 AktG.

Hintergrund der gegenüber anderen Gesellschaftsformen augenscheinlichen Handlungsfreude des Gesetzgebers in diesem Bereich dürfte das Bedürfnis des börsengestützten Kapitalmarktes nach klaren Regulierungen sein.[62] Dieses Standardisierungsinteresse hat im Aktienrecht zum dichtesten regulierten Innenrecht geführt, welches dazu noch überwiegend zwingender Natur ist. Mit dieser Feststellung stellt sich aber die Frage nach dem Verhältnis von geregeltem Aktienrecht zur richterlichen Treuepflicht, insbesondere im Hinblick darauf, ob ersteres nicht abschließend zu verstehen ist. In diesem Punkt liegt das zweite tragende Argument, das neben der fehlenden Nähebeziehung lange gegen eine Treuepflicht des Aktionärs angeführt wurde.[63]

Außerhalb des Aktienrechtes finden sich dagegen weit weniger gesetzliche Regulierungen treuepflichtartiger Verhaltensanforderungen. Weitgehende Übereinstimmung zwischen Rechtsprechung und Literatur besteht diesbezüglich beim Wettbewerbsverbot nach § 112 HGB. Dieses Verbot, welches die persönlich haftenden Gesellschafter einer OHG bzw. KG zu beachten haben, sei eine gesetzliche Ausprägung der gesellschaftsrechtlichen Treuepflicht und ließe sich daher auch auf andere Gesellschaften mit geschäftsführenden Gesellschaftern übertragen.[64]

---

[62] Siehe hierzu unten 3. b)

[63] So insbes. Martens, in Rechtsdogmatik 1990, 251, 258f und in mißbräuchliches Aktionärsverhalten, S. 63, 64f.

[64] BGHZ 89, 162, 165; 70, 331, 335; Baumbach-Hopt, HGB § 112 Rdnr. 1; Heymann/Emmerich, HGB § 109 Rdnr. 8 u. § 112 Rdnr. 3; Immenga, FS GmbHG 1992, 189, 197; Rowedder, GmbHG § 13 Rdnr. 14; Schlegel-berger/Martens, HGB § 112 Rdnr. 2; Schmidt, (1997) S. 443; M.Weber (1999) S. 54f.

Die gleiche Zielrichtung wie die Treuepflicht verfolgt der durch das UmwG von 1995 neu geschaffene Rechtsbehelf der summarischen Prüfung der Erfolgsaussichten einer Unwirksamkeitsklage nach § 16 Abs. 3 UmwG, der die Gesellschaft vor den Auswirkungen „räuberischer Anfechtungsklagen" schützen soll. Diese Regelungen bleiben jedoch vereinzelt, so daß ihnen kein abschließender Charakter zugemessen werden kann. Sie sind daher eher als weitere Bestätigung der von der Rechtsprechung entwickelten Generalklausel zu bewerten.

## 2. Die Regelungen des Aktienrechts im Besonderen

Die beachtenswerteste Übernahme einer aus der Treuepflicht ableitbaren Verpflichtung in das Aktienrecht dürfte mit dem Gleichbehandlungsgebot des § 53a AktG vorliegen. Diese Norm wurde aufgrund Art. 42 der 2. EG-Richtlinie durch die Novelle von 1978 eingefügt und verpflichtet die Organe der Gesellschaft, Aktionäre unter gleichen Voraussetzungen auch gleich zu behandeln. Das in ihr enthaltene Gleichbehandlungsgebot war schon vorher ein tragender Grundsatz des Aktienrechts.[65] Die Vorschrift des § 53a AktG stellt selber eine Generalklausel dar und ist damit im sonst sehr detaillierten Aktienrecht eine vergleichsweise unpräzise Verhaltensanforderung.[66]

Als eine besondere Ausprägung des Gleichbehandlungsgebotes kann die Bestimmung des § 186 AktG angesehen werden, die dem Aktionär ein Bezugsrecht auf neue Aktien einräumt, welche im Wege einer Kapitalerhöhung geschaffen werden.[67]

Gesetzliche Ausprägungen der organschaftlichen Treuepflicht finden sich in §§ 88 und 89 AktG. Mit dem Wettbewerbsverbot für Vorstandsmitglieder nach § 88 AktG werden zwei Ziele verfolgt. Zum einen soll es sicherstellten, daß die Arbeitskraft des Vorstandes der Gesellschaft erhalten bleibt, zum anderen soll es die Gesellschaften vor den Gefahren einer Konkurrenztätigkeit der Vorstandsmitglieder schützen.[68] Im letzten Punkt verfolgt das Wettbewerbsverbot

---

A.A Ulmer, in Staub, HGB § 112 Rdnr. 3, welcher der Ansicht ist, daß das präventive Verbot des § 112 über den bloßen Schrankencharakter der Treuepflicht hinausreiche und in anderen Gesellschaften daher nur eine analoge Anwendung dieser Norm in Betracht komme.

[65] Grundlegend G.Hueck, (1958) S. 45ff, 333. Vgl. auch Henn, AG 1985, 240, 241f; W.Schmidt/Meyer-Landrut, in Großkomm. AktG² § 112 Anm. 5.

[66] Henn, AG 1985, 240, 242.

[67] Vgl. G.Hueck, (1958) S. 48f.

[68] Vgl. Hüffer, AktG § 88 Rdnr. 1; Mertens, in KölnKomm. § 88 Rdnr. 1.

nach § 88 AktG die gleiche Zielrichtung wie § 112 HGB. Insoweit wird es ebenfalls als eine gesetzliche Konkretisierung der Treuepflicht eingeordnet.[69]

Mit § 89 AktG werden Teilaspekte des aus der Treuepflicht ableitbaren Verbots der verdeckten Gewinnausschüttung geregelt. Kredite und sonstige, nicht durch die Vergütung abgedeckte Auszahlungen an Vorstandsmitglieder oder deren nahe Angehörige müssen durch Aufsichtsratsbeschluß gebilligt werden.

Ebenfalls in den Anwendungsbereich der organschaftlichen Treuepflicht einzuordnen ist die Regulierung des § 93 AktG, die den vom Vorstand zu beachtenden Sorgfaltsmaßstab und die Grundlage für Ersatzansprüche wegen Pflichtverletzungen normiert.

Diesen organschaftlichen Pflichten vergleichbar sind die Regelungen der §§ 114 bis 116 AktG für Aufsichtsratsmitglieder, die ebenfalls einer besonderen Kontrolle bei Austausch- und in besonderer Weise bei Kreditverträgen mit der Gesellschaft, sowie dem Sorgfaltsmaßstab des § 93 AktG unterliegen.

Der Schrankenfunktion der mitgliedschaftlichen Treuepflicht entsprechend regelt § 131 Abs. 3 AktG die Einschränkbarkeit des Auskunftsrechts eines Aktionärs in der Hauptversammlung.

Die mehrheitsbezogene Treuepflicht findet sich schließlich in Vorschriften wie der Mitteilungspflicht nach § 20 AktG wieder. Hiernach ist ein Unternehmen i.S.d. Konzernrechtes verpflichtet, einer Aktiengesellschaft den eigenen Beteiligungsumfang mitzuteilen, wenn es mit mehr als 25% der Anteile an dieser beteiligt ist. Darüber hinaus sind als Bestandteil der gesetzlich normierten mehrheitsbezogenen Treuepflicht noch die Regelungen zur faktischen Abhängigkeit in den §§ 311 ff AktG zu nennen.[70]

## 3. Rangverhältnis im Aktienrecht

Angesichts einer auffälligen Übernahme einzelner aus der Treuepflicht ableitbarer Verhaltensanforderungen durch den Gesetzgeber und des allgemeinen Bestrebens, für das Innenrecht der AG Rechtssicherheit herzustellen, stellt sich die Frage, ob eine richterrechtliche, offen gehaltene Generalklausel vom Gesetzgeber gewollt ist oder die gesetzlichen Regelungen nicht vielmehr abschließenden Charakter besitzen.

---

[69] Hopt, in Großkomm. AktG § 93 Rdnr. 164; Hüffer, AktG § 88 Rdnr. 1; Mertens, in Köln-Komm. § 88 Rdnr. 3.
[70] M.Weber, (1999) S. 58.

## a) Meinungsstand

Der abschließende und zwingende Charakter der Normen des Aktiengesetzes ergibt sich insbesondere aus der Vorschrift des § 23 Abs. 5 AktG, die gegenüber dem Gesetz abweichende Satzungsbestimmungen nur zuläßt, wenn andere Vorschriften diese Abweichung ausdrücklich erlauben. So wird vertreten, daß die innere Geschlossenheit des umfassenden aktienrechtlichen Regelsystems durch eine Generalklausel wie die gesellschaftsrechtliche Treuepflicht aufgelöst und überfrachtet werde.[71]

Dem wird gegenübergestellt, daß der zwingende Charakter des Aktienrechts im Hinblick auf Gläubiger- und Anlegerschutz entwickelt wurde. Weiterentwicklungen des Aktienrechts, die wie die gesellschaftsrechtliche Treuepflicht gerade der Verbesserung dieser Regulierungsziele dienen und diese ergänzen, würden daher nicht die innere Geschlossenheit auflösen. Vielmehr führe eine derartige flexible Reaktion richterlich fortgeschriebenen Aktienrechts dazu, den Regulierungszielen des Gesetzgebers auch in einer sich verändernden Umwelt Geltung zu verschaffen.[72]

Zudem habe sich der Gesetzgeber selbst mit der Kodifizierung des § 53a, der vor seiner Einführung ebenfalls als ungeschriebener Grundsatz des Aktienrechts anerkannt gewesen sei, eine vergleichbare richterliche Anpassung zu eigen gemacht.[73]

## b) Stellungnahme

Der letztgenannten Ansicht ist im Ergebnis zuzustimmen, auch wenn sie sich weniger mit dem eigentlichen Hintergrund zwingenden Aktienrechts auseinandersetzt.

Zwingender Gläubigerschutz steht einem dispositivem Innenrecht nicht entgegen, wofür das Recht der GmbH ein anschauliches Beispiel bietet. Anlegerschutz allein kann ebenfalls keine so umfassend zwingende Regulierung des gesamten Innenrechts einer Gesellschaftsform rechtfertigen, da zu viele Besonder-

---

[71] Martens, in Rechtsdogmatik 1990, 251, 258f; ders. in mißbräuchliches Aktionärsverhalten, S. 63, 64f; Meyer-Landrut, in Großkomm. AktG³ § 1 Rdnr. 34; in diese Richtung auch Westermann, ZHR 156 (1992) 203, 210.

[72] Nehls, (1993) S. 40f; Tröger, (2000) S. 210ff, für eine Geltung der Treuepflicht neben dem aktienrechtlich reguliertem Konzernrecht. In diese Richtung auch RegKom., (2001) Rdnr. 1ff, die insoweit empfiehlt, zu den zwingenden Regulierungen des Aktienrechtes weitere Verhaltensnormen in Form eines dispositiven Kodex aufzunehmen. Letzterer liegt inzwischen mit dem „Deutschen Corporate Governance Kodex" vor.

[73] Nehls, (1993) S. 41.

heiten des Einzelfalls Anpassungen einzelner Vorgaben erforderlich machen.[74] Zwar werden immer bestimmte Normen zwecks Anlegerschutz zwingenden Charakter haben müssen, wie etwa das Verbot, das Gesellschaftsvermögen durch verdeckte Entnahmen zu entreichern. Dies allein rechtfertigt aber noch nicht, das gesamte Innenverhältnis, wie die Kompetenzverteilung zwischen Vorstand, Aufsichtsrat und Hauptversammlung, für eine Gesellschaftsform zwingend und abschließend festzuschreiben. Dieser umfassende zwingende Charakter der aktienrechtlichen Regulierung ist nur vor dem Hintergrund der Schaffung eines besonders verkehrsfähigen Gesellschaftsanteils zu verstehen.

Die Aktie ist ein standardisiertes Bündel von Rechten und Pflichten. Gerade diese Standardisierung erlaubt die hohe Verkehrsfähigkeit, wie sie für den Massenhandel an einer Börse wünschenswert ist. Dieser Standard stünde jedoch in Frage, wenn sich jeder einzelne Anleger erst über die konkrete Ausformung der zu erwerbenden Mitgliedschaft informieren müßte.[75]

Eine Standardisierung senkt die Transaktionskosten des Anlegers. Der Investor muß sich nur noch einmal über die rechtliche Ausgestaltung eines Gesellschaftsanteils informieren. Dieser rechtliche Rahmen gilt für alle seine Beteiligungen. Er kann Skalenerträge erzielen, da sein einmaliger Informationsaufwand sich bei jedem seiner Anteilskäufe wieder verwerten läßt.[76]

Der Kostenersparnis für den Anleger steht gegenüber, daß im Einzelfall nicht mehr die optimale Binnenstruktur für die einzelne Gesellschaft gefunden wird. Ist im Einzelfall der Nachteil dieses engen Korsetts zu groß, muß eine andere Rechtsform gewählt werden, wie etwa die diesbezüglich wesentlich flexiblere GmbH. Dies wird jedoch mit dem Nachteil einhergehen, daß die Kosten für die Eigenkapitalbeschaffung steigen, da der einzelne Gesellschafter höhere Kosten für die Beschaffung von Informationen über die Binnenstruktur der Gesellschaft aufwenden muß, an der er sich beteiligen will.[77]

Eine Lösung kann zwar darin bestehen, eine „Standard-Form" im Wege dispositiver Regelungen zu schaffen. Weicht aber eine hinreichende Zahl an Gesellschaften von einem derartigen Typus ab, verliert diese Regulierung auch für

---

[74] Vgl. RegKom., (2001) Rdnr. 1.

[75] Kübler, NJW 1984, 1857, 1862.

[76] Durch Standardisierung von Gütern werden Such- und Informationskosten gesenkt. Vgl. Brudney-Clark, 94 Harv.L.Rev. 997, 1005 (1981); Coffee, 89 Col.L.Rev. 1618, 1678 (1989); Cooter-Ulen, (2000) S. 88; Pindyck-Rubinfeld, (1998) S. 613f; Ruffner, (2000) S. 170; Schäfer-Ott, (2000) S. 609. Siehe allgemein zu Transaktionskosten unten § 4 I. 3. b).

[77] Gordon, 89 Col.L.Rev. 1549, 1566 (1989); Ruffner, (2000) S. 295f. Siehe hierzu auch die Ausführungen *Küblers*, der den Umstand, daß die PublikumsAG grundsätzlich besser mit Eigenkapital ausgestattet sei, als die Publikumsgesellschaft in Form der GmbH&Co., auf die hohen Informationskosten der Anleger zurückführt. Die hohen Kosten der Anleger spiegelten sich wiederum in hohen Eigenkapitalbeschaffungskosten bei den Unternehmen wider; Kübler, NJW 1984, 1857, 1862f.

diejenigen Gesellschaften an Wert, die sich an den Standard halten. Der einzelne Investor müßte auch bei „gesetzestypischen" Gesellschaften Aufwand für Informationen darüber leisten, ob wirklich alle Regulierungen des Standards gelten.[78] Hinzu tritt, daß der Anleger ein Portfolio bildet. Wenn viele Gesellschaften vom Gesetzestypus abweichen, entfallen bei der Portfoliobildung die oben beschriebenen Skalenerträge. Im Durchschnitt würden die Kapitalbeschaffungskosten für alle Gesellschaften steigen. Das Ziel, Informationsaufwand beim Erwerb von Aktien zu senken, wird daher nur mit einer zwingenden Ausgestaltung des Innenrechtes erreicht.[79]

Ist aber Hintergrund des zwingenden Aktienrechts, die Verkehrsfähigkeit der Aktie zu fördern, muß für die Frage, ob neben dem gesetzlich regulierten Aktienrecht noch eine richterliche Generalklausel Anwendung finden kann, geklärt werden, ob durch diese zusätzliche Regulierung die Standardisierung der Aktie unterlaufen würde.

Diese Gefahr besteht vom Grundsatz her nicht. Die Standardisierung bietet den Vorteil, daß der Teilnehmer am Kapitalmarkt nicht für jeden gehandelten Anteil klären muß, wie die Mitgliedschaft in dem hinter diesem Anteil stehenden Verband ausgestaltet ist. Er kann sich darauf verlassen, daß diese dem Rahmen entspricht, wie er durch das Recht vorgegeben wird. Dies entlastet ihn jedoch nicht davon, sich einmal darüber zu informieren, wie dieser Rahmen selbst ausgestaltet ist.

Folglich würde eine Rechtsfortbildung, die es einzelnen Gesellschaften erlaubte, vom Rahmen abzuweichen, dem Regulierungsziel widersprechen. Hier stünde der zwingende Charakter der gesetzlichen Normierung einer entsprechenden Judikatur entgegen. Führt dagegen die Rechtsfortbildung zu einer Anpassung des Rahmens selbst, ohne dessen Allgemeinverbindlichkeit in Frage zu stellen, ändert sich lediglich der Inhalt des Standards, ohne daß sein Vorteil verloren ginge, für alle Sachverhalte einen einheitlichen Rahmen zu bieten. Das Regulierungsziel würde durch eine derartige Rechtsfortbildung nicht gefährdet,

---

[78] Um speziell diesem Problem zu entgehen, empfahl die Regierungskommission Corporate Governance, weite Teile ihrer über das bestehende Recht hinausgehenden Vorschläge in Form eines Kodex zu normieren, der zwar dispositiv auszugestalten sei, von dem aber dennoch nur abgewichen werden dürfe, wenn diese Abweichung publiziert und die Gründe für die Abweichung erläutert würden („comply or explain"); RegKom, (2001) Rdnr. 8. Siehe jetzt auch Präambel des Deutschen Corporate Governance Kodex.

[79] Entsprechend wird vertreten, daß die Standardform mit einem öffentliches Gut zu vergleichen sei. Vgl. Gordon, 89 Col.L.Rev. 1549, 1567f (1989); Ruffner, (2000) S. 297. Vgl. auch RegKom., (2001) Rdnr. 4, die allerdings überzeugend darauf hinweist, daß derartige Standards auch durch „listing rules" der einzelnen Börsen oder zumindest durch das Bundesaufsichtsamt entwickelt werden könnten, was eine Anpassung dieser Standards an die Bedürfnisse des Marktes erleichtern würde.

vielmehr könnte jene die Akzeptanz des Standards erhöhen, indem dieser den Erfordernissen neuer Umstände angepaßt würde.

Die gesellschaftsrechtliche Treuepflicht stellt eine derartige den Rahmen verändernde und ergänzende Rechtsfortbildung dar. Sie entbindet den Einzelnen nicht davon, die zwingenden Vorgaben des Aktienrechts zu beachten. Vielmehr wird diese gesetzliche Regulierung um weitere rechtliche Anforderungen ergänzt. Der zwingende und für den Rechtsanwender abschließende Charakter des Aktienrechts steht daher einer Rechtsfortbildung durch die Gerichte nicht entgegen. Die (höchstrichterliche) Rechtsprechung ist in der Lage, ihre Änderungen mit einer gleichartigen Gemeinverbindlichkeit wirken zu lassen, wie es gesetzgeberische Regulierungen vermögen, und gefährdet damit nicht die Eigenschaft der Aktie als ein standardisiertes Bündel von Rechten und Pflichten.

## IV. Die Entwicklung zur rechtsformübergreifenden Generalklausel

Die Entwicklung der gesellschaftsrechtlichen Treuepflicht zu einer rechtsformübergreifenden Generalklausel ist geprägt von der unterschiedlichen Anerkennung einer solchen Pflicht im Recht der Personengesellschaften gegenüber dem der Körperschaften. Dort wurde lange Zeit die Geltung mitgliedschaftlicher Treuepflichten verneint.

### 1. Entwicklung der Treuepflicht in den Personengesellschaften

Der Treuegedanke in den Personengesellschaften wurde bereits früh vom Reichsgericht anerkannt,[80] noch bevor durch die Arbeiten von *Alfred Hueck*[81] und *Robert Fischer*[82] die wesentlichen dogmatischen Grundlagen sowie inhaltlichen Präzisierungen einer eigenständigen Treuepflicht geliefert wurden.

Erklärbar ist dies damit, daß die Beziehungen der Beteiligten zueinander im Personengesellschaftsrecht ohne weiteres als schuldvertraglich zu definieren sind und damit zunächst der Anwendung des § 242 BGB offen standen. Die Begründung gesteigerter Rücksichtspflichten warf angesichts der engen Beziehungen der Beteiligten untereinander ebenfalls keine Probleme auf.

---

[80] RG JW 1913, 29 (Nr. 17); RG LZ 1912, 546 (Nr. 23). In diese Richtung auch schon RG Warn 1908 Nr. 511.
[81] A.Hueck, FS Hübner 1935, 72ff; ders., (1947) S.12ff.
[82] Fischer, NJW 1954, 777ff und in Staub, HGB[3] § 105 Rdnr. 31a ff.

47

Dementsprechend ist die Treuepflichtrechtsprechung im Bereich der Personengesellschaften stetig und auch nach dem Krieg vom BGH nahtlos übernommen worden.[83]

Erst mit dem durch das Steuerrecht begünstigten, breiten Auftreten von Publikumsgesellschaften, vorzugsweise in Form von Kommanditgesellschaften, traten auch im Personengesellschaftsrecht Anerkennungsprobleme auf, wie sie bis dahin nur im Kapitalgesellschaftsrecht zu finden waren.

Angesichts der Tatsache, daß die meisten Kommanditisten untereinander keinerlei Beziehungen pflegen, sich ihr Beitritt zur Gesellschaft regelmäßig nur sternförmig durch Erklärungen gegenüber den Geschäftsführern der Komplementär-GmbH vollzieht und sie ihre Stellung in der Gesellschaft als eine reine Kapitalbeteiligung ansehen, bei der zunächst nicht einmal die Zweckverfolgung, sondern die private Verwendbarkeit in der Einkommensteuererklärung im Vordergrund steht,[84] wurde die Frage aufgeworfen, ob in diesen Gesellschaften noch von einer eine Treuepflicht begründenden Nähebeziehung gesprochen werden könne.[85]

Mitte der 80er Jahre setzte der BGH dieser Frage ein Ende, indem er eine Treuepflicht auch für Publikumsgesellschafter bejahte und befand, in einer Krisensituation könnten auch diese Gesellschafter gehalten sein, auf die Geltendmachung mitgliedschaftlicher Rechte (hier ihres Zinsanspruchs) zu verzichten, wenn nur dadurch der Bestand der Gesellschaft gewahrt werde.[86]

## 2. Entwicklung der organschaftlichen Treuepflicht im Körperschaftsrecht

Auf ähnlich wenig Schwierigkeiten stieß die Entwicklung der organschaftlichen Treuepflicht im Körperschaftsrecht.[87]

Die bei diesen Verbänden durch Anstellungsvertrag beschäftigten Geschäftsleiter sind ebenfalls durch einen Schuldvertrag an die Gesellschaft gebunden, so daß auch sie ihre Pflichten entsprechend § 242 BGB nach Treu und Glauben erfüllen müssen.[88] Hinzu kommt die Nähe der Geschäftsführungsbefugnis mit der Verfügungsbefugnis eines Treuhänders, welche die Überführung der im

---

[83] BGHZ 25, 47, 53; 44, 40, 41; 65, 253, 257ff; BGH LM Nr. 8 und Nr. 11 zu § 105 HGB.

[84] Hüffer, (1998) S. 228; Nehls, (1993) S. 17; Reuter, GmbHR 1981, 129, 132; Schneider, AG 1979, 57, 60.

[85] Lutter, JZ 1976, 225, 230; MüKo/Ulmer, BGB$^1$ § 705 Rdnr. 159; Reuter, GmbHR 1981, 129, 134.

[86] BGH NJW 1985, 974f.

[87] BGHZ 10, 187, 192; 49, 30, 31; BGH WM 1964, 1320, 1321; 1967, 679f; GmbHR 1977, 43, 44; NJW 1986, 585f; Hüffer, AktG § 84 Rdnr. 9; Immenga, (1970) S. 266f; Mestmäcker, (1958) S. 214f; Staudinger/W.Weber BGB$^{11}$ § 242 Rdnr. 255.

[88] BGHZ 49, 30, 31; Polley, (1992) S. 86.

Treuhandrecht das gesamte Schuldverhältnis charakterisierenden Treuepflicht in das Verhältnis der Geschäftsführung zur Gesellschaft erleichterte.[89]

### 3. Entwicklung der mitgliedschaftlichen Treuepflicht im Körperschaftsrecht

Wie bereits angedeutet, stieß die Anerkennung mitgliedschaftlicher Treuepflichten im Kapitalgesellschaftsrecht dagegen auf erhebliche Hindernisse. Im Mittelpunkt der Diskussion stand dabei das Verhältnis der Treuepflicht zum wichtigsten mitgliedschaftlichen Recht, dem Stimmrecht.

Es stellte sich die Frage, ob die Ausübung dieses Rechtes durch Treuepflicht eingeschränkt werden kann. Dabei wurden die Mißbrauchsmöglichkeiten, die mit dem Stimmrecht insbesondere im Rahmen des bei den Kapitalgesellschaften geltenden Mehrheitsprinzips durch eine Majorisierung der Minderheit gegeben sind, vom Reichsgericht durchaus früh gesehen und eine prinzipielle Einschränkbarkeit dieses Rechtes auch anerkannt. Allein die Voraussetzungen solcher Schranken waren sehr hoch, und nur der vorsätzliche sittenwidrige Mißbrauch des Stimmrechtes konnte zur Anfechtbarkeit des Beschlusses bzw. zu einer Schadensersatzverpflichtung nach § 826 BGB führen.[90]

Bezeichnend für die Einstellung dieser Epoche zum Mehrheitssystem war die „Hibernia"-Entscheidung des Reichsgerichts, in der ausdrücklich klargestellt wurde, daß es die unabwendbare Folge dieses Grundsatzes sei, daß die Mehrheit des Aktienbesitzes über die Verwaltung der Gesellschaft und darüber entscheide, was im Interesse der Gesellschaft und ihrer Aktionäre zu tun und zu lassen sei. Mit dieser Tatsache müsse sich jeder abfinden, der Aktien erwerbe.[91]

Mit dem bereits erwähnten Aufsatz *Hachenburgs* wurde dann erstmals auch für die Ausübung mitgliedschaftlicher Rechte in der juristischen Person (hier GmbH) eine Treuebindung der Rechtsinhaber vorgeschlagen, die sich damals noch einzig auf eine generelle Anwendbarkeit des Grundsatzes von Treu und Glauben, namentlich die Anwendung von § 157 BGB, im gesamten Zivilrecht stützte.[92]

Dieser Vorschlag wurde vom Reichsgericht jedoch brüsk zurückgewiesen. Weniger wegen der fehlenden Nähebeziehung der Beteiligten untereinander – diese Begründung der Treuepflicht wurde bekanntlich erst später durch *Alfred*

---

[89] Baumbach-Hueck/Zöllner, GmbHG § 43 Rdnr. 11; Geßler/Hefermehl, AktG § 76 Rdnr. 8; Hachenburg/Mertens, GmbHG § 43 Rdnr. 35; Hüffer, AktG § 84 Rdnr. 9; Immenga, (1970) S. 266; Lutter, ZHR 162, 164, 176; Mertens, in KölnKomm. § 93 AktG, Rdnr. 57; Polley, (1992) S. 87; Scholz/Schneider, GmbHG § 43 Rdnr. 121; M.Winter, (1988) S. 66.

[90] RGZ 52, 287, 293; 68, 235, 243; 68, 314, 317; RG JW 1916, 575, 576.

[91] RGZ 68, 235, 246.

[92] Hachenburg, LZ 1907, 460, 465ff.

*Hueck* entwickelt – als vielmehr wegen der Dehnbarkeit dieses Grundsatzes und der daraus folgenden Unsicherheit für den Bestand von Gesellschaftsbeschlüssen kam für das Reichsgericht eine Einschränkung mitgliedschaftlicher Rechte durch Treu und Glauben nicht in Frage.[93]

Eine qualitative Verbesserung des Minderheitenschutzes gegenüber Willkürentscheidungen der Mehrheit brachte schließlich die „Victoria"-Entscheidung des Reichsgerichts.[94]

Hier wurde ein Kapitalerhöhungsbeschluß mit Bezugsrechtsausschluß für unzulässig und anfechtbar erklärt, der einzig dazu diente, den befürchteten Einfluß eines Minderheitsaktionärs zurückzudrängen und dessen Kapitalquote zu „verwässern", ohne daß die Gesellschaft überhaupt einen erhöhten Kapitalbedarf aufwies.

Verkannt werden darf freilich nicht, daß auch dieses Urteil sich ausschließlich auf Sittenwidrigkeitserwägungen stützte und noch keine Treuebindungen anerkannte. Dennoch wurde mit diesem Urteil die für den Minderheitenschutz so wichtige Erkenntnis formuliert, daß aus der Befugnis, im Wege des Mehrheitsbeschlusses zugleich auch für die Minderheit zu beschließen und damit mittelbar über deren in der Gesellschaft gebundenen Vermögensrechte zu verfügen, sich ohne weiteres die gesellschaftliche Pflicht der Mehrheit ergebe, im Rahmen des Gesamtinteresses auch den berechtigten Belangen der Minderheit Berücksichtigung angedeihen zu lassen und deren Rechte nicht über Gebühr zu verkürzen.[95]

Hiermit wies das Reichsgericht bereits 1931 auf einen Zusammenhang hin, der letztlich mehr als 60 Jahre später zur allgemeinen Anerkennung der mitgliedschaftlichen Treupflicht als rechtsformübergreifenden Generalklausel führte: Mit der gesteigerten Rechtsmacht einer Person gehe auch eine gesteigerte Verantwortung einher.

Hatte sich die Rechtsprechung somit zum Ende der Weimarer Republik inhaltlich dem heutigen Erkenntnisstand im Hinblick auf die mitgliedschaftliche Treupflicht weit angenähert, so blieb die formelle Anerkennung der Treuebindungen doch weiterhin aus. Diese erfolgte erst in nationalsozialistischer Zeit und wurde sogleich ideologisch belastet; ein Umstand, der ebenfalls als Ursache dafür angesehen werden muß, daß die Rechtsprechung des Bundesgerichtshofs nach dem Kriege wieder so weit hinter den schon erreichten Stand zurückfiel. Viel kritisiert wurde in diesem Zusammenhang besonders der Satz, der sich in beiden hier einschlägigen Entscheidungen findet, daß der Aktionär sich bei

---

[93] RGZ 81, 37, 40; 119, 386, 387; beide Entscheidungen setzen sich dezidiert mit der Ansicht Hachenburgs auseinander. Vgl. auch Hedemann, (1933) S. 10.
[94] RGZ 132, 149ff (insbes. 159ff).
[95] RGZ 132, 149, 163.

allen seinen Maßnahmen als Glied der Gemeinschaft, der er angehöre, zu fühlen habe und gehalten sei, die Treuepflicht gegenüber dieser Gemeinschaft zur obersten Richtschnur seines Handelns zu machen.[96]

Interessanterweise läßt sich feststellen, daß das Reichsgericht, sowohl noch zur Zeit der Demokratie als auch in der des Nationalsozialismus, die mitgliedschaftlichen Bindungen zunächst für den Aktionär und nicht, wie dies aus heutiger Sicht viel näherliegend erscheint, für den GmbH-Gesellschafter begründet hat.[97] Dies ist ein Hinweis darauf, daß in dieser Zeit das tatsächliche Näheverhältnis eine viel untergeordnetere Rolle spielte und mehr die objektiven Mißbrauchsmöglichkeiten als die subjektive Vertrauensbindungen beachtet wurden.

Nach dem Krieg wurde die Anerkennung der mitgliedschaftlichen Treuebindungen im Kapitalgesellschaftsrecht zunächst noch aufrechterhalten. In seinen ersten Entscheidungen in diesem Bereich, beide betrafen die Treuepflichten von GmbH-Gesellschaftern, bestätigte der BGH die Treuepflicht der Gesellschafter sowohl in der GmbH als auch durch *obiter dicta* für die AG.[98]

Jedoch wurden im Schrifttum bereits starke Bedenken gegen eine Treuepflicht der Aktionäre angeführt,[99] und gleich bei der ersten Gelegenheit mit tatsächlich aktienrechtlichem Bezug lehnte der BGH eine Treuepflicht zwischen Aktionären ab.[100] Diese Aussage wurde später in der bekannten „Audi-NSU"-Entscheidung mit allem Nachdruck wiederholt.[101]

In der GmbH blieb es zwar bei der formellen Anerkennung der mitgliedschaftlichen Treuepflicht, allein diese blieb, wie es *Winter* treffend ausgedrückt hat, für die konkreten Entscheidungen praktisch bedeutungslos,[102] da die einschlägigen Urteile sich regelmäßig auf andere Rechtsbehelfe stützten und die Treuepflicht lediglich als Hilfsargument in der Begründung herangezogen wurde.[103]

---

[96] RGZ 146, 385, 395; 158, 249, 254; zur Kritik: A.Hueck, (1947) Anm. 45; Staub/Fischer, HGB³ § 105 Rdnr. 31b; Wiedemann, (1980) S. 409.

[97] Die Anerkennung der Treuepflicht für GmbH-Gesellschafter erfolgte jedoch nur kurzfristig später mit RGZ 162, 388, 394 ff und RG DR 1940, 2177 (LS).

[98] BGHZ 9, 157, 163; 14, 25, 38. In beiden Entscheidungen klingen allerdings schon deutliche Zweifel bezüglich einer Treuepflicht von Aktionären an. So seien die Bindungen zwischen den Gesellschaftern in der GmbH jedenfalls grundsätzlich stärker als in der gesetzestypischen AG.

[99] A.Hueck, FS Hübner, 1935, 73; ders., (1947) S. 14f; Staub/Fischer, HGB³ § 105 Rdnr. 31a; Staudinger/Weber, BGB¹¹ § 242 Rdnr. 256f; Zöllner, (1963) S. 336.

[100] BGHZ 18, 350, 365.

[101] BGH JZ 1976, 561, 562.

[102] M.Winter, (1988) S. 41.

[103] So bereits BGHZ 9, 157, wo für die Ausschließung eines untragbar gewordenen Gesellschafters primär der zivilrechtliche Grundsatz herangezogen wurde, daß man sich aus ei-

Eine wirklich eigenständige Bedeutung erhielt die mitgliedschaftliche Treuepflicht im GmbH-Recht erst durch das „ITT"-Urteil des BGH, wo sie als Grundlage für die Entwicklung eines in der GmbH geltenden Konzernrechts diente.[104] In der Literatur wurde diese Entscheidung im allgemeinen begrüßt, gleichzeitig eine Treuepflicht des Aktionärs gegenüber seinen Mitgesellschaftern aber weiterhin abgelehnt.[105]

Diese Differenzierung stützte sich primär auf die fehlende Nähebeziehung der Aktionäre untereinander, wogegen diese bei der GmbH als typisch mittelständischer Gesellschaft mit engem und geschlossenem Gesellschafterkreis regelmäßig vorlag. Daß hier dennoch die praktische Anwendung der Treuepflicht so schleppend voranging, lag an einer Überbetonung der Rolle der GmbH als juristische Person, die den Blick auf die Gemeinschaft der hinter dieser stehenden Gesellschafter versperrte.[106]

Erst mit dem Zurückdrängen der dogmatischen Begründung, wonach die Treuepflicht auf einer Vertrauens- und Nähebeziehung basiere, und dem Aufkommen des sich an tatsächlichen Mißbrauchsmöglichkeiten orientierenden Ansatzes wurde der Weg geschaffen, auch die mitgliedschaftliche Treuepflicht des Aktionärs anzuerkennen. Der Sinneswandel vollzog sich zunächst im Schrifttum, wo in immer stärkerer Form eine Anerkennung gefordert wurde.[107] Prägend für die Diskussion wurde die Formulierung *Wiedemanns*, wonach es einem Gesellschafter nicht durch Umwandlung der Gesellschaft in eine AG erlaubt sein dürfe, seine Treuepflicht an der „Garderobe ablegen" zu können.[108]

Schließlich zog die Rechtsprechung mit der „Linotype"-Entscheidung nach, in der eine Treuepflicht des Mehrheitsaktionärs bejaht wurde.[109] Letzte Zweifelsfragen wurden mit dem „Girmes"-Urteil beseitigt, das auch die mitgliedschaftliche Treuepflicht des Minderheitsaktionärs anerkannte.[110]

---

nem Dauerschuldverhältnis immer wegen Vorliegen eines wichtigen Grundes lösen könne (a.a.O. 161f). Vgl. auch Fillmann, (1991) S. 38; M.Weber (1999) S. 40.

[104] BGHZ 65, 15, 18ff. Vgl. Ulmer, (1986) S. 11f.

[105] Henn, (1984) S. 18; Meyer-Landrut, in Großkomm. AktG³ § 1 Rdnr. 34; MüKo/Reuter, BGB § 38 Rdnr. 20 u. 22; Reuter, GmbHR 1981, 129, 130 u. 134. Vgl. auch A.Hueck, ZGR 1972, 237, 250 u. 252f und Martens, ausdrücklich ablehnend in Rechtsdogmatik 1990, 251, 258ff; in diese Richtung aber bereits (1970) S. 143f.

[106] BGHZ 65, 15, 20f („ITT"); 103, 184, 194f („Linotype"); Verhoeven, (1978) Rdnr. 155.

[107] Becker, ZGR 1986, 383, 398ff; Hachenburg/Raiser GmbHG § 14 Rdnr. 53; Fillmann, (1991) S. 23; Lutter, JZ 1976, 225, 231 und 562, 563; Verhoeven, (1978) Rdnr. 150; Wiedemann, (1980) S. 431 ff; M.Winter, S. 82; Zöllner, in KölnKomm.¹ § 243 Rdnr. 195.

[108] Wiedemann, (1980) S. 433f.

[109] BGHZ 103, 184,194ff. Vgl. auch BGH NJW 1992, 3167, 3171 („IBH/Scheich-Kamel").

[110] BGHZ 129, 136, 142ff. Vgl. auch Lutter, JZ 1995, 1053, 1054.

## 4. Treuepflicht als rechtsformübergreifende Generalklausel

Wie bereits erwähnt, kann die gesellschaftsrechtliche Treuepflicht seit der „Girmes"-Entscheidung als eine richterrechtliche, rechtsformübergreifende Generalklausel begriffen werden.[111] Zwar hat der BGH für jene Entscheidung auch Kritik erfahren. Diese bezog sich jedoch auf Einzelfragen der konkreten Entscheidung und weniger auf die allgemeine Anerkennung einer Treuepflicht der Minderheitsaktionäre.[112] Letzteres wurde, auch unter Verweis auf die bis dahin im Schrifttum diesbezüglich gestellten Forderungen, weithin begrüßt.[113]

In der Praxis ist die gesellschaftsrechtliche Treuepflicht zum alltäglichen Argument geworden, und die Rechtsprechung wendet dieses Rechtsinstitut entsprechend einer Generalklausel ohne größeren Begründungsaufwand auf eine Vielzahl unterschiedlichster Fälle an.[114] Kritik braucht sie diesbezüglich nicht mehr zu befürchten.[115]

Vielmehr wird die rechtsformübergreifende Geltung der Treuepflicht als Argument dafür herangezogen, daß die Mitgliedschaft in allen Verbänden einheitlichen Prinzipien folge, bis hin zu der Feststellung, daß das Gesellschaftsrecht von allgemeinen Grundsätzen geprägt sei, aus denen sich ein Allgemeiner Teil des Gesellschaftsrechts entwickeln lasse.[116]

---

[111] Siehe oben Einleitung.

[112] Namentlich die Ausführungen zum Stimmrechtsvertreter fanden geringeren Beifall. Vgl. Lamprecht, ZIP 1996, 1372, 1373 und unten § 2 III. 2. d).

[113] Henze, BB 1996, 489, 490; Hüffer, AktG § 53a Rdnr. 14; Lutter, JZ 1995, 1053ff; Marsch-Barner, ZIP 1996, 853, 854; Tröger, (2000) S. 85f; vgl. auch Schick, ZIP 1991, 938 (zum erstinstanzlichen Urteil).

[114] Selbst aus dem Gesetz ableitbare Entscheidungen werden mit Berufung auf die Treuepflicht zusätzlich „abgerundet"; vgl. Häuser, (1981) S. 33.

[115] Ablehnend aber weiterhin Altmeppen, NJW 1995, 1749, 1750; Flume, ZIP 1996, 161, 165ff; MüKo/Reuter, BGB § 34 Rdnr. 22.

[116] Lutter, AcP 180 (1980) 84, 129f; Nehls, S. 6. In diese Richtung auch Fillmann, (1991) S. 53 und Wiedemann, (1980) S. 431. Zur Treuepflicht als „jeder Gesellschafterstellung immanenter normativer Verhaltensstandard": Ulmer, (1986), S. 38.

# § 2 Inhalt und Fallgruppen

Im folgenden Kapitel soll ein Überblick über die deutsche Rechtslage in bezug auf die gesellschaftsrechtliche Treuepflicht gegeben werden. Angesichts der Charakterisierung dieser Pflicht als richterrechtlicher Generalklausel kann es nicht überraschen, wenn dieser Überblick wesentlich die Form einer Rechtsprechungsübersicht annimmt. Der juristischen Methodik im Umgang mit Generalklauseln folgend wird dabei versucht, das umfangreiche Fallmaterial in Fallgruppen zu systematisieren.[1] Eine erste Orientierung gibt dabei die bereits angesprochene Grobuntergliederung in organschaftliche (I.), mehrheitsbezogene (II.) und mitgliedschaftliche Treuepflichten (III.). Eine gesonderte Betrachtung erfahren die Rechtsfolgen, die mit einem Treuepflichtverstoß verbunden sind (IV.).

## I. Organschaftliche Treuepflicht

Der Geschäftsführer einer GmbH, der Vorstand einer AG, einer Genossenschaft oder eines Vereins, sowie die geschäftsführenden Gesellschafter der Personengesellschaften handeln mit der Ausübung der ihnen eingeräumten Geschäftsführungsbefugnis im Interesse der Gesellschaft und der Gesamtheit der hinter dieser stehenden Gesellschafter.

Bei der Wahrnehmung der ihnen übertragenen Aufgaben haben diese Geschäftsleiter allein das Wohl der Gesellschaft im Auge zu behalten.[2] Sie müssen sich für die von ihnen vertretene Gesellschaft einsetzen und auf deren guten Ruf bedacht sein.[3] Keinesfalls dürfen sie diese oder die sie tragenden Gesellschafter verunglimpfen oder sonstwie in ihrer Kreditwürdigkeit gefährden.[4] Insbesondere gegenüber dem Gesellschaftsvermögen nimmt die Geschäftsleitung eine treuhänderische Stellung ein.[5]

---

[1] Zur Notwendigkeit der Fallgruppenbildung: Bungert, DB 1995, 1749, 1751; Hüffer, FS Steindorff 1990, 59,73; Lutter, ZHR 1998, 164, 166; Piepenburg, (1996) S. 211; Timm, WM 1991, 481, 482; Wiedemann, (1980) S. 434.

[2] BGH WM 1989, 1335, 1339.

[3] Hopt, in Großkomm. AktG § 93 Rdnr. 156; Staudinger/W.Weber, BGB[11] § 242 Rdnr. 250; Weisser, (1991) S. 136f.

[4] OLG München, NZG 1999, 591, 594; Scholz/Schneider, GmbHG § 43 Rdnr. 121.

[5] KG NZG 2001, 129; Geßler/Hefermehl, AktG § 76 Rdnr. 8; Grundmann, (1997) S. 42f, 269 und 421ff; Hachenburg/Mertens, GmbHG § 43 Rdnr. 35; Hopt, in Großkomm. AktG § 93

## 1. Vermögenspflichten

An erster Stelle derartiger Verwaltungspflichten ist diejenige Fallgruppe zu nennen, die am ehesten als Treue-, wenn nicht gar als Treuhänderpflicht bezeichnet werden kann. Für jeden Geschäftsleiter gilt das Verbot, die eingeräumten Verfügungsbefugnisse hinsichtlich des Gesellschaftsvermögens zu mißbrauchen.[6]

Diese Verpflichtung kann ohne Bedenken mit der den Treuhänder im Treuhandvertrag treffenden Hauptpflicht, der Treuhänderpflicht oder besser Treuepflicht i.e.S. verglichen werden.[7]

Der Inhalt ist hier wie dort derselbe: Einer Person, die beauftragt ist, fremdes Vermögen zu verwalten, ist es untersagt, dieses Vermögen für eigene Zwecke zu verwenden, gar sich oder Dritte hieraus zu bereichern.[8] Vielmehr sind sämtliche Gewinne, die aus der Verwaltung erzielt werden, dem betreuten Vermögen zuzuführen und letztlich an die wahren Inhaber desselben wieder auszuschütten.[9] Drohende Schäden, die das anvertraute Vermögen schmälern könnten, sind aktiv zu verhindern.[10]

Hier wie dort verbietet die Treuepflicht nicht nur den direkten „Griff in die Kasse". Die Generalklausel umfaßt darüber hinaus auch Umgehungsversuche. Letztere werden, angelehnt an die vergleichbare Problematik des Steuerrechts, auch als „verdeckte Gewinnausschüttungen" bezeichnet.[11]

So hat die Geschäftsleitung die Pflicht, Verträge zu Konditionen abzuschließen, wie sie unter freien Marktbedingungen erzielt werden. Sie darf nicht verdeckte Ausschüttungen durch unvorteilhafte Austausch- oder Beratungsverträge für sich selbst, für Angehörige, für Unternehmen, an denen sie selbst oder Angehörige beteiligt sind, für einzelne (Mehrheits-)Gesellschafter oder für sonstige Dritte ermöglichen.[12]

---

Rdnr. 149; Lutter, ZHR 1998, 165, 176; Mertens, in KölnKomm. AktG § 93, Rdnr. 57; Weisser, (1991) S. 136. Wiedemann, FS Heinsius 1991, 949, 951.

[6] Schlegelberger/Martens, HGB § 114 Rdnr. 31.

[7] Zur Treuepflicht i.e.S. grundlegend Grundmann, (1997) S. 166ff. Vgl. auch Hopt, in Großkomm. AktG § 93 Rdnr. 148.

[8] BGHZ 25, 47, 49; Schlegelberger/Martens, HGB § 114 Rdnr. 30f; Scholz/Schneider, GmbHG § 43 Rdnr. 121f; Staudinger/W.Weber, BGB § 242 Rdnr. 249

[9] Grundmann, (1997) S. 220.

[10] BGH, DStR 1993, 1637, 1638.

[11] Entnahmen, denen kein Gewinn zugrundeliegt, sondern welche bereits die Substanz des anvertrauten Vermögens angreifen, werden selbstverständlich auch hiervon erfaßt. Vgl. Dreher, DStR 1993, 1632, 1635; Wiedemann, (1980) S. 440, letzterer hält die Bezeichnung „verdeckte Vermögensverlagerung" für treffender.

[12] BGH, NJW 1992, 368; WM 1989, 1335, 1339; OLG Karlsruhe, WM 1984, 656, 660; Baums, (1987) S. 215; Diekgräf, (1990) S. 87ff; Hopt, in Großkomm. AktG § 93 Rdnr. 159;

Soweit entsprechende Verträge nicht bereits einen Anwendungsfall des Selbst-kontrahierungsverbotes nach § 181 BGB darstellen, unterliegen sie im Aktienrecht gemäß § 89 AktG einer Kontrolle durch den Aufsichtsrat. Im übrigen aber ist die Treuepflicht zu beachten und die Rechtsprechung bereit, derartige Verträge entgegen dem sonst weiten unternehmerischen Ermessensspielraum einer gerichtlichen Kontrolle der Angemessenheit zwischen Leistung und Gegenleistung zu unterwerfen.[13]

Formen des Mißbrauchs und damit der Anwendungsbereich dieser Fallgruppe lassen sich nicht abschließend beschreiben. Hierunter fällt das Verbot, Geschäftsgeheimnisse zu verraten, da diese Informationen als immaterielle Güter zum Gesellschaftsvermögen gehören[14] und jenes nicht durch unbefugte Weitergabe entreichert werden darf. Ebenso werden auch die Fälle unangemessenen Repräsentationsaufwands oder gar der „Gehaltsreiterei" von der organschaftlichen Treuepflicht erfaßt.[15]

So ist anerkannt, daß aus der Treuepflicht auch die Verpflichtung folgt, lediglich eine der Größe und Bedeutung der vertretenen Gesellschaft angemessene Repräsentation zu betreiben.[16] Auch hier kann es zu verdeckten „Griffen in die Kasse" kommen, wenn der Geschäftsleiter sich eigene Vorlieben (teure Autos, Kunstsammlung, Flugreisen, Partys etc.), als Repräsentationsaufwand kaschiert, aus der Gesellschaftskasse finanzieren läßt.

Des weiteren ist die Geschäftsführung gehalten, nicht eine Vielzahl von gut besoldeten, aber letztlich überflüssigen Posten zu schaffen, etwa indem sie geschäftliche Aktivitäten auf mehrere Tochtergesellschaften verlagert und entsprechende Geschäftsführungsaufgaben auch dort wahrnimmt, bzw. sich Sitze

---

Mestmäcker, (1958) S. 232ff; Meyer-Landrut, GmbHG § 14 Rdnr. 27; Scholz/Schneider, GmbHG § 43 Rdnr. 143; Wiedemann, (1980) S. 440 ff; ders. (1989) S. 7f; Zöllner, (1963) S. 314.

[13] So geschehen in BGH WM 1988, 1380, 1382; 1974, 392, 393f; OLG Düsseldorf GmbHR 1995, 227f; OLG Karlsruhe, WM 1984, 656, 660; vgl. auch BGH ZIP 1997, 1063, 1064, wo ein Treuepflichtverstoß des Geschäftsleiters zwar verneint, aber dennoch geprüft wurde. Ähnlich gelagert ist auch der bekannte „ITT"-Sachverhalt (BGHZ 65, 15ff), wo sich aber nicht die Geschäftsführung für eine verdeckte Ausschüttung zu verantworten hatte, sondern der Mehrheitsgesellschafterin der Vorwurf gemacht wurde, sie habe eine solche durch treuwidrige Anweisung veranlaßt.
Vgl. Hopt, in Hopt/Teubner 1985, 285, 292; Scholz/Schneider, GmbHG § 43 Rdnr. 125 u. 152.

[14] Grundmann, (1997) S. 216, 242f. Zum Verschwiegenheitsgebot aus Treupflicht auch Heymann/Emmerich, HGB, § 109 Rdnr. 8; Säcker, FS Fischer, 1979, S. 635 ff (bes. 639ff).

[15] Scholz/Schneider, GmbHG § 43 Rdnr. 142; ders., ZGR 1985, 279, 290.

[16] Scholz/Schneider, GmbHG § 43 Rdnr. 142; Schlegelberger/Martens, HGB § 114 Rdnr. 31.

in Aufsichtsgremien einräumen läßt, mit daraus folgender doppelter Vergü‐ tung.[17]

In den letztgenannten Fällen ist dem Management allerdings ein weiter unternehmerischer Ermessensspielraum zuzubilligen, so daß die Treuwidrigkeit der Maßnahmen nur bei groben und offensichtlichen Verstößen in Betracht kommen wird. Diese Fallgruppen werden daher kaum praktische Bedeutung erlangen.

## 2. Der Gleichbehandlungsgrundsatz

Weiterer Bestandteil der organschaftlichen Treuepflicht - zumindest nach hier vertretener Ansicht[18] - ist der Gleichbehandlungsgrundsatz. Dieser verpflichtet den Geschäftsleiter, als „Beauftragten" aller Gesellschafter, die letzteren gleich zu behandeln und keinem von ihnen Sondervorteile zu verschaffen.[19] Die allgemeine Aussage des Gleichbehandlungsgrundsatzes besteht auch im Gesellschaftsrecht darin, gleiche Sachverhalte nicht ungleich, ungleiche Sachverhalte nicht gleich zu behandeln, solange hierfür kein sachlicher Grund vorliegt.[20]

Im Rahmen der Anwendung dieses Gebotes sind Konflikte der Art denkbar, daß in einer durch Mehrheitsgesellschafter kontrollierten Gesellschaft die Geschäftsleitung mit dem Mehrheitsgesellschafter zusammenwirkt und bei Ausübung der Geschäftsführung speziell dessen Interesse beachtet.[21] Im Gegensatz dazu kann die Verwaltung primär in unabhängigen, sich in weitem Streubesitz befindlichen Gesellschaften in Versuchung geraten, Maßnahmen gegen das Entstehen von Kontrollmehrheiten zu ergreifen, und damit potentielle Mehrheitsgesellschafter benachteiligen. Eine derartige Einflußnahme der Verwaltung auf den Gesellschafterbestand wird besonders im Rahmen feindlicher Übernahmen relevant. In diesem Zusammenhang wird noch diskutiert, ob sich bereits aus dem Gleichbehandlungsgebot und der organschaftlichen Treuepflicht eine Neutralitätspflicht der Verwaltung ableiten läßt.[22]

Eine Bevorzugung der Interessen des Mehrheitsgesellschafters ist dagegen, solange kein Unternehmensvertrag abgeschlossen wurde - der die Geschäftsleitung von der Beachtung des Gesellschaftsinteresses entbindet, diese vielmehr auf das Interesse des herrschenden Vertragspartners verpflichtet - ein klarer

---

[17] Lutter, ZHR 153 (1989), 446, 464f; Schneider ZGR (1985), 279, 290.
[18] Siehe oben § 1 I 1.
[19] BGH NJW 1992, 368; vgl. auch G.Hueck, (1958) S. 287.
[20] Fillmann, (1991) S. 131; Henn, AG 1985, 240; G.Hueck, (1958) S. 106; Lutter-Zöllner, in KölnKomm. AktG, § 53a Rdnr. 8ff; Zöllner, (1963) S. 302.
[21] Immenga, (1970) S. 142.
[22] Siehe hierzu unten § 6 II. 2, wobei die Relevanz dieser Diskussion mit Inkrafttreten des WpÜG, dessen § 33 die Verhaltenspflichten des Managements bei feindlichen Übernahmen regelt, deutlich abgenommen haben dürfte.

Verstoß gegen die geforderte Gleichbehandlung der Gesellschafter.[23] Allerdings wird sich im Rahmen dieser Fälle die Geschäftsleitung häufig entlasten können, da sie auf Weisung einer kontrollierten Gesellschafterversammlung handelte[24] oder weil sie sich die Zustimmung zu entsprechenden Geschäftsführungsmaßnahmen durch eine solche Versammlung eingeholt hat.[25]

Aber auch wenn die Geschäftsleitung nicht haftet, sind entsprechende Beschlüsse anfechtbar,[26] und ob darüber hinaus auch der Mehrheitsgesellschafter für eine treuwidrige Stimmabgabe schadensersatzpflichtig wird,[27] beurteilt sich anhand seiner eigenen, der mehrheitsbezogenen Treuepflicht.[28]

Besondere Fragen zum Gleichbehandlungsgrundsatz ergeben sich auch bei verstärktem Auftreten von institutionellen Anlegern im Bereich börsennotierter Aktiengesellschaften. Hier sind Unternehmensvorstände dazu übergegangen, in Investorengesprächen oder sogenannten *„road shows"* einen bestimmten Anlegerkreis exklusiv mit Informationen zu bedienen.[29]

## 3. Wettbewerbsverbot

Mit dem Wettbewerbsverbot des Geschäftsleiters liegt wiederum einer der Fälle vor, wo einzelne aus Treuepflicht ableitbare Verpflichtungen gesetzlich normiert worden sind.[30]

So schreibt § 88 AktG ein Wettbewerbsverbot für den Vorstand einer AG vor, und § 112 HGB statuiert ein solches Verbot für den OHG-Gesellschafter und andere persönlich haftende Personengesellschafter, wie Komplementäre und Partner.

Diese gesetzlichen Regelungen lassen sich auch auf die anderen Gesellschaftsformen ohne normiertes Wettbewerbsverbot übertragen. Dort gilt wegen der Treuebindung der Geschäftsleitung, daß diese grundsätzlich nicht zu der von ihr geführten Gesellschaft in Wettbewerb treten darf und auch nach Beendigung des Geschäftsführungsverhältnisses diesen für eine angemessene Zeit und in räumlich angemessen begrenzter Form zu unterlassen hat.[31]

---

[23] Vgl. Baums, (1987) S. 215; Martens, (1970) S. 70.

[24] Immenga, (1970) S. 278; Wiedemann, (1980) S. 438.

[25] Verfahren in der AG mit § 119 Abs. 2 AktG.

[26] Vgl. hierzu unten § 2 III. 2. a).

[27] Dieses grundsätzlich befürwortend: Immenga, (1970) S. 282f; Martens, GmbHR 1984, 265, 267f.

[28] Siehe unten § 2 II.

[29] Hierzu unten § 6 II. 3.

[30] Siehe oben § 1 III. 1.

[31] Vgl. BGHZ 49, 30, 31; BGH WM 1964, 1320, 1321; 1976, 77; MüKo/Ulmer BGB § 705 Rdnr. 194; Polley, (1992) S. 96 (bezgl. der sachlichen, räumlichen und zeitlichen Grenzen

## 4. Geschäftschancenlehre

Als eine bedeutende Fallgruppe im Zusammenhang mit der Treuebindung der Geschäftsleitung sind des weiteren die Fälle zu nennen, die allgemein unter dem Begriff der Geschäftschancenlehre zusammengefaßt werden.[32] Danach muß ein Geschäftsführer Geschäftschancen, welche sich für die Gesellschaft bieten, für diese wahrnehmen und darf jene nicht etwa selbst ausnutzen oder dieses anderen, beispielsweise nahen Angehörigen, überlassen.[33]

Das Verbot, Kenntnisse von Geschäftschancen für sich auszunutzen, steht in enger Beziehung zum Wettbewerbsverbot. Dabei spielt es keine Rolle, wie der Geschäftsführer an diese Kenntnis herangekommen ist, ob dies im Zusammenhang mit seiner Tätigkeit für die Gesellschaft geschah oder die Gründe hierfür im Privaten lagen.[34] Gegenüber dem Wettbewerbsverbot erlangt dieser Grundsatz insbesondere dann eine eigenständige Bedeutung, wenn ersteres ausgelaufen ist. Auch wenn dem ehemaligen Geschäftsführer nach zeitlichem Ablauf des Wettbewerbsverbots grundsätzlich der Wettbewerb zu der ehemals von ihm geleiteten Gesellschaft gestattet ist, darf er nicht Geschäftschancen, von denen er bereits während seiner Tätigkeit Kenntnis erlangt hat, für sich ausnutzen.[35]

Darüber hinaus hat die Treuepflicht im Bereich der Geschäftschancenlehre nicht nur eine Schrankenfunktion. Der Geschäftsleiter ist nicht nur im negativen Sinne verpflichtet, Kenntnisse nicht für sich selbst auszunutzen, sondern vielmehr auch im positiven, entsprechende Kenntnisse zugunsten der Gesellschaft zu verwerten.[36]

Die Treuepflicht konkretisiert damit auch die Verpflichtung des Geschäftsführers zur Geschäftsführung; eine Aussage, die sich etwa im Zusammenhang mit Provisionen und ähnlichen Vergünstigungen auswirkt. Nicht nur aus der Pflicht

---

S. 122ff); Scholz/Schneider, GmbHG § 43 Rdnr. 123; Timm, GmbHR 1981, 177, 178; M.Winter, (1988) S. 239.

[32] Zwar können diese Fälle, wie *Grundmann* überzeugend ausführt, größtenteils unter die erste Fallgruppe (der Treuepflicht i.e.S.) subsumiert werden, tatsächlich hat sich in diesem Bereich aber eine Eigendynamik entwickelt, die es rechtfertigt, diese Fälle in einer gesonderten Fallgruppe zu behandeln. Vgl. Grundmann, (1997) S. 242f, 421ff. Umfassend zur gesamten Lehre: Polley, (1992) S. 100ff; Weisser, (1991).

[33] BGH, WM 1967, 679; KG NZG 2001, 129;Geßler/Hefermehl, AktG § 84 Rdnr. 55; Hopt, in Hopt/Teubner 1985, 285, 295; ders. in Großkomm. AktG § 93 Rdnr. 166ff; Schlegelberger/Martens, HGB § 114 Rdnr. 30; Scholz/Schneider, GmbHG § 43 Rdnr. 144; Weisser, (1991) S. 179f.

[34] BGH GmbHR 1977, 43; WM 1964, 1320, 1321f; Hachenburg/Mertens, GmbHG § 43 Rdnr. 38; Polley, (1992) S. 140f; Scholz/Schneider, GmbHG § 43 Rdnr. 144c.

[35] BGH GmbHR 1977, 43, 44; BGH NJW1986, 584f; 1986, 585f; Scholz/Schneider, GmbHG § 43 Rdnr. 157.

[36] BGH WM 1967, 679; 1989, 1335, 1339; KG NZG 2001, 129; Weisser, (1991) S. 180.

zur ordentlichen Geschäftsführung, sondern auch aus der von der Treuepflicht ableitbaren Geschäftschancenlehre ist der Geschäftsleiter gehalten, sich um die günstigsten Konditionen für seine Gesellschaft zu bemühen und etwaige gewährte Provisionen allein dieser zukommen zu lassen.[37]

Erhält die Gesellschaft die Chance, wichtige, bisher nur gemietete Produktionsmittel zu Eigentum zu erwerben, so hat der Gechäftsführer diese Chance zu verfolgen und sich notfalls um eine Finanzierung durch Fremd-, aber auch durch Eigenkapital zu bemühen.[38]

Als Geschäftsleiter der Gesellschaft ist es seine Aufgabe, die für die Gesellschaft relevanten Märkte zu beobachten. Motivation für die Verleihung der Geschäftsführungsbefugnis an einzelne Personen ist regelmäßig auch, die Kenntnisse dieses Geschäftsleiters, die er durch besondere Kontakte erhält, der Gesellschaft zuzuleiten. Kommt es zu besonderen Entwicklungen, etwa technischen Innovationen, hat er sich zu bemühen, die Gesellschaft hieran teilhaben zu lassen.[39]

Beispielhaft ist hierfür die sogenannte „Druckmittelzylinder"-Entscheidung des BGH:[40]

In diesem Fall erlangte der beklagte ehemalige Geschäftsführer einer GmbH, welche die Herstellung und den Vertrieb kolbenstangenloser Druckmittelzylinder zum Gegenstand hatte, während seiner Zeit als Geschäftsführer Kenntnis von der Erfindung eines neuartigen Druckmittelzylinders, der kostengünstiger herzustellen war als die von der klagenden GmbH hergestellten. Hierauf kündigte der Geschäftsführer seine Anstellung, und zusammen mit dem Patentinhaber dieser Erfindung gründete er nach Ablauf des Wettbewerbsverbots eine eigene GmbH, die nunmehr diese neuartigen Zylinder herstellte.
Der Beklagte wurde zum Ersatz des Schadens verurteilt, welcher der klagenden GmbH durch die neue Konkurrenz aufgrund des neuartigen Produktes entstanden war, mit der Begründung, daß der Beklagte aufgrund seiner Geschäftsführertätigkeit verpflichtet gewesen wäre, die technische Entwicklung auf den für die Klägerin interessanten Märkten zu beobachten, und sich hätte bemühen müssen, das Geschäft mit dem Patentinhaber zugunsten der Klägerin zustande zu bringen. Dabei sei es unerheblich, ob sich der Kontakt zu dem Patentinhaber im privaten Bereich oder aufgrund der Eigenschaft als Geschäftsführer der Klägerin ergeben habe.

## 5. Kollegiales Verhalten

Wird die Gesellschaft nicht nur von einem Geschäftsführer vertreten, sondern sind mehrere Personen zur Geschäftsführung befugt, verpflichtet sie die Treuepflicht zu einem kollegialen Verhalten. Da die Geschäftsführer bei ihrer Ge-

---

[37] BGH WM 1983, 498 f; Hachenburg/Mertens, GmbHG § 43 Rdnr. 38; Hopt, in Großkomm. AktG § 93 Rdnr. 181.
[38] BGH NJW 1986, 584f; Weisser, (1991) S. 180.
[39] BGH WM 1976, 77; Grundmann, (1997) S. 432.
[40] BGH NJW 1986, 585f.

schäftsführung grundsätzlich nur das Wohl der Gesellschaft im Auge haben dürfen, müssen sie auch in Kollegialorganen die Geschäftsführung effizient gestalten und dürfen sich nicht gegenseitig behindern oder blockieren.

Dementsprechend darf bei Gesamtgeschäftsführungsbefugnis nicht der eine Geschäftsleiter sinnvolle Maßnahmen des anderen aus eigennützigen Gründen verhindern, indem er seine notwendige Zustimmung verweigert.[41] Und bei Einzelgeschäftsführungsbefugnis kann das Widerspruchsrecht der anderen Geschäftsführer durch ihre Treupflicht eingeschränkt sein, wenn dieses Recht mißbräuchlich ausgeübt wird.[42] Sind dem Geschäftsleiter bestimmte Maßnahmen durch seine Treupflicht verwehrt, darf er auch nicht versuchen, diese über das Kollektiv durchzusetzen, sei es durch fehlende Zustimmung oder durch die Erhebung eines Widerspruchs.

Hinzu kommen umfangreiche Offenlegungspflichten gegenüber den Kollegen und einem eventuell vorhandenen Aufsichtsrat.[43] Um eine effiziente Geschäftsführung zu gewährleisten, müssen die Geschäftsleiter sich ihr Wissen teilen und Informationen austauschen. Bei Ablehnung einer Maßnahme durch einen Geschäftsführer muß dieser seine Entscheidung begründen, damit ein Gedankenaustausch über die Meinungsverschiedenheit ermöglicht wird.[44] So ist selbst bei Vorliegen von Einzelgeschäftsführungsbefugnis der Geschäftsführer gehalten, sich mit seinem Mitgeschäftsführer zu verständigen, wenn aufgrund der Bedeutung einer Maßnahme anzunehmen ist, daß dieser auf eine vorherige Unterrichtung Wert legt, sei dies auch nur, um gegebenenfalls gegen diese Maßnahme das Widerspruchsrecht zu benutzen.[45]

---

[41] BGH NJW 1972, 862, 863 f; Hopt, in Großkomm. AktG § 93 Rdnr. 134; A. Hueck, ZGR 1982, 237, 244; Zöllner, (1963) S. 7.

[42] BGH LM HGB § 105 Nr. 11; BGH NJW-RR 1988, 995, 996; NJW 1974, 1555, 1556; Heymann/Emmerich, HGB § 109 Rdnr. 8; A.Hueck, FS Hübner 1935, 72, 75f; RGRK/ v.Gamm, BGB § 705 Rdnr. 17; Staudinger/W.Weber, BGB[11] § 242 Rdnr. 248; M.Weber, (1999) S. 72.

[43] Geßler/Hefermehl, AktG § 76 Rdnr. 8; Hopt, in Großkomm. AktG § 93 Rdnr. 133; Lutter-Hommelhoff, GmbHG § 14 Rdnr. 22.
Wenn der Vorstand einer AG nach § 119 Abs. 2 die Hauptversammlung über eine Geschäftsführungsmaßnahme abstimmen läßt, so hat er auch diese vorher umfassend zu informieren; BGH NZG 2001, 405, 407.

[44] BGH NJW 1972, 862, 863; siehe auch Lutter, AcP 180 (1980), 84, 110.

[45] BGH NJW 1971, 1613.

## II. Mehrheitsbezogene Treuepflicht

In Gesellschaften, in denen Gesellschafterbeschlüsse nicht einstimmig, sondern mit Mehrheit getroffen werden können, ist es möglich, daß sich feste Mehrheitsstrukturen bilden.[46] Dies kann der Fall sein, indem sich einzelne Gesellschafter untereinander zur Stimmbindung verpflichten und damit über eine ständige Mehrheit in der Gesellschafterversammlung verfügen; oder aber es wird nach Kapitalanteilen abgestimmt und ein Gesellschafter erwirbt die Mehrheit dieser Anteile.

In beiden Fällen ist es einer einzelnen Person oder einem gegenüber der Gesamtheit der Gesellschafter fest abgegrenzten Personenkreis möglich, die Abstimmung zu dominieren und damit Einfluß bis hin zur Kontrolle der Geschäftsführung unabhängig von den Mitgesellschaftern auszuüben. Wenn auch nicht nominell, so ist es jenen doch faktisch möglich, die Geschäftsführung der Gesellschaft zu bestimmen. Des weiteren sind entsprechende Kontrollmehrheiten aufgrund der oftmals weiterreichenden Kompetenz der Gesellschafterversammlung auch über reine Geschäftsführungsangelegenheiten hinaus in der Lage, Grundsatzfragen der Gesellschaft in ihrem Sinne zu bestimmen, ohne daß ihre Mitgesellschafter noch einen Einfluß auf den Ausgang der Abstimmung hätten.[47]

Angesichts dieser Machtstellung ist es ständige Rechtsprechung, daß der Mehrheitsgesellschafter oder eine entsprechend geschlossene Kontrollgruppe einer besonderen Treuepflicht unterliegt: der mehrheitsbezogenen Treuepflicht.[48]

### 1. Verbot verdeckter Entnahmen

Der Mehrheitsgesellschafter kann durch einen entsprechenden Beschluß direkt Dispositionen über das gesellschaftsgebundene, von allen Gesellschaftern aufgebrachte Vermögen treffen oder - außerhalb der AG - die Geschäftsleitung zu entsprechenden Handlungen anweisen. Wegen dieser Fähigkeit ist es dem Mehrheitsgesellschafter ebenso wie dem Geschäftsführer untersagt, diese faktische Verfügungsbefugnis zu mißbrauchen, sich insbesondere aus dem Vermö-

---

[46] Wiedemann, (1980) S. 408f; Zöllner, (1963) S. 94.

[47] Lutter, JZ 1976, 562, 563; Wiedemann, FS Heinsius 1991, 949, 960; ders., (1980) S. 418; Zöllner, (1963) S. 95.

[48] BGHZ 65, 15, 19 („ITT"); 76, 352, 353; 80, 69, 74 („Süssen"); 89, 162, 166; 103, 184, 194 („Linotype"); in diese Richtung auch schon RGZ 132, 149, 163 („Victoria"); Fillmann, (1991) S. 105f, 123f; Henn, AG 1985, 240, 241f; Hüffer, AktG § 53a Rdnr. 17; Kort, ZIP 1990, 294, 296; Lutter-Timm, NJW 1982, 409; Reichert-M.Winter, FS GmbHG 1992, 209, 239; Wiedemann, FS Heinsius 1991, 949, 960ff; ders., (1980) S. 431ff.

gen zu bereichern, ohne daß diese Entnahmen durch Dividendenbeschluß gedeckt wären.[49]

Ähnlich wie für die Geschäftsführung sind auch für die Mehrheitsgesellschafter in dieser Fallgruppe nahezu unbegrenzte Umgehungsmöglichkeiten denkbar. Aber auch im Bereich der mehrheitsbezogenen Treuepflicht lassen sich diese mißbräuchlichen Vermögensverlagerungen unter die Generalklausel subsumieren.[50]

Nur ein Beispiel ist **BGH JZ 1977, 267**, wo der Kläger mit 10% am Stammkapital einer GmbH beteiligt war. Die ihm gegenüberstehende Beklagte war dagegen mit einem Anteil von 90% Mehrheitsgesellschafterin der Gesellschaft und gleichzeitig auch deren einzige Geschäftsführerin. Der ursprüngliche und vom Kläger mitunterzeichnete Anstellungsvertrag sicherte ihr ein monatliches Gehalt von 3600 DM zu, welches später auf 5000 DM erhöht wurde. Außerdem übernahm die Gesellschaft die Prämie zu einer ausreichenden Krankenversicherung und die Zahlung der jeweiligen Höchstbeträge zur Angestelltenversicherung. Hinzutreten sollte eine noch näher zu bestimmende Tantieme.
Später beschloß die Gesellschafterversammlung mit den Stimmen der Beklagten und gegen die des Klägers, der sich für eine gewinnabhängige Tantieme aussprach, daß die Geschäftsführerin vom Zeitpunkt ihrer Bestellung an eine Tantieme in Höhe von 2% des Jahresumsatzes erhalten sollte. Gegen diesen Beschluß wandte sich der Kläger mit dem Antrag, ihn für nichtig erklären zu lassen.
Fraglich war, ob der Kläger diesen Beschluß wegen Treuepflichtverletzung der Mehrheitsgesellschafterin mit der Begründung anfechten konnte, die Gesamtbezüge der geschäftsführenden Mehrheitsgesellschafterin hätten eine solche Höhe erreicht, daß im Tantiemenbeschluß ein Stimmrechtsmißbrauch zu sehen war.
Nach dem Klägervortrag, unter Hinweis auf in der Presse veröffentlichte Vergleichszahlen, wäre keine Gesellschafterversammlung bereit gewesen, einem vergleichbaren Fremdgeschäftsführer, in diesem Fall ohne jede Vorbildung und Erfahrung, neben einem Monatsgehalt von 5000 DM zuzüglich des Höchstsatzes für die Sozialversicherung, eine Tantieme von 2% des Umsatzes zu zahlen. Danach stand die Summe in einem offensichtlichen Mißverhältnis zur Leistung.
Diesem Vorbringen ist der BGH gefolgt. Ein Mehrheitsgesellschafter dürfe sein Stimmrecht nicht dazu mißbrauchen, sich eine unangemessene und überhöhte Geschäftsführervergütung zu beschaffen.

## 2. Minderheitenschutz

a) Mißbrauch der Mehrheitsmacht

Mit der Stellung eines Mehrheitsgesellschafters ist aber nicht nur die Möglichkeit verbunden, die Geschäftsführung oder Vermögensdispositionen im eigenen Sinne zu beeinflussen. Mit seiner Abstimmungsmacht kann dieser vielmehr

---

[49] Vgl. BGHZ 89, 162, 166; OLG Düsseldorf ZIP 1994, 619, 623; Immenga, (1970) S. 142ff; Meyer-Landrut, GmbHG § 14 Rdnr. 27; Scholz/Winter, GmbHG § 14 Rdnr. 56; Tröger, (2000) S. 143; Wiedemann, (1980) S. 440; ders. (1989) S. 39.
[50] Vgl. auch die diesbezüglichen Aussagen zur organschaftlichen Treuepflicht, oben § 2 I. 1.

auch auf die innere Struktur, namentlich auf die Mitgliedschaft der einzelnen Gesellschafter, einwirken.[51] Die mehrheitsbezogene Treuepflicht schränkt die Ausübung dieser faktischen Kompetenz ein. Sie verpflichtet den Mehrheitsgesellschafter, bei seiner Stimmabgabe nicht allein eigene Interessen zu verfolgen, sondern auch, auf die Belange der Mitgesellschafter Rücksicht zu nehmen, insbesondere den Verhältnismäßigkeitsgrundsatz zu beachten.[52] Theoretisch kann ein die Minderheit benachteiligender Mehrheitsbeschluß auch durch sogenannte Zufallsmehrheiten eintreten. Praktisch wird jedoch hinter unangemessenen und benachteiligenden Beschlüssen regelmäßig ein Mehrheitsgesellschafter oder eine Mehrheitsgruppe stehen, die sich Vorteile verschaffen oder die Minderheit aus dem gemeinsamen Verband drängen wollen.

Solcherlei Maßnahmen können etwa darin bestehen, im Rahmen von Gewinnverwendungsbeschlüssen Jahresüberschüsse fortwährend in Rücklagen einzustellen, um auf diese Weise Gesellschafter „auszuhungern".[53] Sie verstoßen ebenso gegen die mehrheitsbezogene Treuepflicht wie Mehrheitsbeschlüsse, die allein bezwecken, der Minderheit eine wirkungsvolle Kontrolle der Gesellschaft zu erschweren. So darf ein satzungsbestellter Abschlußprüfer von der Gesellschaftermehrheit nicht durch Beschluß abgesetzt werden, allein weil dieser sich weigert, die nach seiner Einschätzung fehlerhafte Bilanz zu testieren.[54]

## b) Materielle Beschlußkontrolle

Fraglich ist in diesem Zusammenhang, ob neben dem gerichtlich überprüfbaren Rücksichtsnahmegebot bei der Stimmabgabe noch eine „objektive" bzw. „materielle Beschlußkontrolle" anzuerkennen ist, die von dem „individuelllem Rechtsmißbrauch" einer Treuepflichtverletzung abzugrenzen wäre. Einen entsprechenden Diskussionsbedarf hat die Rechtsprechung des Bundesgerichtshofs in Fällen mißbräuchlich eingesetzter Auflösungsbeschlüsse ausgelöst.[55]

---

[51] OLG Stuttgart NZG 2000, 159, 161; Lutter, ZHR 153, 446 (454); Wiedemann, (1980) S. 445; Zöllner, (1963) S. 95.

[52] BGHZ 80, 69, 74f („Süssen"); 142, 167, 170 („Hilgers"); OLG Stuttgart NZG 2000, 159, 161; Dreher, DStR 1993, 1632, 1634; Henn, AG 1985, 240, 241f; Immenga, FS GmbHG 1992, 189, 201; Lutter, JZ 1976, 562, 563; Martens, GmbHR 1984, 265, 270; Rottnauer, NZG 2001, 115, 120; Schmidt, in Großkomm. AktG § 243 Rdnr. 49; Scholz/Winter, GmbHG § 14, Rdnr. 58; Timm, JZ 1980, 665, 667; Tröger, (2000) S. 295ff; Ulmer, (1986) S. 38; Weisser, (1991) S. 140; Wiedemann, FS Heinsius 1991, 949, 963; ders., JZ 1989, 447, 449; M.Winter, (1988) S. 144ff (bes. 147); Zöllner, (1963) S. 350f. Zur Beachtung des Gleichheitsgebotes bei Mehrheitsentscheidungen: G.Hueck, (1958) S. 41, 54.

[53] Dreher, DStR 1993, 1632 (1634); Lutter, JZ 1976, 225, 226; Tröger, (2000) S. 149; Wiedemann, (1980) S. 450; Zöllner, in KölnKomm.[1] AktG § 254 Rdnr. 11.

[54] BGH ZIP 1991, 1427ff.

[55] BGHZ 76, 352ff (für GmbH); BGHZ 103, 184ff („Linotype", für AG).

So lehnte es der BGH ab, den von der nötigen Mehrheit getragenen Auflösungsbeschluß auf seine sachliche Rechtfertigung hin zu überprüfen, wie er es zuvor
in der „Kali & Salz" Entscheidung[56] im Hinblick auf einen Beschluß zum Bezugsrechtsausschluß im Rahmen einer Kapitalerhöhung getan hatte. Im Gegensatz zum Bezugsrechtsausschluß, der im Rahmen einer Kapitalerhöhung der
Förderung des Gesellschaftszweckes diene und deshalb auch mit den Maßstäben der Geeignetheit und Erforderlichkeit an diesem gemessen werden müsse, habe der Auflösungsbeschluß hierzu keinen Bezug mehr und trage insoweit
seine Rechtfertigung bereits in sich.[57] Den Gesellschaftern einer Kapitalgesellschaft sei es gestattet, mit der nach Gesetz und Satzung vorgesehenen Mehrheit
den Gesellschaftszweck zu beenden. Andere Ansichten führten zu einer allgemein erhöhten Bindung des investierten Kapitals, welche über die vom Gesetz
aufgestellten Voraussetzungen hinausginge und die darin keine Stütze fände.[58]

Dennoch bejahte der BGH im Ergebnis in beiden entschiedenen Fällen die Anfechtbarkeit des Auflösungsbeschlusses, jedoch nicht aufgrund der Tatsache,
daß die Gesellschaft aufgelöst wurde und die Minderheit deshalb ihre Rechtsstellung in der Gesellschaft verlor, sondern weil die Mehrheitsgesellschafterin-
nen bereits vor dem Beschluß weitreichende Vorkehrungen getroffen hatten,
das jeweilige Unternehmen auf eine eigene, von ihnen 100%ig gehaltene Gesellschaft zu übertragen. Den Mitgesellschaftern wurde damit bei der sich anschließenden Abwicklung noch nicht einmal die theoretische Chance eingeräumt, das Gesellschaftsvermögen durch ein wertentsprechendes Angebot aus
der Liquidationsmasse zu erwerben und mit deren Hilfe den Betrieb allein wei-
terzuführen. Der unter solchen Umständen getroffene Auflösungsbeschluß sei
durch eine treuwidrige Ausübung des Stimmrechts der Mehrheit zustande gekommen und deshalb anfechtbar.[59]

Im Anschluß an diese zweistufige Argumentationsschiene der BGH-Entschei-
dungen wird in der Literatur die Frage unterschiedlich beantwortet, ob der Minderheitenschutz in den Körperschaften gänzlich zweistufig ausgestaltet sei und
wo dann die Grenzen einer materiellen Beschlußkontrolle lägen.

---

[56] BGHZ 71, 40ff.
[57] BGHZ 76, 352, 353; 103, 184, 190f.
[58] BGHZ 103, 184, 191.
[59] BGHZ 76, 352, 355ff; 103, 184, 193f. Vgl. hierzu auch Nehls, (1993) S. 145f; M. Weber,
(1999) S. 92; M.Winter, (1988) S. 162f.

## aa) Meinungsstand

In dieser Diskussion nehmen *Lutter*[60] und *Karsten Schmidt*[61] - mit ihrer grundsätzlichen Differenzierung zwischen stets überprüfbarem individuellen Rechtsmißbrauch (= Treuepflichtverletzung) und der nur in begrenztem Maße möglichen materiellen Beschlußkontrolle - einerseits und *Wiedemann*, der eine sachliche Rechtfertigung von Mehrheitsbeschlüssen unterschiedslos für alle Beschlüsse in allen Vereinigungsformen bejaht,[62] anderseits die gegensätzlichsten Standpunkte ein. Verweisen *Lutter* und *Karsten Schmidt* auf die eben dargestellte höchstrichterliche Rechtsprechung und deren Argumentation, weshalb ein Auflösungsbeschluß keiner sachlichen Rechtfertigung bedürfe, befürchtet *Wiedemann*, daß die Mehrheit Freiräume für sachlich nicht zu begründende Mehrheitsentscheidungen zu „Umwegspressionen" gegenüber der Minderheit ausnutzen werde.[63]

Zwischen diesen gegensätzlichen Positionen nehmen eine Reihe von Autoren vermittelnde Standpunkte ein. Diejenigen, die näher der differenzierenden Auffassung verbunden sind, unterscheiden zwar noch deutlich zwischen dem sachlich nicht gerechtfertigten materiellen Beschlußinhalt und der mißbräuchlich ausgeübten Mehrheitskompetenz, stimmen aber zu, daß beide Überprüfungsmaßstäbe letztlich einheitlich auf der zwischen den Gesellschaftern bestehenden Treuepflicht basieren.[64] Die praktische Bedeutung der Frage, ob die Treuepflicht noch zusätzlich zu den formellen Beschlußvoraussetzungen eine sachliche Rechtfertigung erfordere, liege zum einen in der Verteilung der Darlegungs- und Beweislast im Anfechtungsprozeß, zum anderen darin, daß, wenn die sachliche Rechtfertigung im Gesellschaftsinteresse Tatbestandsmerkmal sei, die Gesellschafterversammlung notwendigerweise über alle entscheidungsrelevanten Umstände unterrichtet werden müsse, da jene nur auf diese Weise beurteilen könne, ob die Gebote der Erforderlichkeit und Verhältnismäßigkeit gewahrt würden oder nicht.[65]

Andere Autoren stehen dagegen der Auffassung *Wiedemanns* näher und gehen grundsätzlich von der materiellen Überprüfbarkeit jeder Mehrheitsentscheidung aus. Sie erkennen aber an, daß bestimmte Beschlußgegenstände von vornherein die Interessen der Mehrheit stärker berücksichtigen und daher Minderheitsinter

---

[60] Lutter, ZGR 1981, 171, 176ff.
[61] Schmidt, in GroßKomm. AktG § 243 Rdnr. 46f.
[62] Wiedemann, ZGR 1980 147, 157; ders., (1980) S. 445f.
[63] Wiedemann, ZGR 1980, 147, 157.
[64] Timm, JZ 1980, 665, 667; ders. ZGR 1987, 403, 413; M.Winter, (1980) S. 147.
[65] Timm, JZ 1980, 665, 668f.

essen in diesen Fällen regelmäßig zurücktreten müßten, ohne aber deren Beachtung völlig auszuschließen.[66]

## bb) Stellungnahme

Tatsächlich stellt sich die Frage, ob sich die strenge Differenzierung zwischen materieller Beschlußkontrolle und individuellem Rechtsmißbrauch noch aufrecht erhalten läßt. Die materielle Beschlußkontrolle der „Kali & Salz" Entscheidung erfolgte zu einer Zeit, als Treuepflichten zwischen Aktionären noch nicht anerkannt waren.[67] Heute kann ein Bedürfnis für dieses ergänzende Rechtsinstitut des Minderheitenschutzes jedoch nur noch bejaht werden, wenn man für die Treuwidrigkeit der einzelnen Stimmabgabe neben der unangemessenen Entscheidung auch einen subjektiven Pflichtverstoß des Treuepflichtigen fordert. Nur so könnte der Beschluß als Ganzes wirksam bleiben - und ein Bedürfnis für eine materielle Kontrolle bestehen - obwohl er mit Stimmen zustande gekommen wäre, die jede für sich eine nicht erforderliche bzw. unangemessene Benachteiligung der Minderheit zum Inhalt hätte.

Diese subjektive Komponente sollte aber bei der Beurteilung der Treuwidrigkeit einer Maßnahme keine Rolle spielen.[68] Wenn eine gesellschaftsinterne Entscheidung andere Personen unangemessen benachteiligt, ist diese Maßnahme treuwidrig und darf keinen Bestand haben, unabhängig davon, ob dieses dem Entscheidungsträger auch individuell zum Vorwurf gemacht werden kann. Letzteres ist für die Frage bedeutsam, welche Konsequenzen die treuwidrige Handlung haben soll, ob etwa Schadensersatz geleistet werden muß.

Damit ist aber jeder materiell unangemessene Beschluß gleichzeitig durch eine mehrheitlich treuwidrige Stimmabgabe und damit durch individuellen (nicht notwendig vorsätzlichen) Rechtsmißbrauch zustande gekommen, so daß ein Bedürfnis für eine materielle Beschlußkontrolle neben der Rechtsmißbrauchskontrolle nicht besteht. Die Frage, inwieweit das Beschlußziel selbst einer sachlichen Rechtfertigung bedarf oder nur die Art und Weise der Durchsetzung dieses Ziels zu beurteilen ist, muß bereits bei der Beurteilung der Angemessenheit der einzelnen Stimme geklärt werden.

Entsprechend verfährt der BGH inzwischen auch in seiner jüngeren Rechtsprechung. So wurde in der „Hilgers"-Entscheidung[69] der Anfechtung eines Sanierungsbeschlusses nicht wegen der Unangemessenheit des Beschlußgegenstandes stattgegeben; vielmehr wurde es dem Mehrheitsgesellschafter direkt zum

---

[66] Henze, BB 1996, 489, 496f; Martens, in FS R.Fischer 1979, 437, 445f; ders., GmbHR 1984, 265, 270.
[67] Vgl. oben § 1 IV. 3.
[68] Siehe hierzu auch unten § 6 IV. 2. b).
[69] BGHZ 142, 167ff.

Vorwurf gemacht, daß dieser es nach einer Kapitalherabsetzung „auf Null" mit anschließender Kapitalerhöhung nicht möglichst vielen Gesellschaftern ermöglicht hatte, in der Gesellschaft zu verbleiben, weil bei den neuen Aktien ein unnötig hoher Nennbetrag festgesetzt wurde, so daß Spitzen entstanden, wodurch Kleinstaktionäre aus der Gesellschaft gedrängt wurden.

Letztlich ist die starre Unterteilung in Beschlüsse, die ihre Rechtfertigung nicht schon in sich tragen und die damit einer materiellen Beschlußkontrolle zugänglich seien, und solchen Beschlußgegenständen, bei denen dies nicht der Fall sein soll, wenig sinnvoll.

Die bislang erörterten und von der Rechtsprechung entschiedenen Beispiele stellen Extrempositionen dar. So trägt der Auflösungsbeschluß immer seine Rechtfertigung in sich. Er ist der denkbar eigennützigste Beschlußgegenstand. Mit ihm sollen die gemeinsame Zweckverfolgung und alle gesellschaftsbezogenen Beziehungen beendet werden; und daß dieser Beschluß gravierend in die mitgliedschaftliche Stellung der dissentierenden Gesellschafter eingreift, steht völlig außer Frage. Bei einem derart auf den Eigennutz der Mehrheit angelegten Beschlußgegenstand verbietet es sich aber, hier noch eine Erforderlichkeitsprüfung vorzunehmen, die bereits daran scheitern muß, daß ab dem Auflösungsbeschluß keine gemeinsamen Interessen mehr bestehen, an denen eine solche Prüfung ansetzen könnte. Die Gesellschafter sollen das Recht besitzen, ohne sich hierfür rechtfertigen zu müssen, jederzeit die gemeinsame Zweckverfolgung zu beenden und ihr eingesetztes Kapital aus dem Unternehmen zu ziehen, wenn sie hierfür die nötige Mehrheit erreichen. Diesbezüglich hat der Gesetzgeber eine abschließende Abwägung vorgenommen. Die Interessen der Minderheit werden insoweit berücksichtigt, als der Beschluß einer qualifizierten Mehrheit bedarf und sich ein ordnungsgemäßes Liquidationsverfahren anschließen muß. Ein derartiger Beschluß kann in der Tat nur noch mit dem Einwand des Rechtsmißbrauch angegriffen werden, wenn die Mehrheit nicht die Beendigung der Zweckverfolgung anstrebt, sondern nur auf die Zusammensetzung des Gesellschafterstammes Einfluß nehmen will. Hierfür sind andere rechtliche Möglichkeiten vorgesehen, derer sie sich dann auch bedienen muß.

Demgegenüber ist der Bezugsrechtsausschluß ein Beschlußgegenstand, der sich immer am Maßstab der Erforderlichkeit messen lassen kann. Ihm liegt stets eine Kapitalerhöhung zugrunde, die gerade nicht den gemeinsamen Zweck beenden, sondern diesen mit neuem Kapital weiter fördern soll. Eine Beurteilung, ob durch den Bezugsrechtsausschluß der Gesellschaftszweck gefördert werden kann und hierfür keine milderen Mittel zur Verfügung stehen, ist mithin immer möglich. Aufgrund des mit diesem Beschlußgegenstand zwangsläufig verbundenen Verwässerungseffektes ist eine derartige Überprüfung auch stets zu fordern. Es gibt kein schützenswertes Interesse der Gesellschaft, auf den Gesellschafterbestand mittels Bezugsrechtsausschluß Einfluß zu nehmen, ohne daß dieser Eingriff den Anforderungen des Verhältnismäßigkeitsgrundsatzes genügt.

Zwischen diesen Extrempositionen liegen aber eine Reihe weiterer Beschlußgegenstände, bei denen es im Einzelfall fraglich sein kann, ob für ihre Wirksamkeit positiv zu fordern ist, daß sie auch dem Grundsatz der Verhältnismäßigkeit genügen, es somit an der Gesellschaft läge, im Prozeß darzulegen und zu beweisen, daß dieser Beschluß im Hinblick auf den verfolgten Zweck geeignet und erforderlich ist und sich gegenüber den berechtigten Belangen der Minderheit als angemessen erweist.

Eine derartige Anforderung ist etwa für eine einfache Kapitalerhöhung ohne Bezugsrechtsausschluß in den meisten Fällen zu verneinen. Hier wird den Interessen der Minderheit genügt, indem auch dieser Beschluß mit einer qualifizierten Mehrheit getroffen werden muß und sie eine Verwässerung ihrer Beteiligung mittels des Bezugsrechts verhindern können. Hier käme eine materielle Beschlußkontrolle letztlich einer gerichtlichen Überprüfung unternehmerischer Ermessensentscheidungen gleich.

Diese Beurteilung sollte sich jedoch ändern, wenn das Bezugsrecht für die Minderheit nur eine formelle Position darstellt und letztlich für sie keinerlei tatsächlichen Wert besitzt. So kann etwa in einer kleinen Gesellschaft die Minderheit nicht in der Lage sein, eine von der Mehrheit beschlossene, umfangreiche Kapitalerhöhung ganz oder teilweise finanziell mitzutragen. Für diese Minderheit ist es gleichgültig, ob in diesem Fall das Bezugsrecht ausgeschlossen wurde oder nicht. Ihre Anteilsquote wird sich bei dieser Kapitalerhöhung in jedem Fall verringern. Wenn dieser Umstand bei Beschlußfassung offen zutage lag, kann es der Mehrheit nicht gestattet bleiben, sich auf die formelle Position zurückzuziehen, daß der Minderheit ein Bezugsrecht zustehe. Hier bedarf auch dieser Beschluß der positiven Rechtfertigung, daß er sich gegenüber dem sicheren Eingriff in die Interessen der Minderheit als erforderlich und angemessen erweist.

Die Frage, ob für die Wirksamkeit eines Beschlusses zu fordern ist, daß die Gesellschaft auch dessen Erforderlichkeit und Angemessenheit nachweisen kann, läßt sich damit nicht anhand abstrakter Beschlußgegenstände allgemein beantworten. Es gibt Extremfälle wie den Bezugsrechtsausschluß oder den Auflösungsbeschluß, wo sich diese Frage eindeutig mit ja oder nein beantworten läßt. In den meisten anderen Situationen wird die Antwort jedoch davon abhängen, ob im Einzelfall durch den Beschluß in die berechtigten Interessen der dissentierenden Minderheit eingegriffen wird, so daß über das Mehrheitserfordernis hinaus auch die Verhältnismäßigkeit des Beschlusses als Wirksamkeitsvoraussetzung gefordert werden muß.

Ein derart flexibles Instrumentarium der Beschlußkontrolle bietet letztlich nur die Generalklausel Treuepflicht. Eine Abgrenzung zwischen materieller Beschlußkontrolle und individuellem Rechtsmißbrauch ist daher eher theoretischer Natur und grundsätzlich nicht erforderlich. Es ist eine Frage des Einzelfalls, ob die Minderheit neben dem Einwand des individuellen Rechtsmißbrauchs auch damit gehört werden kann, daß der Beschlußinhalt selber sie unangemessen benachteiligt. Ob die Minderheit die Unangemessenheit oder die Gesellschaft die Angemessenheit des Beschlusses nachweisen muß, ist von der Frage abhängig zu machen, inwieweit bereits bei der Beschlußfassung erkennbar war, ob und in welchem Umfang berechtigte Interessen der Minderheit durch den Beschluß berührt werden.

### 3. Anwendung des Gleichbehandlungsgrundsatzes auf den Mehrheitsgesellschafter

Deutlich weniger als die bisher dargestellten Inhalte der mehrheitsbezogenen Treuepflicht ist die Frage geklärt, ob auch den Mehrheitsgesellschafter eine Pflicht zur Gleichbehandlung seiner Mitgesellschafter trifft. Eine direkte Ausdehnung des in § 53a AktG normierten Gleichbehandlungsgrundsatzes auf Mehrheitsaktionäre kommt dabei nicht in Betracht, da sich diese Vorschrift ausschließlich auf die Organe der AG beschränkt und somit keine einzelnen Gesellschafter verpflichtet.[70]

Jedoch könnte sich eine solche Verpflichtung – auch für einflußreiche Großaktionäre – aus der mehrheitsbezogenen Treuepflicht ergeben.[71] Ein derartiges Gleichbehandlungsgebot wäre zum einen relevant, wenn der Mehrheitsgesellschafter einzelne Mitgesellschafter bevorzugt, etwa indem er ihnen zu besonders günstigen Bedingungen Gesellschaftsanteile abkauft. Zum anderen könnte der Mehrheitsgesellschafter verpflichtet sein, sich Vorteile, die er allein infolge seiner Beteiligungshöhe erhält, mit den übrigen Gesellschaftern zu teilen.

a) Abkauf von Anfechtungsrechten

Die erste Alternative betrifft die von *Timm* aufgeworfene Problematik, ob ein Mehrheitsaktionär sich treuwidrig verhält, wenn er einem (evtl. sogar mißbräuchlich) anfechtenden Aktionär zum überhöhten Preis dessen Aktien abkauft, um damit die aufschiebende Wirkung der Anfechtung zu beseitigen und

---

[70] OLG Celle WM 1974, 1013 („Audi/NSU"); Lutter-Zöllner, in KölnKomm. AktG § 53a Rdnr 17f; Nehls, (1993) S. 129.

[71] So OLG Stuttgart NZG 2000, 159, 162.

den besonders vom Mehrheitsgesellschafter getragenen Beschluß in die Praxis umzusetzen.[72]

Problematisch ist ein solches Verhalten in zweierlei Hinsicht. So beschränkt sich das Anfechtungsrecht nicht nur auf die Beziehung zum einzelnen Aktionär. Vielmehr dient dieses Schutzrecht des Einzelnen der Kontrolle der Gesellschaft insgesamt, so daß der anfechtende Aktionär nicht nur eigene Interessen wahrnimmt, sondern auch das Interesse aller Gesellschafter und der Gesellschaft an recht- und satzungsmäßigen Beschlüssen vertritt.[73] Daher könnte der Großaktionär das Kontrollsystem des Aktienrechts und damit den Minderheitenschutz treuwidrig unterlaufen, indem er mit verhältnismäßig geringen Mitteln einzelnen Aktionären das „Anfechtungsrecht abkauft".

Darüber hinaus liegt in der Bevorzugung des Anfechtenden eine Ungleichbehandlung der Aktionäre. Wenn auch der Großaktionär gegenüber seinen Mitgesellschaftern zur Gleichbehandlung verpflichtet wäre, könnte es im Einzelfall fraglich sein, ob der Abkauf einzelner Aktien über dem Marktpreis zur Verhinderung von Anfechtungsklagen einen rechtfertigenden Grund darstellt.

Soweit ersichtlich, ist bislang gegen ein derartiges Verhalten eines Mehrheitsaktionärs noch keine Klage erhoben worden, somit auch diesbezüglich noch keine gerichtliche Entscheidung herbeigeführt worden.

Gegen eine derartige Verpflichtung des Mehrheitsgesellschafters argumentiert *Diekgräf*, daß zumindest beim Auskauf mißbräuchlicher Anfechtungsklagen aus der Treupflicht keine Gleichbehandlungspflicht hergeleitet werden könne, da Treupflichten dazu dienten, Mißbrauch zu verhindern. Beim Auskauf mißbräuchlich anfechtender Aktionäre verhalte sich aber der Mehrheitsgesellschafter selber nicht mißbräuchlich, vielmehr wende dieser Schaden von der Gesellschaft ab.[74]

Dem ist jedoch zu entgegnen, daß die gesellschaftsrechtlichen Treupflichten nicht nur direkte mißbräuchliche Transaktionen verbieten. Vorschriften wie das Wettbewerbsverbot oder das Verbot des Selbstkontrahierens, die sich ebenfalls aus der Treupflicht ableiten lassen,[75] verbieten keine per se mißbräuchliche Handlung. Verträge mit der eigenen Gesellschaft oder Wettbewerbshandlungen müssen nicht notwendig mit einem Schaden für die Gesellschaft verbunden

---

[72] Timm, WM 1991, 481, 491.

[73] Baums, DJT-F 25; Diekgräf, (1990) S. 26f; Heuer, WM 1989, 1401, 1402; Hirte, BB 1988, 1469, 1470; Lutter, ZGR 1978, 347, 349f; Mertens, AG 1988, 118, 122; Timm, WM 1991, 481, 491.
   Zu diesen „externen Effekten" einer Anfechtungsklage: Adams, AG 2000, 396, 402.

[74] Diekgräf, (1990) 211ff. In diese Richtung auch Nehls, (1993) S. 198.

[75] Siehe unten § 4 IV. 2.a).

sein. Die Treuepflichten wirken in diesen Fällen vielmehr präventiv, weil sie Entscheidungssituationen verhindern, in denen die Gefahr bedeutender Interessenkonflikte zwischen Treuepflichtigem und seiner Gesellschaft bestehen.[76] Die Gefahr derartiger Interessenkonflikte besteht aber auch beim Auskauf anfechtender Aktionäre. Der Mehrheitsgesellschafter ist regelmäßig von der Zweckmäßigkeit des Beschlusses überzeugt, beruht dieser doch wesentlich auf seinen Stimmen. Leicht besteht daher die Gefahr, daß der Großaktionär Anfechtungen als mißbräuchlich einstuft und durch Auskauf auch wünschenswerte Kontrolle mit einer Berufung auf mißbräuchliches Verhalten unterbindet.

Eine generelle Gleichbehandlungspflicht ließe sich somit auf den Präventionscharakter der Treuepflicht stützen, selbst wenn die einzelne Auskaufshandlung des Mehrheitsgesellschafters zu keinem Schaden zu Lasten der Gesellschaft führt, dieser vielmehr sogar nützen könnte.[77]

Die Stimmen, die eine Gleichbehandlungspflicht des Mehrheitsgesellschafters befürworten, überzeugen deshalb. Sie bejahen eine Verpflichtung, auch die übrigen Aktionäre gegen ein gleichwertiges Angebot auszukaufen, wenn der kontrollierende Gesellschafter sich entsprechend gegenüber einzelnen anfechtenden Aktionären verhält.[78]

Angesichts der kontrollhemmenden Wirkung eines Auskaufs opponierender Aktionäre sprechen die besseren Argumente dafür, die übrigen Aktionäre in eine derartige Aktion des Mehrheitsgesellschafters einzubeziehen. Darüber hinaus bestehen auch weitere, ökonomisch herleitbare Gründe für eine solche Gleichbehandlungspflicht. Diese werden im weiteren Verlauf der Arbeit noch darzustellen sein.[79]

An dieser Stelle kann festgehalten werden, daß sich bereits *de lege lata* eine Verpflichtung des kontrollierenden Aktionärs aus der mehrheitsbezogenen Treuepflicht herleiten läßt, alle Aktionäre zum gleichen Wert auszukaufen, wenn er dies einzelnen opponierenden Gesellschaftern anbietet.

b) Teilung von Paketzuschlägen

Relevant wäre eine Gleichbehandlungspflicht des Mehrheitsaktionärs noch in einem anderen Falle. Wenn der Mehrheitsaktionär seinen Anteilsbesitz im Paket

---

[76] Siehe unten § 4 IV. 3. a).

[77] Daß hierdurch die Gesellschaft nicht schutzlos Blockaden ausgesetzt wird sowie eingehender zur gesamten Präventionswirkung einer derartigen Gleichbehandlungspflicht, siehe unten § 6 II. 4.

[78] Hirte, BB 1988 1461, 1474; Timm, WM 1991, 481, 491. Eingeschränkt Nehls, (1993) S. 197ff, soweit es sich nicht um mißbräuchliche Anfechtungsklagen handelt.

[79] Siehe unten § 6 II 4.

verkauft, kann er am Markt hierfür häufig einen höheren Preis pro Aktie fordern, als wenn er nur einzelne Aktien anbieten würde. Der Käufer dieses Pakets erhält durch eine Transaktion die Kontrolle an der Gesellschaft und muß diese nicht erst mühsam durch ständigen Zukauf von Beteiligungen aufbauen.

Diese Senkung von Erwerbsaufwand wird dem Großaktionär bei Verkauf seiner Anteile mit einem Paketzuschlag vergütet.[80] Damit erwirbt der bisherige Mehrheitsgesellschafter diese sogenannte Kontrollprämie allein infolge des Umfanges seines Besitzes und nicht als Vergütung für eine über den Verkauf der Anteile hinausgehende Gegenleistung. Aus diesem Grund wird diskutiert, daß der Großaktionär sich diese Prämie mit den übrigen Aktionären teilen müsse, da schließlich die Kontrolle über das gesamte Unternehmen vergeben werde und die anderen Aktionäre in gleicher Weise hiervon betroffen seien.[81] Die Existenz von Paketzuschlägen auf einem Markt führe zu Frustrationen der Außenstehenden, die sich ungleich behandelt fühlten. Diese Anleger würden sich letztlich aus einem derartigen Markt zurückziehen. Eine rechtliche Teilungspflicht würde daher mehr Anleger dazu veranlassen, ihr Geld in Aktien zu investieren.[82]

Die Diskussion beruht auf einem aufsehenerregenden US-amerikanischen Urteil, das eine solche Teilungsverpflichtung des Großaktionärs anerkannte.[83] Angesichts der vergleichbaren Problematik kam es auch in Deutschland zu einer Auseinandersetzung mit diesem Urteil.[84] Diese Entscheidung blieb jedoch selbst in den USA nicht unbestritten[85] und kann keineswegs zum gesicherten Bestand des amerikanischen Gesellschaftsrechts gezählt werden.[86] Neuere Kodifikationsvorschläge in den USA billigen dem Mehrheitsgesellschafter vielmehr aus-

---

[80] Vgl. Lüttmann, (1992) S. 33; Manne, 64 Col.l.Rev. 1427, 1432 (1964).

[81] Dementsprechend wird vertreten, der „Kontrollwert" eines Mehrheitspaketes sei dem Gesellschaftsvermögen zuzuordnen. Vgl. Lüttmann, (1992) S. 33; Weber, (1999) S. 339ff; ähnlich Grundmann, (1977) S. 481.

[82] Reul, (1991) S. 241f. Zustimmend Grundmann, (1997) S. 470f.

[83] Perlman v. Feldmann, 219 F.2d 173, 178 (2d Cir. 1955).

[84] Vgl. Grundmann, (1997) 465ff; Lutter, ZHR 153 (1989) 446, 462; Lüttmann, (1992) S. 129ff; Mestmäcker, (1958) S. 209; Piepenburg, (1996) S. 319ff; Reul, (1991) S. 28ff; M. Weber, (1999) S. 339ff; Wiedemann, (1980) S. 452.

[85] Vgl. *dissent* von *Judge Swan*, a.a.O. S. 178ff; Zettlin v. Hanson Holdings, 397 N.E.2d 387, 388 (N.Y. App. 1979); Easterbrook-Fischel, (1996) S. 126 ff; dies., 91 YaleL.J. 698, 716ff (1982) sowie die Darstellungen bei Lüttmann (1992), S. 132f; Reul, (1991) S. 47ff und Weisser, (1991) S. 47 (alle m.w.N.).

[86] Vgl. Lüttmann, (1992) S. 129f; Reul, (1991) S. 52; Wiedemann, (1980) S. 452.

drücklich zu, sich für die Veräußerung seiner Beteiligung eine Kontrollprämie gewähren zu lassen.[87]

Mit *Lutter* ist eine derartige aus der mehrheitsbezogenen Treuepflicht folgende Verpflichtung auch für Deutschland abzulehnen.[88] Ein Aktionär handelt unabhängig von der Höhe seiner Beteiligung nicht mißbräuchlich, wenn er bei Veräußerung derselben versucht, einen möglichst hohen Preis zu erzielen.[89] Eine Regulierung, die den Großaktionär verpflichten würde, Verkaufsüberschüsse mit seinen Mitgesellschaftern zu teilen, würde für diesen wie eine Veräußerungsbeschränkung wirken und stünde damit im Gegensatz zur Entscheidung des Gesetzgebers, durch das Aktienrecht eine möglichst große Marktfähigkeit dieser Gesellschaftsbeteiligungen sicherzustellen.

Auch besteht kein hinreichendes Schutzbedürfnis der Minderheit, etwa vor einer Abhängigkeit der Gesellschaft oder einer Veränderung der Unternehmenspolitik bewahrt zu werden.[90] Schließlich ist für die Gewährung einer Kontrollprämie Voraussetzung, daß bereits vorher eine entsprechende Kontrollposition in einer Hand (oder zumindest in den Händen weniger) gebündelt war.[91] Extremfälle, in denen Kleinaktionäre unangemessen hohe Preise für die „letzte Aktie" zum Kontrollerwerb fordern,[92] dürften dagegen bereits an der Sittenwidrigkeitsschranke scheitern.

---

[87] Vgl. A.L.I. § 5.16: „*A controlling shareholder has the same right to dispose of voting equity securities as any other shareholder, including the right to dispose of those securities for a price that is not made proportionally available to other shareholders* [...]"

[88] Lutter, ZHR 153 (1989) 446, 462; ders. ZHR 162, (1998) 164, 171f. Ablehnend auch Piepenburg, (1996) S. 320; Tröger, (2000); Weisser, (1991) S. 163; Windbichler, in mißbräuchliches Akionärsverhalten, S. 35, 43; a.A. Grundmann, (1997) S. 481; Reul, (1991) S. 250.

[89] Dies mußte selbst *chief judge Clark* in seiner Entscheidung zugeben: „*We have no fraud, no misuse of confidential information, no outright looting of a helpless corporation.*" - Perlman v. Feldmann, 219 F.2d 173, 176 (2d Cir. 1955).

[90] So aber Fillmann, (1991) S. 188; Reul, (1991) S. 265; Wiedemann, (1980) S. 450f.

[91] Insoweit kann allerdings auch nicht gegen eine Teilungspflicht das Argument vorgebracht werden, hierdurch würden Unternehmensübernahmen generell erschwert und deren positiven Effekte hinsichtlich der Managementkontrolle beseitigt; so Easterbrook-Fischel, 91 YaleL.J. 698, 705, 711 u. 715ff (1982); Manne, 73 J.o.Pol.Econ. 110, 116f (1976). Dem Inhaber eines Kontrollpaketes ist es jederzeit - auch ohne Übernahmetransaktionen - möglich, schlechtes Management auszutauschen. Kritisch ggü. dieser Argumentation auch Grundmann, (1997) S. 468ff; Lüttmann, (1992) S. 34; Reul, (1991) S. 133ff.

[92] Vgl. Lüttmann, (1992) S. 33.

Ob die Minderheitsaktionäre an einer Kontrollprämie zu beteiligen sind, ist eine tief in den Kapitalmarkt eingreifende Verteilungsfrage, die letztlich nur der Gesetzgeber mit Hilfe einer Kapitalmarktregulierung zu entscheiden vermag.[93] Tatsächlich wurde dieser Komplex mit dem WpÜG jüngst einer Regulierung zugeführt. Das neue Gesetz enthält aber keine Verpflichtung des Veräußerers, eine Kontrollprämie mit den anderen Gesellschaftern zu teilen, vielmehr ist nach § 35 Abs. 2 WpÜG nunmehr der Übernehmer einer Kontrollposition verpflichtet, ein Pflichtangebot zum Erwerb auch der außenstehenden Aktien abzugeben.[94] Diese Lösung ist allein schon aus Praktikabilitätsgründen zu begrüßen, da hier keine schwierigen Bewertungsfragen zu beantworten sind, inwieweit der Verkaufspreis für ein Aktienpaket eine Prämie enthält.

Mit dem neuen Gesetz dürfte sich daher die Diskussion um die Teilung von Paketzuschlägen weitestgehend erledigt haben. Der mißbrauchshemmende Anwendungsbereich der Treuepflicht würde jedenfalls weit überdehnt, wollte man eine solche Teilungspflicht jetzt noch aus der richterrechtlichen Generalklausel ableiten.

### 4. Treuepflicht im Konzern

Gegenüber jenen unsicheren Fragestellungen einer Gleichbehandlungspflicht des Mehrheitsgesellschafters besteht im folgenden Klarheit darüber, daß der mehrheitsbezogenen Treuepflicht die Aufgabe zukommt, dem außerhalb des Aktienrechts nicht geregelten Konzernrecht auch in den übrigen Gesellschaftsformen Geltung zu verschaffen.[95]

Namentlich die „ITT" – Entscheidung des Bundesgerichtshofes[96] hat hier für die abhängige GmbH eine deutliche Klärung gebracht:

Im zugrunde liegenden Sachverhalt waren Kläger und Beklagte, letztere gehörte zum ITT - Konzern, Gesellschafter einer GmbH. Die Beklagte, welche mit 85 % beteiligt war, setzte durch, daß ein Beratungsvertrag mit einer ITT - Servicetochter geschlossen wurde, der die GmbH verpflichtete, 1% ihres Gesamtumsatzes an diese Servicetochter zu zahlen.

---

[93] Vgl. Lutter, ZHR 162 (1998) 164, 172; Martens, in Rechtsdogmatik 1990, 251, 264; so für das US-amerikanische Recht argumentierend: Zetlin v. Hanson Holdings, 397 N.E.2d. 387, 389 (N.Y. App. 1979); a.A. Reul, (1991) S. 269f.

[94] Zu den Vorteilen dieses am Erwerber orientierten („equal opportunity") Verfahrens gegenüber einer Gleichbehandlungspflicht des Veräußerers vgl. Lüttmann, (1992) S. 33ff; M. Weber, (1999) S. 347ff.

[95] Heymann/Emmerich, HGB § 109 Rdnr. 9; Hopt, ZGR 2000, 779, 808; Martens, GmbHR 1981, 265, 268f; Scholz/Emmerich, GmbHG Anh. Konzernrecht Rdnr. 68; M.Weber, (1999) S. 173ff.

[96] BGHZ 65, 15ff.

Der Kläger verlangte von der Beklagten, diese Beträge an die GmbH zurückzuzahlen, da die Servicetochter keine entsprechenden Gegenleistungen erbringen würde. Diesem Begehren wurde aus dem Gesichtspunkt der gesellschaftsrechtlichen Treuepflicht stattgegeben. Habe der Mehrheitsgesellschafter einer Zweimann - GmbH diese dazu veranlaßt, nachteilige Geschäfte vorzunehmen, so könne der Minderheitsgesellschafter aus dem Gesichtspunkt der Treuepflicht berechtigt sein, von jenem Schadensersatz - und zwar auf Leistung an die benachteiligte Gesellschaft - zu verlangen.[97]

Diese Entscheidung war für die Rechtsentwicklung in zweierlei Hinsicht bedeutsam: Zum einen verhalf sie der mitgliedschaftlichen Treuepflicht bei GmbH-Gesellschaftern zu einer eigenständigen Bedeutung. Zum anderen verdiente diese Entscheidung deshalb besondere Beachtung, weil sie den Grundstein für ein durch Richterrecht entwickeltes GmbH–Konzernrecht legte. So wird der Nachteilsausgleich im faktischen GmbH-Konzern auf diese Entscheidung und damit auf die mehrheitsbezogene Treuepflicht zurückgeführt.[98]

Dieser Linie folgend hat der BGH judiziert, daß der von einer Mehrheitsgruppe getragene Beschluß, durch den einzelne Mitglieder dieser Gruppe von einem Wettbewerbsverbot befreit werden, gegen die Treuepflicht verstößt, wenn der Befreite infolge der neu aufzunehmenden Tätigkeit ein Unternehmen[99] im Sinne des Konzernrechtes wird.[100] Zudem bejahte er auch eine Verlustausgleichspflicht für die Mutter einer durch Beherrschungsvertrag faktisch eingegliederten KG.[101]

## 5. Treuepflicht des Alleingesellschafters

Im Zusammenhang mit den dargestellten konzernrechtlichen Inhalten der Treuepflicht wird schließlich die Frage aufgeworfen, ob sich entsprechende Verpflichtungen auch auf den Gesellschafter einer sogenannten „Einmanngesellschaft" übertragen lassen. Aus einer solchen Verpflichtung gegenüber der von ihm gehaltenen juristischen Person ließe sich insbesondere eine Insolvenzverursachungshaftung des Alleingesellschafters ableiten. Neuen Auftrieb erhielt diese Diskussion durch die „Bremer Vulkan" Entscheidung des BGH.[102]

---

[97] BGHZ 65, 15, 18

[98] Dreher, DStR 1993, 1632; Emmerich-Sonnenschein, (1997) S. 385 u. 387; Hüffer, (1998) S. 358; Immenga, FS GmbHG 1992, 189, 196; Kort, ZIP 1990, 249, 296; Schmidt, (1997) S. 1217; Ulmer, (1986) S. 8f; M.Weber, (1999) S. 173f; Wiedemann, (1980) S. 432.

[99] Vgl. § 17 Abs. 1 AktG.

[100] BGHZ 80, 69, 73f („Süssen"). Vgl. auch BGHZ 89, 162, 165f; Reichert-M.Winter, FS GmbHG 1992, 209, 230; M.Weber, (1999) S. 95f.

[101] BGH NJW 1980, 231, 232 („Gervais").

[102] BGH NJW 2001, 3622, 3623. Vgl. hierzu auch die Anmerkungen von Altmeppen, ZIP 2001, 1837ff; Bitter, WM 2001, 2133ff; Schmidt, NJW 2001, 3577ff; Ulmer, ZIP 2001, 2021ff.

Hiernach habe der Alleingesellschafter die Pflicht, bei Dispositionen über das Vermögen einer von ihm abhängigen GmbH auf deren Eigeninteresse an einer Aufrechterhaltung ihrer Fähigkeit, die eigenen Verbindlichkeiten bedienen zu können, angemessene Rücksicht zu nehmen und deren Existenz nicht zu gefährden.[103] Woraus sich diese Rücksichtsnahmepflicht herleitet, ließ der BGH offen. Sie folge jedenfalls nicht dem Haftungssystem des aktienrechtlichen Konzernrechts.[104]

Um diese Lücke zu schließen, bedienen sich einige Autoren der gesellschaftsrechtlichen Treuepflicht. Auch ein Alleingesellschafter habe eine Treuepflicht gegenüber der von ihm beherrschten Gesellschaft, die ihn verpflichte, existenzgefährdende Eingriffe zu Lasten der GmbH zu unterlassen.[105] Um eine derartige Pflicht begründen zu können, bedarf es jedoch der Anerkennung eines Eigeninteresses der GmbH, welches unabhängig von einem übereinstimmenden Gesamtinteresse aller Gesellschafter bestehen müßte.[106]

Ein derartiges Eigeninteresse des Verbandes erscheint jedoch konstruiert.[107] Kapitalgesellschaften sind lediglich besondere vertragliche Gebilde, mit deren Hilfe Gesellschafter ihre Haftung beschränken können.[108] Selbst wenn man ein anerkennenswertes Interesse der GmbH darauf beschränken würde, die eigenen Verbindlichkeiten bedienen zu können, so liegt hierin eine Überbewertung der juristischen Person.

Sachlich geht es in Wirklichkeit auch gar nicht um ein Bestandsschutzinteresse der GmbH. Nicht die GmbH soll vor einer Existenzvernichtung geschützt werden, sondern ihre Gläubiger, die berechtigterweise darauf vertrauen dürfen, daß eine im geschäftlichen Verkehr tätige GmbH nach kaufmännischen Gesichtspunkten ordentlich geführt wird.

Ehrlicherweise sollte daher auch nicht die GmbH Bezugspunkt für eine Treuepflicht des Alleingesellschafters sein, Eingriffe zu unterlassen, die voraussehbar

---

[103] BGH NJW 2001, 3622, 3623.

[104] Aus dieser Aussage, einem *obiter dicta*, welches als Leitsatz in die amtliche Entscheidungssammlung aufgenommen werden soll, wird überwiegend geschlossen, daß der BGH eine Abkehr von den Lehren zum sogenannten „qualifiziert faktischen" Konzern vollzogen habe. Vgl. Altmeppen, ZIP 1837, 1838; Bitter, WM 2001, 2133; wohl auch Ulmer, ZIP 2001, 2021, 2024. Zurückhaltender Schmidt, NJW 2001, 3577, 3580f.

[105] Schmidt, NJW 2001, 3577, 3580; Ulmer, ZIP 2001, 2021, 2026. So auch schon M.Winter, ZGR 1994, 570, 585ff.

[106] Hierzu Wiedemann, FS 50 Jahre BGH Bd. II, 2000, 337, 352f; M.Winter, ZGR 1994, 570, 585ff.

[107] Vgl. BGHZ 119, 257, 262; BGH WM 1993, 1132, 1133; Zöllner, in Baumbach-Hueck, GmbHG[15] Anh. KonzR., Rdnr. 35.

[108] Vgl. Adams, (2002) S. 232f; Bitter, WM 2001, 2133, 2136f.

dazu führen, daß diese ihre Verbindlichkeiten nicht mehr erfüllen kann. Wenn man eine solche Pflicht bejaht, sollte diese gegenüber den schutzbedürftigen Gläubigern gelten, die dann fordern könnten, daß entsprechende existenzgefährdende Eingriffe rückgängig gemacht würden, insbesondere Schadensersatz in das Gesellschaftsvermögen geleistet würde. Nimmt man die eingangs beschriebene Definition der gesellschaftsrechtlichen Treuepflicht, wonach diese dazu dient, den Mißbrauch gesellschaftsrechtlich vermittelter Kompetenzen zu verhindern,[109] so könnte eine Treuepflicht der Gesellschafter gegenüber den Gesellschaftsgläubigern durchaus bejaht werden, da mit der Möglichkeit, nach § 13 Abs. 2 GmbHG die Haftung auf das Gesellschaftsvermögen zu beschränken, eine gesellschaftsrechtliche Kompetenz vorliegt, mit deren Hilfe die Gesellschafter in die Interessenssphäre anderer - der Gläubiger - eingreifen können. Insoweit liegt auch hier eine Sonderverbindung vor, aus der man entsprechende Rücksichtspflichten ableiten könnte.

Daß solche Rücksichtspflichten gegenüber den Gläubigern bestehen, daran dürfte es nach der „Bremer Vulkan" Entscheidung keinen Zweifel mehr geben. Ob diese Rücksichtspflichten dagegen notwendig der gesellschaftsrechtlichen Treuepflicht zugeordnet werden müssen, bleibt jedoch fraglich. Die gesellschaftsrechtliche Treuepflicht wurde als eine richterrechtliche Generalklausel zur Regulierung des Innenrechts der Verbände entwickelt. Sie stützt sich nicht unwesentlich auf die Tatsache, daß sich alle Beteiligten auf die Förderung eines Gesellschaftszweckes geeinigt haben, entweder weil sie sich durch eine gesellschaftsvertragliche Beitragsverpflichtung (der Gesellschafter) oder aber aufgrund einer arbeitsvertraglichen Dienstleistungspflicht (der Geschäftsleiter) hierzu bereit erklärt haben.[110] Eine entsprechende gemeinsame Zweckverfolgung fehlt im Verhältnis der Gesellschafter zu den Gesellschaftsgläubigern.

Um das Anwendungsfeld der gesellschaftsrechtlichen Treuepflicht nicht ausufern zu lassen, sollte daher eine Rücksichtspflicht von Alleingesellschaftern gegenüber Gläubigern ihres Verbandes in einer Fallgruppe außerhalb der Treuepflicht entwickelt werden, auch wenn eine solche Pflicht auf vergleichbaren Wurzeln beruht.[111]

---

[109] Siehe oben § 1 I. 1.
[110] Vgl. oben § 1 II. 3. b).
[111] Entsprechend argumentieren sowohl Schmidt wie Ulmer auch mehr mit einer aus Sonderverbindung ableitbaren Pflicht als direkt mit der Treuepflicht. Siehe FN 105.

## III. Mitgliedschaftliche Treuepflicht

### 1. Beschränkung von Informations-, Rede- und Kontrollrechten

Die Organisationsstruktur der Gesellschaften begründet eine Form von Gewaltenteilung. Den organschaftlichen Befugnissen der Geschäftsführung stehen mitgliedschaftliche Kontrollbefugnisse der Gesellschafter gegenüber.

Neben dem Stimmrecht handelt es sich bei diesen Kontrollbefugnissen um die zentralen Verwaltungsrechte der Mitgliedschaft. Sie vermitteln die Rechte, sich über die Gesellschaftsangelegenheiten zu informieren, Fragen zu stellen, sowie durch Redebeiträge in der Gesellschafterversammlung die eigene Meinung zu einem bestimmten Punkt zu präsentieren. Soweit diese Befugnisse nicht bereits durch Gesetz festgelegt sind (vgl. §§ 716 BGB, 118 und 166 HGB, 131 AktG und 51a GmbHG), werden sie als notwendiger Bestandteil aus der Mitgliedschaft hergeleitet. Wegen ihrer Bedeutung für die Kontrolle der Geschäftsführung genießen sie umfangreichen Schutz.[112]

So wie aber die Geschäftsführung ihre Befugnisse im Hinblick auf die Gesellschafter mißbrauchen kann, so besteht auch die Möglichkeit, daß die Gesellschafter die ihnen eingeräumten Kontrollbefugnisse in sachfremder Weise ausüben und damit die Verwirklichung des Gesellschaftszweckes in unzulässiger Weise vereiteln.[113]

So kann durch exzessiven Gebrauch dieser Rechte die Geschäftsführung an ihrer eigentlichen Aufgabe, der Führung der Geschäfte, gehindert, bzw. die ordentliche Durchführung einer Gesellschafterversammlung gestört werden.[114] Ein politisch motivierter Aktionär mag etwa mit Hilfe geschickt formulierter Oppositionsanmeldungen im Sinne von § 125 AktG die Ressourcen der Gesellschaft in sachfremder Weise nutzen, seine politischen Botschaften zu verbreiten.[115]

---

[112] BVerfG ZIP 1999, 1798, 1799 („Wenger/Daimler-Benz"); BGH NZG 2001, 405, 407; Kirchner, AG 1985, 124, 126; Martens, (1970) S. 73f; Schmidt, (1997) S. 625f; Wiedemann, (1980) S. 373ff.

[113] BVerfG ZIP 1999, 1798, 1800 („Wenger/Daimler-Benz"); OLG Stuttgart DB 1999, 2256, 2258; Martens, GmbHR 1984, 265, 267; Scholz/Winter, GmbHG § 14 Rdnr. 54; Steindorff, FS Rittner 1991, 675, 679.

[114] Siehe zum letzteren praktische Fälle – aus Sicht einer Unternehmensleitung – Lehmann, in mißbräuchliches Aktionärsverhalten, S. 51, 53ff. Vgl. auch BVerfG ZIP 1999, 1798, 1800 („Wenger/Daimler-Benz"); Frühauf, ZGR 1998, 407, 413; M.Weber, (1999) S. 86.

[115] Lehmann, in mißbräuchliches Aktionärsverhalten, S. 51, 53; Martens, in mißbräuchliches Aktionärsverhalten, S. 63, 85.

Darüber hinaus kann mit den erhaltenen Informationen selbst Mißbrauch betrieben werden, etwa durch Verrat von Geschäftsgeheimnissen.[116]

Aber so wie die organschaftliche Treuepflicht dazu dient, den Mißbrauch der Geschäftsführungsbefugnis zu verhindern, so soll auch die mitgliedschaftliche Treuepflicht entsprechenden Mißbrauch der Kontrollrechte unterbinden. Erreicht wird dies in erster Linie durch die Schrankenfunktion der Treuepflicht.[117]

Ein anschauliches Beispiel für die Wirkungsweise der Treuepflicht im Bereich der mitgliedschaftlichen Rechte bietet die Entscheidung **BGHZ 127, 107 ff („BMW")**: Hier ließ die beklagte AG über den gesamten Verlauf ihrer Jahreshauptversammlung Tonbandaufzeichnungen anfertigen, nachdem der Versammlungsleiter den Teilnehmern dieses Vorhaben bekanntgegeben und darauf hingewiesen hatte, daß er den Tonmitschnitt für einzelne Beiträge unterbrechen lasse, falls das der jeweilige Redner wünsche.
Der Kläger, ein Kleinaktionär der Beklagten, der unter diesen Bedingungen von seinem Rede- und Auskunftsrecht Gebrauch gemacht hatte, verlangte eine Abschrift der vollständigen Tonbandaufzeichnungen, zumindest aber die Möglichkeit, die Bänder abhören zu können, um sich eigene Abschriften anzufertigen.
In seiner Entscheidung griff der BGH gleich in zweierlei Hinsicht auf die gesellschaftsrechtliche Treuepflicht zurück. Zum einen bejahte er unter Hinweis auf die Treuepflicht einen Anspruch des Klägers, Abschriften seines eigenen Redebeitrages anfertigen zu können. Zum anderen entwickelte er aber aus der mitgliedschaftlichen Treuepflicht gleichzeitig auch eine Schranke, indem er eine Verpflichtung der Beklagten verneinte, dem Kläger eine vollständige Abschrift zu erteilen oder ihm das vollständige Abhören der Bänder zu gestatten. Das Tondokument sei grundsätzlich ein internes Dokument der Gesellschaft. Ein aus der Treuepflicht hergeleiteter Anspruch auf Abschrift der Teile, die nicht den Redebeitrag des Klägers und die vom Vorstand daraufhin gegebenen Antworten betreffen, könne nicht bejaht werden, außer, daß der Aktionär seine Mitgliedschaftsrechte andernfalls nicht sachgemäß ausüben könne. Dies sei hier nicht der Fall, so daß der Kläger mit seinem umfangreichen Begehren die Geschäftsführung in unverhältnismäßiger Weise beeinträchtige.

Auch die Art und Weise, wie entsprechende Gesellschafterrechte geltend gemacht werden, kann treuwidrig sein. So entschied das OLG Stuttgart in einem Rechtsstreit, wo Minderheitenrechte über eine nur zu diesem Zwecke gegründete und lediglich mit einem Gesellschaftsanteil versehene GmbH ausgeübt wurden, um auf diese Weise einer drohenden Schadensersatzverpflichtung wegen mißbräuchlicher Rechtsausübung zu entgehen, daß diese Form der Rechtsausübung widersprüchlich und treuwidrig sei. Hier würde gezielt eine Gesell-

---

[116] Insoweit ist das Auskunftsverweigerungsrecht des Vorstandes gem. § 131 Abs. 3 S. 1 AktG eine zulässige Inhalts- und Schrankenbestimmung zugunsten der Funktionsfähigkeit der Gesellschaft; BVerfG ZIP 1999, 1801, 1802f („Scheidemantel II"). Zur Beschränkung des Informationsrechtes eines GmbH& Co. Gesellschafters: BGH NJW 1995, 194.

[117] Martens, GmbHR 1984, 265, 267; Meyer-Landrut, GmbHG § 14 Rdnr. 26; Scholz/M. Winter, GmbHG § 14 Rdnr. 14; M.Weber, (1999) S. 87ff; Wiedemann, FS Heinsius 1991, 949, 953.

schafterposition geschaffen, die es erlaube, risikolos auf die Gesellschaft in einer Weise Einfluß zu nehmen, wie man es bei eigener Verantwortlichkeit für sein Tun nicht wagen würde.[118]

Schließlich ist auch eine Ausübung von Kontrollrechten als treuwidrig einzustufen, die einzig dazu dient, mit Hilfe von Suspensiveffekten notwendige Entscheidungen zu blockieren, um hierdurch von der Gesellschaft oder besonders betroffenen Gesellschaftern Vorteile zu erpressen. Hier ist insbesondere die Problematik mißbräuchlicher Anfechtungsklagen gegen Hauptversammlungsbeschlüsse angesprochen.[119]

## 2. Stimmbindungspflichten

Die mitgliedschaftliche Treuepflicht kann den einzelnen Gesellschafter nicht nur in der Ausübung seiner Rechte beschränken, sondern auch dort, wo seine Mitwirkung erforderlich ist, gegebenenfalls zur Aktivität verpflichten.[120]

Diese Handlungspflichten gehen soweit, daß der Gesellschafter gezwungen sein kann, bei Abstimmungen in der Gesellschafterversammlung von seinem anderen zentralen Verwaltungsrecht, dem Stimmrecht, nur in einer bestimmten Weise Gebrauch zu machen. In diesen Situationen unterliegt der Gesellschafter den sogenannten Stimmbindungspflichten.[121]

Eine solche positive Abstimmungspflicht wird insbesondere in Gesellschaften mit Einstimmigkeitsprinzip relevant. Ist der Gesellschafter aus Treuepflicht gehalten, eine bestimmte gesellschaftsnützliche Maßnahme nicht zu behindern, kann er in diesen Fällen verpflichtet sein, positiv für eine entsprechende Maß-

---

[118] OLG Stuttgart, DB 1999, 2256, 2258.

[119] Siehe BGHZ 129, 136, 144f („Girmes"); 107, 296, 311 („Kochs-Adler"); LG Frankfurt, AG 1999, 473, 474. Allerdings betont der BGH, daß es eines Rückgriffs auf die Treuepflicht aufgrund der inhaltlichen Ausgestaltung des Anfechtungsrechtes in diesen Fällen nicht bedarf. Zur Treuwidrigkeit solchen Aktionärsverhaltens auch Baums, DJT-F 151; Fillmann, (1991) S. 195ff; Grunewald, (2000) 2.C Rdnr. 36; Henze, BB 1996, 489, 494; Heuer, GmbHR 1989, 1401, 1404f; Lutter, ZHR 153 (1989) 446, 466; Schlaus, AG 1988, 113, 117; Schmidt, (1997) S. 596; ders., in Großkomm. AktG § 245 Rdnr. 52; M.Weber, (1999) S. 89; a.A. Piepenburg, (1996) S. 365, wobei sich dessen Auffassung wesentlich darauf stützt, daß der Rechtsmißbrauch ein eigenständiges, nicht von der Treuepflicht umfaßtes Rechtsinstitut darstelle.

[120] Siehe oben § 1 I. 3.

[121] Fillmann, (1991) S. 182ff; Schmidt, GmbHR 1992, 9, 10; Stimpel, in Rechtsfortbildung S. 19.

nahme zu stimmen. Schließlich verhindert beim Einstimmigkeitsprinzip bereits die Stimmenthaltung den Beschluß.[122]

Gilt dagegen das Mehrheitsprinzip, so wird es regelmäßig ausreichen, daß der Gesellschafter nicht gegen die Maßnahme stimmen darf, er jedoch nicht gezwungen ist, positiv dafür zu stimmen. Lediglich dort, wo bestimmte feste Quoren einzuhalten sind, kann es notwendig werden, daß der Gesellschafter auch unter Geltung des Mehrheitsprinzips seine Treuepflicht nur mit einer positiven Stimmabgabe erfüllt.[123]

Kann sich der Gesellschafter diesen Pflichten entsprechend nur auf eine Weise recht- und treumäßig verhalten, wird seine tatsächliche Handlung diesbezüglich zur bloßen Formalität. Folglich handeln die Gerichte mit Hilfe von § 894 Abs. 1 ZPO gleich anstelle des Pflichtigen und setzen dabei auch vormundschaftsgerichtliche Genehmigungserfordernisse außer Kraft.[124]

Angesichts des hohen Stellenwertes des Stimmrechtes sind diese Stimmbindungspflichten immer mit einem gewissen Unbehagen betrachtet worden. So ist die Verpflichtung, in einer bestimmten Weise abzustimmen, eine deutliche Entwertung des wichtigsten Instruments autonomer gesellschaftsinterner Willensbildung.[125]

Dementsprechend hat der BGH in ständiger Rechtsprechung zu diesem Bereich wiederholt betont, daß sich derartige Verpflichtungen nur in besonders gelagerten Ausnahmefällen ergäben und stets Voraussetzung sei, daß die Änderungen mit Rücksicht auf das bestehende Gesellschaftsverhältnis oder im Hinblick auf die Rechtsbeziehungen der Gesellschafter untereinander, etwa zum

---

[122] BGH NJW 1988, 969, 970; A.Hueck, ZGR 1972, 237, 241; MüKo/Ulmer, BGB § 705 Rdnr. 190; Piepenburg (1996) S. 59; Schneider, AG 1979, 57f; Staub/Ulmer, HGB § 105 Rdnr. 244; Zöllner, (1963) S. 94, 353f.

[123] Hachenburg/Hüffer, GmbHG § 47 Rdnr. 18; A.Hueck, ZGR 1972, 237, 242f; Piepenburg, (1996) S. 103; Scholz/M.Winter, GmbHG § 14 Rdnr. 60; Staub/Ulmer, HGB § 105 Rdnr. 244.

[124] So geschehen in BGH NJW 1961, 724f.

[125] Fillmann, (1991) S. 185; Flume, (1977) S. 263ff; A.Hueck, FS Hübner 1935, 72, 89; Meyer-Landrut, GmbHG § 14 Rdnr. 28; MüKo/Ulmer, BGB § 705 Rdnr. 191; Rowedder, GmbHG § 13 Rdnr. 15; Schlegelberger/Martens, HGB § 119 Rdnr. 45, der allerdings den Gesellschaftern zustehende Vertrauensschutz angesichts ihrer eigenen Kenntnis von den Anpassungserfordernissen einer Gesellschaft als nicht allzu hoch einschätzt; Staub/Ulmer, HGB § 105 Rdnr. 245.
Deutlich geringere Bedenken äußern dagegen Zöllner, (1979) S. 38f und Schneider, AG 1979, 57, 59. Letzterer will sogar auf das Erfordernis verzichten, den widersprechenden Gesellschafter auf Zustimmung zu verklagen, vielmehr den Beschluß der übrigen gelten lassen, wenn die materiellen Voraussetzungen einer Zustimmungspflicht vorliegen (a.a.O. S. 63).

Zwecke der Erhaltung wesentlicher Werte, erforderlich und dem dissentierenden Gesellschafter zuzumuten seien, etwa weil er hierdurch keinerlei Nachteile erleide.[126]

Diesen Beteuerungen zum Trotz sind jedoch die „Ausnahmefälle" mittlerweile allein in der höchstrichterlichen Rechtsprechung so zahlreich geworden, daß es sich lohnt, diese noch weiter in Fallgruppen zu unterteilen:

### a) Abstimmungen mit Geschäftsführungsbezug

Ohne größeren Begründungsaufwand lassen sich Stimmbindungspflichten noch bei Abstimmungen mit Geschäftsführungsbezug bejahen. Dient die Geschäftsführung einzig dazu, den Gesellschaftszweck zu fördern,[127] so sind auch Abstimmungen, die diesen Bereich tangieren, der Zweckbindung unterworfen, zu deren Einhaltung sich die Gesellschafter mit ihrem Beitritt zum gemeinsamen Verbande verpflichtet haben.[128]

Zu derartigen Beschlußgegenständen sind in erster Linie direkte Geschäftsführungsmaßnahmen zu zählen. Sei es, daß der Gesellschaftsvertrag keine Verteilung von Geschäftsführungsbefugnissen vorsieht, vielmehr die Gesellschafter als Gemeinschaft hierfür zuständig sind, sei es, daß der Abschluß besonderer Geschäfte der Zustimmung aller Gesellschafter bedarf,[129] oder, daß zwar zuständige Geschäftsführer vorhanden sind, jedoch die Gesellschafterversammlung die Entscheidung über einzelne Geschäfte an sich zieht, was ihr in den Personengesellschaften im Rahmen der Grundsätze der Selbstorganschaft immer, bei der GmbH über das Weisungsrecht möglich ist.[130] Ebenfalls in diesen Bereich fallen die Hauptversammlungsbeschlüsse einer AG, soweit diese nach

---

[126] BGHZ 98, 276, 279; 64, 253, 257; 44, 40, 41; BGH NJW 1987, 3192, 3193; 1987, 952, 953 („Porta"); 1970, 706; 1961, 724, 725; 1960, 434; WM 1956, 351, 352; vgl. auch Beckerhoff, (1996) S. 81; A.Hueck, ZGR 1972, 237, 244; MüKo/Ulmer, BGB § 705 Rdnr. 191; Schmidt, in Großkomm. AktG 3 243 Rdnr. 50; Scholz/M.Winter, GmbHG § 14 Rdnr. 60; Weipert, ZGR 1990, 142, 145; als zu eng kritisierend: Schneider, AG 1979, 57, 62.

[127] BGH NJW 1972, 862, 863; BGH LM Nr. 11 zu § 105 HGB; Marsch-Barner, ZHR 157 (1993); 172, 175; Martens, (1970) S. 66; MüKo/Roth, BGB § 242 Rdnr. 121; Schlegelberger/Schmidt, HGB § 105 Rdnr. 165; M.Weber, (1999) S. 71; Zöllner, (1963) S. 322f.

[128] OLG Hamm, GmbHR 1993,119, 120f; Hachenburg/Hüffer, GmbHG § 47 Rdnr. 193; Henze, BB 1996, 489, 493; A.Hueck, ZGR 1972, 237, 241; Fillmann, (1991) S. 111, der den Gesellschaftern bei derartigen Abstimmungen eine Geschäftsleitersorgfalt abverlangt; Heymann/Emmerich, HGB § 119 Rdnr. 17; Immenga; (1970) S. 262f; ders., FS GmbHG 1992, 189, 199; Lutter, AcP 180 (1980) 84, 116; Lutter-Hommelhoff, GmbHG § 14 Rdnr. 19; Martens, (1970) S. 66; ders. GmbHR 1984, 265, 267; Scholz/M.Winter, GmbHG § 14 Rdnr. 56; Verhoeven, (1978) Rdnr. 167; M.Weber, (1999) S. 71f; Wiedemann, in FS Heinsius 1991, 949, 951; Zöllner, (1979) S. 40ff, 52.

[129] Vgl. § 116 Abs. 2 HGB.

[130] A.Hueck, ZGR 1972, 237, 253.

§ 119 Abs. 2 AktG zur Entscheidung über Geschäftsführungsmaßnahmen angerufen worden ist.[131]

Wird die Gesellschafterversammlung derartig geschäftsführend tätig, gebietet die Treuepflicht, daß der Gesellschaftszweck gefördert und die Interessen der Gesellschaft wie die der Mitgesellschafter gewahrt werden.[132]

Neben diesen direkten Geschäftsführungsentscheidungen durch die Gesellschafterversammlung können auch sonstige Beschlußgegenstände enge Verbindungen mit der Geschäftsführung aufweisen, so daß die Stimmabgabe insoweit der Zweckbindung unterliegt und deren Nichtbeachtung zur Treuwidrigkeit der einzelnen Stimme bis hin zum gesamten Beschluß führen kann.

So ist beispielsweise die Entlastung der Geschäftsführung an der Treuepflicht zu messen,[133] genauso wie die Entscheidung, ob und wer zum Geschäftsführer zu bestellen oder abzuberufen ist,[134] bis hin zur Verpflichtung, zwecks Sicherung einer kontinuierlichen Unternehmensführung einer Übertragung der Stellung eines persönlich haftenden Gesellschafters zuzustimmen.[135]

Letzteres wurde in **BGH NJW 1987, 952ff ("Porta")** angenommen. In diesem Streitfalle waren Kläger und Beklagter Brüder und jeweils als Gesellschaftergeschäftsführer in einer Familien-OHG tätig. Der Kläger war 71 Jahre alt, sein Bruder 69.
Der Gesellschaftsvertrag sah eine Fortsetzung der Gesellschaft bei Tod eines Gesellschafters vor, wobei anstelle des Verstorbenen seine Abkömmlinge Kommanditanteile erhalten sollten. Eine Regelung der Nachfolge in die Geschäftsführung für den Fall, daß alle geschäftsführenden Gesellschafter verstarben, war nicht vorhanden.
Der Kläger verlangte nun vom Beklagten, einer Nachfolgeregelung zuzustimmen, wonach sein Sohn, der als Kaufmann tätig war, bereits zu seinen Lebzeiten Geschäftsführer der OHG werden und die Nachfolge seines Anteils antreten sollte.
Der BGH entschied hier, daß, wenn es die Vorsorge für die Zukunft des Gesellschaftsunternehmens erfordere, der Gesellschafter einer OHG aus dem Gesichtspunkt der gesellschaftsrechtlichen Treuepflicht gehalten sein könne, dem Verlangen seines Mitgesellschafters zuzustimmen, daß dieser seine Stellung als persönlich haftender Gesellschafter schon bei Lebzeiten auf seinen zur Nachfolge berufenen Erben übertrage.

---

[131] Henze, BB 1996, 489, 493; Marsch-Barner, ZHR 157 (1993); 172, 175; Schmidt, in Großkomm. AktG § 243 Rdnr. 50.

[132] OLG Düsseldorf ZIP 1994, 619, 623 („ARAG-Erben"); A.Hueck, ZGR 1972, 237, 243 u. 253; Lutter, ZHR 1989, 446, 457; Marsch-Barner, ZHR 157 (1993); 172, 175.

[133] OLG Hamm, ZIP 1993, 119, 121.

[134] BGH DB 1991, 486f; NJW 1988, 969, 970f; OLG Hamburg GmbHR 1992, 43, 45ff; Immenga, FS GmbHG 1992, 189, 200; Meyer-Landrut, GmbHG § 14 Rdnr. 28; MüKo/ Ulmer, § 705 BGB Rdnr. 184; Scholz/M.Winter, GmbHG § 14 Rdnr. 56; M.Weber, (1999) S. 81; Zöllner, (1963) S. 346; ders., (1979) S. 42.

[135] Zöllner, (1979) S. 51.

Das Gebot, Vorsorge für die Zukunft zu treffen, um den Fortbestand des Unternehmens zu sichern, sei Bestandteil der Pflicht zur verantwortungsvollen Unternehmensführung.[136] Angesichts des fortgeschrittenen Alters der Beteiligten sei ein Wechsel in der Unternehmensführung in den nächsten Jahren unumgänglich; er müsse schon jetzt vorbereitet werden. Könne festgestellt werden, daß in Anbetracht des fortgeschrittenen Alters der Parteien eine Regelung der Nachfolge bereits im gegenwärtigen Zeitpunkt erforderlich sei, so sei es unzweifelhaft, daß der Beklagte aufgrund seiner gesellschaftsrechtlichen Treuepflicht gehalten sei, an jener mitzuwirken. Die Sicherung der Kontinuität der Führung des Gesellschaftsunternehmens liege innerhalb des Vertragszweckes und sei nicht nur eine Zweckmäßigkeitsfrage, die jeder Gesellschafter nach seinem eigenen Ermessen entscheiden und bei der er deshalb seine Mitwirkung unter Umständen auch ganz versagen dürfe.

## b) Anpassung an veränderte Umstände

Eine entsprechende Stimmbindung kann sich auch aus Ereignissen außerhalb des Geschäftsführungsbereichs ergeben, die eine Reaktion auf Seiten der Gesellschaft erfordern, ja, es nötig werden lassen, Gesellschaftsvertrag bzw. Satzung den veränderten Umständen anzupassen.[137]

Auf die Veränderungen haben die Gesellschafter im Rahmen dieser Fallgruppe keinen Einfluß, auch haben sie bei Abschluß des Vertrages bzw. der Satzung den Eintritt eines derartigen Ereignisses nicht bedacht und entsprechende Regelungen unterlassen. In diesen Merkmalen gleicht diese Fallgruppe daher häufig der ebenfalls durch Rechtsfortbildung geschaffenen Figur des Wegfalls der Geschäftsgrundlage.[138]

Die Anforderungen, die an die Erforderlichkeit der Anpassung gestellt werden, sind hoch. So muß das Unterbleiben einer entsprechenden Anpassung, wenn nicht zur Existenzgefährdung der Gesellschaft, so doch zur Gefährdung erheblicher, in der Gesellschaft gemeinsam geschaffener Vermögenswerte führen.[139]

Als Beispiel für eine entsprechende externe Veränderung, die zu solch gravierender Anpassungsnotwendigkeit führte, kann eine Gesetzesänderung genannt werden, wie der Gesetzgeber sie 1980 mit der GmbH-Novelle vornahm. In dieser Novelle wurde das Mindeststammkapital für Gesellschaften mbH von bislang DM 20.000,- auf DM 50.000,- angehoben. Altgesellschaften mußten ihr

---

[136] a.a.O. S. 953; zust. Weipert, ZGR 1990, 142, 152ff.

[137] Vgl. A.Hueck, ZGR 1972, 237, 244f; Häuser, (1981), S. 34f; Nelle, (1993) S. 61ff; Scholz/ M.Winter, GmbHG § 14 Rdnr. 60; Schneider, AG 1979, 57, 59.

[138] Vgl. BGH NJW 1974, 1656, wo im Falle einer durch Scheidung gegenstandslos gewordenen Nachfolgeklausel durchaus beide Rechtsinstitute zur Begründung einer Anpassungspflicht herangezogen wurden. Siehe auch Horn, Gutachten BJM I 1981, 551, 617; MüKo/ Roth, BGB § 242 Rdnr. 119; Weipert ZGR 1990, 142, 150f; Zöllner, (1979) S. 32f, 53ff und Verhoeven, (1978) Rdnr. 246, der dieses Institut ausschließlich anwenden will, da er eine derartige Zustimmungspflicht aus Treuepflicht - infolge der von ihm vertretenen Ableitung derselben aus der Zweckbindung konsequenter Weise - ablehnt.

[139] Siehe oben vor a).

Kapital während einer Übergangszeit anpassen, wollten sie nicht zwangsaufgelöst werden.

Angesichts dieser drohenden Zwangsauflösung versuchten einige GmbH-Gesellschafter sich ihre Zustimmung zu einer entsprechenden Kapitalerhöhung mit anderen Sondervorteilen in der Gesellschaft, etwa der Einräumung einer Geschäftsführungsbefugnis, vergelten zu lassen.

Nach der Rechtsprechung des BGH waren die widersprechenden Gesellschafter in diesen Fällen aus Treuepflicht gehalten, der Kapitalerhöhung zuzustimmen, wenn ihnen hierdurch keinerlei Nachteil widerfuhr, insbesondere ihr Anteil nicht durch diese Maßnahme „verwässert" wurde. Letztere Bedingung war für den BGH erfüllt, wenn die nötige Kapitalerhöhung entweder aus Gesellschaftsmitteln durchgeführt werden konnte oder sich Gesellschafter fanden, die zum entsprechenden Nachschuß bereit waren, ohne dafür auf einer Neugewichtung der Stimmverhältnisse zu bestehen.[140]

Die Treupflicht kann es einem Gesellschafter auch gebieten, dem Ausschluß eines für die Mitgesellschafter untragbar gewordenen Gesellschafters zuzustimmen.[141] Ebenso kann er unter bestimmten Umständen gehalten sein, seine Zustimmung zur Übertragung vinkulierter Anteile nicht zu verweigern, damit ein Mitgesellschafter die Möglichkeit erhält, aus der Gesellschaft auszusteigen.[142]

In **BGH NJW – RR 1986, 256f** lag das zur Anpassung zwingende Ereignis im Tode eines Mitgesellschafters einer OHG, der allein von seiner Frau, der Klägerin, beerbt worden war. Sie war der Ansicht, die Gesellschaft sei mit dem Tode ihres Mannes aufgelöst und seitdem zu liquidieren gewesen und klagte diesbezüglich auf Feststellung. Demgegenüber wendeten die beklagten Mitgesellschafter des Verstorbenen ein, die Klägerin sei vereinbarungsgemäß ausgeschieden und die Gesellschaft allein von ihnen fortgesetzt worden.
Der BGH entschied, daß der Anspruch der Klägerin auf Abwicklung der Gesellschaft aus Treuepflicht ausgeschlossen, sie vielmehr verpflichtet gewesen sein könnte, einen Beschluß der übrigen Gesellschafter über die Fortsetzung der Gesellschaft ohne ihre Beteiligung hinzunehmen und sich damit zu begnügen, daß sie gegen eine Abfindung in Höhe des vollen Wertes ihres Gesellschaftsanteils ausscheide, und wies den Fall unter diesen Vorgaben an das Berufungsgericht zurück.
Zwar brauche grundsätzlich kein Gesellschafter einer aufgelösten Gesellschaft sich damit abzufinden, daß das Gesellschaftsverhältnis ohne ihn fortgeführt werde; er habe vielmehr ein Recht auf Durchführung der Liquidation, um von seiner Haftung für die Gesellschaftsschulden befreit zu werden und seinen vollen Anteil am Auseinandersetzungserlös zu erhalten. Die Rechtslage sei aber eine andere, wenn die Fortsetzung kein anerkennenswertes Interesse des

---

[140] BGHZ 98, 276, 279f; BGH NJW 1987, 3192. Vgl. auch Lutter, ZHR 153 (1989), 446, 467; Schmidt, NJW 1980, 1769, 1770; M.Weber, (1999) S. 77.

[141] Vgl BGHZ 64, 253, 257f; BGH NJW 1961, 724f; OLG München NZG, 1999, 591, 593; M.Weber, (1999) S. 81f.

[142] Reichert-Winter, FS GmbHG 1992, 209, 221ff.

Gesellschafters berühre, gegen eine Abwicklung aber beachtliche Gründe sprächen. In einem solchen Fall gebiete es die gesellschaftsrechtliche Treuepflicht, daß der an der Fortsetzung nicht interessierte Gesellschafter ausscheide.

Diese Voraussetzungen lagen hier vor, da der Klägerin einerseits eine höhere Abfindung angeboten wurde, als dies ihr nach dem zu erwartenden Liquidationserlös zustand, andererseits mit Auflösung der Gesellschaft drei Güterkraftverkehrsgenehmigungen erloschen, der Firmenwert vernichtet, sowie Sozialansprüche der Arbeitnehmer in Höhe von 200.000,- DM entstanden wären.

## c) Anpassung im Sanierungsfall

Unter den Fallgruppen der Stimmbindungspflichten hat sicherlich die Mitwirkungspflicht in Sanierungssituationen die größte Aufmerksamkeit erfahren. Hier kann im Falle der Krise einer Gesellschaft der einzelne Gesellschafter gehalten sein, bestimmten Sanierungsmaßnahmen zuzustimmen, um die Gesellschaft regelmäßig vor der Insolvenz zu bewahren.[143]

Bei derartigen Sachverhalten sind am ehesten die Anforderungen des BGH an eine Stimmbindung erfüllt. Liegt doch hier die Gefahr nahe, daß die Gesellschaft aufgelöst und damit die gemeinsam geschaffenen Vermögenswerte, besonders der immaterielle Firmenwert, vernichtet werden. Bei drohender Insolvenz besitzen die Gesellschafter auch so gut wie keine entgegenstehenden Interessen mehr, haben sie doch im Falle des Scheiterns von Sanierungsbemühungen erfahrungsgemäß keinerlei Aussicht, noch etwas aus der Masse zu erhalten.

Allerdings können die Gesellschafter nicht gezwungen werden, selber Kapital nachzuschießen.[144] So ist im Falle der Personengesellschaften, bei denen Sanierungsmaßnahmen zu einer Erweiterung der persönlichen Haftung der einzelnen Gesellschafter führen können, in diesem Punkte besondere Vorsicht geboten.[145]

Den bekanntesten Fall aus diesem Bereich betraf die „Girmes"-Entscheidung des BGH, in der zugleich auch über die Treuepflicht des Minderheitsaktionärs befunden wurde.[146]

Eine Pflicht, Sanierungsmaßnahmen zuzustimmen, wurde aber auch in **BGH NJW 1985, 974** angenommen. Im zugrundeliegenden Sachverhalt war der Kläger Kommanditist einer Publikums-KG. Er verklagte seine Gesellschaft auf die Zahlung von Zinsen auf seine Kommanditeinlage, obwohl zuvor mit drei Viertel Mehrheit in der Gesellschafterversammlung beschlossen worden war, auf die Zahlung dieser vertraglich vereinbarten Verzinsung zu verzichten.

---

[143] Heymann/Emmerich, HGB § 119 Rdnr. 18; Nehls, (1993) S. 154ff; Schmidt ZIP 1980, 328, 335f. Zurückhaltend: Fillmann, (1991) S. 186f.

[144] Schmidt, ZIP 1980, 328, 335.

[145] Häsemeyer, ZHR 160 (1996), 109, 131; MüKo/Ulmer, BGB § 705 Rdnr. 192.

[146] BGHZ 129, 136. Dieses Urteil wird in dieser Arbeit noch eingehender analysiert. Siehe unten § 6 III. 1.

Hier stellte der BGH zunächst fest, daß die Gesellschafterversammlung nicht auf Rechte der einzelnen Gesellschafter „verzichten" könne und auch nicht das Recht habe, ohne Zustimmung des einzelnen Gesellschafters, bereits entstandene Ansprüche zu beseitigen. Zu einer solchen Zustimmung wäre aber der einzelne Gesellschafter aus Treuepflicht verpflichtet gewesen. Der Zinsverzicht habe den Zweck gehabt, das Unternehmen zu erhalten. Ohne Zinsverzicht wäre die Gesellschaft zu liquidieren gewesen, mit Zinsverzicht dagegen lebensfähig geblieben. Da in dieser Situation bei Verweigerung die Gesellschaft liquidiert worden wäre, mit der Folge, daß nach der Gläubigerbefriedigung die Gesellschafter ebenfalls keine Zinszahlungen erhalten hätten, würden die Gesellschafter durch den Zinsverzicht nicht benachteiligt, womit dieser Verzicht ihnen zuzumuten sei.

Zur Erhaltung der Funktionsfähigkeit bei Publikumsgesellschaften gelte darüber hinaus, daß, wenn in ihr die Gesellschafter mit qualifizierter Mehrheit einen Eingriff in die Gesellschafterrechte beschließen, dieser Beschluß wirksam sei, ohne daß die Minderheit auf Zustimmung verklagt werden müßte, wenn alle überstimmten oder an der Abstimmung nicht beteiligten Gesellschafter aufgrund ihrer gesellschaftsrechtlichen Treuepflicht zur Zustimmung verpflichtet gewesen wären. Damit wurde das Klagebegehren abgewiesen.

Die Pflicht zur Mitwirkung in Krisenfällen und die damit einhergehende Einschränkung des Stimmrechtes besteht auch über die Sanierungssituation hinaus.

Ist die wirtschaftliche Lage einer Gesellschaft unhaltbar geworden und ergibt sich bei objektiver Beurteilung daraus die Notwendigkeit, den Geschäftsbetrieb aufzugeben, so besteht unter den Gesellschaftern die Rechtspflicht, die insoweit notwendigen Maßnahmen zu ergreifen. Sie müssen etwa dem Verkauf des Geschäftsbetriebes und damit einer schnellen Beendigung zustimmen, wenn es aussichtslos erscheint, daß der einzelne Gesellschafter auf dem Weg anderer Liquidationen nach der Auszahlung der Gesellschaftsgläubiger noch etwas als Liquidationserlös auf seine Einlage erhält.[147]

### d) Treuepflicht des Stimmrechtsvertreters

Im Rahmen der aus Treuepflicht ableitbaren Stimmbindungspflichten ist schließlich die Frage zu erörtern, ob auch einen Stimmrechtsbevollmächtigten, der auf einer Gesellschaftsversammlung für einen Gesellschafter dessen Stimmrecht ausübt, eine direkte Treuepflicht gegenüber der Gesellschaft und ihren Gesellschaftern trifft. Solche Stimmrechtsvertretungen werden primär im Aktienrecht relevant, das die Bevollmächtigung mit § 134 Abs. 3 AktG eröffnet, die besonders in der Form des Depotstimmrechtes der Banken (§ 135 AktG) praktische Bedeutung erlangt.

Unbestritten müssen im Rahmen einer solchen Stimmrechtsvertretung die Anforderungen der Treuepflicht auch vom Bevollmächtigten beachtet werden. Dieser wird seinem Auftrag nur gerecht, wenn er für seinen Geschäftsherrn in

---

[147] BGH NJW 1960, 434; M.Weber, (1999) S. 82.

rechtlich zulässiger Weise handelt.[148] Fraglich bleibt aber, ob der Stimmrechts-vertreter für ein treuwidriges Verhalten direkt der Gesellschaft gegenüber haftet oder ob eine derartige Haftung nur mittelbar über den Vollmacht erteilenden Gesellschafter zu erreichen ist.

Letzteres ist der Ansatz des BGH.[149] Eine direkte Haftung sei abzulehnen, da sich die Treuepflicht aus der Mitgliedschaft ableite, mitgliedschaftliche Bindungen aber nur zwischen den Gesellschaftern, die in ein gemeinsames Vertragsverhältnis treten, bestünden.[150]

Andere Auffassungen teilen hingegen diese Argumentation nicht und befürworten vielmehr eine direkte Haftung. Auf ähnliche Weise, wie bereits die Treuebindung zwischen den Gesellschaftern in einer Körperschaft begründet wurde - durch Herleitung einer privatrechtlichen Sonderverbindung - könne auch für das Verhältnis zwischen Stimmrechtsvertreter und Gesellschaft/Gesellschafter eine derartige Beziehung angenommen werden. Zumindest Wertungen aus Institutionen wie der Vertreterhaftung aus c.i.c.,[151] dem Vertrag mit Schutzwirkung zugunsten Dritter[152] oder der Drittschadensliquidation[153] seien auf die Stimmrechtsvertretung übertragbar. Nicht zuletzt vor dem Hintergrund, daß für die Stimmrechtsvertretung keine Offenlegung des hinter dem Vertreter stehenden Gesellschafters erforderlich sei, führe die Anwendung der Formel, wonach mit steigender Rechtsmacht auch ein steigendes Maß an Verantwortung korreliere, zu einer solchen direkten Haftung.[154]


Tatsächlich unterscheiden sich die gegenüberstehenden Auffassungen im praktischen Ergebnis nicht so gravierend, wie dies auf den ersten Blick erscheinen mag. Selbst die Verfechter der „Direkthaftung" werden nicht umhin kommen, den Bevollmächtigten von einer Haftung gänzlich freizustellen, wenn er sich an ausdrückliche Anweisungen des Vertretenen hält. Hier bedient sich der Gesellschafter nur eines Werkzeugs, die eigene Stimme treuwidrig auszuüben. Dieser Umstand kann nicht zu einer Haftungsverschiebung auf dritte Personen führen.

---

[148] BGHZ 129, 136, 148 („Girmes"); Beckerhoff, (1996) S. 134; Dreher, ZHR 157 (1993), 150, 166; Marsch-Barner, ZHR 157 (1993) 172, 182; Schöne, WM 1992, 209, 212; Timm, WM 1981, 481, 489.

[149] BGHZ 129, 136, 142ff („Girmes").

[150] So auch Bungert, DB 1995, 1749, 1752; Dreher, ZHR 157 (1993) 150, 165;Hüffer, AktG § 53a Rdnr. 20b; Nehls, (1993) S. 72f, 166f; Piepenburg, (1996) S. 204.

[151] Beckerhoff, (1996) S. 166ff; Henssler, ZHR 157 (1993) 91, 111ff; Timm, WM 1991, 481, 489.

[152] LG Düsseldorf WM 1991, 1955, 1960 („Girmes"-1. Inst.)

[153] Lamprecht, ZIP 1996, 1372, 1374f.

[154] Henssler, ZHR 157 (1993) 91, 116; Timm, WM 1991, 481, 489; Marsch-Barner, ZHR 157 (1993) 172, 184; Schick, ZIP 1991, 938, 939f; wohl auch Schöne WM, 1992, 209, 212f; M.Weber, (1999) S. 204.

Dort jedoch, wo der Bevollmächtigte ohne Weisung und nach eigenem Ermessen handelt, ist dieser infolge des Auftragsverhältnisses gegenüber dem bevollmächtigenden Gesellschafter für eine treumäßige Ausübung des Stimmrechtes verantwortlich.[155] Kommt es dennoch zum Mißbrauch, ist er jenem gegenüber schadensersatzpflichtig. Dabei haftet er gemäß § 276 BGB nach allgemeinen Grundsätzen, also bereits für Fahrlässigkeit.[156] Der einzelne Gesellschafter ist damit in der Lage, den Schaden der Gesellschaft bzw. seiner Mitgesellschafter durch Abtretung seines eigenen Ersatzanspruchs oder durch eine direkte Anwendung des Rechtsinstituts der Drittschadensliquidation zu befriedigen.[157] Im Ergebnis haftet somit nach beiden Ansichten letztendlich derjenige, der schuldhaft den Verstoß gegen die Treuepflicht zu verantworten hat.

Geht man schließlich noch davon aus, daß sich die Ergebnisse, die sich durch eine Anwendung der mitgliedschaftlichen Treuepflicht im Bereich der Haftung für Stimmrechtsmißbrauch erzielen lassen, in keiner Weise von einer Anwendung des § 826 BGB unterscheiden,[158] ist ein Bedürfnis nach Ausweitung der gesellschaftsrechtlichen Treuepflicht auch auf Stimmrechtsvertreter nicht erkennbar. Angesichts der klaren Aussage des BGH ist die gegenwärtige Rechtslage eindeutig, so daß sich weitere Ausführungen zu diesem Komplex erübrigen.

### 3. Wettbewerbsverbot und Geschäftschancenlehre

Nicht nur für die Geschäftsleitung, auch beim einzelnen Gesellschafter stellt sich die Frage, ob er einem Wettbewerbsverbot aus Treuepflicht unterliegt oder ob er aus dieser verpflichtet ist, Geschäftschancen, von denen er Kenntnis erlangt, der Gesellschaft zuzuleiten.

Schließlich haben sich auch nichtgeschäftsführende Gesellschafter verpflichtet, den gemeinsamen Zweck zu fördern. Dieser kann naturgemäß mit weniger Konkurrenz besser von der Gesellschaft verfolgt werden, auch ist es augenscheinlich dem Gesellschaftszwecke förderlich, die Möglichkeit zu besitzen, sich Kenntnisse der Gesellschafter nutzbar machen zu können.[159]

Tatsächlich ist diese Frage aber nicht so einfach und eindeutig zu beantworten, wie dies bei der Geschäftsführung der Fall war. Mit der Zusage, die Geschäfte der Gesellschaft zu führen und deren Angelegenheiten zu verwalten, geht die Geschäftsleitung regelmäßig eine umfassende Dienstverpflichtung ein, so daß

---

[155] Piepenburg, (1996) S. 205f.

[156] Eine direkte Haftung aus Treuepflichtverletzung bei Stimmabgabe kommt dagegen nur für vorsätzliches Verhalten in Betracht; siehe unten § 6 III. 2. c).

[157] Piepenburg, (1996) S. 206.

[158] Siehe unten § 6 III. 2. c) bb).

[159] Schmidt, (1997) S. 596.

sie grundsätzlich auch das Wettbewerbsverbot und die Pflichten im Rahmen der Geschäftschancenlehre treffen. Bei dem Gesellschafter kann dagegen die ihn allgemein treffende Förderpflicht durch gesellschaftsvertraglich festgesetzte Beitragspflichten näher konkretisiert sein und sich etwa nur auf eine Förderung durch Kapitalbeteiligung begrenzen.[160] Letzteres entspricht durchaus dem gesetzgeberischen Leitbild eines Kommanditisten oder Aktionärs.

Allein aus der mitgliedschaftlichen Treuepflicht läßt sich kein Wettbewerbsverbot ableiten. Dieser Feststellung steht allerdings der Wortlaut des § 112 HGB entgegen. Danach unterliegt auch der nichtgeschäftsführende OHG-Gesellschafter einem gesetzlichen Wettbewerbsverbot. Weil in dieser Situation keine organschaftlichen Geschäftsführungs- und Vertretungsbefugnisse bestehen, kann sich dieses Verbot nur aus der Mitgliedschaft des Gesellschafters ableiten. Hier muß jedoch die Sondersituation des OHG-Gesellschafters beachtet werden. Aufgrund seiner persönlichen Haftung sind ihm umfassende Befugnisse, insbesondere weitreichende Informationsrechte, auch dann zu gewähren, wenn er nicht an der Geschäftsleitung teilnimmt. Mit seiner stärkeren Rechtsstellung kann daher ein OHG-Gesellschafter seiner Gesellschaft in einer Wettbewerbssituation größeren Schaden zufügen, als dies bei anderen Gesellschaftsformen der Fall ist. Aufgrund dieser Sondersituation dürfte es regelmäßig dem Interesse der Parteien entsprechen, daß ein Wettbewerbsverbot auch für den nicht geschäftsführenden, aber persönlich haftenden Gesellschafter vereinbart wird, so daß eine entsprechende dispositive Regelung, wie sie mit § 112 HGB vorliegt, die Parteien von Verhandlungsaufwand entlastet und gerechtfertigt ist.

Im übrigen dürfte den „bloßen" Gesellschafter aus der Treuepflicht lediglich ein Gebot zur Passivität treffen. Er hat das Streben der Gesellschaft nach Selbständigkeit im Wettbewerb hinzunehmen und darf nicht seinen Einfluß in der Gesellschaft dahin geltend machen, daß die Gesellschaft Handlungen unterläßt, die im Zusammenhang mit seiner eigener Konkurrenztätigkeit stehen.[161]

Bei der Frage, ob auch der Gesellschafter Geschäftschancen der Gesellschaft zukommen lassen muß, hat sich in der Literatur eine ähnliche differenzierende Lösung entwickelt. Dies hänge entscheidend davon ab, ob diese Chance für die Gesellschaft bereits eine vermögenswerte Position darstelle, so daß die eigene Ausnutzung durch den Gesellschafter als ein Eingriff in das Gesellschaftsvermögen gewertet werden müßte.[162] Den Gesellschafter treffe hier eine sogenannte passive Förderpflicht. Er dürfe die Gesellschaft nicht mehr durch Ver-

---

[160] Vgl. Grundmann, (1997) S. 181.

[161] Steindorff, FS Rittner 1991, 675, 689ff; Timm, GmbHR 1981, 177, 178.

[162] Vgl. Grundmann, (1997) S. 431.

wertung bereits zugeordneter Geschäftschancen schädigen. Im Gegensatz zum Geschäftsführer, der seine Arbeitskraft zur Verfügung stelle, sei der Gesellschafter aber nicht verpflichtet, der Gesellschaft aktiv Geschäftschancen zukommen zu lassen.[163]

Diese Differenzierungen sind grundsätzlich zu begrüßen. Tatsächlich handelt es sich in den Fällen der aktiven Förderpflicht um gar keine Fallgruppe der gesellschaftsrechtlichen Treuepflicht. Vielmehr ist dies allein eine Frage nach dem Umfang der Zweckförderpflicht.[164] Diese ist durch Auslegung unter Berücksichtigung der bereits gesellschaftsvertraglich festgesetzten Beitragspflichten zu ermitteln.[165] Ob etwa ein Gesellschafter verpflichtet ist, Kenntnisse von Geschäftschancen an die Gesellschaft weiter zu geben oder auch Wettbewerb dieser gegenüber zu unterlassen, ist keine Frage eines Treueverhältnisses, sondern schlicht eine Frage, ob der einzelne Gesellschafter sich auch zu dieser Beitragsleistung im Gesellschaftsvertrag verpflichtet hat.[166]

Scharf abzugrenzen sind dagegen jedoch die Sachverhalte, in denen ein Gesellschafter gerade in seiner Stellung als Mitglied der Gesellschaft von einer Geschäftschance erfährt, bzw. jene nur in dieser Eigenschaft selber realisieren kann. Nimmt er unter diesen Umständen die Chance eigennützig wahr, womöglich noch unter Ausschluß der Gesellschaft durch Mißbrauch seines Stimmrechtes, ist sehr wohl das Treueverhältnis zwischen dem Gesellschafter zur Gesellschaft, bzw. zu seinen Mitgesellschaftern berührt.[167]

Diese können erwarten, daß der einzelne Gesellschafter seine Stellung nicht zu ihren Lasten mißbraucht, indem er Geschäfte an sich zieht, die er ohne seine Stellung als Gesellschafter nicht hätte realisieren können.[168]

---

[163] Grundmann, (1997) S. 449; Kübler–Waltermann, ZGR 1991, 162, 168; Merkt, ZHR 1995, 423, 434f; a.A. Timm, GmbHR 1981, 177, 179ff, der zwar grds. anerkennt, daß die Gesellschafter im weiten Maße eigene Interessen verfolgen dürfen, dennoch aber nicht zwischen Gesellschaftern und Geschäftsführern differenziert.

[164] So auch Weisser, (1991) S. 191f, der hieraus jedoch nicht ableitet, daß sich die Pflicht in entsprechender Weise durch Auslegung ermitteln ließe, sondern eine Verpflichtung aus der Geschäftschancenlehre davon abhängig macht, wie groß der persönliche Einfluß eines Gesellschafters sei und welche Realstruktur die Gesellschaft besäße (a.a.O. S. 192ff).

[165] Grundmann, (1997) S. 432.

[166] Diese Unterscheidung ist jedoch zugegebener Maßen für diejenigen irrelevant, die in der Treuepflicht ohnehin nichts anderes sehen als eine Konkretisierung der Zweckförderpflicht. Aber auch jene müssen durch Auslegung ermitteln, ob der Gesellschafter sich verpflichtet hat, im fraglichen Umfang den Gesellschaftszweck zu fördern.

[167] Grundmann, (1997) S. 271, 445f; Lutter, AcP 180 (1980) 84, 116.

[168] Wann genau diese Situationen vorliegen, d.h. unter welchen Voraussetzungen davon gesprochen werden kann, daß eine Geschäftschance dem Vermögen der Gesellschaft zuzuordnen ist, und der Gesellschafter diese nur noch in dieser Eigenschaft realisiert, gehört zu

Hier kann der Gesellschafter aus Treuepflicht gehalten sein, der Gesellschaft diese Geschäftschance zukommen zu lassen. Dies gilt auch dann, wenn eine Auslegung der Förderpflicht keine derartige Obliegenheit ergeben hat, er vielmehr befugt ist, zu seiner Gesellschaft in Wettbewerb zu treten.

Diese Wertung läßt sich auch aus der sogenannten „Grundstücks"-Entscheidung entnehmen.[169] Hier bestand die klagende KG aus einem Komplementär und dem beklagten Kommanditisten, der zur Hälfte am Gewinn der Gesellschaft beteiligt war. Der Beklagte nahm im Laufe der Zeit zunehmend Geschäftsführungsaufgaben wahr und trat auch nach außen als Vertreter auf, ohne daß ihm ausdrücklich Geschäftsführungs- oder Vertretungsbefugnis erteilt worden wäre. So trat er auch in Verhandlungen über den Kauf eines Grundstückes, welches an das Betriebsgrundstück der KG angrenzte. Die Verhandlungen führte er zunächst im Namen der KG, die spätere Eigentumsübertragung erfolgte jedoch auf seinen Namen. Nicht die KG, sondern der Beklagte wurde in das Grundbuch eingetragen.
Hier entschied der BGH, daß ein Kommanditist auch dann, wenn er gemäß § 165 HGB regelmäßig keinem Wettbewerbsverbot unterliege, wegen der ihm als Gesellschafter obliegenden Treuepflicht keine Geschäfte an sich ziehen dürfe, die in den Geschäftsbereich der Gesellschaft fielen und dieser bereits aufgrund bestimmter Umstände zugeordnet seien. Dies gelte grundsätzlich, wenn die Gesellschaft als erste mit dem Geschäft in Berührung gekommen sei und der Kommanditist in seiner Eigenschaft als Gesellschafter die näheren Umstände erfahren habe, sei es, daß er mit den näheren Vorgängen befaßt war oder daß er infolge seines Informationsrechtes von diesen Kenntnis erlangte. Im vorliegenden Fall gelte dies in besonderer Weise, da der Kommanditist hier auf seiten der Gesellschaft mit Zustimmung des Komplementärs in die Vertragsverhandlungen eingeschaltet war.

## 4. Gesteigerte Rücksichtnahme auf Gesellschaft und Mitgesellschafter

Mit den nun anzusprechenden Anforderungen mitgliedschaftlicher Treuepflichten werden schließlich die Grenzbereiche derselben erreicht. Es geht um die schwer abschließend zu beurteilende Problematik, ob die Gesellschafter aus der Treuepflicht auch zur gesteigerten Rücksichtnahme gegenüber Gesellschaft und Mitgesellschaftern verpflichtet sind; ob insbesondere die mitgliedschaftliche Treuepflicht auch auf den privaten Bereich der Gesellschafter ausstrahlt. Eine rein dogmatische Sichtweise verbietet hier schnell die Anwendung von gesellschaftsrechtlichen Pflichten. Tatsächlich kann jedoch häufig in Fällen, wo ein Gesellschafter mit seiner Gesellschaft oder seinen Mitgesellschaftern als „Privater" in Kontakt tritt, ein gewisser Gemeinschaftsbezug nicht geleugnet werden.

Letztlich liegen hier die notwendig unpräzisen Ränder einer Generalklausel, bei denen eine allgemeine Aussage nicht mehr gemacht, sondern nur noch der kon-

---

den schwierigsten Fragestellungen der ganzen Lehre und ist dementsprechend sowohl in Deutschland, als auch unter dem Stichwort *corporate opportunity doctrine* in den USA durch Literatur und Rechtsprechung eingehend behandelt. Vgl. hierzu FG Nds. DStRE 1998, 959, 960; und umfassend Weisser, (1991), S. 142ff.

[169] BGH NJW 1989, 2687 f.

krete Einzelfall beurteilt werden kann. Gerade in diesen Grenzbereichen mitgliedschaftlicher Treuepflichten kommt es auf die Realstruktur der Gesellschaft an, und vor allem hier kann auch das Merkmal des besonderen Nähe- und Vertrauensverhältnises segensreiche Wirkungen entfalten.[170]

a) Gesellschafter als Fremdgläubiger

Ein solcher privater Kontakt zur Gesellschaft kommt zustande, wenn der Gesellschafter mit seiner Gesellschaft eine Vertragsbeziehung eingeht, die hinsichtlich seiner Gesellschafterstellung keine Regelungen enthält, vielmehr völlig unabhängig von dieser abgeschlossen wird. Es stellt sich hier die Frage, ob bei Durchführung dieses Vertrages der Gesellschafter nicht nur allgemein den Vertragsgrundsatz von Treu und Glauben zu beachten hat, sondern darüber hinaus dieses Verhältnis ebenfalls von der mitgliedschaftlichen Treuepflicht überlagert wird.[171]

In besonderer Weise wird dieses Problem relevant, wenn sich die Gesellschaft in einer Krise befindet. Hier könnte der Gesellschafter aus seiner Treuepflicht gegenüber der Gesellschaft zur Rücksichtnahme verpflichtet sein, indem er vorerst die Geltendmachung seiner Forderungen zurückstellen muß.[172]

Die Rechtsprechung steht bislang distanziert zu diesen Fragen. In einer Entscheidung des OLG Hamm zu einer angeschlagenen GmbH wird eine Verpflichtung zur Stundung oder gar zum Verzicht fremdgläubigerischer Forderungen ausdrücklich verneint. Aufgrund der Tatsache, daß ein Verzicht oder nur die Stundung schuldrechtlicher Ansprüche des Gesellschafters gegen die Gesellschaft die Gefahr einer Haftung nach den Grundsätzen für eigenkapitalersetzende Darlehen begründen könne, gebiete es die gesellschaftsrechtliche Treuepflicht keineswegs, auf das Geltendmachen von Forderungen zu verzichten, um die Gesellschaft wirtschaftlich nicht zu gefährden.[173]

Auch der BGH hat entschieden, daß einem Gesellschafter aus seiner Treuepflicht gegenüber seiner Gesellschaft nicht verwehrt sei, sich auf die Formnich-

---

[170] Hachenburg/Raiser, GmbHG § 14 Rdnr. 53; Lutter, AcP 180 (1980) 84, 105ff; Nehls, (1993) S. 4, 75; Schlegelberger/Schmidt, HGB § 105 Rdnr 163; Scholz/M.Winter, GmbHG § 14 Rdnr. 52f; Staudinger/W.Weber, BGB[11] § 242 Rdnr. 246.

[171] Bejahend Staudinger/W.Weber, BGB[11] § 242 Rdnr. 246; M.Weber, (1999) S. 165 und Nehls, (1993) S. 73f, der grundsätzlich eine Überlagerung dieser Beziehungen durch Treuepflicht selbst dort annimmt, wo ein Kleinstaktionär mit „seiner" AG Geschäfte abschließt. Sehr zurückhaltend dagegen Scholz/Winter, GmbHG, § 14 Rdnr. 57.

[172] Befürwortend Grunewald, (2000) 1.A Rdnr. 21; MüKo/Roth, BGB § 242 Rdnr. 122; Stimpel, in Rechtsfortbildung, S. 19.

[173] OLG Hamm, GmbHR 1993, 656.

tigkeit eines mit dieser Gesellschaft abgeschlossenen Vorvertrages zum Kauf eines Grundstücks zu berufen.[174]

## b) Auskunftspflichten gegenüber Mitgesellschaftern

Ebenfalls in Betracht kommt, daß in bestimmten Situationen der einzelne Gesellschafter aus der Treuepflicht gehalten sein kann, seine Mitgesellschafter über ihm bekannte Tatsachen oder Gefahren aufzuklären.[175] Anerkannt wurde eine solche Pflicht, soweit überhaupt, allerdings nur in Fällen, in denen gleichzeitig Interessen der Gesellschaft berührt waren. Insbesondere dann, wenn es wegen einer engen, im Hinblick auf das Zusammenwirken in der Gesellschaft bedeutsamen Verbundenheit der Beteiligten zu befürchten stand, daß Störungen in der privaten Sphäre auch auf den mitgliedschaftlichen Bereich durchschlagen würden.[176]

## c) Berücksichtigung sonstiger privater Belange der Mitgesellschafter

Vor Gerichten immer wieder geltend gemacht wird schließlich die Frage, ob ein Gesellschafter bei Ausübung seiner Rechte auch weitergehende private Interessen seiner Mitgesellschafter berücksichtigen muß, wenn ihm im übrigen kein Nachteil durch ein solches Verhalten droht.[177]

Eine entsprechende Pflicht wurde in **BGH NJW 1962, 859** abgelehnt. Die Klägerin hatte in diesem Sachverhalt als Gesellschafterin einer GbR dieser Geschäftsräume vermietet, die sie wiederum von dem beklagtem Mitgesellschafter gemietet hatte. Der Beklagte als Gesellschaftergeschäftsführer beendete dieses Mietverhältnis und zog mit der Gesellschaft in andere Geschäftsräume um. Die Klägerin verlangte Ersatz des Schadens, der ihr allein dadurch entstanden sei, daß der Beklagte, wie sie meinte, unter Verletzung seiner Treuepflicht die neuen Geschäftsräume nicht auf ihren Namen gemietet, und daß er die Geschäftsräume ohne ihre vorherige Zustimmung verlegt habe.

Der BGH verneinte einen solchen Anspruch. Zwar sei das Verhältnis zwischen den Gesellschaftern von der gesellschaftsrechtlichen Treuepflicht bestimmt, der einzelne Gesellschafter habe sich aber im Gesellschaftsvertrag nicht etwa dazu verpflichtet, auch die Interessen seiner Mitgesellschafter zu wahren und deren persönliche Ziele zu unterstützen. Sein Interesse brauche nicht hinter das der übrigen Gesellschafter zurückzutreten. Entscheidend bleibe die Verpflichtung des Gesellschafters, den gemeinsamen Zweck zu fördern. Die Treuepflicht gegen-

---

[174] BGH NJW 1989, 166, 167f.

[175] Hierzu Lutter-Hommelhoff, GmbHG § 14 Rdnr. 22; Wiedemann, FS Heinsius 1991, 949, 954. Bejahend für den Verkauf einer Kontrollposition: Fillmann, (1991) S. 189.

[176] BGH DStR 1991, 1500 f; dagegen wurde in BGH NJW 1992, 3167, 3170f („IBH/Scheich-Kamel") eine derartige Aufklärungspflicht verneint.

[177] Ablehnend G.Hueck, (1958) S. 54; Meyer-Landrut, GmbHG § 14 Rdnr. 26; RGRK/v. Gamm, BGB § 705 Rdnr. 17. Zustimmend Scholz/M.Winter, GmbHG § 14 Rdnr. 52.

über den anderen Gesellschaftern bestehe daher nur insoweit, wie dieses aus dem Gesellschaftszweck und der Zusammenarbeit der Gesellschafter zu folgern sei.

Dagegen können die Gesellschafter gegenüber ihrem Mitgesellschafter gehalten sein, auf den Einwand eines Formverstoßes zu verzichten, wenn die Berufung hierauf nur als schikanöser Formalismus aufgefaßt werden muß. So hat es die Rechtsprechung als ein mit der gesellschaftsrechtlichen Treuepflicht nicht zu vereinbarendes Beharren auf einer formalen Rechtsstellung gewertet, wenn der Stimmbevollmächtigte eines Gesellschafters von der Gesellschafterversammlung ausgeschlossen wird, weil seine Vollmachtsurkunde nicht in deutscher Sprache abgefaßt, deren Inhalt aufgrund übriger Umstände aber eindeutig war.[178]

Abschließend kann nur festgehalten werden, daß, je stärker Vertrauensbindungen zwischen den Gesellschaftern bestehen, desto eher lassen sich auch gesteigerte Rücksichtnahmepflichten auf private Belange der Partner bejahen. Allerdings folgt dies nicht daraus, daß die Treuepflicht hier zum Inhalt hätte, private Interessen der Mitgesellschafter zu unterstützen. Vielmehr ist es in solchen Gesellschaften für die Förderung des Gesellschaftszweckes erforderlich, die gemeinsame Vertrauensbasis zu erhalten, so daß das private Interesse zum Gesellschaftsinteresse wird.[179]

## IV. Rechtsfolgen

Angesichts der Vielschichtigkeit der aus der gesellschaftsrechtlichen Treuepflicht fließenden Verhaltensanforderungen überrascht es nicht, daß auch die Rechtsfolgen unterschiedlich ausfallen, die mit dem Verstoß gegen eine solche Verpflichtung verbunden sind.

### 1. Leistungs- und Unterlassungsanspruch

Kommt ein Treuepflichtiger seiner Verpflichtung nicht nach, kann dieser zunächst auf Erfüllung seiner Pflichten verklagt werden. Diesbezüglich gelten die

---

[178] OLG Brandenburg GmbH-Rdsch. 1998, 1037 ff; vgl. hierzu auch: BGH NJW 1985, 974; 1961, 724 f.

[179] Grunewald, (2000) 1.A Rdnr. 17; Lutter, AcP 180 (1980) 84, 129; MüKo/Ulmer, BGB § 705 Rdnr. 188.

allgemeinen Grundsätze. Es stehen die Leistungs- und Unterlassungsklage zur Verfügung, je nachdem, welches Verhalten den Ansprüchen der Treuepflicht gerecht wird.[180]

Ist etwa die Zustimmung des Treuepflichtigen zu einer Maßnahme erforderlich und darf dieser aufgrund der Anforderungen der gesellschaftsrechtlichen Treuepflicht jene Zustimmung nicht verweigern, kann er auf Erteilung derselben verklagt werden.[181] Hat die Klage Erfolg, wird diese Zustimmung durch das Urteil gemäß § 894 Abs. 1 ZPO ersetzt.

Da die Treuepflichten heute anerkanntermaßen sowohl gegenüber der Gesellschaft, als auch gegenüber den Gesellschaftern bestehen, kann zunächst die Gesellschaft, darüber hinaus aber auch der einzelne Gesellschafter auf Erfüllung klagen.[182]

## 2. Schadensersatz

Ist dagegen ein treumäßiges Verhalten nicht mehr im Wege der Erfüllungsklage zu erreichen, bzw. ist durch die Nichtbeachtung der aus der Treuepflicht herleitbaren Verhaltensanforderungen ein Schaden entstanden, kommt ein Schadensersatzanspruch wegen Treuepflichtverletzung in Betracht.

Die Grundlage für einen solchen Anspruch findet sich seit dem Schuldrechtsmodernisierungsgesetz 2002 nunmehr in § 280 Abs. 1 BGB. Aufgrund der vertraglichen Natur der Treupflicht handelt es sich bei ihr um eine „Pflicht aus einem Schuldverhältnis" im Sinne dieser neuen gesetzlichen Haftungsnorm. Die an die Problematik, ob die gesellschaftsrechtliche Treuepflicht eine Haupt- oder Nebenpflicht darstellt, geknüpfte Frage, ob sich ein Schadensersatzanspruch aus dem Leistungsstörungsrecht des BGB oder aus pVV herleitet, hat sich daher erledigt.[183]

Entsprechende Schadensersatzleistungen sind primär an die Gesellschaft zu leisten. Treuebindungen unterliegen nur die gesellschaftsrechtlichen Beziehungen. Damit ist auch die Gesellschaft richtiger Bezugspunkt für den Empfang von Schadensersatzleistungen, die durch Verletzung dieser Treuebindungen entstanden sind. Dieses gebietet bei den Kapitalgesellschaften bereits der Kapitalerhaltungsgrundsatz. Darüber hinaus ist zu berücksichtigen, daß durch direkte Zah-

---

[180] Grunewald, (2000) 1.A Rdnr. 21; Hachenburg/Raiser, GmbHG § 14 Rdnr. 61; Koppensteiner, in Rowedder GmbHG Anh. nach §52 Rdnr. 53; Meyer-Landrut, GmbHG § 14 Rdnr. 30; Scholz/M.Winter, GmbHG § 14 Rdnr. 61; Tröger, (2000) S. 159.

[181] Zöllner, (1963) S. 418ff.

[182] Vgl. BGHZ 25, 47, 49; Verhoeven, (1978) Rdnr. 289f. Einschränkungen bestehen jedoch im Aktienrecht mit § 147 AktG; siehe hierzu unten § 6 III. 3.

[183] Siehe oben § 1 I. 1.

lungen an die Gesellschafter die Zweckbindung des Vermögens umgangen würde.[184]

Dieses gilt auch für die Verletzung mitgliedschaftlicher Bindungen. Zwar sind diese Rechte zum Schutze der Mitgesellschafter eingerichtet, der Schaden ist jedoch regelmäßig nur ein reflexhafter, d.h. durch die Schädigung der Gesellschaft wird auch der Anteil des einzelnen Gesellschafters beeinträchtigt. Dieser Nachteil ist aber in befriedigender Weise durch Beseitigung des Schadens bei der Gesellschaft zu ersetzen.[185]

Ein Anspruch des Gesellschafters auf Zahlung in das eigene Vermögen kommt folglich nur in Betracht, wenn der Gesellschafter durch die treuwidrige Handlung einen Schaden erlitten hat, der über die Schädigung der Gesellschaft und damit über den mittelbaren Eingriff in seinen Anteil hinausgeht.[186]

Diese Schadensersatzverpflichtung kann sich schließlich sogar zu einer generellen Verlustübernahmepflicht steigern, wenn ein Mehrheitsgesellschafter sich die Gesellschaft derartig zu eigenen Diensten macht, daß einzelne Eingriffe in die Vermögenssubstanz der abhängigen Gesellschaft nicht mehr isoliert nachgewiesen werden können.[187]

### 3. Beschlußkontrolle

Übt ein Gesellschafter sein Stimmrecht treuwidrig aus, so sind zwei Wirkungen zu unterscheiden. Zunächst ist in diesem Fall die Abgabe der einzelnen Stimme treuwidrig und braucht vom Versammlungsleiter bei der Feststellung des Beschlußergebnisses nicht berücksichtigt werden.[188] Sie wirkt wie eine Stimmenthaltung.[189]

---

[184] Vgl. BGHZ 25, 47, 49f; BGH WM 1987, 13, 16; Baums, (1987), 217ff; ders., ZGR 1987, 554, 557; Kowalski, (1990) S. 132ff, 149; Meyer-Landrut, GmbHG § 14 Rdnr. 29; Piepenburg, (1996) S. 179f.

[185] BGHZ 65, 15, 18 („ITT"); BGH WM 1987, 13, 16; Baums, (1987) S. 219f; ders. ZGR 1987, 554, 560f; Grunewald, (2000) 1.A Rdnr. 23; Mertens, FS Fischer 1979, 461, 474f; Nehls, (1993) S. 107.

[186] BGH NJW 1992, 368, 369; Baums, (1987) S. 214, 228ff; Beckerhoff, (1996) S. 105; Kowalski, (1990) S. 6ff; Meyer-Landrut, GmbHG § 14 Rdnr. 29; Nehls, (1993) S. 108.

[187] BGH NJW 1980, 231, 232 („Gervais").

[188] BGH AG 1993, 514, 515; DB 1991, 486; OLG Stuttgart DB 1999, 2256, 2257; OLG Hamburg, GmbHR 1992, 43, 45 u. 47; Beckerhoff, (1996) S. 85f; Hüffer, AktG § 53a Rdnr. 22; Nehls, S. 95; Lutter, ZHR 1989, 446, 458; Schmidt, GmbHR 1992, 9, 11f und in Großkomm. AktG § 243 Rdnr. 47; Scholz/M.Winter, GmbHG § 14 Rdnr. 61; Steindorff, FS Rittner 1991, 675, 692f; Weipert, ZGR 1990, 142, 147; Wiedemann, FS Heinsius 1991, 949, 955ff; Zöllner, (1963) S. 366f; a.A. Timm, WM 1991, 481, 486.

[189] Zöllner, (1963) S. 359.

Wird dagegen die treuwidrige Stimme mit in die Feststellung des Beschlußergebnisses einbezogen, so wirkt sich dieser Umstand auch auf den Beschluß selbst aus. Zunächst führt die Mitzählung der eigentlich als Stimmenthaltung zu wertenden Stimme zu einem falsch festgestellten Beschlußergebnis und somit zu einem formellen Mangel. Darüber hinaus kann sogar der materielle Inhalt des Beschlusses treuwidrig sein, wenn dieser mit der Mehrheit treuwidriger Stimmen zustande kam und sich die Treuwidrigkeit nicht aus einer treuwidrigen Ausübung, sondern aus dem treuwidrigen Inhalt der jeweiligen Stimme er⁻ gibt.[190]

In diesen Fällen stellt sich die Frage nach der Wirksamkeit des Beschlusses:

a) Beschlußfeststellung

In Betracht kommt, daß ein Beschluß, der infolge treuwidriger Stimmabgabe an formellen oder materiellen Mängeln leidet, mit Hilfe einer Feststellungsklage angegriffen werden könnte.

Da die treuwidrig abgegebenen Stimmen bei der Feststellung des Beschlußergebnisses nicht zu berücksichtigen sind, würde auf diesem Wege nunmehr jenes Beschlußergebnis festgestellt, welches durch die treumäßig abgegebenen Stimmen in Wirklichkeit zustande kam. Wurde der Beschlußantrag zuvor mit der Mehrzahl treuwidriger Stimmen abgelehnt, muß bei Nichtberücksichtigung dieser Stimmen nunmehr die Annahme des Beschlusses festgestellt werden.[191] Gilt dagegen bereits die Stimmenthaltung als Ablehnung, wie etwa beim Einstimmigkeitsprinzip, so wäre der Beschlußantrag auch bei Nichtberücksichtigung der treuwidrigen Stimmen weiterhin abgelehnt. Liegt die Treuwidrigkeit der Stimmausübung aber gerade in der Ablehnung des Beschlußantrages begründet, wären die Gesellschafter also zur Zustimmung verpflichtet, müßten in diesem Fall die dissentierenden Gesellschafter auf Zustimmung verklagt werden.[192]

Diese Art der Beschlußkontrolle wird in Ermangelung gesetzlicher Anfechtungsregeln in den Personengesellschaften praktiziert.[193]

b) Beschlußanfechtung

In den Kapitalgesellschaften ist dagegen ein treuwidriger Beschluß lediglich anfechtbar. Dies ergibt sich für die Aktiengesellschaft aus § 241 AktG, der die

---

[190] Zur Problematik der Abgrenzung zwischen „materieller Beschlußkontrolle" und „individuellem Rechtsmißbrauch" siehe oben § 2 II. 2. b).

[191] Vgl. Zöllner, (1963) S. 374.

[192] Hierzu oben § 2 IV. 1.

[193] M.Winter, (1988) S. 36; Staub/Fischer, HGB³ § 119 Rdnr. 17f.

Nichtigkeit enummerativ nur für bestimmte offensichtliche Beschlußmängel anordnet, nicht jedoch für Treuepflicht- oder vergleichbare Verstöße.

Auch in der GmbH, wo entsprechende gesetzliche Anfechtungsregeln fehlen, führt ein treuwidriger Beschluß zur Anfechtbarkeit, d.h. bleibt zunächst schwebend wirksam. Es werden dabei die Anfechtungsregeln des Aktiengesetzes entsprechend angewandt.[194]

Grund hierfür ist die höhere Rechtssicherheit der Anfechtungslösung. Gerade bei den immer noch in weiten Teilen unpräzisen Anforderungen der Treuepflicht ist im Einzelfall schwer zu beurteilen, ob ein Beschluß treuwidrig ist oder nicht. Der Beschlußfeststellung kommt daher eine konstitutive Wirkung zu, und solange ein Treuepflichtverstoß nicht gerichtlich festgestellt wurde, ist der Beschluß zunächst als wirksam aufzufassen.[195]

Die erfolgte Anfechtung kann sich dann sowohl auf das fehlerhafte Beschlußergebnis stützen, als auch auf den eventuell treuwidrigen Beschlußinhalt selbst.[196]

Eine Anfechtung wegen Treuepflichtverstoß wurde von der Rechtsprechung, namentlich in der „Linotype"-Entscheidung, zunächst auf § 243 Abs. 2 AktG, also die unzulässigen Verfolgung von Sondervorteilen gestützt. Dies war für den vorliegenden Sachverhalt auch einschlägig, da die Mehrheit jeweils mit den Beschlüssen treuwidrig Sondervorteile zu erlangen suchte.[197]

Aber auch Beschlüsse, mit denen keine Sondervorteile erlangt werden sollen, sondern wo versucht wird zu blockieren bzw. die Minderheit zu schädigen, können angefochten werden. Der sachnähere Anfechtungsgrund ist in diesen Fällen in § 243 Abs. 1 AktG zu sehen.[198]

## c) Positive Beschlußfeststellung

Mit der Nichtigkeitsfeststellungs- bzw. Anfechtungsklage werden jedoch häufig keine befriedigenden Ergebnisse erzielt, da zwar der treupflichtwidrige Beschluß beseitigt wird, aber nicht klar ist, was an dessen Stelle gilt.

---

[194] BGHZ 76, 352, 357; Hachenburg/Hüffer, GmbHG § 47 Rdnr. 195; Hachenburg/Raiser, GmbHG § 14, Rdnr.61; Lutter-Hommelhoff, GmbHG § 14 Rdnr. 29; Meyer-Landrut, GmbHG § 14 Rdnr. 29; Rowedder, GmbHG § 13 Rdnr. 17; Verhoeven, (1978) Rdnr. 255.

[195] Zöllner, in KölnKomm.[1] AktG § 243 Rdnr. 4. Vgl. auch Schmidt, GmbHR 1992, 9, 10.

[196] Vgl. BGH AG 1993, 514, 515; Schmidt, in Großkomm. AktG § 243 Rdnr. 47; Zöllner, (1963) S. 363 u. 373.

[197] BGHZ 103, 184, 193 („Linotype"). Zustimmend Nehls, (1993) S. 97.

[198] So inzwischen auch die Rechtsprechung in BGHZ, 142, 167, 169 („Hilgers"). Vgl. auch Fillmann, (1991) S. 251; Hüffer, AktG § 53a, Rdnr. 21; Nehls, (1993) S. 97; Piepenburg, (1996) S. 169; Schmidt, in Großkomm. AktG § 243 Rdnr. 48; Tröger, (2000) S. 257; Verhoeven, (1978) Rdnr. 257; Zöllner, in KölnKomm.[1] AktG § 243 Rdnr. 232.

Zur Lösung dieses Problems bietet sich in Fällen, in denen sich der Ermessensspielraum der Beteiligten durch die gesellschaftsrechtliche Treuepflicht auf lediglich eine zulässige Entscheidung reduziert, die positive Beschlußfeststellungsklage an.[199]

Insbesondere dort, wo die Mehrheit einen Beschlußantrag mit klar umrissenem Inhalt abgelehnt hat und diese Ablehnung als treuwidrig einzustufen ist, kann das Gericht mit Hilfe von § 894 ZPO gleich feststellen, daß die Ablehnung des Beschlußantrages treuwidrig und unwirksam ist und demzufolge der Beschluß mit beantragtem Inhalt zustandekam.[200]

## 4. Einwand des Rechtsmißbrauchs

Bei der treuwidrigen Ausübung von Individualrechten ist das geeignetste Rechtsmittel hiergegen der Einwand des treuwidrigen Rechtsmißbrauchs.[201] So braucht etwa die treuwidrige Ausübung eines Widerspruchsrechtes gegen eine Geschäftsführungsmaßnahme[202] oder eine überzogene Inanspruchnahme des Auskunftsrechtes[203] von der Gesellschaft nicht beachtet zu werden. In Hauptversammlungen kann daher der Versammlungsleiter mit Hilfe seines Ordnungsrechtes die meisten Auswüchse außerhalb des Klageweges in befriedigender Weise lösen.[204] Dort, wo die treuwidrige Ausübung von Individualrechten eine Blockadewirkung auslöst, wie etwa die Registersperre in Fällen der mißbräuchlichen Anfechtung von Hauptversammlungsbeschlüssen, ist zumindest prozessual der Weg eröffnet, im einstweiligen Rechtsschutz derartige Suspensiveffekte zu beseitigen.[205]

---

[199] Hierzu BGHZ 97, 28, 30f; 88, 320, 329f; 76, 191, 197ff; Schmidt, Großkomm. AktG § 243 Rdnr. 98ff; Zöllner, (1963) S. 405ff.

[200] BGHZ 76, 191, 197ff; 64, 253, 259; Flume, (1983) S. 215f; Hachenburg/Hüffer, GmbHG § 47 Rdnr. 197; Reichert-Winter, FS GmbHG 1992, 209, 225f; Schmidt, GmbHR 1992, 9, 10f; ders., in Großkomm. AktG § 243 Rdnr. 50; Steindorff, FS Rittner 1991, 675, 693; Wiedemann, FS Heinsius 1991, 949, 955.

[201] Grunewald, (2000) 1.A Rdnr. 22; Hachenburg/Raiser, GmbHG § 14 Rdnr. 61; Martens, in mißbräuchliches Aktionärsverhalten, S. 61, 66f; Scholz/M.Winter, GmbHG § 14 Rdnr. 61.

[202] BGH LM HGB § 105 Nr. 11; NJW 1974, 1555, 1556; A.Hueck, FS Hübner 1935, 72, 75f; RGRK/v.Gamm, BGB § 705 Rdnr. 17; Heymann/Emmerich, HGB § 109 Rdnr. 8; Wiedemann, FS Heinsius 1991, 949, 955ff.

[203] BGHZ 127, 107, 110f („BMW").

[204] Martens, in mißbräuchliches Aktionärsverhalten, S. 61, 66f; Obermüller, DB 1962, 827, 831.

[205] OLG Stuttgart, DB 1999, 2256, 2257.

## 5. Eintrittsrecht

Bei Verstoß gegen das aus der Treuepflicht fließende Wettbewerbsverbot hat die Gesellschaft schließlich ein dem § 88 Abs. 2 S. 2 AktG und § 113 Abs. 1 HGB entsprechendes Eintrittsrecht. Die Gesellschaft kann damit die gegen das Wettbewerbsverbot verstoßenden Geschäfte als für eigene Rechnung vorgenommen gelten lassen, mit der Folge, daß der Gesellschaft der Vergütungsanspruch zusteht.[206]

Hierbei ist zu beachten, daß das Eintrittsrecht keine Form eines Schadensersatzes darstellt. Das bedeutet, daß ein Nachweis eines kausalen Schadens nicht erforderlich ist, und daß unbeachtlich ist, ob die Gesellschaft selber überhaupt in der Lage gewesen wäre, dieses Geschäft durchzuführen.[207]

Richtigerweise muß dieses Eintrittsrecht nicht nur für Verstöße gegen das Wettbewerbsverbot eröffnet sein, sondern auch bei der treuwidrigen Aneignung von Geschäftschancen der Gesellschaft zur Verfügung stehen. Im Ergebnis kann dahin stehen, ob sich diese Rechtsfolge aus einer Analogie zu § 88 Abs. 2 S. 2 AktG herleiten läßt oder aus §§ 677, 681 S.2, 687 Abs. 2 BGB entnommen wird, da derjenige, welcher Geschäftschancen an sich zieht, die bereits der Gesellschaft zugeordnet sind, eine unberechtigte Eigengeschäftsführung vornimmt.[208]

---

[206] BGHZ 89, 162, 171; 80, 69, 76 („Süssen"); Scholz/Schneider, GmbHG § 43 Rdnr. 131a.

[207] Geßler/Hefermehl, AktG § 88 Rdnr. 24; Heymann/Emmerich, HGB § 113 Rdnr. 4; Hüffer, AktG § 88 Rdnr. 7; Mertens, in KölnKomm. AktG § 88 Rdnr. 21; Staub/Ulmer, HGB § 113 Rdnr. 4.

[208] BGH WM 1989, 1335, 1338; Baumbach/Hueck-Zöllner, GmbHG § 35 Rdnr. 22a; Polley, (1992) S. 163ff; Timm, GmbHR 1981, 177, 178; Weisser, (1991) S. 235 u. 245f.

# § 3 Das US-amerikanische Recht zum Vergleich

Im Anschluß an die Darstellung der Rechtslage in Deutschland soll im folgenden ein Überblick über die Treuepflichten oder *fiduciary duties* im US-amerikanischen Gesellschaftsrecht gegeben werden. Dabei wird auf die dem anglo-amerikanischen Rechtskreis eigene Unterteilung in *duty of care* und *duty of loyalty* (II.) sowie auf die Differenzierungen, die hinsichtlich der Intensität der Pflichtenbindung zwischen den verschiedenen Schuldnern einer Treuepflicht bestehen (III.), eingegangen. Schließlich soll die Rechtslage in den Vereinigten Staaten mit der deutschen verglichen und sowohl Gemeinsamkeiten wie Unterschiede herausgearbeitet werden (IV.). Zuvor jedoch erfolgt ein kurzer Überblick über die wichtigsten Grundlagen des US-amerikanischen Gesellschaftsrechts im Hinblick auf die Treuepflichten (I.).

## I. Grundlegendes

### 1. Überblick über die Gesellschaftsformen

Bei der Betrachtung eines fremden Gesellschaftsrechtes ist es angebracht, sich zunächst mit dessen primären Regelungsobjekten vertraut zu machen, den einzelnen Gesellschaftsformen. Dementsprechend soll auch hier zunächst ein kurzer Überblick gegeben werden. Ähnlich wie in Deutschland wird auch in den Vereinigten Staaten grundsätzlich zwischen Personengesellschaften und Körperschaften differenziert:

### a) *Partnerships*

Haupterscheinungsformen der amerikanischen Personengesellschaften sind die *general partnership* und die *limited partnership*.

Die *general partnership* stellt eine Mischung aus deutscher OHG und Gesellschaft bürgerlichen Rechts dar. Sie darf grundsätzlich jeden legitimen Zweck verfolgen, ohne auf Handelsgeschäfte beschränkt zu sein. Ihre Gründung bedarf keiner Form, namentlich eine Registereintragung ist nicht erforderlich. Hierin ähnelt sie der GbR.[1] Es gilt der Grundsatz der Selbstorganschaft. Wie in der OHG können die einzelnen Gesellschafter die Gesellschaft als Ganzes vertreten. Auch besitzt die *partnership* eine dem § 124 HGB vergleichbare Teilrechts-

---

[1] Bungert, (1999) S. 6; Klawitter, (1997) S. 31.

fähigkeit.[2] Die *partnership* ist abhängig vom Bestand ihrer Gesellschafter, insbesondere ein Wechsel im Gesellschafterbestand ist nicht vorgesehen und nur mit Zustimmung aller möglich.[3] Die einzelnen Partner haften für die Verbindlichkeiten der Gesellschaft mit ihrem Privatvermögen.[4]

In letzterem Punkt unterscheidet sich die *general partnership* von der *limited partnership*. Wie bei der deutschen KG kennt die *limited partnership* zwei Gesellschaftergruppen. Zum einen die *general partners* (Komplementäre), welche im wesentlichen die gleichen Rechte und Pflichten besitzen wie die Partner in einer *general partnership*. Zum anderen die *limited partners* (Kommanditisten), die nicht an der Geschäftsführung teilnehmen und nur mit ihrer Einlage haften.[5] Letztere fungieren lediglich als Kapitalgeber, auf deren Zusammensetzung es nicht ankommt, so daß eine Übertragung von Anteilen und ein Wechsel im Gesellschafterbestand in dieser Gesellschaftergruppe problemlos möglich ist.[6] Aufgrund der Haftungsbeschränkung der *limited partners* ist eine formlose Gründung der *limited partnership* nicht möglich, vielmehr bedarf es grundsätzlich einer Registrierung.[7]

b) *Corporations*

Wie bei den deutschen Körperschaften stellen die US-amerikanischen *corporations* eigenständige rechtsfähige Personen dar, für deren Verbindlichkeiten nur das Gesellschaftsvermögen haftet.[8] Um diesen Status zu erlangen, müssen formelle Gründungsschritte eingehalten werden, die sich nach den *corporation acts* der Einzelstaaten richten.[9]

Im Gegensatz zum deutschen Gesellschaftsrecht mit seiner deutlichen Unterscheidung zwischen GmbH und AG gilt in den USA grundsätzlich ein einheitlicheres Kapitalgesellschaftsrecht.[10] Dennoch wird auch hier zwischen großen, insbesondere börsennotierten Gesellschaften mit offenem Anlegerkreis (*public corporation*) und kleineren Gesellschaften mit festem Gesellschafterstamm (*close corporation*) unterschieden. Teilweise gelten für beide Erscheinungsfor-

---

[2] Bungert, (1999) S. 6; Klawitter, (1997) S. 89.

[3] Bromberg/Ribstein, § 1.01(b)(1); Klawitter, (1997) S. 89.

[4] Bromberg/Ribstein, § 1.01(b)(1); Bungert, (1999) S. 12f; Klawitter, (1997) S. 89.

[5] U.L.P.A. § 17; R.U.L.P.A § 303; Bromberg/Ribstein, § 1.01 (b)(3); Bungert, (1999) S. 20; Merkt, (1991) Rdnr. 106.

[6] Bromberg/Ribstein, § 1.01 (b)(3); Bungert, (1999) S. 23.

[7] U.L.P.A. § 2; R.U.L.P.A. § 201; Bungert, (1999) S. 21; Merkt, (1991) Rdnr. 107.

[8] R.M.B.C.A. § 3.02; Bungert, (1999) S. 27; Merkt, (1991) Rdnr. 204.

[9] Bromberg/Ribstein, § 1.01 (b)(2); Bungert, (1999) S. 28 ff.

[10] Bungert, (1999) S. 52; Immenga, (1970) S. 29f; Windbichler, ZGR 1985, 50, 55.

men unterschiedliche Gesetze, andernfalls kennen die *corporation acts* zumindest Zusätze, die auf die Besonderheiten der einzelnen Form eingehen.[11]

Typisierend läßt sich sagen, daß die *close corporation* stark auf den Gesellschafterbestand ausgerichtet und ein Wechsel der Anteile meist nur mit Zustimmung der übrigen Gesellschafter zulässig ist.[12] Wie bei Körperschaften üblich, gilt auch hier das Prinzip der Fremdorganschaft. Regelmäßig haben die Gesellschafter aber großen Einfluß auf die Geschäftsführung oder wirken direkt an dieser mit.[13]

Die *public corporation* dagegen ist auf die Marktfähigkeit der Gesellschaftsanteile ausgelegt, die „*shares*" sind börsenfähig und damit frei handelbar. Damit einher geht der Grundsatz der Fremdorganschaft.[14]

Das Management läßt sich jedoch nicht mit deutschen Lösungen vergleichen, insbesondere gibt es keine Entsprechung zum deutschen Vorstands/Aufsichtsrats – Modell.[15]

Sowohl die Geschäftsführung wie auch die Bestimmung der Unternehmenspolitik obliegt grundsätzlich dem weisungsunabhängigen *board of directors*, das umfangreiche Vollmachten besitzt.[16] Regelmäßig werden aber die laufenden Geschäfte von fest angestellten Managern, den *officers*, erledigt. Je nachdem, ob die Direktoren zugleich auch eine solche Funktion als *officer* ausüben oder reine, nicht arbeitsvertraglich gebundene *boardmembers* sind, spricht man von *inside* bzw. *outside directors*. Letztere nehmen dann üblicherweise Beratungs- und Kontrollaufgaben wahr.[17]

Eine feststehende Definition, welches Führungspersonal in den *corporations* als *officer* zu bezeichnen ist, gibt es nicht. Im Einzelfall sind Satzung und *bylaws* der Gesellschaft maßgebend. Allgemein gilt, daß mit *officer* diejenigen Personen bezeichnet werden, die direkt vom *board* ihre Anstellung erhalten.[18]

Möglich ist auch eine noch weiterreichende Delegation von Aufgaben an dieses fest angestellte Management. In diesem Fall fungiert das *board* als reines Kon-

---

[11] Bungert, (1999) S. 3; Immenga, (1970) S. 60ff; Klawitter, (1997) S. 51f; Romano, (1993), S. 24; Windbichler, ZGR 1985, 50, 55.

[12] Bungert, (1999) S. 56; Immenga, (1970) S. 31ff; Klawitter, (1997) S. 51.

[13] Bungert, (1999) S. 53f; Immenga, (1970) S. 29.

[14] Bromberg/Ribstein, § 1.01 (b)(2).

[15] Klawitter, (1997) S. 49; Schneider-Strenger, AG 2000, 106, 107.

[16] Bungert, (1999) S. 35; Clark, (1986) S. 105f; Immenga, (1970) S. 40; Kraakmann, in Corp. Gov. 1996, 129, 130; Merkt, (1991) Rdnr. 488.

[17] Clark, (1989) S. 107; Hopt, ZGR 2000, 779, 784; Klawitter, (1997) S. 50; Kraakmann, in Corp.Gov. 1996, 129, 132f.

[18] Clark, (1989) S. 114; Merkt, (1991) Rdnr. 509.

trollorgan, das zusätzlich die grundsätzlichen Fragen der Geschäftspolitik bestimmt.[19]

Insgesamt sind die Gestaltungsspielräume für die interne Organisation der *corporation* sehr groß und die unterschiedlichsten Lösungen anzutreffen.[20] Ein mit dem deutschen Aktienrecht vergleichbar positiv festgeschriebenes Innenrecht besteht dagegen nicht.[21]

## c) Sonderformen

Ähnlich wie in Deutschland mit der GmbH&Co. und den Publikumspersonengesellschaften haben sich auch in den USA Mischformen zwischen den klassischen Personengesellschaften und Körperschaften herausgebildet. Antriebskräfte waren auch hier im wesentlichen steuerliche Aspekte. Regulierungen zu diesen Gesellschaftsformen finden sich damit auch hauptsächlich in den *tax laws* der Bundesstaaten. Zu nennen sind hier zum einen die *limited liability company* (LLC) und die *limited liability partnership* (LLP). Ihre rechtliche Bedeutung liegt allerdings wesentlich in Haftungsfragen des Außenverhältnisses, so daß diese Sonderformen in der weiteren Darstellung vernachlässigt werden.[22]

## 2. Rechtsquellen und Entwicklung

### a) Rechtsquellen

Das Gesellschaftsrecht in den USA ist Einzelstaatenrecht, d.h. die 50 Bundesstaaten erlassen jeweils ihre eigenen gesellschaftsrechtlichen Kodifikationen.[23] Hinzu kommt, daß in den USA, als Mitglied des *common law*, das Recht und damit auch das Gesellschaftsrecht zu einem großen Teil von den Gerichten festgestellt wird. Somit ist auch immer die Rechtsprechung des betreffenden Staates zu beachten.[24] Des weiteren gilt in den gesamten Staaten eine detaillierte Kapitalmarktregulierung in Form von Bundesgesetzen, die großen Einfluß zumindest auf das Recht der *public corporations* besitzt.[25]

---

[19] Bungert, (1999) S. 35f; Windbichler, ZGR 1985, 50, 57.
[20] Easterbrook-Fischel, (1996) S. 2f; Polley, (1993) S. 28f; Windbichler, ZGR 1985, 50, 52.
[21] Schneider-Strenger, AG 2000, 106, 107.
[22] Nähere Informationen bei Bromberg/Ribstein, § 1.01(b)(4-5) und Klawitter, (1997) S. 243ff.
[23] Baumgärtner, (1990) S. 48; Bungert, (1999) S. 1; Merkt, (1991) Rdnr. 147; Procaccia, ZGR 1990, 169, 191; Romano (1993) S. 1; Schneider-Strenger, AG 2000, 106, 107; Windbichler, ZGR 1985, 50, 51.
[24] Windbichler, ZGR 1985, 50, 51.
[25] Hess, in Corp.Gov. 1996, 9, 12; Romano, (1993) 3f; 112ff; Schneider-Strenger, AG 2000, 106, 107; Windbichler, ZGR 1985, 50, 52. Die Bundesregulierungen aber als zu wenig einflußreich kritisierend: Conard, ZGR 1987, 190, 181ff.

Trotz dieser Vielzahl von Rechtsquellen ist es aber nicht zu einer völligen Zersplitterung des Gesellschaftsrechts gekommen, vielmehr lassen sich bundesweite Standards aufzeigen.[26]

Einen wesentlichen Beitrag zu dieser Vereinheitlichung leisten die Bemühungen überregionaler Institutionen mit Formulierungen von *uniform* oder *model acts*.[27] So setzte im Bereich des Personengesellschaftsrechts die offizielle *National Conference of Commissioners on Uniform State Laws* (N.C.C.U.S.L.) mit dem 1914 entworfenen *Uniform Partnership Act* (U.P.A) und dem 1916 veröffentlichten *Uniform Limited Partnership Act* (U.L.P.A.) Standards, die von nahezu allen Staaten in deren eigene Kodifikationen übernommen worden sind.[28] Beide *uniform acts* wurden in der Zwischenzeit umfangreich überarbeitet und bestehen als sogenannte *reversed uniform acts* fort (R.U.P.A. 1994 und R.U.L.P.A. 1985). Auch die neuen Fassungen sind von den Einzelstaaten nahezu vollständig übernommen worden, und unter den Gerichten sowie der Anwaltschaft besteht Einigkeit darüber, daß die *uniform acts* das *common law* kodifizieren.[29]

Auch im Körperschaftsrecht gab es Bemühungen, mittels eines modellhaften Gesetzes die Einzelstaaten zu einer standardisierten Gesetzgebung zu bewegen. So hat der Amerikanische Bundesverband der Anwaltschaft (*American Bar Association* (ABA)) 1946 einen *Model Business Corporation Act* (M.B.C.A.) veröffentlicht, der 1984 mit dem *Revised Model Business Corporation Act* (R.M.B.C.A.) neu gefaßt wurde.

Speziell für die *close corporation* veröffentlichte die ABA 1981 das *Model Statutory Close Corporation Supplement* (M.S.C.C.S.) zu ihren *model acts*.

Schließlich ist der zwischen den Staaten herrschende Wettbewerb um das „beste" Gesellschaftsrecht als eine Triebkraft zur Vereinheitlichung dieses Rechtsgebietes zu nennen.[30]

In den USA gilt die sogenannte Gründungstheorie. Körperschaften unterliegen danach dem Gesellschaftsrecht des Staates, in dem sie ihre Rechtspersönlichkeit erlangt haben.[31] Gesellschaften in den USA können damit ihren Sitz frei wählen, ohne notwendigerweise in dem betreffenden Staat auch ihre Verwaltung

---

[26] Merkt, (1991) Rdnr. 147.

[27] Klawitter, (1997) S. 65ff; Windbichler, ZGR 1985, 50, 51.

[28] U.P.A. war 1986 Recht in jedem Bundesstaat der USA außer Louisiana; Quelle: Bromberg/ Ribstein, § 1.02(b).

[29] Bromberg/Ribstein § 1.02(b).

[30] Romano, (1993) S. 5.

[31] Merkt, (1991) Rdnr. 149.

oder gar den Schwerpunkt ihrer Geschäfte zu betreiben.[32] Dies führt dazu, daß die Gesellschaften in der Lage sind, sich den Staat mit dem ihnen genehmsten Gesellschaftsrecht auszusuchen, und in der Folge dort auch ihre Steuern zahlen.[33]

Zwar versuchen einige Einzelstaaten dieser Situation mit sogenannten *„out-reachstatutes"* zu begegnen, indem sie Gesellschaften, die den Schwerpunkt ihrer gesellschaftlichen Tätigkeit im eigenen Staate haben, zusätzlich zum Recht des Gründungsstaates auch ihrem eigenen Recht unterwerfen.[34] Gegen diese Praxis werden jedoch verfassungsrechtliche Bedenken erhoben, und diese Regelungen erfassen auch nur die offensichtlichsten Mißbräuche der Gründungstheorie.[35] Bundesweit tätige Unternehmen werden von diesen Regelungen nicht erfaßt, so daß, trotz dieser Bemühungen, immer noch genügend Konkurrenzdruck zwischen den Staaten besteht.[36]

Für die Einzelstaaten besteht damit ein starker Anreiz, Innovationen im Gesellschaftsrecht sofort zu kopieren und auch im eigenen Staat einzuführen.[37]

## b) Das *„race to the bottom"*

Gerade der letztgenannte Punkt ist in seinen Auswirkungen jedoch sehr umstritten. Nicht angezweifelt wird, daß das Ergebnis dieser Konkurrenz zwischen den Einzelstaaten in einer Vereinheitlichung des Rechts besteht. Kontroverse Ansichten bestehen jedoch darüber, ob diese Entwicklung wirklich zu dem „besten" Gesellschaftsrecht führt oder nicht vielmehr eine Negativspirale in Gang setzt: das sogenannte *„race to the bottom"*[38], bei dem die Vereinheitlichung in erster Linie darin besteht, zwingende Schutzrechte für Minderheitsgesellschafter oder Gläubiger abzubauen.

Als abschreckendes Beispiel für diese Entwicklung wird immer wieder der Staat Delaware aufgeführt, dessen Gesellschaftsrecht als besonders liberal gilt und insbesondere zuläßt, die Haftung des Managements weitgehend zu beschrän⁻

---

[32] Easterbrook-Fischel, (1996) S. 212; Romano (1993) S. 1.

[33] Easterbrook-Fischel, (1996) S. 212; Procaccia, ZGR 1990, 169, 191.

[34] Die bekannteste Regulierung dürfte mit § 2115 Cal.Gen.Corp.L. vorliegen. Vgl. auch Carney, 26 J.o.Leg.Stud. 303, 314f (1997); Conard, ZGR 1985, 180, 208; Merkt, (1991) Rdnr. 160.

[35] Siehe zur verfassungsrechtlichen Problematik Merkt, (1991) Rdnr. 160 (m.w.N.).

[36] Carney, 26 J.o.Leg.Stud. 303, 315 (1997).

[37] Romano, (1993) S. 5.

[38] Diese Kurzformel wurde von *Cary* 1974 mit seinem Aufsatz „Federalism and Corporate Law: Reflections upon Delaware" geprägt, durch den er die bis heute reichende Debatte einleitete; Cary, 83 YaleL.J. 663, 666 (1974). Dabei entlehnte er sich einer Formulierung Richter *Brandeis*, der bereits 1933 ein derartiges Rennen in seinem *dissent* zu Ligget v. Lee, 288 U.S. 517, 559 beobachtete („*The race was one not of diligence but of laxity*").

ken.[39] Durch diese verwaltungsfreundliche Regulierung ist es Delaware gelungen, mit Abstand die meisten in den USA registrierten *corporations* zu beheimaten.[40]

Gegen diese Ansicht wird angeführt, daß gerade Delaware sein Gesellschaftsrecht von antiquierten Regulierungen entstaubt habe und die Konkurrenz zwischen den Staaten sehr wohl zum besten Gesellschaftsrecht führe. Würde ein Staat einseitig zu sehr das Management bevorteilen, hätte dieses zwar mehr Freiheiten, müßte im Gegenzug aber in Rechnung stellen, daß Investoren dies antizipieren und in ihren Anlageentscheidungen berücksichtigen würden. Die Kosten für die Kapitalbeschaffung von Gesellschaften müßten in einem solchen Staat ansteigen. Letztlich würde daher nur der Staat das „Rennen machen", der das Recht anbietet, welches die Interessen am angemessensten ausgleicht.[41]

c) Das A.L.I. Projekt

Die letztgenannte Auffassung konnte jedoch die Mitglieder des *American Law Instituts* (A.L.I.) augenscheinlich nicht überzeugen,[42] da dieses sich über einen langwierigen Entwicklungsprozeß hinweg daran gemacht hat, ein ausgewogenes System der *corporate governance* zu entwickeln und damit einen Standard zu setzen, der zum Ziel hat, gerade das *race to the bottom* zu beenden. Über 25 Jahre hinweg haben renommierte Wissenschaftler aus den gesamten USA an diesem Projekt gearbeitet, dessen Ergebnisse 1994 in einem zweibändigen Werk, den „*Principles of Corporate Governance – Analysis and Recommendations*", veröffentlicht wurden.

Diese Empfehlungen beruhen auf umfangreichen wissenschaftlichen Vorarbeiten, bei denen insbesondere auch die ökonomische Analyse zur Hilfe gezogen wurde, um ein System von Anreizen zu schaffen, die eine Übervorteilung der Aktionäre durch das Management verhindern, gleichzeitig das Management aber an der Verfolgung einer innovativen Geschäftspolitik nicht behindern soll.

Als Leitlinie des A.L.I.-Projektes ist dabei der Versuch erkennbar, ein Kontrollsystem durch eine signifikante Anzahl von außenstehenden Direktoren zu installieren. Diese sollen in einem unabhängigen *board* oder in speziellen Komi-

---

[39] Vgl. Hazen, 66 N.C.L.Rev. 171, 172ff (1987); Matheson-B.Olson, 76 Minn.L.Rev. 1313, 1346f (1992).

[40] Cary, 83 Yale L.J. 663, 668ff (1974); Hazen, 66 N.C.L.Rev. 171, 172 (1987); Merkt, Rdnr. 529; Schneider-Strenger, AG 2000, 106, 107.

[41] Easterbrook-Fischel, (1996) S. 5f und 212ff.; Jensen-Ruback, 11 J.o.Fin.Econ. 5, 33f (1983); Romano, (1993) S. 148 u. passim; R.Winter, (1978) S. 9ff.

[42] Vgl. Eisenberg, 89 Col.L.Rev. 1461, 1505ff (1989).

tees besonders bei Interessenkonflikten des Managements eine Wahrung der Interessen der *corporation* sicherstellen.[43]

Auf die Empfehlungen im einzelnen wird bei der weiteren Darstellung noch einzugehen sein.

### 3. Fiduciary duties

In den USA stellen die Treuepflichten (*fiduciary duties*) einen festen Bestandteil des Treuhandrechtes (*trust*) und des Rechtes der Stellvertretung (*agency law*) dar. Sie können als die mit dem Recht, eine andere Person zu vertreten und diese rechtlich zu binden, bzw. über ein fremdes Vermögen zu verfügen, korrespondierende Verpflichtung charakterisiert werden, diese einseitigen Befugnisse sorgfältig auszuüben und nicht zu mißbrauchen.[44]

Im Gesellschaftsrecht finden diese Pflichten aufgrund der Tatsache Anwendung, daß mit der Geschäftsführung einer Gesellschaft gleichzeitig die Befugnis einhergeht, die Gesellschaft (und damit die Gesamtheit der Gesellschafter) zu vertreten und über deren Vermögen zu verfügen.[45]

Der Inhalt dieser *fiduciary duties* unterteilt sich in die *duty of care*, die den Sorgfaltsmaßstab festlegt, den der *agent* (Stellvertreter) bei Ausübung seiner Befugnisse anzuwenden hat, und in die *duty of loyalty*, welche sicherstellen soll, daß der Agent nur die Interessen des Prinzipals verfolgt.[46] Sie kommt zur Anwendung bei solch klassischen Mißbrauchssituationen wie dem Selbstkontrahieren, dem Wettbewerb mit der Gesellschaft oder der Ausübung von der Gesellschaft zugeordneten Geschäftchancen.

Die prinzipielle Ableitung der Treuepflichten als einer mit der Vertretungsmacht korrespondierenden Verpflichtung bewirkt darüber hinaus, daß grundsätzlich auch nur Personen mit Vertretungsmacht Träger von Treuepflichten

---

[43] Conard, ZGR 1987, 180, 185; Fine, 40 Van.L.R. 693, 704ff (1987); Matheson-B.Olson, 76 Minn.L.Rev. 1313, 1363f (1992); Windbichler, ZGR 1985, 50, 53f.

[44] Vgl. Allen, in Comp.Corp.Gov. 1998, 307, 314f; Coffee, 89 Col.L.Rev. 1618, 1621.

[45] Kavanaugh v. Kavanaugh Knitting Co., 123 N.E. 148, 151 (N.Y. 1919); Perlman v. Feldmann, 219 F.2d 173, 176 (2d Cir. 1955); Allen, in Comp.Corp.Gov. 1998, 307, 314; Baumgärtner, (1990) S. 124f; Grundmann, (1997) S. 124; McMurray, 40 Van.L.R. 605f (1987); Mestmäcker, (1958) S. 129, 222; Miller, 23 Set.H.L.R. 1467, 1473 (1993); Weisser, (1991) S. 19f. Am deutlichsten beschreiben dies U.P.A. § 9(1) und R.U.P.A § 301(1) mit der Formulierung: „*Every partner is an agent of the partnership* [...]" Kritisch gegenüber der Gleichsetzung des Managements als *agents of shareholders* aber *Clark*, da die Anteilseigner im Gegensatz zu übrigen Prinzipalen keinerlei Weisungsrecht gegenüber dem Management besäßen; Clark, in Pratt/Zeckhauser S. 55, 56.

[46] Vgl. Allen, in Comp.Corp.Gov. 1998, 307, 315f; Hazen, 66 N.C.L.Rev. 171 (1987); Palmiter, 67 Tex.L.Rev. 1351, 1353 (1989).

sind:[47] so etwa die *general partners* in den *partnerships* oder die *directors* und *officers* in den *corporations*. Gesellschafter, die nicht an der Geschäftsführung teilhaben, unterliegen nach diesen Rechtsgrundsätzen dagegen grundsätzlich keinen Treuebindungen. Auf Ausnahmen wird in der weiteren Darstellung einzugehen sein.

## II. Duties of care and loyalty

Traditionell werden die Treuepflichten in den USA in die *duty of care* und in die *duty of loyalty* unterteilt.

Die *duty of care* behandelt dabei die Fälle von Fahrlässigkeit, Missmanagement oder planmäßigen Gesetzesverstößen. Allgemeiner gesagt, legt sie die Sorgfaltsmaßstäbe für die Ausübung der Geschäftsführungstätigkeit fest.

Der *duty of loyalty* unterfallen dagegen alle Arten von Interessenkonflikten. Insbesondere das Selbstkontrahieren, der Wettbewerb zur Gesellschaft oder das Ausnutzen von der Gesellschaft zustehenden Geschäftschancen werden von ihr reguliert.[48]

### 1. Duty of care

Die *duty of care* oder Sorgfaltspflicht verpflichtet das Management einer Gesellschaft, die Aufgaben als Geschäftsführer, Vorstandsmitglied o.ä. sorgfältig, nach Treu und Glauben (*good faith*) und im besten Interesse für die vertretene Gesellschaft auszuüben.[49]

Eine solche Inhaltsbeschreibung bleibt generalklauselhaft vage. Die Bemühungen von Gerichten, Gesetzgebern und Wissenschaft gehen deshalb dahin, diese Pflicht zu konkretisieren.

---

[47] Frankel, 71 Cal.L.Rev. 795, 819 (1983).

[48] Mills Acquisition Co. v. Macmillan, Inc., 559 A.2d. 1261, 1283 (Del. 1988); Allen, in Comp.Corp.Gov. 1998, 307, 315f; Balotti/Finkelstein, § 4.35; Fletcher, § 1029; Miller, 23 Set.H.L.R. 1467 (1993); Palmiter, 67 Tex.L.Rev. 1351, 1353 (1989).

[49] Clark, in Pratt/Zeckhauser S.55, 73; Hinnant, 23 WakeF.L.R. 163, 164 (1988); Palmiter, 67 Tex.L.Rev. 1351, 1359 (1989).

## a) Sorgfaltsmaßstab

Ein Schritt hierzu ist zunächst die genaue Bestimmung des Sorgfaltsmaßstabes. Um nicht jede innovative Entscheidung im Keim zu ersticken, ist es anerkannter Grundsatz, daß das Management nicht für jedwede leichte Fahrlässigkeit haften soll.[50]

Wirtschaftliches Handeln ist immer mit dem Risiko des Fehlschlags verbunden. Ein zu strenger Haftungsmaßstab wäre mit der Funktion des Eigenkapitals nicht vereinbar. So kann der Anteilseigner sein Risiko durch Diversifikation seines Portfolios abmildern, eine Möglichkeit, die dem Management nicht gegeben ist. Das Management investiert seinen vollen Arbeitseinsatz in nur einem Unternehmen. Dieser Risikostruktur entsprechend hat sich in den Unternehmen eine Arbeitsteilung entwickelt. Aufgabe des Kapitalgebers ist es dabei, das wirtschaftliche Risiko zu tragen, weshalb er auch eine höhere Rendite erwarten kann, während das Management als Agent der Anteilseigner das Unternehmen gegen ein festes Entgelt repräsentiert.[51]

Andererseits ist auch unbestritten, daß ein grob fahrlässiger und leichtsinniger Umgang mit dem anvertrauten Kapital nicht erlaubt werden kann. Ein Geschäftsführer verletzt daher mit grob fahrlässigem Verhalten in jedem Fall seine *duty of care*.[52] Ebenfalls ein klarer Verstoß liegt vor, wenn wissentlich gegen Gesetze verstoßen wird.[53]

Zwischen diesen festen, vom *common law* vorgegebenen Grenzen des einzuhaltenden Sorgfaltsmaßstabes bleibt jedoch genug Spielraum für den tatsächlich geltenden Maßstab. Dieser Spielraum wurde auch durch die Gerichte bzw. Gesetzgeber in unterschiedlicher Weise genutzt.

Traditionell sind drei Maßstäbe zur Anwendung gekommen: Die Sorgfalt, die eine durchschnittlich sorgfältige Person in ihren eigenen Angelegenheiten anwendet, die Sorgfalt, welche eine durchschnittlich sorgfältige Person in gleicher Position und in ähnlicher Situation beachtet, und der generelle Haftungsausschluß abgesehen von grober Fahrlässigkeit und Vorsatz.[54]

---

[50] A.L.I., Part IV S. 134; Official Comment zu R.M.B.C.A., § 8.30; Allen, in Comp.Corp. Gov. 1998, 307, 319f.

[51] Joy v. North, 692 F.2d 880, 885 (U.S. 1982); Allen, in Comp.Corp.Gov. 1998, 307, 327; Buxbaum, 73 Cal.L.Rev. 1671, 1696 (1985); Fama-Jensen; 26 J.o.LawEcon. 301, 308f (1983); Palmiter, 67 Tex.L.Rev. 1351, 1372 (1989); Ruffner, (2000) S. 131, 216.

[52] Smith v. Van Gorkom, 488 A.2d, 858, 880 (Del. 1985); Hinnant, 23 WakeF.L.R. 163, 168 (1988).

[53] Miller v. AT&T, 507 F.2d 759; 762 (3d Cir. 1974); Merkt, (1991) Rdnr. 673.

[54] Clark, (1989) S. 123; Hinnant, 23 WakeF.L.R. 163, 164 (1988); McMurray, 40 Van.L.R. 605, 607 (1987).

Letzteres ist die Lösung des R.U.P.A.[55], die sich somit aufgrund der bundesweiten Verwendung dieses *uniform acts* im amerikanischen Personengesellschaftsrecht durchgesetzt hat. Dieser großzügige Haftungsauschluß ist darauf zurückzuführen, daß die geschäftsführenden Partner nicht nur ihre Mitgesellschafter verpflichten, sondern mit der persönlichen Haftung auch selbst das volle Risiko des Scheiterns tragen. Dieser Umstand birgt Gewähr genug, daß der einzelne Gesellschafter mit einer angemessenen Sorgfalt handeln wird.

Im Körperschaftsrecht dagegen, das geprägt ist von professionellem Management und Fremdorganschaft, bei dem die Rollen von Prinzipal und Agent deutlich auseinanderfallen, hat sich der Vergleich mit einer durchschnittlich sorgfältigen Person in gleicher Position und unter ähnlichen Umständen handelnd durchgesetzt.[56]

Gemeint ist damit, wie sich ein Direktor dieser speziellen *corporation* in der gegebenen Situation mit den zur Verfügung stehenden Informationen und Hintergrundwissen verhalten würde.[57] Dieser vergleichsweise strenge Sorgfaltsmaßstab führt dazu, daß sich die Verantwortlichkeit eines *director* oder *officer* der Größe und Komplexität einer *corporation* anpaßt.[58]

b) Anerkennung von Arbeitsteilung und Delegation

Bei der Konkretisierung der *duty of care*, speziell bei den Kodifikationsbemühungen im Körperschaftsrecht, wird Rücksicht auf die Notwendigkeit der Arbeitsteilung in den Unternehmen genommen. Besonders in großen börsennotierten Gesellschaften läßt sich ein Trend erkennen, daß sich das *board* vom Alltagsgeschäft abkoppelt und als ein Kontrollorgan mit größtenteils außenstehenden Direktoren fungiert, welches die Geschäftspolitik nur noch in Grundsatzfragen bestimmt.[59]

---

[55] R.U.P.A. § 404 (c)

[56] „*Ordinarily prudent person in a like position under similar circumstances*" – Standard; Graham v. Allis-Chalmers, 188 A.2d 125, 130 (Del. 1963); R.M.B.C.A. § 8.30(a)(2); A.L.I. § 4.01(a); Allen, in Comp.Corp.Gov. 1998, 307, 317; Clark, (1989) S. 123; Fletcher, § 1032; McMurray, 40 Van.L.R. 605, 608 (1987); Miller, 23 Set.H.L.R. 1467, 1474 (1993). Zur Aufweichung dieses Standards im Rahmen des „*Race to the Bottom*" in den *Acts* einiger Einzelstaaten: Hazen, 66 N.C.L.Rev. 171, 175f (1987). Angesichts der geringen Anzahl von Fällen, in denen Manager unter diesem Standard haftbar gemacht wurden, generell kritisch: Palmiter, 67 Tex.L.Rev. 1351, 1359 (1989).

[57] Fletcher, § 1033.50.

[58] d'Ambrosio, 40 Van.L.R. 663, 674 (1987); Hinnant, 23 WakeF.L.R. 163, 165 (1988).

[59] d'Ambrosio, 40 Van.L.R. 663, 674 (1987); Hopt, ZGR 2000, 779, 784; Kraakmann, in Corp.Gov. 1996, 129; McMurray, 40 Van.L.R. 605, 619 (1987); Palmiter, 67 Tex.L.Rev. 1351, 1357 (1989); Windbichler, ZGR 1985, 50, 58f und Miller, 23 Set.H.L.R. 1467, 1471f (1993), letzterer mit Ausführungen zum Beispiel General Motors.

In dieser Situation, wo der Agent selber zur Erfüllung seiner Aufgaben auf Delegation angewiesen ist, wäre es eine Überdehnung des Sorgfaltsmaßstabes, sollte das Management für alle Abläufe in einem Unternehmen unmittelbar verantwortlich sein.[60]

In den Kodifikationen der *duty of care* finden sich daher regelmäßig Bestimmungen, die dem Management zunächst die Delegation von Aufgaben erlauben und darüber hinaus dieses auch von Haftung befreien, wenn dem Delegationsempfänger nach vernünftigen Maßstäben vertraut werden konnte.[61]

Anerkannt wird dabei sowohl die vertikale wie horizontale Arbeitsteilung[62] und auch die Ausgliederung bestimmter Abläufe auf unternehmensexterne Experten. So gilt der Vertrauensschutz bei den *corporations* zunächst im Hinblick auf die den Direktoren unterstellten *officers* und Arbeitnehmer, aber auch gegenüber konzernabhängigen Unternehmen.[63] Ein Direktor darf weiterhin seinem Kollegen oder einem *commitee of the board* in Fragen vertrauen, die nach der internen Arbeitsaufteilung des *boards* in deren Zuständigkeit fallen.[64] Schließlich kann das Management grundsätzlich auf Informationen und Ratschläge von Anwälten, Steuerberatern oder ähnliche freiberuflich oder professionell tätige Personen in haftungsbefreiender Weise vertrauen.[65]

Diese Haftungsfreistellung gilt in besonderer Weise auch für das Vertrauen auf den Gehalt präsentierter Informationen, auf welche Geschäftsentscheidungen des Management gestützt werden.[66]

Weniger eindeutig ist, wieweit das Management nach der Verteilung von Aufgaben verpflichtet ist, die Untergebenen hinsichtlich einer korrekten Ausführung zu kontrollieren.

Die Rechtsprechung in Delaware war im Fall *Graham v. Allis-Chalmers* bei der Beurteilung dieser Frage großzügig. Danach bestehe keine Pflicht eines Direktors, ein „Spionagesystem" zu installieren, das verdachtunabhängig die Mitarbeiter auf Schlechtleistungen kontrolliert. Vielmehr könne ein Direktor solange

---

[60] Balotti/Finkelstein, § 4.34; Hinnant, 23 WakeF.L.R. 163, 165 (1988).
[61] A.L.I. § 4.01(b), Fletcher, § 1034; Hinnant, 23 Wake.F.L.R. 163, 165 (1988); Palmiter, 67 Tex.L.Rev. 1351, 1362 (1989).
[62] Vgl. hierzu Wiedemann, (1989) S. 14.
[63] R.M.B.C.A. § 8.30(b)(1); A.L.I. § 4.02(a).
[64] R.M.B.C.A. § 8.30(b)(3); A.L.I. § 4.02(a) und § 4.03.
[65] R.M.B.C.A. § 8.30(b)(2); A.L.I. § 4.02(b).
[66] Graham v. Allis-Chalmers, 188 A.2d 125, 130 (Del. 1963); Del.G.C.L. § 141(e); R.M.B.C.A. § 8.30(b); A.L.I. § 4.02 f; McMurray, 40 Van.L.R. 605, 613 (1987).

auf die Ehrlichkeit und Integrität seiner Mitarbeiter vertrauen, bis es augenscheinlich wird, daß etwas nicht in Ordnung sei.[67]

Dagegen stellt der *U.S. Court of Appeals* in *Joy v. North* einen direkteren Zusammenhang zwischen der Möglichkeit der Delegation von Aufgaben und einer aus der *duty of care* fließenden Pflicht zur Kontrolle her. Wenn die Direktoren unternehmensrelevante Entscheidungen nicht mehr selbst fällen würden, stelle es eine Verletzung der Treuepflicht dar, wenn daraufhin keine Kontrolle der tatsächlichen Entscheidungsträger erfolge.[68]

Mit der zunehmenden Umwandlung des *boards* zu reinen Aufsichtsorganen wird auch die Pflicht zur verdachtunabhängigen Kontrolle mehr und mehr anerkannt, und es steht zu erwarten, daß sich der Grundsatz durchsetzen wird, wonach bei einer Delegation von Aufgaben sich positive Tätigkeitspflichten in Kontrollpflichten umwandeln.[69]

### c) Die *business judgment rule*

Die bekannteste Konkretisierung der *duty of care* dürfte jedoch mit der Aufstellung der *business judgment rule* vorliegen. Dieser ursprünglich von der Rechtsprechung entwickelte Rechtssatz dient ebenfalls dazu, die zunächst weite Formulierung der *duty of care* einzugrenzen und vor allem die Gerichte davon zu entbinden, anstelle der hierzu berufenen Organe Geschäftsführungsentscheidungen zu treffen.[70]

Solange die Anforderungen der *business judgment rule* erfüllt sind, gilt, daß der geschäftsführend Handelnde seine *duty of care* eingehalten hat. Dabei wird sowohl der Bestand der Entscheidung selbst geschützt, als auch der Handelnde, der von einer Haftung für die Folgen seiner Entscheidung befreit wird.[71]

Die Voraussetzungen dieser *rule* sind dabei, daß (1) die Person kein eigenes Interesse an der Geschäftsentscheidung hat, (2) sich in angemessener Weise

---

[67] Graham v. Allis-Chalmers, 188 A.2d 125, 130 (Del. 1963). Diese Entscheidung war mit ein Grund, der *Cary* dazu veranlaßte, Delaware als Vorreiter des „*race to the bottom*" zu bezeichnen; Cary, 83 YaleL.J. 663, 682f (1974).

[68] Joy v. North, 692 F.2d 880, 896 (2d. Cir. 1982).

[69] Mills Aquisition Co. v. Macmillan, Inc. 559 A.2d. 1261, 1281 (Del. 1988); A.L.I. Part IV, S. 134f; d'Ambrosio, 40 Van.L.R. 663, 666f und 680 (1987); Merkt, (1991) Rdrn. 680.

[70] Shlensky v. Wrigley, 237 N.E.2d 776, 779ff, (Ill. 1968); Joy v. North, 692 F.2d 880, 886 (U.S. 1982); Aronson v. Lewis, 473 A.2d. 805, 811f (Del. 1984); Smith v. Van Gorkom, 488 A.2d 858, 872 (Del. 1985); Clark, (1989) S. 123f; Fletcher, § 1036; Merkt, (1991) Rdnr. 683; Ruffner, (2000) S. 229 (alle m.w.N.).

[71] Unocal Corp. v. Mesa Petroleum Co., 493 A.2d 946, 954 (Del. 1985); Clark, (1989) S. 123; Fletcher, § 1036; Hazen, 66 N.C.L.Rev. 171 (1987); Kraakman, in Corp.Gov. 1996, 129, 131; Palmiter, 67 Tex.L.Rev. 1351, 1361 (1989).

über den Gegenstand der Entscheidung informiert hat und (3) beim Fällen der Entscheidung glaubte, im besten Interesse der Gesellschaft zu handeln.[72] Weiterhin ist Voraussetzung, daß der Treuepflichtige überhaupt gehandelt hat, weil sich die Verantwortlichen nicht hinter bloßem passivem Nichtstun verstecken können sollen.[73]

Besondere Bedeutung kommt dabei den ersten beiden Anforderungen zu. Hat der Entscheidungsträger am Ausgang der Entscheidung ein eigenes Interesse, greift das Regelsystem der *duty of loyalty* ein.[74] Eine uninformierte Entscheidung wird dagegen regelmäßig als ein grob fahrlässiges Verhalten gewertet. Daher ist mit dem Nachweis einer uninformierten Entscheidungsfindung häufig auch eine Verletzung der *duty of care* verbunden und eine entsprechende Haftung begründet.[75]

Allgemein gilt: Hält der Treuepflichtige diese Grundsätze einer ordentlichen Entscheidungsfindung nicht ein, fällt auf ihn die volle Beweislast, daß die Transaktion in ihrer Ausgestaltung und in ihrem Preisrahmen sich fair gegenüber der Gesellschaft darstellt.[76]

## 2. Die *duty of loyalty*

Die *duty of loyalty* verpflichtet den Agenten, im „besten Interesse" seines Prinzipals zu handeln und dabei die Verfolgung eigener Interessen zu unterlassen.[77]

Wie gesehen, kommt diese Pflicht dort zur Anwendung, wo infolge der Bejahung eines Interessenkonfliktes die Entscheidung des Treuepflichtigen nicht mehr durch die *business judgment rule* einer gerichtlichen Überprüfung entzo-

---

[72] Aronson v. Lewis, 473 A.2d. 805, 812 (Del. 1984); Smith v. Van Gorkom, 488 A.2d. 858, 872 (Del. 1985); A.L.I. § 4.01(c); Balotti/Finkelstein, § 4.30; Clark, (1989) S. 123f; Hinnant, 23 WakeF.L.R. 163, 165f (1988); Matheson-B.Olson, 76 Minn.L.Rev. 1313, 1334 (1992); McMurray, 40 Van.L.R. 605, 617 (1987); Miller, 23 Set.H.L.R. 1467, 1475 (1993); Palmiter, 67 Tex.L.Rev 1351, 1361 (1989).

[73] Joy v. North, 692 F.2d 880, 886 (U.S. 1982); Aronson v. Lewis, 473 A.2d. 805, 813 (Del. 1984); Fletcher, § 1036; McMurray, 40 Van.L.R. 605, 615 (1987).

[74] Palmiter, 67 Tex.L.Rev. 1351, 1358 u. 1378 (1989).

[75] Smith v. Van Gorkom, 488 A.2d. 858, 872 (Del. 1985); Aronson v. Lewis, 473 A.2d. 805, 812 (Del. 1984); Clark, (1989) S. 129; Matheson-B.Olson, 76 Minn.L.Rev. 1313, 1334 (1992); Palmiter, 67 Tex.L.Rev. 1351, 1382 (1989).

[76] Weinberger v. UOP, Inc., 457 A.2d. 701, 711 (Del. 1983); McMurray, 40 Van.L.R. 605, 618 (1987).

[77] Guth v. Loft, Inc., 5 A.2d 503, 510 (Del. 1939); d'Ambrosio, 40 Van.L.R. 663, 681 (1987); Hinnant, 23 WakeF.L.R 163, 168 (1988); Miller, 23 Set.H.L.R., 1467, 1476 (1993); Palmiter, 67 Tex.L.Rev. 1351, 1363 (1989); Weisser, (1991) S. 7f.

gen ist. Im Hinblick auf die Frage, wann ein derartiger Interessenkonflikt zu bejahen ist, haben sich auch in den USA Fallgruppen herausgebildet.

## a) Fallgruppen

Vergleichbare Auflistungen der klassischen Fallgruppen der *duty of loyalty* finden sich in R.U.P.A. § 404 Abs. b) für das Personengesellschaftsrecht sowie im fünften Abschnitt der *Principles of Corporate Governance* des A.L.I., wo dieses ein einheitliches System der *duty of fair dealing*[78] für das Kapitalgesellschaftsrecht herausgearbeitet hat. Beide Darstellungen eignen sich aufgrund ihres Anspruches, die bundesweit geltenden Prinzipien wiederzugeben, besonders gut für einen internationalen Rechtsvergleich.[79] Danach ist der *fiduciary* verpflichtet, jeden Nutzen und Gewinn, den er aus der Geschäftsführung gezogen hat, offenzulegen[80] und diesen Gewinn treuhänderisch zu verwalten.[81]

Insbesondere die Nutzung des Treugutes zu eigenen Zwecken ist dem Treuepflichtigen untersagt.[82] Hierunter fallen auch Informationen, die der Treuepflichtige infolge seiner Tätigkeit für die Gesellschaft erhält.[83] Nach den Vorschlägen des A.L.I. soll eine derartige Nutzung von Eigentum der Gesellschaft aber erlaubt bleiben, wenn der Treuepflichtige zugleich Gesellschafter ist und eine Nutzung allen Gesellschaftern entsprechend ihrer Anteile offensteht.[84]

Eigentlich noch unter die Verwendung des Treuguts fallend,[85] bilden die Lehren bezüglich der Aneignung von Geschäftschancen der Gesellschaft (= *corporate opportunity doctrine*) mittlerweile eine eigenständige Fallgruppe.[86] Diesbezüglich besteht die größte Schwierigkeit darin, festzustellen, wann überhaupt eine Geschäftschance der Gesellschaft zuzuordnen ist.[87]

---

[78] Inhaltlich handelt es sich bei der *duty of fair dealing* um einen Kodifikationsvorschlag der aus dem *common law* stammenden *duty of loyalty*; vgl. A.L.I. *comment* zu § 5.01.

[79] Zumindest bei der Liste des R.U.P.A. besteht infolge der breiten Übernahme in einzelstaatliche Kodifikationen dieser Anspruch völlig zurecht.

[80] Allgemein zu den umfangreichen Offenlegungspflichten nach den amerikanischen *fiduciary duties* Allen, in Comp.Corp.Gov. 1989, 307, 316; Bromberg/Ribstein, § 6.06; Bungert, (1999) S. 10; Clark, (1986) S. 96ff.

[81] R.U.P.A. § 404 (b)(1).

[82] R.U.P.A. § 404 (b)(1); A.L.I. § 5.04 (a).

[83] Vgl. A.L.I. § 5.04 (a); Allen, in Comp.Corp.Gov. 1998, 307, 316.

[84] A.L.I. § 5.04 (a)(5).

[85] Vgl. Brudney-Clark, 94 Harv.L.Rev. 997, 999 (1981).

[86] R.U.P.A. § 404 (b)(1); A.L.I. § 5.05; zur herausragenden Stellung dieser *doctrine*: Weisser, (1991) S. 1.

[87] Vgl. hierzu Clark, (1986) (§ 7.2), S. 225ff; Merkt, (1991) Rdnr. 728ff; Polley, (1992) S. 34ff; Weisser, (1991) S. 47f.

Nach der Rechtsprechung in Delaware, die auf diesem Gebiet eine bundesweite Ausstrahlungswirkung hatte, ist die Geschäftschance jedenfalls dann der *corporation* zuzuordnen, wenn diese von jener finanziell bewältigt werden kann, von ihrer Natur her in den Geschäftsbereich der Gesellschaft einzuordnen ist und dieser praktische Vorteile bringt (= *line of business test*).[88] Andere Abgrenzungskriterien werden jedoch anstelle oder kumulativ zu dieser Definition verwendet.[89]

Zugunsten einer Vereinheitlichung unternimmt auch das A.L.I. einen Definitionsversuch.[90] Differenziert wird zwischen Direktoren, die nicht gleichzeitig *officers* der Gesellschaft sind, d.h. nicht durch eine feste arbeitsvertragliche Beziehung an die *corporation* gebunden sind, und den *officers* (deren Funktionen ebenfalls von Direktoren wahrgenommen werden können), die das fest angestellte Management der Gesellschaft bilden.[91]

Erlangen letztere Kenntnis von einer Geschäftschance in einem Bereich, von dem sie wissen, daß sich die Gesellschaft hierin engagiert oder dieses plant, wird diese Geschäftschance der Gesellschaft unabhängig davon zugeordnet, ob diese Kenntnisse bei Ausübung der Funktionen als *officer* erlangt wurden oder aus dem privaten Bereich stammen.[92]

Bei einem *director* dagegen, der nicht gleichzeitig *officer* der Gesellschaft ist, wird die Kenntnis von einer Geschäftschance nur dann der Gesellschaft zugeordnet, wenn er diese Kenntnis in Ausübung seiner Funktionen als *director*, durch eine Benutzung von internen Informationen oder Eigentum der Gesellschaft oder von einer Person erlangt hat, von der er erwarten mußte, sie habe nicht ihm persönlich, sondern der Gesellschaft die Geschäftschance andienen wollen.[93]

Eine weitere bedeutende Fallgruppe behandelt das *self-dealing*, das Abschließen von Geschäften mit der eigenen Gesellschaft, bei dem der Treuepflichtige selbst oder in Vertretung einer anderen Person handelt.[94] Hier besteht entweder die Gefahr eines Interessenkonfliktes, weil der Treuepflichtige zugleich für die Gesellschaft handelt, oder aber die Transaktion leidet zumindest an einer Infor-

---

[88] *Leading case* ist insoweit die Entscheidung Guth v. Loft, Inc., 5 A.2d 503, 510f (Del. 1939); vgl. auch Immenga, (1970) S. 157f; Polley, (1992) S. 39ff; Weisser, (1991) S. 48ff.

[89] Übersicht bei Weisser, (1991) S. 53ff. Vgl. auch Brudney-Clark, 94 Harv.L.Rev. 997, 1012ff (1981).

[90] A.L.I. § 5.05 (b).

[91] Vgl. auch Polley, (1992) S. 56ff; Weisser, (1991) S. 119.

[92] A.L.I. § 5.06(b)(2).

[93] A.L.I. § 5.06(b)(1). Vgl. zu dieser Unterscheidung auch Polley, (1992) S. 59f; Weisser, (1991) S. 70f.

[94] R.U.P.A. § 404 (b)(2); A.L.I. §§ 5.02, 5.03, 5.07.

mationsasymmetrie, weil der Treupflichtige aufgrund seiner Stellung in der Gesellschaft über seinen Vertragspartner besonders gute Informationen besitzt.

Schließlich ist noch das Wettbewerbsverbot als letzte der klassischen Fallgruppen der *duty of loyalty* zu nennen. Jenes untersagt dem Geschäftsleiter einer Gesellschaft in Wettbewerb zu dieser zu treten, solange diese noch werbend tätig ist und er selber noch Geschäfte für die Gesellschaft führt.[95]

### b) Ausnahmen und Befreiungen

Ursprünglich waren einem *fiduciary* Handlungen verboten, die unter oben genannte Fallgruppen der *duty of loyalty* subsumiert werden konnten. In der ersten Hälfte des vergangenen Jahrhunderts setzte sich aber mehr und mehr die Erkenntnis durch, daß das ursprünglich strikte Verbot keine interessengerechte Lösung darstellt. Dementsprechend gingen Rechtsprechung und Gesetzgebung dazu über, Ausnahmen zuzulassen und sich insgesamt um flexiblere, fallorientierte Lösungen zu bemühen.[96]

Namentlich im klassischen Fall des *self-dealings*, bei dem ein Geschäftsführer mit der von ihm geführten Gesellschaft selbst ein Geschäft abschließen will, hatte sich in der Praxis gezeigt, daß eine Beihaltung des Verbots dieser Transaktionen nicht sachgerecht war und nur zu Umgehungskonstruktionen führte. So ist etwa für kleine Gesellschaften der Zugang zu den Kapitalmärkten nicht immer unproblematisch. Wenn diese mit ihrem Direktor oder geschäftsführenden Partner einen Kreditvertrag abschließen, sind durchaus bessere Konditionen für die Gesellschaft zu erreichen, als unter Inanspruchnahme des Kapitalmarktes.[97]

Zwei alternative Verteidigungsmöglichkeiten sind aus dieser Entwicklung hervorgegangen. Zum einen ist eine Rechtfertigung aufgrund einer Zustimmung eines unabhängigen Organs möglich, sei es seitens der Gesellschafterversammlung, des *board of directors* oder eines Komitees des *board*, dessen Aufgabe es ist, derartige Geschäfte abzusegnen. Diese Möglichkeiten der Befreiung vom Regime der *duty of loyalty* greift jedoch nur, wenn sowohl der Interessenkon

---

[95] R.U.P.A. § 404 (b)(3); A.L.I. § 5.06. Hierzu auch Polley, (1992) S. 75ff.

[96] Zur historischen Entwicklung in diesem Bereich siehe Clark, (1986) S. 160ff; Merkt, (1991) Rdnr. 703f; Palmiter, 67 Tex.L.Rev. 1351, 1364f u. 1396f (1989); R.Winter, (1978) S. 32.

[97] Clark, (1986) S. 165; Palmiter, 67 Tex.L.Rev. 1351, 1398 (1989).

flikt als auch alle wichtigen Informationen, die das Geschäft selbst betreffen, gegenüber diesen Gremien offengelegt werden.[98]

Zum anderen bietet sich dem Treuepflichtigen auch nachträglich die Möglichkeit der Entlastung. Hierzu muß er im Prozeß darlegen und beweisen, daß sein Verhalten gegenüber der Gesellschaft durch „essential fairness" gekennzeichnet ist, d.h. fair im Zustandekommen als auch fair in der Höhe des Preises.[99]

Besonders diese beiden Verteidigungsalternativen kennzeichnen auch das bislang umfangreichste Konzept in diesem Bereich, welches das A.L.I. mit ihren *Principles of Corporate Governance* vorgelegt hat. Hierauf soll im folgenden näher eingegangen werden.

c) Die *duty of fair dealing* nach den Prinzipien des A.L.I.

Das Konzept der *duty of fair dealing* des A.L.I. besteht ebenfalls aus einem grundsätzlichen Verbot mit zwei alternativen Befreiungsmöglichkeiten.[100]

Für alle Fallgruppen gilt, daß dem Treuepflichtigen zunächst entsprechende Handlungen verboten sind, wenn nicht bestimmte Voraussetzungen erfüllt werden. Diese Voraussetzungen gliedern sich in allen Fallgruppen grundsätzlich in zwei Dispensalternativen:[101]

Zunächst können alle der *duty of fair dealing* unterfallenden Handlungen vom Treuepflichtigen vorgenommen werden, wenn sie sich gegenüber der Gesellschaft als objektiv fair erweisen, bzw. die Gesellschaft keinerlei Schaden erleidet. Der entscheidende Nachteil dieser Alternative besteht für den Treuepflichtigen darin, daß er den Fairneß-Nachweis im Streitfalle allein und vollständig selbst erbringen muß. Die Beweislastverteilung ist dabei in diesem Bereich von besonderer Bedeutung, da die Gerichte in der Regel erhebliche Schwierigkeiten mit einem Fairneß-Urteil haben, so daß oftmals die Verteilung der Beweislast bereits den Ausgang des Verfahrens vorentscheidet.[102]

Vor einer solchen Beweislast wird der Treuepflichtige in der zweiten Alternative geschützt. Danach darf der Treuepflichtige in allen Fallgruppen die einschlägigen Transaktionen vornehmen, wenn unabhängige Gesellschaftsorgane,

---

[98] Vgl. Del.G.C.L. § 144 oder R.M.B.C.A. §§ 8.60 ff; Clark, (1986) S. 167f; Grundmann, (1997) S. 247; Kraakmann, in Corp.Gov. 1996, 129, 133; McMurray, 40 Van.L.R. 605, 627 (1987).

[99] Weinberger v. UOP, Inc, 457 A.2d. 701, 710f (Del. 1983); Grundmann, (1997) S. 248; Hopt, in Hopt/Teubner 1985, 285, 289; Immenga, (1970) S. 146, 150ff; Palmiter, 67 Tex.L.Rev. 1351, 1400f (1989).

[100] Dargestellt werden die Vorschläge der §§ 5.02ff, welche die *Duty of Fair Dealing* (*Duty of Loyalty*) für das Management, d.h. *officers* und *directors* behandeln.

[101] Fine, 40 Van.L.R. 693, 731 (1987); Palmiter, 67 Tex.L.Rev. 1351, 1409 (1989).

[102] d'Ambrosio, 40 Van.L.R. 663, 687 (1987); Ruffner, (2000) S. 254.

deren Entscheidungsträger kein eigenes Interesse an dem betreffenden Be-schlußgegenstand haben, diesem zustimmen.[103]

## aa) Disclosure

Eine Besonderheit des A.L.I. Vorschlags ist, daß in diesem grundsätzlich eine vollständige Offenlegung (= *disclosure*) des Interessenkonflikts gefordert wird. Diese müsse nicht nur im Falle der Zustimmung durch Gesellschaftsorgane er-folgen, sondern auch für den Fall, daß sich der Treuepflichtige auf die objektive Fairneß seiner Handlung berufe.[104]

Die Informationspflicht des Treuepflichtigen reicht sehr weit. Er muß sowohl seinen Interessenkonflikt umfassend darstellen als auch alle seine Kenntnisse, das Geschäft selbst betreffend, offenlegen.

Von dieser umfassenden Offenlegungspflicht besteht jedoch eine wesentliche Ausnahme. Wenn es sich bei der Transaktion um das Aushandeln der Vergü-tung des Treuepflichtigen handelt, braucht dieser eigene Informationen in diesem Zusammenhang gegenüber seinem Arbeitgeber, der Gesellschaft, nicht preiszugeben.[105] Betroffen sind hiervon zum einen die Fallgruppe des *self-dealing*, aber auch diejenige, welche die private Nutzung von Eigentum der Ge-sellschaft untersagt, da auch eine derartige Nutzung (z.B. private Nutzung des Firmenwagens) Vergütungsbestandteil sein kann.[106]

Im Rahmen einer Vergütungsabrede wird über die Gegenleistungspflicht aus dem das Treueverhältnis begründenden Vertrages verhandelt. Hierbei darf der Treuepflichtige berechtigterweise ausschließlich seine eigenen Interessen ver-treten. Wie in jedem anderen Austauschvertrag auch, braucht dabei eine Ver-tragspartei der anderen grundsätzlich keine Informationen preiszugeben.[107]

## bb) Zustimmung durch „Uninteressierte"

Solange sich der Entscheidungsträger nicht darauf beruft, seine Entscheidung sei gegenüber der Gesellschaft fair gewesen, ist für die Erlaubnis, eine der *duty of loyalty* unterfallende Handlung vornehmen zu dürfen, die Zustimmung von Entscheidungsträgern in geeigneten Gesellschaftsorganen erforderlich, die kein eigenes Interesse an der fraglichen Transaktion besitzen (*disinterested decision-makers*). Grund für dieses Abstellen auf nicht interessierte Entscheidungsträger

---

[103] A.L.I., Part V. S. 200f.

[104] A.L.I. § 5.02(a)(1); Merkt, (1991) Rdnr. 715.

[105] A.L.I. § 5.03.

[106] Vgl. A.L.I. § 5.04 i.V.m. § 5.03.

[107] Vgl. Clark, in Pratt/Zeckhauser S. 55, 62; Hopt, in Hopt/Teubner 1985, 285, 293f; Ruffner, (2000) S. 239.

ist, daß jene selbst der *duty of care* verpflichtet sind und dadurch ausschließlich im Interesse der Gesellschaft handeln sollten. Da mit Hilfe der umfassenden Offenlegungspflicht des Treuepflichtigen auch dessen Informationsvorsprünge entfallen, steht nach diesem Konzept zu erwarten, daß eine Vereinbarung „*at arms length*" getroffen wird.

Als entsprechend geeignete Zustimmungsorgane benennt das A.L.I. einen Beschluß des *board* bzw. eines *board committee* mit den Stimmen uninteressierter Direktoren[108] oder einen Mehrheitsbeschluß nicht interessierter Gesellschaf ter.[109] Im Falle eines *officer*, der nicht gleichzeitig auch die Funktion eines *director* innehat, kommt darüber hinaus die Zustimmung eines Vorgesetzten in Betracht.[110]

Differenzierungen zwischen diesen Legitimierungsmöglichkeiten gibt es hinsichtlich der Frage, ob zur fraglichen Handlung nur im voraus ermächtigt werden darf[111] oder ob auch die Möglichkeit besteht, bereits vorgenommene Handlungen nachträglich zu genehmigen.[112]

Zwischen beiden Fällen besteht ein qualitativer Unterschied. Im Falle der Ermächtigung hat der Zustimmende noch Einfluß auf die konkrete Art und Weise der später auszuführenden Handlung; insbesondere ist es ihm möglich, dem Treuepflichtigen Auflagen zu erteilen.[113]

Dagegen muß der Zustimmende bei der nachträglichen Genehmigung die Handlung des Treuepflichtigen so nehmen, wie dieser sie ausgeführt hat. Er hat nur noch zwei Optionen, der Handlung zuzustimmen oder die Genehmigung zu verweigern. Im letzteren Falle läuft er Gefahr, verdientes Personal zu verlieren. Aus diesem Grund wird die nachträgliche Genehmigung im Konzept des A.L.I. nicht für jeden Fall ermöglicht.

Keine Rolle spielt diese Frage bei der Zustimmung nicht interessierter Gesellschafter. Der Beschluß der Gesellschafterversammlung als Zusammenschluß der Eigentümer, die damit letztlich als Gläubigerin der *duty of loyalty* bezeichnet werden kann, wirkt in jedem Fall entlastend; unabhängig davon, ob diese Zustimmung von vornherein durch eine Ermächtigung erteilt, oder erst im nachhinein genehmigt wurde.[114]

---

[108] Vgl. A.L.I. § 5.02 (a)(2)(B) (1. Alt.) i.V.m. § 1.15.

[109] Vgl. A.L.I. § 5.02 (a)(2)(D) i.V.m. § 1.16.

[110] Vgl. A.L.I. § 5.02 (a)(2)(B) (2. Alt.).

[111] Vgl. A.L.I. § 5.02 (a)(2)(B).

[112] Vgl. A.L.I. § 5.02 (a)(2)(C).

[113] Merkt, (1991) Rdnr. 712.

[114] Vgl. A.L.I. § 5.02 (a)(2)(D).

Die einzige Grenze für den Gesellschafterbeschluß besteht darin, daß die Zustimmung zu einer der *duty of loyalty* unterliegenden Handlung nicht zu einer Aushöhlung des Gesellschaftsvermögens (= *waste of corporate assets*) führen darf.[115] Dies ist eine Anforderung, die schon allein aus Gläubigerschutzgesichtspunkten dringend erforderlich scheint.

Das *board of directors* bzw. ein Komitee desselben kann grundsätzlich ebenfalls mit der Mehrheit der Stimmen nicht interessierter Direktoren zu entsprechenden Handlungen ermächtigen oder diese genehmigen. Aus den genannten Gründen unterliegt die Möglichkeit der Genehmigung jedoch Beschränkungen.

Die Zurückweisung einer der Gesellschaft zustehenden Geschäftschance, damit diese durch den Treuepflichtigen ausgeübt werden kann, ist nur im voraus möglich.[116] Übt der Treuepflichtige dennoch eine Geschäftschance aus, ohne daß diese bereits von der Gesellschaft zurückgewiesen worden ist, begeht er eine Pflichtverletzung, von der ihn ein Beschluß nicht interessierter Direktoren nicht mehr entlasten kann.

In den Fällen einer Geschäftsbeziehung des Treuepflichtigen zur Gesellschaft oder einer privaten Nutzung von *corporate assets* muß es nachvollziehbare Gründe dafür geben, daß vorher keine Ermächtigung eingeholt worden ist.[117] Außerdem darf in diesen Fällen kein Selbstkontrahieren vorliegen, d.h. auf Seiten der Gesellschaft muß zumindest eine nicht interessierte, vertretungsberechtigte Person gehandelt haben.[118]

Beim Handeln eines *officer*, der durch die duty of loyalty verpflichtet ist, ohne gleichzeitig ein *director* der Gesellschaft zu sein, reicht es aus, daß dieser sich die Zustimmung eines hierzu befugten Vorgesetzten einholt. Jener kann die Zustimmung allerdings nur in Form einer vorherigen Ermächtigung erteilen.[119]

Schließlich besteht nach A.L.I. § 5.09 auch die Möglichkeit, daß die Anteilseigner oder das *board of directors* die Ermächtigung nicht bloß für den konkreten Einzelfall, sondern auch für eine Mehrzahl von Fällen abstrakt, durch sogenannte „*standards of the corporation*", erteilen. Dabei haben sie den Bestimmtheitsgrundsatz einzuhalten und dürfen zum Zeitpunkt der Verabschiedung solcher Standards keinem Interessenkonflikt unterliegen.

---

[115] Vgl. A.L.I. § 5.02 (a)(2)(D) i.V.m. § 1.42.
[116] Vgl. A.L.I. § 5.05 (a)(3).
[117] Vgl. A.L.I. § 5.02 (a)(2)(C)(ii).
[118] Vgl. A.L.I. § 5.02 (a)(2)(C)(i).
[119] Vgl. A.L.I. § 5.02. (a)(2)(B) (2.Alt.).

## III. Die Schuldner der Treuepflichten

Da sie an die Vertretungsbefugnis anknüpfen, gelten die Treuepflichten in den USA grundsätzlich nur für geschäftsführend tätige Personen. Diese Verknüpfung zwischen Vertretungsbefugnis und Treuepflicht führt auch zu vergleichbar einheitlichen Verhaltensanforderungen. Sie unterteilen sich grundsätzlich in die *duty of care* und in die *duty of loyalty*, letztere mit den vier oben beschriebenen Fallgruppen.

Dennoch sind je nach Typ und Realstruktur einer Gesellschaft Unterschiede in Inhalt und Intensität festzustellen,[120] die im folgenden, nach den verschiedenen Personengruppen in einer Gesellschaft differenziert, dargestellt werden sollen.

### 1. *Partnership*

a) *General partner*

Die *general partnership* besteht nach dem gesetzlichen Leitbild zunächst nur aus unbeschränkt haftenden und geschäftsführend tätigen Gesellschaftern. Nach diesem Normaltypus bestimmen sich auch die Treuepflichten der *general partner*.[121] In dieser idealtypischen Gesellschaft übt jeder Partner seine Vertretungsbefugnis einzeln aus, wobei er nicht nur sich selbst, sondern auch seine Mitgesellschafter vertritt. Hierin liegt die Treuepflicht des Partners begründet.

Zugleich kann aber nicht verkannt werden, daß jeder Gesellschafter sowohl Prinzipal als auch Agent ist und damit grundsätzlich keine Interessenkonflikte bestehen. Aufgrund der Gewinnbeteiligung sind alle Partner daran interessiert, die Gesellschaft zu fördern und deren Vermögen zu mehren. Die persönliche Haftung jedes einzelnen schafft dabei einen größtmöglichen Anreiz, sorgfältig zu handeln, was durch den Kontrolleffekt, daß alle an der Geschäftsführung beteiligt sind, noch verstärkt wird.[122]

Daher ist es weniger Aufgabe der Treuepflichten, den Agenten auf die Interessen des Prinzipals einzuschwören, als vielmehr, das bestehende Anreizsystem zu erhalten. Dieses wird in erster Linie durch die *duty of loyalty* erreicht, welche klassischen Situationen vorbeugt, in denen das Eigeninteresse des Agenten besonders groß ist und deshalb auch ein Interesse an gemeinsamer Zweckförderung in den Hintergrund treten lassen dürfte. Der *duty of care* kommt dagegen

---

[120] Weisser, (1991) S. 20f.
[121] Dargestellt werden die Regelungen des R.U.P.A., die sich aufgrund der breiten Übernahme in die einzelstaatlichen *partnership acts* durchaus verallgemeinern lassen.
[122] Bromberg/Ribstein, § 6.07(f).

angesichts der vorliegenden Anreizstruktur geringere Bedeutung zu. So bleibt die Haftung aus der *duty of care* auf grobe Fahrlässigkeit beschränkt.[123]

Beachtung im Zusammenhang mit der Regulierung der Treuepflicht durch § 404 R.U.P.A verdienen die im Vergleich zu U.P.A. neuen Vorschriften in den Absätzen (e) und (f). Diese stellen ausdrücklich klar, daß außerhalb des Vertretungshandelns im Rahmen der Geschäftsführung der Partner seine eigenen Interessen in der Gesellschaft durchsetzen darf. Steht er mit der Gesellschaft in eigenständigen Vertragsbeziehungen, etwa als Kreditgeber in einem Darlehensvertrag, kann er seine Rechte aus diesem Vertrage wie ein gesellschaftsfremder Dritter wahrnehmen und durchsetzen.[124]

Auch bei Ausübung seines Stimmrechtes braucht sich der Partner nur von seinem eigenen Interesse leiten zu lassen und muß sich nicht einem irgendwie gearteten Gesellschaftsinteresse unterordnen. Dies wird in dieser Deutlichkeit auch in der von den Verfassern des R.U.P.A. beigefügten Kommentierung ausdrücklich klargestellt.[125]

## b) Beschränkt haftende und nicht-geschäftsführende Partner

Eine etwas andere Situation liegt vor, wenn es sich bei der Gesellschaft um eine *limited partnership* handelt oder in einer *general partnership* ein persönlich haftender Gesellschafter von der Geschäftsführung ausgeschlossen ist. In beiden Fällen gibt es eine zweite Personengruppe innerhalb der Gesellschaft, die dadurch gekennzeichnet ist, daß ihre Mitglieder nicht an der Geschäftsführung teilhaben.

Die gleichgerichtete Interessenlage, die bei ausschließlich geschäftsführenden Gesellschaftern aufgrund der gleichzeitigen Stellung als Prinzipal und Agent erreicht wird, ist in dieser Idealform nicht mehr vorhanden. Interessenkonflikte werden wahrscheinlicher, was auch Auswirkungen auf die Intensität der Treuepflichten hat.

Die von der Geschäftsführung ausgeschlossenen Gesellschafter unterliegen systemimmanent keiner Treuebindung, da sie keine Vertretungsmacht besitzen und niemandes Treuhänder sind.

Für die weiterhin geschäftsführend tätigen *general partners* kommt es dagegen zu einer Verschärfung.[126] Gegenüber der Gruppe nicht-geschäftsführender Ge-

---

[123] R.U.P.A. § 404(c).

[124] R.U.P.A. § 404(f).

[125] 5. *comment* zu R.U.P.A. § 404; Die Verfasser führen als Beispiel an, daß ein Gesellschafter, dem der Wettbewerb zur Gesellschaft gestattet wurde, mit Ausübung seines Stimmrechtes direkte Wettbewerbshandlungen der Gesellschaft gegenüber seinem eigenen Unternehmen verhindern darf.

[126] Bromberg/Ribstein § 6.07(a)(3).

sellschafter handeln diese immer als Agenten, ohne daß erstere die weitreichenden Kontrollmöglichkeiten anderer *general partners* hätten. Die Beziehungen beider Gesellschaftergruppen lassen sich tendenziell mit der *management – shareholder* Beziehung der *corporations* vergleichen. Dies gilt besonders für die *limited partnership*, deren Kommanditisten als reine Kapitalgeber fungieren. Daher tendiert auch der Umfang der Treuepflicht eines *general partner*, insbesondere der Sorgfaltsmaßstab der *duty of care*, in diesen Fällen zu einer bei den *corporations* üblichen Intensität.[127]

## 2. Das Management in einer *corporation*

### a) Allgemeine Pflichten

Das Management einer *corporation*, das sich aus den *directors* und den *officers* zusammensetzt, unterliegt der umfassendsten Treuepflicht. Zwar können sowohl *directors* als auch *officers* gleichzeitig Gesellschafter der von ihnen geleiteten *corporation* sein. Bei Ausübung ihrer Funktionen im Management handeln sie jedoch ausschließlich als Treuhänder für die Gesellschaft und die Gesamtheit aller Gesellschafter.[128] Es ist schlichtweg verboten und ein klarer Verstoß gegen die Treuepflicht, hierbei eigene Interessen zu verfolgen.

Grundsätzlich unterliegen beide Personengruppen dem gleichen Umfang an Treuepflichten.[129] Die *duty of care* verpflichtet sie zur Sorgfalt einer durchschnittlich sorgfältigen Person in gleicher Position und die *duty of loyalty* verpflichtet sie zum „*fair dealing*" bei Transaktionen mit der Gesellschaft und untersagt ihnen, *corporate assets* oder *opportunities* zum eigenen Nutzen zu verwerten oder zur Gesellschaft in Wettbewerb zu treten.[130]

Geringfügige Differenzierungen werden lediglich bei den Direktoren gemacht, die nicht in einem festen Anstellungsverhältnis zur Gesellschaft stehen müssen, sondern als sogenannte „*outside directors*" überwiegend Kontrollaufgaben wahrnehmen und in einer vergleichbar lockeren Position zur Gesellschaft stehen, wie etwa Mitglieder in deutschen Aufsichtsräten. Die fest angestellten Direktoren mit direkter Managementfunktion sind dagegen regelmäßig auch gleichzeitig *officers*. Für sie gelten geringfügig strengere Regeln als für außenstehende Direktoren.[131] So macht es für das fest angestellte Management keinen Unterschied, ob eine Geschäftschance im privaten Bereich oder im Zusammen-

---

[127] Meinhard v. Salmon, 249 N.Y. 458, 468 (1928); Bromberg/Ribstein, § 6.07(f); Klawitter, (1997) S.95.

[128] Kavanaugh v. Kavanaugh Knitting Co. 123 N.E. 148, 151 (N.Y. 1919); Perlman v. Feldmann, 219 F.2d. 173, 176 (2d. Cir. 1955)

[129] McMurray, 40 Van.L.R. 605, 619 (1987); Merkt, (1991) Rdnr. 668; Weisser, (1991) S. 93.

[130] Siehe oben § 3 II. 2. a).

[131] McMurray, 40 Van.L.R., 605, 619f (1987); Palmiter, 67 Tex.L.Rev. 1351, 1386f (1989)

hang mit ihrer Tätigkeit für die Gesellschaft an sie herangetragen worden ist, während der außenstehende Direktor erstere für sich ausüben darf, solange er damit nicht in direkten Wettbewerb zur Gesellschaft tritt.[132]

Auch darf der Direktor, der nicht an der täglichen Geschäftsführung teilnimmt, in einem größeren Maße auf Berichte und Empfehlungen der fest angestellten Unternehmensverwaltung bei anstehenden Entscheidungen vertrauen.[133] Eine völlige Freizeichnung von der eigenen Verantwortung in diesem Bereich ist ihm allerdings nicht möglich und wäre mit seiner originären Aufgabe, die Verwaltung zu kontrollieren, auch nicht vereinbar.[134]

b) Spezifische Managementpflichten bei feindlichen Übernahmen

Neben den bisher aufgezeigten klassischen Funktionen der Treuepflichten, die ordnungsgemäße Führung einer Gesellschaft durch das Management sicherzustellen, bekommen diese in den USA auch in einem anderen Zusammenhang zunehmend Bedeutung.

Eingeleitet durch die Rechtsprechung des Staates Delaware spielen die *fiduciary duties* mittlerweile eine wesentliche Rolle bei der Beurteilung der Rechtmäßigkeit von Abwehrmaßnahmen des Managements einer Zielgesellschaft im Rahmen einer feindlichen Übernahme.[135]

Im Zusammenhang mit feindlichen Übernahmeversuchen stellt sich regelmäßig die Frage, ob das Management einer Zielgesellschaft sich gegen ein Übernahmeangebot unter Inanspruchnahme mitunter gewaltiger Mittel der Gesellschaft zur Wehr setzen darf.

Das Management befindet sich während eines Übernahmekampfes in einem offensichtlichen Interessenkonflikt, bedeutet doch die erfolgreiche Übernahme regelmäßig einen Austausch der Unternehmensführung.[136] Andererseits ist das Management aufgrund seiner treuhänderischen Stellung gegenüber dem Gesellschaftsvermögen und den Gesellschaftern verpflichtet, diese eigenen Interessen zurückzustellen und nur das Interesse des Prinzipals zu beachten. Dabei kann ein faires Übernahmeangebot durchaus im besten Interesse der Aktionäre liegen, erhalten sie doch regelmäßig die Möglichkeit, an stillen, am Kapitalmarkt nicht realisierten Reserven des Unternehmens zu partizipieren.[137]

---

[132] Vgl. A.L.I. § 5.05(b); Brudney-Clark, 94 Harv.L.Rev. 997, 1043f (1981) Clark, S. 252f.

[133] McMurray, 40 Van.L.R. 605, 621 (1987).

[134] Joy v. North, 692 F.2d. 880, 896 (U.S. 1982); Mills Acquisition Co. v. Macmillan, Inc., 559 A.2d 1261 (1281); Fletcher, § 1035.20.

[135] Vgl. Hess, in Corp.Gov. 1996, 9, 19.

[136] Palmiter, 67 Tex.L.Rev. 1351, 1412f (1989).

[137] Siehe zur gesamten Problematik, namentlich zur Bedeutung feindlicher Übernahmen im Hinblick auf eine Kontrolle des Managements, unten § 6 II. 2.

Die Anwendung der *business judgment rule* mit ihrer weitreichenden Haftungsbeschränkung ist in dieser Situation sehr fraglich.[138]

## aa) Die Rechtsprechung in Delaware

In zwei *leading cases* hat der *supreme court* in Delaware einen Verhaltenskodex für das Management einer Zielgesellschaft im Falle eines feindlichen Übernahmeversuches entwickelt:

Im Fall *Unocal Co. v. Mesa Petroleum Co.*[139] hatte die Mesa–Gruppe den Anteilseignern der Unocal *corporation* einen sogenannten „*Two-tier front loaded cash tender offer*" unterbreitet. Dieses Übernahmeangebot bestand aus zwei Teilen. Die Mesa, selbst mit 13 % an Unocal beteiligt, bot an, zunächst die zur Mehrheit fehlenden 37% gegen bar zu $54 pro Anteil zu kaufen. Sollte sie in diese Mehrheitsposition gelangen, bot sie in einem weiteren Schritt an, die restlichen Anteile im Wege eines Anteilstausches zu übernehmen.
Das *board* von Unocal, welches mehrheitlich aus unabhängigen *outside directors* bestand und anwaltlich sowie durch eine Wirtschaftsprüfungsgesellschaft beraten war, wies dieses Angebot als völlig inadäquat zurück. Zunächst sei der angebotene Preis von $ 54 zu niedrig, der wahre Wert der Anteile liege bei ca. $ 60, darüber hinaus stelle das Angebot eine Nötigung der Anteilseigner dar.
Durch die Konstruktion der „*two-tier-offer*", bei welcher der erste Schritt mit einem Barangebot deutlich bessere Konditionen aufweist („*front-loaded*") als der zweite (die im zweiten Schritt zu tauschenden Anteile bezeichnete das *board* als „*junk-bonds*"), wären die Anteilseigner gezwungen worden, möglichst gleich das erste Angebot anzunehmen, auch wenn dies nicht den wahren Wert der Anteile wiedergab. Andernfalls wären sie Gefahr gelaufen, Aktionäre einer abhängigen Gesellschaft zu werden und ihre Anteile nur noch im Wege eines vergleichsweise noch schlechteren Anteilstausches veräußern zu können.
Im Interesse der Aktionäre entschloß sich das *board*, dieses Übernahmeangebot zu bekämpfen. Dies geschah durch ein eigenes Angebot an die Anteilseigner. Sollte die Mesa-Gruppe mit ihrem ersten Angebot Erfolg haben und die Mehrheit an Unocal erzielen, verpflichte sich die Gesellschaft, aus eigenen Mitteln die Aktien der übrigen Minderheitsaktionäre zu einem Preis von $ 70 bis $ 75 zurückzukaufen, wobei selbstverständlich ausgeschlossen wurde, auch die Aktien der Mesa-Gruppe zu diesem Preis zurückzukaufen.
Gegen diese Maßnahme klagte die Mesa-Gruppe. Sie bekam in der ersten Instanz Recht. Unocal ging in die Berufung. Dort ging es im wesentlichen um die Fragen, ob das *board* die Mesa-Gruppe von seinem eigenen Angebot ausschließen und damit einen Aktionär gegenüber den übrigen ungleich behandeln durfte und ob die Entscheidung des *board* durch die *business judgment rule* gedeckt war, mit der Folge, daß die Direktoren nicht für etwaige nachteilige Folgen ihrer Entscheidung hafteten. Der entscheidende *supreme court* des Staates Delaware bejahte beides:

---

[138] Fletcher, § 1941.30; d'Ambrosio, 40 Van.L.R. 663, 678f (1987).
[139] Unocal Corp. v. Mesa Petroleum Co., 493 A.2d 946 (Del. 1985).

Die Mesa-Gruppe habe durch ihr nötigendes Angebot erst das *board* zum Handeln veranlaßt. Jenes sei durch die *duty of care* verpflichtet, die Anteilseigner vor geplanten Verletzungen zu schützen, sei dies durch Absichten Dritter oder durch andere Anteilseigner.[140] Zwar habe das *board* die Verpflichtung, alle Gesellschafter gleich zu behandeln. In einem derartig gelagerten Fall überlagere jedoch die Pflicht, die Gesellschaft als Ganzes und die übrigen Gesellschafter vor den Verletzungsabsichten einzelner Gesellschafter zu schützen, das Gleichbehandlungsgebot.[141]

Des weiteren sei die Entscheidung des *board* auch durch die *business judgment rule* gedeckt. Danach ist diese *rule* auch auf Entscheidungen des *board* anzuwenden, ein Übernahmeangebot zurückzuweisen und geeignete Maßnahmen zur Bekämpfung desselben zu ergreifen. Voraussetzung sei, daß die Direktoren unter Anwendung der gebotenen Sorgfalt und unter Beachtung von Treu und Glauben zu dem Schluß gekommen seien, daß das Angebot die Interessen der Gesellschafter verletze.[142]

Das Urteil legt dabei fest, wie sich die Direktoren im Falle eines Übernahmeangebots zu verhalten haben. Danach sind sie verpflichtet, die Struktur und die Auswirkungen dieses Übernahmeangebots auf die *corporation* zu prüfen. Dabei seien Punkte zu beachten wie Inadäquanz des Kaufpreises, Zeitpunkt, Fragen der Rechtmäßigkeit und auch der Einfluß auf andere, mit der Gesellschaft verbundene Personengruppen, wie Arbeiter, Kunden oder Gläubiger. Des weiteren müßten die Risiken der Nichtannahme durch die Anteilseigner, sowie die Bewertung etwaiger Anteilstauschgebote geprüft werden.[143]

Kommt das *board* nach dieser eingehenden Prüfung zu dem Ergebnis, daß das Angebot im Interesse der Gesellschaft und deren Gesellschafter zurückzuweisen ist, kann es in einer dem Angebot entsprechenden angemessenen Weise reagieren.[144]

Im Fall *Revlon, Inc. v. MacAndrews & Forbes Holdings*[145] - der zweiten führenden Entscheidung in diesem Bereich - ging es um die Rechtmäßigkeit des Verhaltens des Revlon Managements im Zusammenhang mit einem Bieterkampf um die Mehrheit an Revlon:

Zunächst hat die Pantry Pride Inc. ein feindliches Übernahmeangebot gegenüber den Anteilseignern von Revlon getätigt. Dieses Angebot betrug $ 47,50 pro Anteil, was das Revlon-Board unter Einhaltung des Unocal-Standards als inadäquat zurückwies. Der wahre Wert liege im „mittleren $ 50" Bereich pro Anteil. Das *board* beschloß daraufhin Gegenmaßnahmen, die

---

[140] a.a.O. S. 955.

[141] a.a.O. S. 958.

[142] a.a.O. S. 957; bestätigt durch Mills Aquisition Co. v. Macmillan, Inc., 559 A.2d. 1261, 1287 (Del. 1988). Hierzu auch Buxbaum, 73 Cal.L.Rev. 1671, 1707f (1983).

[143] a.a.O. S. 955. Dieser Beurteilungsrahmen des Managements ist in einer späteren Entscheidung (Paramount v. Time, 571 A.2d. 1140, 1150 (Del. 1989)) noch einmal deutlich ausgeweitet worden. Danach darf das Management auch Gebote zurückweisen, die langfristige Unternehmensstrategien und damit das Gesellschaftsinteresse gefährden. Vgl. auch Gordon, 91 Col.L.Rev. 1931, 1940 u. 1980 (1991); Matheson-B.Olson, 76 Minn.L.Rev. 1313, 149f (1992).

[144] a.a.O. S. 955

[145] Revlon, Inc. v. MacAndrews & Forbes Holdings, 506 A.2d 173 (Del. 1986).

schließlich auch zu einem Angebot seitens der Pantry Pride in Höhe von $ 53 pro Anteil führten. Es wurde nun offensichtlich, daß den Anteilseignern von Revlon ein faires Angebot gemacht wurde und eine Übernahme von Revlon nicht mehr zu verhindern war. Daraufhin trat das Revlon-Management mit der Forstmann Little&Co. in Verhandlungen, auf daß letztere als sogenannter „white knight" in einen Bieterkampf um Revlon trete. Forstmann stieg in den Bieterkampf zunächst mit $ 56 pro Anteil ein, worauf die Pantry Pride ihr Gebot auf $ 56,25 erhöhte. Daraufhin erhöhte seinerseits Forstmann das Gebot auf $ 57,25. Hierauf reagierte der Vorstand von Revlon, indem er mit Forstmann in konkrete Verkaufsverhandlungen trat. In den Vorverhandlungen wurde u.a. eine Stornierungsgebühr in Höhe von $ 25 Millionen vereinbart, die Revlon zahlen müsse, sollte ein anderer Bieter als Forstmann mehr als 19,9% der Anteile erwerben. Mit dieser Bevorzugung von Forstmann wurde der Bieterkampf durch das Revlon-Management beendet. Die Aktionäre von Revlon klagten nun gegen dieses Verhalten des *board*.

Sie hatten mit ihrer Klage Erfolg. Das Gericht erkannte einen Verstoß gegen die *duty of loyalty*. Nachdem das *board of directors* zu der Feststellung gelangt war, daß eine Übernahme des Unternehmens nicht mehr zu verhindern war, und daher das Management autorisierte, mit weiteren Parteien zwecks eines Verkaufs des Unternehmens zu verhandeln, habe sich die Pflicht des *board*, das Unternehmen als Einheit zu erhalten, in eine Pflicht umgewandelt, den Wert des Unternehmens zu maximieren und den besten Verkaufspreis für die Anteilseigner zu erzielen. In einer solchen Situation wechselt die Rolle der Direktoren vom Unternehmensverteidiger zum Auktionator desselben. Gegen diese Pflicht habe das *board* mit ihrer sogenannten „lock up"- Vereinbarung zugunsten von Forstmann verstoßen, da diese zu einem unnötigen Abbruch des Bieterprozesses geführt habe.[146] Zwar könne es auch Situationen geben, in der eine Bevorzugung der „weißen Ritter" auch im Interesse der Anteilseigner liege. In der gegebenen Situation jedoch, wo die Angebote relativ nahe beieinander lagen, müsse den Marktkräften freien Lauf gelassen werden, damit die Anteilseigner den bestmöglichen Preis für ihre Anteile erzielen könnten.[147]

## bb) Der Regulierungsvorschlag des A.L.I.

Auch die Prinzipien des A.L.I. nehmen sich dieses Problembereiches an und schlagen mit § 6.02 eine dem Unocal-Standard vergleichbare Regulierung vor.

Danach darf das *board* grundsätzlich Handlungen vornehmen, die den vorhersagbaren Effekt haben, ein Übernahmeangebot zu blockieren. Voraussetzung ist, daß diese Handlungen eine angemessene Antwort auf das Übernahmeangebot darstellen.[148]

---

[146] a.a.O. S. 182; bestätigt durch Mills Acquisition Co. V. Macmillan, Inc., 559 A.2d. 1261, 1284f (Del. 1988).
[147] a.a.O. S. 184; bestätigt durch Mills Acquisition Co. V. Macmillan, Inc., 559 A.2d. 1261, 1286 (Del. 1988).
[148] A.L.I. § 6.02(a).

Das *board* muß sich umfassend informieren, um eine angemessene Antwort auf das Angebot zu finden. Zu beachten sind an erster Stelle die Interessen der Anteilseigner, des weiteren die Rechtmäßigkeit des Angebots, Auswirkungen auf essentielle ökonomische Erwartungen für das Unternehmen sowie Interessen anderer Personengruppen an dem Unternehmen, soweit sie nicht dem langfristigen Interesse der Anteilseigner entgegenstünden.[149]

Diese dem Management sehr weitreichenden Ermessensspielraum zuweisende Regelung wird unterstützt durch die Beweislastregel, wonach ein Kläger vollständig zu beweisen hat, daß die Reaktion des *board* in bezug auf das Übernahmeangebot überzogen bzw. unangemessen war.[150]

Darüber hinaus wird das Management auch bei einer überzogenen Reaktion geschützt, indem zwar entsprechende Handlungen durch Gericht gestoppt werden können, die Direktoren aber nicht für Schäden haften, wenn sie bei der Entscheidungsfindung die Grundsätze der *business judgment rule* beachtet haben.[151]

Der Revlon-Standard wurde dagegen nicht in die A.L.I.-Prinzipien übernommen.

### 3. Die *shareholders* einer *corporation*

Für die Gesellschafter einer *corporation* gilt grundsätzlich, daß sie als Prinzipale und Eigentümer der Gesellschaft keinen Treuepflichten unterliegen.[152] An der täglichen Geschäftsführung nehmen sie nicht teil und bei Abstimmungen vertreten sie nur sich selbst, so daß sie hier auch nur ihre eigenen Interessen zu beachten brauchen und versuchen können, diese durchzusetzen. Dennoch gibt es auch hier Besonderheiten, die eine Differenzierung und somit Ausnahmen von diesem Grundsatz erfordern:

### a) *Controlling shareholder*

Eine solche Ausnahme gilt für den *controlling shareholder*, der regelmäßig einem Mehrheitsgesellschafter entspricht.

Ist ein Gesellschafter oder eine Gruppe von Gesellschaftern, die sich zwecks einheitlicher Stimmrechtsausübung zusammengeschlossen haben, in der Lage, einen kontrollierenden Einfluß auf das Management auszuüben, so daß dieses

---

[149] A.L.I. § 6.02(b).
[150] A.L.I. § 6.02(c).
[151] A.L.I. § 6.02(d).
[152] Cookies Food Products v. Lake Warehouse, 430 N.W.2d. 447, 451 (Iowa 1988); Kavanaugh v. Kavanaugh Knitting Co. 123 N.E. 148, 151 (N.Y. 1919); Fletcher, § 5713; Merkt, (1991) Rdnr. 602, 669; Mestmäcker, (1958); Weisser, (1991) S. 93.

Weisungen ausführt und keine eigenständigen Entscheidungen mehr trifft, ist zwar formal das Management weiterhin das Vertretungsorgan der Gesellschaft, faktisch wird die Gesellschaft jedoch vom *controlling shareholder* geführt.

Aufgrund dieser Einflußmöglichkeit unterliegt auch der kontrollierende Gesellschafter einer Treuepflicht, sowohl gegenüber den Minderheitsgesellschaftern als auch gegenüber der *corporation* als juristischer Person.[153]

Das Mehrheitsprinzip legitimiert den *controlling shareholder*, die Gesellschaft nach seinen Vorstellungen zu kontrollieren. Macht er aber von dieser besonderen Rechtsposition Gebrauch, muß er im Gegenzug die Interessen der Betroffenen mitberücksichtigen, insbesondere ihnen gegenüber das mildeste Mittel anwenden.[154] Auch hier findet sich somit wieder eine Verknüpfung von eingeräumter Befugnis und damit verbundener Verpflichtung. Diese Treuepflicht erreicht jedoch nicht den Umfang der Pflichten des Managements.

Auch hier enthalten die A.L.I.-Prinzipien umfasende Regulierungsvorschläge:

Zunächst definiert § 1.10 der A.L.I.-Prinzipien, wann überhaupt ein Gesellschafter *contolling shareholder* wird. Danach ist jeder Gesellschafter (oder eine Gruppe von Gesellschaftern, die sich hierzu zusammengeschlossen haben), die mit mehr als 50% der Anteile abstimmen kann, ohne weiteres ein *controlling shareholder*.[155] Daneben können auch Gesellschafter mit geringeren Stimmanteilen diese Position erlangen, wenn sie tatsächlich einen kontrollierenden Einfluß auf das Management nehmen.[156] In diesem Zusammenhang wird von Gesellschaftern, die mit mehr als 25% der Anteile abstimmen können - wobei kein weiterer Gesellschafter mit einem höheren Stimmanteil existiert - vermutet, daß sie einen solchen Einfluß auf das Management ausüben.[157]

Die §§ 5.10 bis 5.14 legen schließlich den Inhalt der Treuepflicht für den *controlling shareholder* fest. Danach unterliegt dieser keiner *duty of care*. Bezüglich der *duty of loyalty* (bzw. *duty of fair dealing*) gilt für ihn folgendes:

Nach § 5.10 ist es dem *controlling shareholder* grundsätzlich erlaubt, mit der Gesellschaft Geschäfte abzuschließen. Diese müssen jedoch fair ausgehandelt

---

[153] Harris v. Carter, 582 A.2d 222, 234 (Del. 1990); Cookies Food Products v. Lake Warehouse, 430 N.W.2d. 447, 451 (Iowa 1988); Kavanaugh v. Kavanaugh Knitting Co. 123 N.E. 148, 151f (N.Y. 1919); Perlman v. Feldmann, 219 F.2d. 173, 176 (2d. Cir. 1955); Balotti/Finkelstein, § 4.37; Fletcher § 5811; Grundmann, (1997) S. 269; Immenga, (1970) S. 146f; Merkt, (1991) Rdnr. 669; Mestmäcker, (1958) S. 196ff; Weisser (1991) S. 95.

[154] Cookies Food Products v. Lake Warehouse, 430 N.W.2d. 447, 454 (Iowa 1988); Fletcher, § 5811.

[155] A.L.I. § 1.10(a)(1).

[156] A.L.I. § 1.10(a)(2).

[157] A.L.I. § 1.10(b).

sein. Im Zweifel hat der *controlling shareholder* diese Fairneß zu beweisen; es sei denn, er hat sich, nach vollständiger Aufdeckung seines Interessenkonfliktes und der das Geschäft selbst betreffenden Informationen, die Zustimmung der Gesellschafterversammlung eingeholt oder die Transaktion wurde im Rahmen des normalen Geschäftsbetriebes der Gesellschaft abgeschlossen.

Dagegen verbietet § 5.11 grundsätzlich die Benutzung von *corporate assets* zu eigenen Gunsten, außer dieses geschieht im Rahmen eines Austauschvertrages, der unter den Bedingungen des § 5.10 zustande gekommen ist, oder die Nutzung steht allen Gesellschaftern entsprechend ihren Anteilen gleichermaßen zu.

§ 5.12 verbietet dem *controlling shareholder*, der Gesellschaft zugeordnete Geschäftschancen für sich selbst wahrzunehmen. Die Geschäftschancen sind der Gesellschaft zugeordnet, wenn sie von der Gesellschaft selbst entwickelt worden sind, dem Gesellschafter im Rahmen seiner Stellung in der Gesellschaft angeboten wurden oder der Gesellschafter selbst gegenüber der Gesellschafterversammlung erklärt hat, die Gesellschaft werde sich im entsprechenden Bereich engagieren und er nicht.[158]

Von diesem Verbot kann sich der Gesellschafter durch einen Zustimmungsbeschluß der voll informierten Gesellschafterversammlung befreien lassen.

Ein Wettbewerbsverbot für den *controlling shareholder* besteht nach den A.L.I.-Prinzipien nicht.

Im Zusammenhang mit den Treuepflichten des *controlling shareholder* wird auch diskutiert, ob dieser die Pflicht hat, beim Verkauf seiner Kontrollposition auf die Interessen der Minderheit Rücksicht zu nehmen.[159]

Im Fall *Harris v. Carter* wurde eine solche Verpflichtung angenommen.[160] Hier hatte der Beklagte seinen Mehrheitsbesitz an eine Gesellschaft zweifelhaften Rufes leichtfertig veräußert, welche die Kontrollposition schließlich dazu ausnutzte, die Gesellschaft zu Lasten der Minderheit auszuplündern.[161]

Angesichts der amerikanischen Anknüpfung der Treuepflicht an die Vertretungsmacht erscheint dieses Urteil jedoch systemwidrig. Die Urteilsbegründung selbst bemüht auch einen eher deliktischen Ansatz, wonach es jedermann verboten sei, eine (an sich erlaubte) Handlung vorzunehmen, wenn dies in vorauszu-

---

[158] A.L.I. § 5.12(b).

[159] Eine umfassendere Darstellung der amerikanischen Rechtslage im Hinblick auf den sogen. „*sale of control*" bei Reul, (1991) S. 18ff.

[160] Harris v. Carter, 582 A.2d 222 (Del. 1990).

[161] Sogen. „*looting*"; vgl. Lüttmann, (1992) S. 130f; Reul, (1991) S. 20ff.

sehender Weise zu einer Verletzung einer anderen Person führt und eine durchschnittlich sorgfältige Person deshalb diese Handlung unterlassen würde.[162] Dennoch greifen die A.L.I. Prinzipien eine entsprechende Verpflichtung des *controlling shareholder* auf. In § 5.16 wird vorgeschlagen, daß zwar grundsätzlich der Mehrheitsgesellschafter seinen Kontrollbesitz frei veräußern und auch eine Prämie hierfür erzielen dürfe,[163] er aber dennoch bei einer solchen Veräußerung gewissen Treuepflichten gegenüber seinen Mitgesellschaftern unterliege. So habe er eine umfassende Offenlegungspflicht, wenn er seine Kontrollposition an einen anderen Gesellschafter der *corporation* verkaufen wolle.[164] Darüber hinaus verletze er seine eigene *duty of loyalty*, wenn es beim Verkauf offensichtlich sei, daß der Käufer dessen zukünftige *duty of loyalty* zugunsten eines signifikanten finanziellen Vorteils gegenüber der Gesellschaft und den Mitgesellschaftern verletzen werde.[165]

## c) Gesellschafter in der *close corporation*

Eine weitere Ausnahme von dem Grundsatz, daß die *shareholder* keiner Treuepflicht unterliegen, wird in den *close corporations* gemacht. Angesichts der Tatsache, daß der Kreis der Gesellschafter sehr begrenzt, ihr Einfluß auf die Geschäftsführung aber um so größer ist, wird unter Heranziehung des dem deutschen Recht hinreichend bekannten Gedankens der Nähebeziehung eine dem Partner einer *partnership* vergleichbare Treueverpflichtung konstruiert.[166] Sie verpflichtet den Gesellschafter zur „äußersten Redlichkeit und Loyalität".[167] Bei Mehrheitsentscheidungen muß der Verhältnismäßigkeitsgrundsatz beachtet werden. Die Mehrheitsgruppe kann sich dabei regelmäßig entlasten, wenn sie ein legitimes Ziel mit ihren Handlungen verfolgt.[168] Dem unterlegenen Gesellschafter bleibt hiergegen nur die Argumentation, daß das gleiche Ziel mit weniger einschneidenden Maßnahmen hätte erreicht werden können.[169]

---

[162] Harris v. Carter, 582 A.2d 222, 234f (Del. 1990).

[163] Womit das A.L.I. ausdrücklich eine Gegenposition zum bereits oben erwähnten Urteil *Perlman v. Feldmann* einnimmt; vgl. oben § 2 II. 4. b).

[164] A.L.I. § 5.16(a).

[165] A.L.I. § 5.16(b).

[166] Donahue v. Rodd Electrotype Co. 328 N.E.2d 505, 515 (Mass. 1975); Wilkes v. Springside Nursing Home 353 N.E.2d 657, 661 (Mass. 1976); Bungert, (1999) S. 54; Clark, (1989) S. 799; Eisenberg, 89 Col.L.Rev. 1461, 1466f (1989); Fletcher, § 5713; Merkt, (1991) Rdnr. 602; kritisch: Easterbrook-Fischel, (1996) S. 249ff.

[167] „*Utmost good faith and loyalty*" – Donahue v. Rodd Electrotype Co. 328 N.E.2d 505, 515 (Mass. 1975).

[168] Wilkes v. Springside Nursing Home 353 N.E.2d 657, 663 (Mass. 1976); Clark, (1989) S. 799f; Fletcher, § 5811.05; Merkt, (1991) Rdnr. 602; Wiedemann, (1980) S. 414.

[169] Clark, (1989) S. 800; Fletcher, § 5811.05.

In der Entscheidung *Donahue v. Rodd Electrotype Co.*, dem *leading case* in diesem Bereich, wurde darüber hinaus auch eine Gleichbehandlungspflicht postuliert. Erwirbt die Gesellschaft vom Mehrheitsgesellschafter Anteile zurück, so muß dieses dem Minderheitsgesellschafter unter gleichen Bedingungen und im gleichen Umfang ebenfalls ermöglicht werden.[170]

Trotz dieser von Rechtsprechung und Literatur sehr offen gehaltenen Formulierungen, beschränken sich die entschiedenen Sachverhalte aber wesentlich auf nur eine Fallgruppe. Die Treuepflicht des *shareholder* einer *close corporation* wurde von der Rechtsprechung vor allem in Fällen einer klassischen „*freeze out*" Situation bejaht, wo ein Mehrheitsgesellschafter durch entsprechenden Dividendenbeschluß die Ausschüttung der erzielten Gewinne verhinderte. Diese wurden vielmehr laufend thesauriert.

Ein solches Vorgehen ist in einer *close corporation* besonders deswegen problematisch, weil deren Anteile nicht an der Börse gehandelt werden, sich die Thesaurierung daher nicht in gesteigerten Kurswerten widerspiegelt. Im Gegenteil, für den Minderheitsgesellschafter wird es nahezu unmöglich, eine Beteiligung an einer Gesellschaft zu verkaufen, die faktisch keine Gewinne mehr ausschüttet. Letztlich ist der Minderheitsgesellschafter in dieser Situation auf den Mehrheitsgesellschafter angewiesen. Jener ist der einzig verbleibende Kaufinteressent, an welchen er in dieser Zwangslage nahezu bedingungslos verkaufen muß.[171]

Selbst in dem außergewöhnlichen Fall *Smith v. Atlantic Properties*, bei dem eine Treuepflicht auch für einen Minderheitsgesellschafter anerkannt wurde, ging es um eine derartige *freeze-out* Situation, nur daß hier der Minderheitsgesellschafter bereits mit einer 25%-Beteiligung in der Lage war, eine Ausschüttung der Dividenden zu verhindern, weil in dieser Gesellschaft durch Satzungsbestimmung für den Dividendenbeschluß eine qualifizierte Mehrheit von 80% erforderlich war, dem Minderheitsgesellschafter somit ein Vetorecht zukam.[172]

Angesichts dieses bisher engen praktischen Anwendungsbereichs erscheint es fraglich, ob dieselben Ergebnisse nicht bereits mit der oben angesprochenen, generell für alle *corporations* geltenden Pflicht des *controlling shareholder* hätten erzielt werden können.

---

[170] 328 N.E.2d 505, 520f (Mass. 1975); Clark, (1989) S. 799; Reul, (1991) S. 34f.

[171] Donahue v. Rodd Electrotype Co. 328 N.E.2d 505, 513ff (Mass. 1975); Wilkes v. Springside Nursing Home 353 N.E.2d 657, 663 (Mass. 1976); Cookies Food Products v. Lake Warehouse, 430 N.W.2d. 447, 450 (Iowa 1988); Fletcher, § 5713; Immenga, (1970) S. 134f; Merkt, (1991) Rdnr. 602.

[172] 422 N.E.2d 798 (Mass. 1981).

Daß hier dennoch der Vergleich mit den *partnerships* herangezogen wurde, muß um so mehr aufmerksam machen. Mit der Feststellung, daß die Gesellschafter einer *close corporation* zur äußersten Redlichkeit und Loyalität verpflichtet sind, haben sich die Gerichte für zukünftige Entwicklungen einen sehr weiten Freiraum zur Begründung der verschiedensten aus Treuepflicht ableitbaren Verhaltensanforderungen geschaffen.

Soweit erkennbar, wurde dieser Freiraum bislang äußerst zurückhaltend genutzt. Es bleibt abzuwarten, ob und mit welchem Inhalt hier weitere Konkretisierungen erfolgen werden.

# IV. Vergleichende Betrachtung und Zwischenergebnis

Nachdem die inhaltlichen Regelungen der gesellschaftsrechtlichen Treuepflicht in den USA und in Deutschland dargestellt worden sind, können die Regulierungen beider Systeme miteinander verglichen werden. Ein solcher Vergleich vermag erste Anhaltspunkte dafür zu geben, ob einer Regulierung Probleme grundsätzlicher Natur zugrunde liegen (Marktstörung) oder lediglich durch landesspezifische Ursachen begründet sind, wie etwa das dort herrschende Rechtssystem (Staats- oder Regulierungsversagen).[173]

## 1. Unterschiede in Dogmatik und Diskussionsschwerpunkten

a) Dogmatik

Die zentrale Herleitung der Treuepflichten erfolgt in den USA aus der mit der Geschäftsführungsbefugnis einhergehenden Verfügungsmacht über fremdes Vermögen. Dieser Berechtigung steht die Verpflichtung gegenüber, diese Rechte loyal auszuüben und nicht zu mißbrauchen.[174]

Damit beruht die Herleitung der Treuepflicht in den USA auf einem Grundsatz, der in Deutschland erst in der jüngeren Zeit (wieder)[175] zur dogmatischen Begründung herangezogen wurde, wonach mit steigender Rechtsmacht auch eine steigende Verantwortung korreliere.[176]

---

[173] Siehe oben Einleitung.
[174] Siehe oben, § 3 I. 3.
[175] Siehe zur Rechtsprechung des Reichsgerichts oben § 1 IV. 3.
[176] Siehe oben § 1 II 3. c).

In Deutschland dagegen wird die Treuepflicht traditionell hergeleitet aus dem in jeder schuldrechtlichen Beziehung zu beachtenden Treuegebot, welches in den Gesellschaften aufgrund der engeren Nähe der Beteiligten zueinander, dem Vertrauen, das sie einander entgegenbringen, sowie der Tatsache, daß sie sich verpflichtet haben, gemeinsam ein bestimmtes Ziel zu verfolgen, noch eine Steigerung erfährt.[177]

Im Vergleich der Entwicklungen dieser dogmatischen Begründungen ist jedoch festzustellen, daß sich die unterschiedlichen traditionellen Ansätze in abgeschwächter Form im jeweils anderen Rechtssystem wiederfinden. So wie das „Korrelatsargument" in Deutschland aufgegriffen wurde, um Treuepflichten auch dort zu begründen, wo eine Nähe-, ja sogar eine schuldrechtliche Beziehung der Parteien untereinander in Frage steht,[178] so ist das „Näheargument" in den USA im Gegenzug ebenfalls ergänzend aufgenommen worden, um Treuepflichten dort festzuschreiben, wo die klassische Herleitung nicht mehr ausreichend schien, nämlich in den *close corporations*.[179]

Von entgegengesetzten Ausgangspositionen kommend, bewegen sich somit beide Rechtssysteme in der dogmatischen Herleitung der Treuepflichten aufeinander zu.

## b) Diskussionsschwerpunkte

Der Schwerpunkt der Treuepflichtdiskussion liegt in den USA in der organschaftlichen Treuepflicht. Dadurch, daß die *fiduciary duties* der *agency* und dem *trust* entnommen sind, ist grundsätzlich Tatbestandsvoraussetzung für eine Verpflichtung als *fiduciary* das Vorliegen einer Vertretungs- und Verfügungsbefugnis, mit der eine andere Person verpflichtet bzw. über ihr Vermögen verfügt werden kann.[180]

Hieraus leiten sich die Treuepflichten der Geschäftsleitung in den *corporations* sowie der geschäftsführenden *general partners* in den *partnerships* ab.

Diesem Ansatz folgend wurden die Treuepflichten des Mehrheitsgesellschafters entwickelt, bei dem Abstriche von dieser Voraussetzung nur insoweit gemacht wurden, als die Vertretungs- und Verfügungsbefugnis keine formale sein muß, vielmehr eine faktische ausreicht.[181] Erst mit der Bejahung von Treuepflichten der Gesellschafter in der *close corporation* wurde auch das Mitgliedschafts-

---

[177] Siehe oben § 1 II. 2. u. 3.
[178] Zur historischen Entwicklung oben § 1 III.
[179] Siehe oben § 3 III 3. c).
[180] Siehe oben § 3 I. 3.
[181] Vgl. Immenga, (1970) S. 181.

bzw. Näheverhältnis, deutschen Argumentationen vergleichbar, herangezogen. Seitdem deutet sich auch in den USA die Existenz einer mitgliedschaftlichen Treuepflicht an.

Zum letzten Punkt muß jedoch einschränkend vermerkt werden, daß sich hinter dieser mitgliedschaftlichen Verpflichtung in erster Linie immer noch die Gefährdung der Minderheit als tragendes Argument verbirgt. Hierdurch weist die mitgliedschaftliche Verpflichtung deutliche Gemeinsamkeiten mit der mehrheitsbezogenen Treuepflicht auf, die in den USA wiederum systematisch der organschaftlichen Treuepflicht sehr nahe steht.[182]

In Deutschland liegt der Schwerpunkt der Diskussion dagegen im Bereich der mitgliedschaftlichen Treuepflicht.

Es ist zuzugeben, daß auch die organschaftliche Treuepflicht schon immer in Deutschland anerkannt und aus der treuhänderähnlichen Verfügungsmacht hergeleitet wurde; in der wissenschaftlichen Wahrnehmung führten diese Pflichten jedoch ein Schattendasein. Erst als die sogenannte *corporate governance* Debatte auch in Deutschland aufkam, erhielten diese Pflichten einen Platz in der wissenschaftlichen Diskussion.[183]

Tatsächlich hat es entsprechende Urteile in diesem Bereich auch schon früher in Deutschland gegeben, mögen diese auch mehr mit dem Wettbewerbsverbot oder der Pflicht zur ordentlichen Geschäftsführung begründet worden sein.[184]

Die mehrheitsbezogene Treuepflicht wird in Deutschland bereits als eine reine mitgliedschaftliche Pflicht verstanden. Sie leitet sich aus den Vertrags- bzw. Sonderbeziehungen der Gesellschafter untereinander ab und ist keine abgeschwächte Form einer organschaftlichen Treuepflicht infolge einer faktischen

---

[182] Siehe oben § 3 III. 3 c).

[183] Hierzu der Bericht und die Empfehlungen der Regierungskommission Corporate Governance (2001). Siehe auch Schneider/Strenger, AG 2000, 106ff sowie Beiträge der Symposien zu Corporate Governace (1996), hrsgg. v. Feddersen, Hommelhoff u. Schneider; Comparative Corporate Governance (1998), hrsgg. v. Hopt, Kanda, Roe u.a.; ZGR-Symposium, ZGR 1998, 405ff (Heft 3).
Inzwischen hat die Debatte auch zu praktischen Konsequenzen geführt. Mit dem Deutschen Corporate Governance Kodex liegt nunmehr ein Regelwerk vor, das die Unternehmen zukünftig beachten müssen, wenn sie sich nicht öffentlich und mit Begründung gegen dessen Einhaltung aussprechen.

[184] BGH WM 1964, 1320, 1321; NJW 1986, 584f; 1986, 585f; 1989, 2687f; vgl. auch Grundmann, (1997) S. 248f, 423; Staudinger/W.Weber, BGB[11] § 242 Rdnr. 249; Timm, GmbHR 1981, 177; Weisser, (1991) S. 127ff.

Verfügungsbefugnis, wie dies in den USA der Fall ist.[185] Das Korrelatsargument gegenüber der höheren Einwirkungsmacht des Mehrheitsgesellschafters, das durchaus auch in Deutschland angeführt wird, dient zur Begründung einer gesteigerten mitgliedschaftlichen Rücksichtspflicht, nicht dagegen zur Bejahung einer faktischen Geschäftsleiterverantwortung.[186]

Weitgehend ohne Entsprechung in den USA sind dagegen die Fallgruppen der allgemeinen mitgliedschaftlichen Treuepflicht. Zwar ist auch dort der Stimmrechtsmißbrauch bekannt und wird in entsprechender Weise als Verstoß gegen die Treuepflicht gewertet. Insbesondere in *partnerships* und *close corporations* kann auch eine Sperrminorität mißbraucht werden. Eine derartig weitgehende Pflichtenstruktur, wie sie den deutschen Gesellschafter trifft, bis hin zu positiven Stimmbindungspflichten und Einschränkungen mitgliedschaftlicher Kontrollbefugnisse, ist dem amerikanischen Recht jedoch, soweit ersichtlich, unbekannt und wird dort auch nicht in einer der deutschen Wissenschaft vergleichbaren Weise diskutiert.[187]

Somit kann festgehalten werden, daß in der Bedeutungszumessung die Treuepflichten im amerikanischen Recht in erster Linie ein Kontrollinstrument gegenüber der Verwaltung darstellen, wogegen in Deutschland deren vordringlichste Aufgabe in der Regulierung des Verhältnisses zwischen den Gesellschaftern untereinander - unter eindeutiger Einbeziehung auch der Minderheitsgesellschafter - angesehen wird. In den USA herrscht ein deutlich größeres Mißtrauen gegenüber Verwaltungsstellen, die in die Rechte und die Freiheit Einzelner eingreifen können.[188] Dagegen scheint in Deutschland immer noch eine Angst vor dem irrationalen Einzelgänger zu bestehen, der Individualrechte zu Lasten der Gemeinschaft mißbraucht und notwendige Entwicklungen blockiert.[189]

---

[185] Mertens, FS Fischer 1979, 461, 464ff; Piepenburg, (1996) S. 8; M.Weber, (1999), S. 67f. Auch Wiedemann, (1989) S. 38, der sich im übrigen aber für eine eigenständige mehrheitsbezogene Treuepflicht aussprach.

[186] Timm, ZGR 1987, 403, 422.

[187] Siehe oben § 3 III. 1. und 3.

[188] Mestmäcker, (1958) S. 210; Wiedemann, (1989) S. 11.

[189] So insbes. Schlaus, AG 1988, 113; Mertens, AG 1990, 49, 54; Westermann, ZHR 156 (1992) 203, 211 u. 223. Vgl. hierzu auch die Feststellungen von Baums, DJT-F 14f, der diese Unterschiede aus den historisch in Deutschland zu beobachtenden Konzernbildungen ableitet, die eine Regulierung des Mehrheits-Minderheitskonfliktes erforderlich gemacht habe, wogegen in den USA die Gesellschaften im größeren Maße eine breit gestreute Anlegerstruktur aufweisen, die eher zu Kontrolldefiziten gegenüber dem Management führt, so daß dort diesbezüglich eine umfassendere Regulierung nötig sei.

Als weiterer Unterschied läßt sich feststellen, daß in den USA die Treuepflicht die eindeutige und allumfassende Gegenleistungs- und Hauptpflicht des Geschäftsleiters darstellt. Weil unter die *fiduciary duties* sowohl die *duty of loyalty* wie auch die *duty of care* eingeordnet werden, ist Bestandteil der Treuepflicht dort nicht nur das Verbot, die eingeräumte Rechtsmacht zu mißbrauchen, sondern auch die Verpflichtung, die Geschäfte ordentlich zu führen und das eingeräumte Ermessen der Position entsprechend zugunsten der Gesellschaft auszuüben.

Auch wenn in Deutschland der Geschäftsleiter ebenfalls diese Pflichten zu beachten hat, so wird traditionell wohl nur das Mißbrauchsverbot, also die *duty of loyalty*, als Inhalt der Treuepflicht gesehen, welche neben der Pflicht der Geschäftsleitung steht, die Geschäfte dem Zweck und Interesse der Gesellschaft entsprechend ordentlich zu führen.

### 2. Anmerkungen zur *duty of care*

a) Vergleichbarkeit mit dem deutschen Recht

Wie bereits eingangs angedeutet, wird vereinzelt vertreten, daß die Geschäftsleitung in Deutschland aus der Treuepflicht, ebenso wie in den USA, einer der *duty of care* vergleichbaren Sorgfaltspflicht unterliegt.[190]

Sicherlich gilt auch für deutsche Geschäftsleiter die Verpflichtung, sorgfältig mit dem ihnen anvertrauten Vermögen umzugehen und die Geschäfte ordentlich zu führen. Ob diese Pflichten aber ebenfalls zur Treuepflicht gezählt werden können, ist angesichts der schon seit langem bestehenden gesetzlichen Regulierungen des Sorgfaltsmaßstabes[191] für geschäftsführende Personen zweifelhaft. Im anglo-amerikanischen Rechtskreis ist diese Frage zu bejahen, da die dortige *duty of care* eindeutig zu den *fiduciary duties* gezählt wird. In Deutschland spricht die historische Entwicklung der Treuepflicht, die erst nach und nach von der Rechtsprechung in immer weiterem Maße anerkannt wurde, gegenüber den althergebrachten gesetzlichen Regulierungen der Sorgfaltsmaßstäbe jedoch gegen eine aus der gesellschaftsrechtlichen Treuepflicht ableitbaren *duty of care*.[192]

Große praktische Bedeutung hat diese Einordnung allerdings nicht. Sorgfaltsmaßstab und Treuepflicht zielen in jedem Fall in die gleiche Richtung, eine

---

[190] Siehe oben § 1 I. 1.

[191] §§ 93 AktG, 43 Abs. 1 GmbHG, 34 GenG und 708 BGB.

[192] Sachlich richtig ist daher die Titulierung *Merkts*, welcher die Treuepflicht gleich mit *duty of loyalty* übersetzt; Merkt, (1991) Rdnr. 701. Wohl auch Mestmäcker, (1958) S. 130; Ruffner, (2000) S. 215.

zweckgerechte Verwaltung des Gesellschaftsvermögens sicherzustellen. Dementsprechend bestehen auch keine wirklich klaren Trennungslinien. So finden sich Urteile, bei denen es sachlich um die Verletzung des Sorgfaltsmaßstabes geht, dagegen auf Verletzung der organschaftlichen Treuepflicht erkannt wurde.[193] Allerdings dürfte diese Differenzierung Hauptursache dafür sein, daß über die Einordnung der Treuepflicht als Haupt- oder Nebenpflicht in Deutschland gestritten wird.[194]

Aufgrund der strukturellen Ähnlichkeit beider Pflichten sollen daher an dieser Stelle ebenfalls die amerikanischen Lösungen mit dem deutschen Recht verglichen werden, namentlich auch die Frage, ob in Deutschland die Gerichte in gleicher Weise, wie dies in den USA mit der *business judgment rule* der Fall ist, von einer Überprüfung unternehmerischer Ermessensentscheidungen der Geschäftsleitung absehen.

b) Sorgfaltsmaßstäbe

In deutschen Personengesellschaften gilt der Haftungsmaßstab des § 708 BGB, wonach die Gesellschafter für die eigenübliche Sorgfalt, die *diligentia quam in suis*, einzustehen haben. Damit herrscht im Personengesellschaftsrecht ebenfalls ein vergleichbar lockerer Sorgfaltsmaßstab, wie dies auch bei den amerikanischen *partnerships* mit der Beschränkung der Haftung auf grobe Fahrlässigkeit der Fall ist.[195]

Im Körperschaftsrecht ist die gesetzestypische Fremdgeschäftsführung dagegen zur Sorgfalt eines ordentlichen Geschäftsleiters verpflichtet.[196] Es gilt ein strengerer Standard, der von den Geschäftsleitern nicht nur die übliche, sondern auch eine ihrer Stellung in der Gesellschaft angepaßte Sorgfalt erfordert.[197] Damit unterscheidet sich der deutsche Sorgfaltsmaßstab nicht wesentlich vom amerikanischen „*ordinarily prudent person in a like position*"–Standard.[198]

Eindeutiger als bei den sich in diesem Punkt teilweise widersprechenden Urteilen in den USA scheint dagegen in Deutschland durch Gesetzgebung[199] und Gerichte die Frage nach der Verantwortlichkeit bei Delegation von Aufgaben

---

[193] BGH DStR 1993, 1637f.

[194] Siehe oben § 1 I. 1.

[195] Siehe oben § 3 II. 1.a).

[196] § 93 I 1 AktG; § 43 I GmbHG; § 34 I 1 GenG.

[197] Geßler/Hefermehl, AktG § 93 Rdnr. 12; Hachenburg/Mertens, GmbHG § 43 Rdnr. 16; Hopt, in Großkomm. AktG § 93 Rdnr. 255; Koppensteiner, in Rowedder GmbHG § 43 Rdnr. 7; Lutter-Hommelhoff, GmbHG § 43 Rdnr. 21; Mertens, in KölnKomm. AktG § 93 Rdnr. 98f.

[198] Vgl. oben § 3 II. 1. a)

[199] Vgl. die durch das KonTraG eingefügte Kontrollpflicht des Vorstandes in § 91 Abs. 2 AktG.

geklärt zu sein. Der Geschäftsleiter ist befugt, die zur Geschäftsführung notwendigen Handlungen zu delegieren. Macht er von dieser Möglichkeit aber Gebrauch, wandelt sich seine Handlungspflicht in eine Kontrollpflicht um.[200]

Je komplexer und arbeitsteiliger der Betrieb organisiert ist, desto höhere Anforderungen sind an ein Kontrollsystem zu stellen. Eine entsprechende Hierarchiestruktur oder ein modernes Controlling müssen sicherstellen, daß Mißstände aufgedeckt und beseitigt werden. Blindes Vertrauen reicht für eine Haftungsfreistellung des Delegierenden nicht aus.[201]

### c) Die *business judgment rule*

Mit der *business judgment rule* liegt tatsächlich eine Rechtsfortbildung vor, welche die deutsche Rechtsprechung neuerdings durch Entlehnung aus dem US-amerikanischen Recht auch als eigenen Maßstab anerkannt hat.

Zwar gab es auch früher schon die Einsicht, unternehmerische Ermessensentscheidungen dürften keiner gerichtlichen Kontrolle unterfallen.[202] Die Grenzen des Ermessensfehlgebrauchs waren jedoch kaum in befriedigender Weise erkennbar.[203]

Erst in der „Arag/Garmenbeck"-Entscheidung führte der Bundesgerichtshof ein der amerikanischen *business judgment rule* vergleichbares Prüfungsschema ein, wonach entschieden wird, ob die Entscheidung des Geschäftsleiters gerichtlich auf Angemessenheit überprüft werden kann.[204] Danach sei für eine überprüfungsfreie Ermessensentscheidung erforderlich, daß die betroffene Person verantwortungsbewußt und am Unternehmenswohl orientiert gehandelt sowie eine Entscheidung erst nach sorgfältiger Ermittlung der Entscheidungsgrundlagen getroffen habe.[205] Damit dürfte nun auch in Deutschland der Geschäftsleiter bei einer Entscheidungsfindung seiner Sorgfaltspflicht genügen, wenn er sich zuvor umfassend informiert hat und keinem Interessenkonflikt unterliegt.[206]

---

[200] Baumbach-Hueck/Zöllner, GmbHG § 35 Rdnr. 18 und § 43 Rdnr. 17; Mertens, in KölnKomm AktG §93, Rdnr. 19 und 54; Scholz/Schneider, GmbHG § 43 Rdnr. 38; Sina, GmbHR 1990 S. 65, 67.

[201] Hopt, in Großkomm AktG § 93 Rdnr. 107.

[202] BGHZ 69, 207, 213; RGZ 129, 275, 275f; BGH NJW 1972, 862, 863; BGH NJW-RR 1988, 995, 996; OLG Hamm ZIP 1993, 119, 121; Kallmeyer, ZGR 1993, 104, 107; Mestmäcker, (1958) S. 213; Tröger, (2000) S. 153; Wiedemann, (1989) S. 13; Zöllner, (1963) S. 328f.

[203] Baumbach-Hueck/Zöllner, § 43 GmbHG, Rdnr. 15; Hopt, in Großkomm. AktG § 93 Rdnr. 83.

[204] BGHZ 135, 244ff.

[205] a.a.O., S 253f.

[206] Vgl. auch BGH (1.Str.S.) ZIP 2000, 1210, 1211, wo für die Beurteilung der strafbewerten Pflichtwidrigkeit einer Kreditvergabe ähnliche Kriterien aufgestellt wurden. Dieser Linie

## 3. *Duty of loyalty* und gesellschaftsrechtliche Treuepflicht

Wie bereits ausgeführt, ist das anglo-amerikanische Gegenstück zur deutschen gesellschaftsrechtlichen Treuepflicht in der *duty of loyalty* zu sehen. In beiden Rechtssystemen werden die aus ihr fließenden Verhaltenspflichten in Fallgruppen systematisiert.

### a) Problematik des *selfdealing* und verdeckter Ausschüttungen

Das Verbot der Treuepflichtigen, in die „Kasse zu greifen" und sich Vorteile zu verschaffen, die nicht durch Dividendenbeschluß, Geschäftsleitervergütung oder durch gleichzeitige Einräumung an die übrigen Teilhaber gedeckt sind, ist beiden Rechten gemeinsam und kann als Kern jeder Treuepflicht definiert werden.[207]

Unterschiede gibt es lediglich in den Lösungsansätzen, wie namentlich Umgehungsversuche in den Griff zu bekommen sind. Hier ist an vorderster Stelle die Problematik des *selfdealing* zu nennen, bei der ein Treuepflichtiger mit der Gesellschaft im Rahmen von Austauschverträgen in Kontakt tritt. In solchen Situationen besteht immer die Gefahr, daß die Gesellschaft zwar eine Gegenleistung erhält, somit kein Fall offensichtlicher Untreue vorliegt, diese Gegenleistung aber nicht den wirklichen Wert der Leistung der Gesellschaft entspricht, weil der Treuepflichtige eben auch in der Lage ist, auf Seiten der Gesellschaft die Leistung zu bestimmen.[208]

In den USA wird versucht, diesen Problemen auszuweichen, indem der Abschluß derartiger Verträge nur unter engen Voraussetzungen ermöglicht wird. Verträge, bei dem auf einer Seite der Treuepflichtige steht, auf der andern Seite die Gesellschaft, unterfallen immer dem Regime der *duty of loyalty*, mit der Folge, daß der Treuepflichtige den Fairnessnachweis erbringen muß. Sei dies objektiv, indem er nachweist, daß Leistung und Gegenleistung sich entsprechen, oder mehr formeller Art, weil er nach vollständiger Offenlegung eine Zustimmung unabhängiger Organe eingeholt hat.[209]

---

folgend haben sowohl der 63. Deutsche Juristentag, als auch die Regierungskommission Corporate Governance beschlossen, dem Gesetzgeber die Einführung der *business judgment rule* zu empfehlen: DJT, NJW-Beilage zu Heft 3 (2001) S. 21; RegKom., (2001) Rdnr. 70. Vgl. auch Hopt, ZGR 2000, 779, 785; ders., in Großkomm. AktG § 93 Rdnr. 83; Mertens, AG 1990, 49, 55.

[207] Vgl. Grundmann, (1997), S. 192; siehe auch oben § 2 II. 1.

[208] Siehe unten § 4 II. 3. b) cc).

[209] Vgl. oben § 3 II. 2.

In Deutschland gibt es dagegen dieses „Verbot mit Zustimmungsvorbehalt"[210] nur bei dem gefährlichsten Fall des *selfdealing*, beim klassischen Selbstkontrahieren, wo nicht nur ein Interessenkonflikt besteht, sondern auch auf beiden Seiten dieselbe Person handelt. Hier greift bereits die allgemeine bürgerlichrechtliche Regulierung des § 181 BGB, wonach entsprechende Rechtsgeschäfte unwirksam sind, es sei denn, daß sie durch den Vertretenen genehmigt wurden. Zudem besteht die Möglichkeit, den Vertreter von vornherein zu solchen Geschäften zu ermächtigen.[211]

In allen übrigen Fällen, bei denen zwar unterschiedliche Personen handeln, ein Interessenkonflikt aber dennoch festzustellen ist, behält sich die Rechtsprechung eine verschärfte Inhaltskontrolle an den Maßstäben der gesellschaftsrechtlichen Treuepflicht vor. Ähnlich wie in den USA mit der *business judgment rule* gilt dann auch in Deutschland, daß interessierten Personen kein kontrollfreier Ermessensspielraum mehr einzuräumen ist.[212]

Der amerikanischen Lösung ist zuzugeben, daß sie einen grundsätzlich präventiveren Ansatz verfolgt. Aber auch die deutsche Praxis ermöglicht letztlich eine inhaltliche Kontrolle der mit einem Interessenkonflikt belasteten Rechtsgeschäfte.[213]

b) Gleichbehandlungs- und Verhältnismäßigkeitsgrundsatz

Das Gleichbehandlungsgebot gilt in Deutschland aufgrund gesetzlicher Regulierung (§ 53a AktG) sowie in der ungeschriebenen Form der gesellschaftsrechtlichen Treuepflicht.[214]

In den USA nimmt der Gleichbehandlungsgrundsatz nicht eine solch herausgehobene Stellung ein, wie dies in Deutschland, wo häufig die Pflicht zur Gleichbehandlung als eine eigenständige, neben der Treuepflicht gleichwertig bestehende Verhaltenspflicht behandelt wird, der Fall ist.[215] Aber auch das amerikanische Recht kennt das Gleichbehandlungsgebot als Teil der *fiduciary duties*.[216]

---

[210] Vgl. Grundmann, (1997) S. 260.

[211] Baumbach-Hueck/Zöllner, GmbHG § 35 Rdnr. 75; Grundmann, (1997) S. 245; Immenga, (1970) S. 216; Schmidt, (1997) S. 271f.

[212] Siehe oben § 2 I. 1.

[213] Hierzu auch die Vorschläge der Regierungskommission Corporate Governance. Sie empfiehlt, Organmitglieder zu verpflichten, Interessenkonflikte und Eigengeschäfte umfassend offenzulegen; vgl. RegKom., (2001) Rdnr. 264. Diese Vorschläge wurden jüngst im D.C.G.K. mit der Zif. 4.3.4. für börsennotierte Aktiengesellschaften umgesetzt.

[214] Siehe oben § 2 I. 2.

[215] Siehe oben § 1 I. 1.

[216] Reul, (1991) S. 75; Ruffner, (2000) S. 258; kritisch Easterbrook-Fischel, (1996) S. 110f, dies., 91 YaleL.J. 698, 703f (1982).

Dort sind Entnahmen durch einzelne Gesellschafter nur gerechtfertigt, wenn diese Möglichkeit allen Gesellschaftern entsprechend ihren Anteilen offen steht,[217] und das *board* ist verpflichtet, im Rahmen von Maßnahmen gegenüber den Gesellschaftern diese gleich zu behandeln, bzw. Vergünstigungen allen Gesellschaftern entsprechend ihren Anteilen zukommen zu lassen.[218]

Im Gleichbehandlungsgrundsatz ist zumindest für die USA auch die Wurzel einer Neutralitätspflicht zu erblicken, welche das Management im Rahmen einer feindlichen Übernahme zu wahren hat.[219] In Deutschland ist eine derartige Pflicht in Ermangelung entsprechender Fälle bisher nicht zur Anwendung gekommen. Inzwischen liegt mit § 33 WpÜG eine spezialgesetzliche Regelung der Vorstandspflichten anläßlich eines Übernahmeangebots vor, so daß ungeklärt bleiben wird, ob sich eine solche Pflicht auch hier aus der ungeschriebenen Treuepflicht herleiten ließe.

Ebenfalls beiden Rechten gemeinsam ist die Geltung des Verhältnismäßigkeitsprinzips. Bei Maßnahmen der Verwaltung gegenüber den Gesellschaftern folgt dieses bereits aus der Verpflichtung, einzig die Interessen der Gesellschaft und der hinter dieser stehenden Gesellschafter zu beachten. Darüber hinaus unterliegt aber auch der von einem kontrollierenden Gesellschafter herbeigeführte Mehrheitsbeschluß in beiden Systemen den Anforderungen von Erforderlichkeit und Angemessenheit.[220]

c) Geschäftschancenlehre und Wettbewerbsverbot

Der Komplex Geschäftschancenlehre und Wettbewerbsverbot ist beiden Rechtsordnungen bekannt. Während in den USA das Wettbewerbsverbot eher schwach ausgeprägt ist[221] und nur für den Zeitraum gilt, in welchem der Geschäftsleiter bei der Gesellschaft angestellt ist, also keine Nachwirkungen entfaltet,[222] besitzt die dortige *corporate opportunity doctrine* eine herausragende Stellung in wissenschaftlichen Publikationen und Rechtsprechungspraxis.[223]

In Deutschland unterfallen dagegen bereits viele Handlungen, die über die Geschäftschancenlehre gelöst werden könnten, den gesetzlich festgeschriebenen

---

[217] Vgl. A.L.I. § 5.04(a)(5).

[218] Donahue v. Rodd Electrotype Co., 328 N.E. 2d 505, 520f (Mass. 1974); Unocal Corp. v. Mesa Petroleum Co., 493 A.2d 946, 958 (Del. 1985); vgl. auch Mestmäcker, S. 134f im Rahmen der Verteilung von Bezugsrechten.

[219] Siehe oben § 3 III. 2. b).

[220] Siehe oben § 2 II. 2. (Dt.) und § 3 III. 3. b) (USA).

[221] Grundmann, (1997) 248f; Weisser, (1991) S. 27f.

[222] Siehe oben § 3 II. 2. a).

[223] Grundmann, (1997) 248f.

Wettbewerbsverboten. Dieser Umstand führt dazu, daß sich Rechtsprechung und Literatur in Deutschland deutlich weniger mit dieser Lehre befassen.[224]

Inhaltlich werden die Fälle jedoch weitgehend identisch entschieden. Sowohl die amerikanische wie die deutsche Rechtsprechung unterscheidet bei der Zuordnung von Geschäftschancen danach, ob der Treuepflichtige Angestellter der Gesellschaft ist und sich verpflichtet hat, seine ganze Arbeitskraft zur Verfügung zu stellen. In diesem Falle muß er Geschäftschancen, die sich im Tätigkeitsbereich oder in der *„line of business"* der Gesellschaft ergeben, dieser vollständig zukommen lassen. Darüber hinaus obliegt es ihm, aktiv für die Gesellschaft solche Chancen zu suchen und sich um Finanzierung und erfolgreiche Überführung zu bemühen.

Ohne feste Anstellung dürfen dagegen die Treuepflichtigen lediglich solche Geschäftschancen nicht selber ausüben, die bereits dem Vermögen der Gesellschaft zugeordnet sind, so etwa bei gesellschaftsinternen Forschungsergebnissen, von denen durch Gebrauch der Informationsrechte Kenntnis erlangt wurde, oder wenn die Geschäftschance dem Treuepflichtigen speziell im Rahmen seiner Stellung in der Gesellschaft angetragen wurde, in der Erwartung, die Gesellschaft werde diese ausüben. In all diesen Fällen würden die Treuepflichtigen durch Selbstverwertung in das Vermögen der Gesellschaft eingreifen und damit den Tatbestand der Untreue erfüllen. [225]

## d) Stimmbindungspflichten

Stimmbindungspflichten spielen in den USA eine weit untergeordnetere Rolle als in Deutschland, wo die Diskussion von den Problemen der mitgliedschaftlichen Treuepflicht geprägt ist. Aber trotz größerer Betonung der Entscheidungsautonomie der Gesellschafter und der prinzipiellen Anerkennung der Richtigkeitsgewähr von Mehrheitsbeschlüssen ist auch dem amerikanischen Recht das Verbot mißbräuchlicher Stimmrechtsausübung nicht unbekannt. Allerdings trifft die Gesellschafter, soweit sie überhaupt der Treuepflicht unterliegen, lediglich eine passive Förderpflicht. Sie sind höchstens gehalten, bestimmten mißbräuchlichen Beschlußinhalten nicht zuzustimmen.[226]

Einer aktiven Förderpflicht, wie sie das deutsche Recht, wenn auch nur unter strengen Auflagen, kennt, unterliegen die Gesellschafter dagegen nicht. Sie können nicht verpflichtet werden, einem bestimmten Beschluß zuzustimmen, weil dieses ihnen zumutbar und der Beschluß zum Wohle der Gesellschaft erforderlich ist. Eine derartig weite Ermessensreduzierung, welche die Gesell-

---

[224] Grundmann, (1997) 243, 248.
[225] Siehe oben § 2 I. 4. (Dt.) und § 3 II. 2. c) aa) (USA).
[226] Siehe oben § 3 III 3. c)

schafter zum aktiven Tätigwerden verpflichtet, ist im Vergleich beider Rechtssysteme nur in Deutschland zu beobachten.[227]

## e) Mißbrauch von Kontrollrechten

Auch bei der Einschränkung von Kontrollrechten gehen die Anforderungen der deutschen mitgliedschaftlichen Treuepflicht deutlich weiter, als dies in den USA der Fall ist. Einfache Gesellschafter unterliegen als die eigentlichen Prinzipale schon vom Grundsatz her in den USA keiner Treuepflicht. Allenfalls Beschlüsse, mit denen sie direkt die Rechte ihrer Mitgesellschafter beeinträchtigen oder welche jene nötigen könnten, unter Verlust aus der Gesellschaft ausscheiden zu müssen, sind ihnen untersagt. Die einfache Ausübung von Minderheitsrechten, auch wenn sie zu einer exzessiven Kontrolle führen, ist dagegen nicht treuwidrig.

Den vielen mißbräuchlichen Aktionärsklagen versucht man in den USA mit prozeßrechtlichen Lösungen, namentlich mit Kostenregelungen, zu begegnen.[228] Die Ausübung derselben wegen Mißbrauchs der eingeräumten Rechtsposition schon selbst für unzulässig zu erklären, liegt diesem Verständnis dagegen fern.

## 4. Zwischenergebnis

Überträgt man diese Aussagen auf die dieser Arbeit zugrundeliegende Systematisierung, so kann festgehalten werden, daß die dogmatischen Herleitungen und inhaltliche Details organschaftlicher und mehrheitsbezogener Treuepflichten zwar voneinander abweichen, grundsätzlich jedoch ähnliche Probleme sowie vergleichbare Lösungsansätze in beiden Rechtssystemen erkennbar sind.

Der wirklich bedeutsame Unterschied zwischen beiden Rechtsordnungen muß in der starken Betonung der mitgliedschaftlichen Treuepflicht auf deutscher Seite gesehen werden. Anders als ein Gesellschafter nach US-amerikanischem Recht ist ein deutscher Gesellschafter viel stärker durch Treuepflichten gebunden. So wird in Deutschland betont, daß nicht nur die einseitig eingeräumte Geschäftsführungsbefugnis mißbraucht werden kann, sondern daß dies in gleicher Weise für die entsprechend einseitig eingeräumten Kontrollbefugnisse gilt. Letztere dürfen danach ebenfalls nur unter Beachtung des Treuegebots ausgeübt werden. Darüber hinaus haben die Mitglieder in deutschen Verbänden nicht nur eine passive Förderpflicht, indem sie es zu unterlassen haben, mißbräuchliche Beschlüsse zu fällen. Sie können auch aktiv gezwungen werden, zum Wohle der

---

[227] Siehe oben § 2 III. 2.
[228] Siehe unten § 6 IV. 2.

Gesellschaft tätig zu werden, namentlich ihr Stimmrecht in besonderer Weise auszuüben.[229]

---

[229] Siehe oben, § 2 III. 1.

# § 4 Die ökonomischen Grundlagen der Treuepflicht

Die gesellschaftsrechtliche Treuepflicht ist eine vertraglich begründete Pflicht.[1] Dennoch finden sich in den Gesellschaftsverträgen kaum Klauseln, mit denen die Geltung einer solchen Pflicht ausdrücklich zwischen den Parteien vereinbart wird. Regelmäßig ist es erst die Rechtsprechung, die eine aus dem Vertrag fließende Treuepflicht erkennt und entsprechend gestaltend in die Vertragsregulierungen eingreift. Ein solches Vorgehen bedarf in einer auf Privatautonomie basierenden Zivilrechtsordnung einer besonderen Rechtfertigung.

Nach dem Vergleich des deutschen mit dem amerikanischen Recht, welches in weiten Teilen ähnliche Regulierungen besitzt, steht allerdings zu vermuten, daß in der Rechtspraxis ein wirkliches Bedürfnis und damit eine Legitimation dieses richterlichen Eingriffs besteht.

## I. Unvollständige Verträge und Verfahrensklauseln

Dieses Bedürfnis nach der gesellschaftsrechtlichen Treuepflicht könnte sich aus einer mangelnden Fähigkeit der Parteien ergeben, so komplexe Beziehungen, wie sie Gesellschaftsverhältnisse darstellen, selbständig umfassend zu regeln. Danach könnte nur noch eine eingeschränkte Richtigkeitsvermutung gelten, die dort versagt, wo die Parteien mangels Vorhersehbarkeit keine eigenen Regelungen mehr vereinbart haben.

### 1. Unvollständigkeit der Gesellschaftsverträge

In der Vertragstheorie kann man zwei Arten von Verträgen unterscheiden.[2] Zum einen werden kurzfristige Verträge abgeschlossen, die häufig nur einen bestimmten, zeitlich begrenzten Leistungsaustausch zum Inhalt haben und damit regelmäßig dem in der juristischen Terminologie als Austauschvertrag bezeichneten Vertragstypus entsprechen.[3] Zum anderen gibt es langfristige Verträge, die dadurch gekennzeichnet sind, daß sie eine Rechtsbeziehung zwischen den

---

[1] Siehe oben § 1 II. 1.
[2] Zum Forschungsgegenstand der Vertragstheorie als Teil der Neuen Institutionenökonomik: Richter-Furubotn, (1999) S. 35f. Dieselben zur Analyse von Verträgen in Gegensatzpaaren, S. 159f.
[3] Vgl. Oetker, (1994) S. 20.

Parteien über einen längeren Zeitraum festschreiben, dessen tatsächliche Dauer sogar völlig im Ungewissen liegen kann.[4] Ihr vornehmliches Ziel ist es, die Beteiligten über einen Zeitraum zu binden. Sie werden daher auch als Dauerschuldverhältnisse definiert.[5]

Gesellschaftsverträge sind regelmäßig auf längere Zeit hin angelegt. Sie haben zum Ziel, Personen bis zum Erreichen eines bestimmten Zweckes zu binden.[6] In vielen Fällen fehlt sogar diese Endlichkeit. Vielmehr soll ein Zweck, wie beispielsweise die Gewinnerzielung, dauerhaft verfolgt werden. Damit ist ihre Ausrichtung nicht nur langfristig, sondern völlig zukunftsoffen.[7]

In diesem Punkt unterscheiden sich Gesellschaftsverträge wesentlich von den erstgenannten Austauschverträgen. Diese haben den Vorteil, daß die Rahmenbedingungen der Vertragsabwicklung zum Zeitpunkt des Vertragsschlusses relativ genau abschätzbar sind, da der Zeitraum zwischen Vereinbarung und Leistungserfüllung bei diesen Verträgen in der Regel zu kurz ist, als daß Veränderungen eintreten, die das Äquivalent der Vertragsvereinbarungen gefährden könnten.[8] Zwar sind auch mit diesen Verträgen gewisse Risiken verbunden. So ist es möglich, daß der Vertragsgegenstand mangelhaft ist, der Empfänger zahlungsunfähig wird, oder daß sich der Vertragspartner bzw. dessen Angestellte bei Vertragsabwicklung nicht sorgfältig verhalten und dadurch einen Schaden verursachen.[9] Solcherlei Risiken sind aber typisch, treten regelmäßig auf und bleiben damit überschaubar. Die Parteien können diese Risiken untereinander verteilen und geeignete Vertragsregulierungen treffen.

Die Herbeiführung einer den praktischen Bedürfnissen hinreichend genügenden Vereinbarung ist den Parteien mit relativ geringem Kostenaufwand möglich, zumal sie dabei vom Gesetzgeber unterstützt werden, der für die besonders häufig auftretenden Risiken dispositives Recht zur Verfügung stellt. In diesen Regulierungen werden angemessene Risikoverteilungen vorgeschlagen, so daß den Par-

---

[4] Vgl. Oetker, (1994) S. 112f. Der Begriff „längerer Zeitraum" bleibt vage. In der Literatur wird damit ein Zeitraum beschrieben, der mindestens zwei Perioden miteinander verknüpft, die einzeln für sich eine unterschiedliche vertragliche Regulierung erfahren hätten; Jickeli, (1996) S. 22; Nelle, (1993) S. 1.

[5] Allerdings können auch Verträge mit einem einmaligen Leistungsaustausch in die Kategorie des langfristigen Vertrages fallen, wenn zwischen Zeitpunkt des Vertragsabschlusses und dem der Erfüllung ein langer Zeitraum zu überbrücken ist. Zum Terminus des langfristigen Vertrages im allgemeinen, sowie zu seinem Verhältnis gegenüber dem Dauerschuldverhältnis, siehe das Einleitungskapitel der gleichnamigen Untersuchung Jickelis, (1996) S. 18ff und Horn, NJW 1985, 1118; ders., Gutachten BJM I 1981, 551, 559ff.

[6] Vgl. Häuser, (1981) S. 34; Oetker, (1994) S. 167.

[7] Horn, Gutachten BJM I 1981, 551, 614; Lutter, AcP 180 (1980) 84, 91f; Schlegelberger/Martens, HGB § 119 Rdnr. 45; Staub/Ulmer, HGB § 105 Rdnr. 245.

[8] Milgrom-Roberts, (1992) S. 131.

[9] Vgl. Oetker, (1994) S. 20f.

teien Verhandlungsaufwand abgenommen wird, der für eine umfassende Vereinbarung über ihre Beziehung andernfalls erforderlich wäre.[10] Durch das dispositive Recht wird sichergestellt, daß eine angemessene Lösung auch in einer Situation vorhanden ist, in der die Parteien vergessen haben, ein erkennbares Risiko selbst durch Vertragsgestaltung zu verteilen. Derartige Austauschverträge kommen dem Idealziel eines vollständigen Vertrages sehr nahe.[11]

Eine vergleichbare Sicherheit ist bei langfristigen Verträgen, wie den Gesellschaftsverträgen, nicht gegeben.[12] Allein alle nicht gänzlich unwahrscheinlichen Risiken durch geeignete Vertragsregulierungen abzudecken, ist bei Langzeitverträgen mit prohibitiv hohen Kosten verbunden, wenn nicht gar völlig unmöglich.[13] Die Leistungsbestimmung beschränkt sich bei Gesellschaftsverträgen wesentlich auf die Förderung eines bestimmten Zwecks. Wie diese Förderung erfolgen soll, ist für die Zukunft nicht umfassend regulierbar. Vielmehr muß diese Zweckförderung durch die Geschäftsführung täglich neu konkretisiert werden.[14]

Bei Vertragsschluß läßt sich nicht voraussehen, welche Geschäftschancen die Gesellschaft im Laufe der Zeit erhalten wird und wie sie darauf im Einzelfall reagieren soll. Auch sonstige Faktoren, wie Rohstoffpreise, Arbeitnehmerangebot und dessen Qualifizierung, Auflagen durch gesetzgeberische Tätigkeiten, Kapitalkosten, Wandel der Nachfrage usw., können bei Aufnahme der Geschäfte durch eine Gesellschaft nicht vorausbestimmt werden. Das Wirtschaftsleben unterliegt einem ständigen Wandel.[15] Diesem Wandel muß sich eine Gesellschaft zeitnah anpassen.[16] Wie im Einzelfall reagiert, wie der Gesellschaftszweck in diesen Situationen gefördert werden soll, läßt sich weder durch vertragliche Regulierung noch durch dispositives Gesetzesrecht im voraus bestim-

[10] Anderson, 25 UCLA.L.Rev. 738, 753f (1978); Cooter-Ulen, (2000) S. 201; Easterbrook-Fischel, 36 J.o.LawEcon. 425, 426 (1993); Kern, JuS 1992, 13, 15; Procaccia, ZGR 1990, 169, 171f; Ruffner, (2000) S. 22 u. 163; Schäfer-Ott, (2000) S. 394f.

[11] Milgrom-Roberts, (1992) S. 132; Oetker, (1994), S. 26; Ruffner, (2000) S. 211.

[12] Horn, NJW 1985, 1118; G.Hueck, (1958) S. 35; Jickeli, (1996) S. 49; Nelle, (1993) S. 97f.

[13] Baird-Gertner-Picker, (1995) S. 112; Easterbrook-Fischel, (1996) S. 34f u. 90; dies., 36 J.o.LawEcon. 425, 426 (1993); Eisenberg, 89 Col.L.Rev.1461, 1465 (1989); Fleischer, ZGR 2001, 1, 5; Gordon, 89 Col.L.Rev. 1549, 1573f (1989); Hart, (1995) S. 42; Horn, Gutachten BJM I 1981, 551, 615; Hüffer, FS Steindorff 1990, 59, 69; Kern, JuS 1992, 13, 15; B.Klein, 26 J.o.LawEcon. 367 (1983); Lutter, AcP 180 (1980) 84, 91; Milgrom-Roberts, (1992) S. 129; Posner, (1998) S. 104f; Williamson, (1985) S. 70.

[14] Frankel, 71. Cal.L.Rev. 795, 813 (1983); Jickeli, (1996) S. 265; Oetker, (1994) S. 26.

[15] Easterbrook-Fischel, (1996) S. 109: „ *Yet the only constant feature of corporate organization is change.* "

[16] Allen, in Comp.Corp.Gov. 1998, 307, 317; Lutter, AcP 180 (1980) 84, 102; Schlegelberger/Martens, HGB § 119 Rdnr. 45; Staub/Ulmer, HGB § 105 Rdnr. 245; Weipert, ZGR 1990, 142, 144; Zöllner, (1979) S. 11.

men.[17] Abschlüsse langfristiger Verträge sind nur unter Inkaufnahme von Unsicherheit möglich und die Parteien nur im begrenzten Maße in der Lage, rationale Entscheidungen zu treffen.[18] Gesellschaftsverträge sind damit, wie alle zukunftsoffenen Verträge, notwendig unvollständige Verträge.[19]

## 2. Verfahrensklauseln

Verträge dienen dazu, einem tatsächlichen Verhältnis zwischen verschiedenen Personen Sicherheit zu verleihen. Ein bloßes Gefälligkeitsverhältnis wird somit zum Rechtsverhältnis. Absichtserklärungen und Versprechen des Partners können in der Weise abgesichert werden, daß durch rechtlich bindende Erklärungen in einem Vertrag die Möglichkeit geschaffen wird, mit Hilfe staatlicher Institutionen die Einhaltung dieser Versprechen durchzusetzen.[20]

Voraussetzung für diese Rechtssicherheit ist jedoch, daß in den Verträgen inhaltlich auch festgelegt wird, zu was sich die Parteien im einzelnen verpflich‾ten.[21] Ist eine solche vollständige Leistungsbestimmung wie in den Fällen der zukunftsoffenen Verträge nicht möglich, bedarf es anderer Mechanismen, soll das Ziel, mit dem Vertragsschluß Sicherheit zu gewinnen und hierdurch Kosten zu sparen, auch in diesen Fällen verwirklicht werden.[22]

Die Lösung liegt dabei in Verfahrensklauseln. Anstelle alle Leistungsverpflichtungen in ein Vertragswerk aufzunehmen, was in diesen Fällen nicht möglich ist, wird ein Verfahren festgeschrieben, dessen Zielvorgaben darin bestehen, die Pflichten der Vertragsparteien in gegebener Situation angemessen zu vertei‾

---

[17] Brudney-Clark, 94 Harv.L.Rev. 997, 999 (1981); Hüffer, FS Steindorff 1990, 59, 69; Lutter, AcP 180 (1980) 84, 110; Ruffner, (2000) S. 211; Schäfer-Ott, (2000) S. 597.

[18] (= bounded rationality) Richter/Furubotn, (1999) S. 45; Milgrom-Roberts, (1992) S. 129f; Nelle, (1993) S. 98; Oetker, (1994) S. 38f; Schäfer-Ott, (2000) S. 63; Wiliamson, (1985) S. 45.

[19] Anderson, 25 UCLA.L.Rev. 738, 781 (1978); Coffee, 89 Col.L.Rev. 1618, 1621 (1989); Fleischer, ZGR 2001, 1, 4f; Gordon, 89 Col.L.Rev. 1549, 1550 u. 1574 (1989); Jickeli, (1996) S. 19, 49, 265; Ruffner, (2000) S. 22, 163; Weipert, ZGR 1990, 142, 144.

[20] Eisenberg, 89 Col.L.Rev. 1461, 1487(1989); Posner, (1998) S. 102f. Indem Gläubigern die Möglichkeit eingeräumt wird, mit Hilfe staatlicher Macht den vertragsbrechenden Schuldner wirkungsvoll zu bestrafen, wird letzterem ein Anreiz gegeben, den Vertrag von vornherein zu erfüllen; Cooter-Ulen, (2000) S. 184ff. Spieltheoretisch ermöglicht die rechtliche Durchsetzung von Verträgen eine Bindung der Parteien während simultaner Spiele und damit das Spielen kooperativer Strategien; Holler-Illing, (1991) S. 25.

[21] Cooter-Ulen, (2000) S. 179f.

[22] Dabei ist das Spannungsverhältnis zwischen Anpassungsfähigkeit des Vertrages und der Stabilität getroffener Vereinbarungen zu überbrücken. Horn, Gutachten BJM I 1981, 551, 569ff; ders., NJW 1985, 1118; Jickeli, (1996) S. 85; Nelle, (1993) S. 1; Oetker, (1994) S. 25f.

len.[23] Die durch derartige Regelungsstrukturen[24] gewonnene Sicherheit besteht zum einen darin, daß spätere Anpassungen nicht willkürlich erfolgen, sondern auf einem geordneten Verfahren beruhen. Darüber hinaus wird die Erfüllung der durch das Verfahren festgestellten Leistungsverpflichtung abgesichert, indem die Parteien mit Vertragsschluß die Bindung an derartig durch Verfahren ermittelte Vertragsanpassungen anerkennen.[25]

Selbst wenn in Gesellschaftsverträgen genaue Beitragspflichten festgelegt werden, sind sie im wesentlichen geprägt durch Organisationsrecht, daß heißt Verfahrensklauseln, die regeln, wie die zahlreichen Lücken des Vertragswerkes im konkreten Fall geschlossen werden sollen.[26]

a) Arten

Nach *Jickeli* gibt es im wesentlichen drei Arten von Regelungsstrukturen, mit deren Hilfe Lücken in unvollständigen und langfristigen Verträgen geschlossen werden können.[27] Es handelt sich dabei um klassische Formen der nachträglichen Leistungsbestimmung, die das BGB für den Fall kennt, daß sich die Parteien bei Vertragsschluß, aus welchen Gründen auch immer, nicht über den Inhalt einer Leistung einigen wollten:

Die erste Möglichkeit besteht in der zweiseitigen Regelungsstruktur oder schlicht im Nachverhandeln.[28] Die Parteien vereinbaren in ihrem Vertrag, beim Auftreten von Lücken über diesen Punkt neu zu verhandeln und eine Einigung zu suchen. Diese Option ist zwar nicht explizit im BGB geregelt, unter Geltung der Privatautonomie steht es den Parteien aber jederzeit frei, ihre alten Vereinbarungen durch neue zu ersetzen.[29] So wie die Gerichte keine Kontrollbefugnis

---

[23] Verträge, die durch derartige Klauseln gekennzeichnet sind werden auch als relationale Verträge bezeichnet. Vgl. Easterbrook-Fischel, (1996) S. 90; Kern, JuS 1992, 13, 15; Milgrom-Roberts, (1992) S. 32, 131; Nelle, (1993) S. 107f; Oetker, (1994) S. 26; Richter-Furubotn, (1999) S. 21; Ruffner, (2000) S. 162; Schäfer-Ott, (2000) S. 591f; Williamson, (1985) S. 70.

[24] Zum Begriff siehe Jickeli, (1996) S. 77f.

[25] Vgl. Bötticher, (1964) S. 17, 28; Martens, DB 1973, 413, 415.

[26] Coffee, 89 Col.L.Rev. 1618, 1681 (1989); Gordon, 89 Col.L.Rev. 1549, 1574 (1989); Horn, Gutachten BJM I 1981, 551, 615f; Jickeli, S. 111; Lutter, AcP 180 (1980) 84, 92; Mertens, Rechtsdogmatik 1990, 251; Nehls, (1993) S. 124; Ruffner, (2000) S. 164; Schäfer-Ott, (2000), S. 592.

[27] Jickeli, (1996) S. 77ff, 89.

[28] Bei Gesellschaftsverträgen, bei denen zumeist eine größere Anzahl an Vertragsparteien beteiligt ist, kann besser auch von multilateralen Regelungsstrukturen gesprochen werden; Jickeli, (1996) S. 78.

[29] Die Parteien haben nicht nur das Recht zur Neuverhandlung, in besonderen Fällen, namentlich im Rahmen des Wegfalls der Geschäftsgrundlage, können die Parteien sogar hierzu

hinsichtlich des Inhalts des Erstvertrages haben (außer in den Grenzen von §§ 134 und 138 BGB), so steht ihnen auch keinerlei Kontrolle hinsichtlich der nachverhandelten Einigung zu.[30]

Mit der zweiten Verfahrensklausel kann die Entscheidung darüber, wie eine Lücke im Vertrag zu füllen ist, einer der Vertragsparteien übertragen werden. Diese Option der einseitigen Regelungsstruktur ist durch das BGB mit §§ 315 f eröffnet.[31] Anschauliches Beispiel für eine derartige einseitige Leistungsbestimmung durch eine der Vertragsparteien bildet das Weisungsrecht des Arbeitgebers.[32] Eine solche Bestimmung muß nach billigem Ermessen getroffen werden und ist insoweit zulässiger Gegenstand einer gerichtlichen Überprüfung.[33]

Schließlich besteht noch die Möglichkeit, die Lückenfüllung einem Dritten zu überlassen, der nicht Partei des Vertrages ist. Eine solche dreiseitige Regelungsstruktur entspräche der Leistungsbestimmung durch einen Dritten, die in den §§ 317 ff BGB normiert wurde.[34] Auch hier hat der Entscheidungsberechtigte billiges Ermessen anzuwenden, dessen Einhaltung im Zweifel durch die Gerichte überprüft werden kann.[35]

b) Abstimmungen

Diese drei grundsätzlichen Verfahren zur Schließung einer Vertragslücke sind auf die Anpassung zweiseitiger Verträge zugeschnitten. Gesellschaftsverträge werden jedoch in der Regel zwischen mehr als zwei Personen abgeschlossen. Dieser Umstand ermöglicht ein weiteres Verfahren der Leistungsbestimmung: die Abstimmung.

Wird eine solche Abstimmung vereinbart und gilt hierfür das Einstimmigkeitsprinzip, so tritt die Verwandtschaft zur Nachverhandlung offen zu Tage. Es

---

verpflichtet sein; Horn, NJW 1985, 1118, 1123; Nelle, (1993) passim; Zöllner, (1979) S. 12f
Für das *common law* vgl. Jolls, 26 J.o.Leg.Stud. 203f (1997).

[30] Vgl. Fastricht, (1992) S. 37f; Horn, NJW 1985, 1118, 1123f (zum AGBG); Nelle, (1993) S. 4.

[31] Baur, (1983) S. 55; Nelle, (1993) S. 3.

[32] Bötticher, (1964) S. 6f; Horn, Gutachten BJM I 1981, 551, 580; Jickeli, (1996) S. 77f; Martens, (1970) S. 110.

[33] BGHZ 38, 183, 186; Horn, NJW 1985, 1118 Jickeli, (1996) S. 271; Soergel/Wolf, BGB § 315 Rdnr. 47f.

[34] Baur, (1983) S. 55; Nelle, (1993) S. 3.

[35] Gegenüber der Bestimmung durch eine Vertragspartei ist hier jedoch der Kontrollbereich der Gerichte wesentlich eingeschränkter, da nach § 319 Abs. 1 S. 1 BGB nur offenbare Unbilligkeit angegriffen werden kann; Baur, (1983) S. 56; Horn, Gutachten BJM I 1981, 551, 581; ders., NJW 1985, 1118, 1121; Kreutz, ZGR 1983, 109, 116; Schilling-M.Winter, FS Stiefel 1987, 665, 674; Soergel/Wolf, BGB § 319 Rdnr. 1.

müssen sich alle Vertragspartner auf eine Lösung einigen, so wie auch bei Vertragsschluß übereinstimmende Willenserklärungen aller gefordert werden. Strukturelle Ähnlichkeit mit der Nachverhandlungsklausel besitzt aber auch die Abstimmung bei Geltung des Mehrheitsprinzips. Die Parteien haben hier immer noch um eine Einigung zu ringen und untereinander zu verhandeln.[36] Lediglich das Übereinstimmungserfordernis wird aus Praktikabilitätsgründen gesenkt, die Nachverhandlungsklausel nur modifiziert. Die Folge ist, daß von den Parteien grundsätzlich nicht gefordert werden kann, ihre eigenen Interessen zurückzustellen, um eine angemessene Lösung zu treffen, und grundsätzlich auch keine gerichtliche Überprüfung zu fordern ist.

Diese Aussage läßt sich allerdings nicht für die Fälle aufrecht erhalten, in denen sich eine feste Mehrheitsstruktur gebildet hat, sei es, daß eine Person die Mehrheit der Kapitalanteile besitzt und damit auch die Mehrheit der Stimmen auf sich vereinigt, oder sei es, daß sich ein feststehender Personenkreis gefunden hat, der die Mehrheit stellt und sich durch Stimmbindungsvereinbarungen zur einheitlichen Stimmabgabe verpflichtet hat. Die außerhalb dieser bekannten Mehrheit stehenden Vertragspartner haben keinerlei Chancen mehr, sich mit ihren Vorstellungen durchzusetzen.[37] Ihre Vertragsbeziehung wird nur noch einseitig durch die Mehrheit bestimmt, womit diese Konstellation vielmehr der einseitigen Leistungsbestimmung durch eine Partei gemäß § 315 BGB entspricht. Nach den Grundsätzen des BGB sollte dieser Umstand zur Folge haben, eine gerichtliche Überprüfung des Mehrheitsbeschlusses auf Ermessensfehlgebrauch offen zu halten.[38]

## c) Erkenntnis für die gesellschaftsrechtliche Treuepflicht

Geht man von der eingangs beschriebenen Definition der gesellschaftsrechtlichen Treuepflicht aus, so haben Gesellschafter und Geschäftsleiter, die Entscheidungen für die Gesellschaft treffen und damit Lücken im Gesellschaftsvertrag füllen, hierbei eigene Interessen zurückzustellen oder zumindest auf die Interessen der Gesellschaft und der übrigen Gesellschafter angemessene Rücksicht zu nehmen. Ähnlich wie in §§ 315 Abs. 3 und 319 Abs. 1 BGB mit der

---

[36] Siehe Martens, (1970) S. 64: „Die Mehrheitsherrschaft gibt auch der Minderheit die Chance, die Mehrheit zu bilden."
Vgl. auch Immenga, FS GmbHG 1992, 189, 206; Verhoeven, (1978) Rdnr. 183; Wiedemann, (1980) S. 406.

[37] Fillmann, (1991) S. 14; Flume, (1983) S. 209; Immenga, FS GmbHG 1992, 189, 206; Kirchner, AG 1985, 124, 129; Martens, (1970) S. 64; ders., DB 1973, 413; Verhoeven, (1978) Rdnr. 183; Weipert, ZGR 1990, 142, 143; Wiedemann, (1980) S. 406.

[38] Wiedemann, JZ 1989, 447, 448; vgl. auch Baums, ZGR 1983, 300, 329 (FN 124); Lutter, AcP 180 (1980) 84, 114; Schilling-M.Winter, FS Stiefel, 1987, 665, 667; M. Winter, (1988) S. 152f.

Verpflichtung, bei der Leistungsbestimmung billiges Ermessen auszuüben, werden den Entscheidungsträgern in den Verbänden durch die gesellschaftsrechtliche Treuepflicht Grenzen der Ermessensausübung gesetzt, deren Einhaltung einer gerichtlichen Überprüfung zugänglich ist.[39]

Im Vergleich mit den allgemeinen Grundsätzen des Zivilrechtes sind diese Schranken durch die Treuepflicht jedoch deutlich enger gezogen. Nach den allgemeinen Leistungsbestimmungsregeln gilt zwar für die Beurteilung der „Billigkeit" ein individueller Maßstab, der sich am Interesse der Parteien orientiert. Zu berücksichtigen sind aber die Interessen beider Seiten.[40] Zudem können generelle Gesichtspunkte wie Üblichkeit oder allgemeine Verkehrsanschauung mit in die Betrachtung einfließen.[41]

Dagegen wird der Geschäftsleiter einer Gesellschaft bei Geschäftsführungsmaßnahmen auf die ausschließliche Beachtung des Gesellschaftsinteresses beschränkt.[42] Selbst bei der Abstimmung unter Geltung des Einstimmigkeitsprinzips, die der Nachverhandlungsklausel gleichkommt und bei der nach allgemeinen Grundsätzen eine gerichtliche Kontrolle ausgeschlossen wäre, bewirkt die gegenwärtige Rechtsprechung zur gesellschaftsrechtlichen Treuepflicht, daß eine solche Kontrolle unter Einschränkungen möglich wird. So darf sich der Abstimmende zumindest keiner ihn selbst nicht benachteiligenden, aber allgemein im Gesellschaftsinteresse für erforderlich gehaltenen Zustimmung verweigern, wenn andernfalls dieses Interesse erheblich beeinträchtigt, namentlich der Bestand gemeinsam geschaffener Werte gefährdet würde.[43] Ob diese Schranken der Stimmausübung eingehalten wurden, ist einer gerichtlichen Überprüfung zugänglich. Die Treuepflicht gestattet somit eine deutlich dichtere gerichtliche Kontrolle des Inhalts gesellschaftsrechtlicher Entscheidungen, wie Geschäftsführungsmaßnahmen oder Abstimmungen.[44]

---

[39] Vgl. Schilling-M.Winter, FS Stiefel 1987, 665, 672; Wiedemann, JZ 1989, 447, 448; M. Winter, (1988) S. 152f.

[40] BGHZ 18, 149, 152; 41, 271, 279; BGH MDR 1994,782, 783; BGH NJW 1966, 539, 540; Baur, (1983) S. 66; Fastrich, (1992) S. 16; Schilling-M.Winter, FS Stiefel, 1987, 665, 676; Soergel/Wolf, BGB § 315 Rdnr. 38; Staudinger/Mader, BGB § 315 Rdnr. 68

[41] BGH DB 1976, 669, 670; Schilling-M.Winter, FS Stiefel, 1987, 665, 676; Soergel/Wolf, BGB § 315 Rdnr. 38; Staudinger/Mader, BGB § 315 Rdnr. 68.

[42] Siehe oben § 1 I. 3.

[43] Siehe oben § 2 III. 2.

[44] Eine ähnliche Feststellung trifft *Clark* für das amerikanische Recht, in Pratt/Zeckhauser 1991, 55, 76: „*Fiduciary law is stricter on fiduciaries than contract law is on ordinary contracting parties* [...]."
Viel zitiert wird in diesem Zusammenhang auch *Judge Cardozo* in Meinhard v. Salmon, 249 N.Y. 458, 464 (1928) „*A trustee is held to something stricter than the morals of the market place.*"

Bezüglich letzerer läßt sich sogar eine Abweichung vom ausdrücklichen Parteiwillen feststellen. Vereinbaren Vertragsparteien, über einen bestimmten Punkt nachzuverhandeln bzw. abzustimmen, so wird hierdurch deutlich, daß sie sich gerade offen halten wollen, ihre Interessen zum gegebenen Zeitpunkt zu vertreten und sich nicht bereits bei Abschluß des Vertrages diesbezüglich in eine Richtung zu binden.

Bewirkt eine Treuepflichtregulierung in dieser Frage, daß der Abstimmende eigene Interessen gegebenenfalls doch von vornherein und nicht als das Ergebnis eines Verhandlungskompromisses zurückstellen muß, so bedarf diese Regulierung einer Rechtfertigung, die sich jedenfalls nicht aus dem mutmaßlichen Parteiwillen ableiten läßt. Ein solches Abweichen von den allgemeinen Grundsätzen könnte jedoch gerechtfertigt sein, wenn die Parteien sich andernfalls mit Problemen konfrontiert sähen, die sie allein nicht oder nur unter erheblichem Kostenaufwand lösen könnten.[45] Wäre dies der Fall, könnte die Beteiligung an einer Gesellschaft für den Einzelnen zu riskant werden, mit der Folge, daß diese ganz unterblieben oder in wesentlich geringerer Zahl erfolgen würden.

### 3. Umsetzung in den Regulierungen des Innenrechts

In den Regulierungen des Innenrechts der Gesellschaften finden sich die angesprochenen Verfahren zur Leistungsbestimmung bzw. Lückenfüllung wieder. Dies gilt sowohl für die Kautelarpraxis, die entsprechende Verfahrensklauseln bei der Gestaltung von Gesellschaftsverträgen berücksichtigt, als auch für den Gesetzgeber, der seine diesbezüglichen Leitvorstellungen in den Kodifikationen der unterschiedlichen Gesellschaftsformen normiert hat, teilweise auch mit zwingendem Charakter.

### a) Leitvorstellungen des Gesetzgebers

Bei der Zuordnung, wer für die Lückenfüllung der unvollständigen Gesellschaftsverträge zuständig sein soll, unterscheidet der Gesetzgeber grundsätzlich zwischen Geschäftsführungs- und Grundlagenentscheidungen.[46]

Zwar sind die Grenzen zwischen beiden Bereichen fließend und können auch je nach Gesellschaftsform variieren, der Feststellung *Wiedemanns* ist jedoch zuzustimmen, daß sie sich in ihren Schwerpunkten deutlich voneinander unterscheiden. Maßnahmen der Geschäftsführung bewegen sich immer in den Grenzen der vorgegebenen Regulierungen des Vertrages und in einem engen Zeithorizont, sie sind unternehmensorientiert und erfordern regelmäßig einschlägige Berufskenntnisse. Grundlagenentscheidungen können dagegen die bestehenden ver-

---

[45] Ruffner, (2000) S. 213.
[46] Wiedemann, (1980) S. 323.

traglichen Regulierungen und den Gesellschaftszweck verändern, sie sind auf Dauer angelegt und setzten andere Kenntnisse bei der Entscheidungsfindung voraus.[47]

Im Rahmen der Verteilung der Geschäftsführungsbefugnisse durch Gesetzesrecht finden sich alle Formen der Vertragsanpassung wieder. Das Recht darüber zu entscheiden, wie die Geschäfte der Gesellschaft geführt werden, kann als einseitige Leistungsbestimmung in Form einer Einzelgeschäftsführungsbefugnis der Gesellschafter ausgestaltet sein, wie dies etwa der Regelung des § 115 Abs. 1 HGB entspricht. Genauso existiert die Nachverhandlungslösung, wenn die Gesellschafter die Geschäfte nur gemeinschaftlich führen und die Zustimmung aller erforderlich ist, wie dies beispielsweise die Regelung des § 709 Abs. 1 BGB vorsieht. Schließlich kennt das Gesetz auch die Leistungsbestimmung durch Dritte. Diese Fremdorganschaft ist die Leitvorstellung des Gesetzgebers im Hinblick auf die Geschäftsführung der Kapitalgesellschaften.[48]

Grundlagenentscheidungen sind dagegen immer der Abstimmung durch die Gesellschafter überantwortet.[49] In den Personengesellschaften gilt nach den Leitvorstellungen des Gesetzgebers dabei das Einstimmigkeitsprinzip und damit grundsätzlich eine Nachverhandlungssituation.[50]

Dagegen kommt in den Kapitalgesellschaften das Mehrheitsprinzip zur Anwendung, mit einer je nach Beschlußgegenstand unterschiedlichen Qualifizierung des Mehrheitserfordernisses. Hier besteht die Möglichkeit der Bildung fester Mehrheitsstrukturen, so daß sich die ursprüngliche Nachverhandlungssituation auch in eine einseitige Regelungsstruktur umwandeln kann.

Diese gesetzgeberischen Leitvorstellungen sind zum größten Teil in dispositivem Recht enthalten und können von den vertragschließenden Parteien verändert werden. In bestimmten Bereichen haben diese Vorschriften aber auch zwingenden Charakter. So im Aktienrecht, wo im Interesse einer Standardisierung zugunsten einer besseren Marktfähigkeit der Gesellschaftsanteile von einer feststehenden Kompetenzordnung nicht abgewichen werden darf.[51] So auch teilweise im Personengesellschaftsrecht, wo das Prinzip der Selbstorganschaft gilt und damit einer Leistungsbestimmung durch Dritte der Weg verbaut ist.[52]

---

[47] Wiedemann, (1980) S. 323f.
[48] Vgl. Immenga, (1970) S. 69f; Wiedemann, (1980) S. 92.
[49] Wiedemann, (1980) S. 323ff.
[50] Vgl. §§ 709 Abs. 1 BGB, § 119 Abs. 1 HGB.
[51] Siehe oben § 1 III. 3. b).
[52] Die Praxis behilft sich hier, nicht organschaftliche sondern die allgemeinen handelsrechtlichen Vertretungsbefugnisse zu verteilen; vgl. Schmidt, (1997) S. 418; M.Weber, (1999) S. 60.

## b) Vertragsgestaltung

Trotz dieser in Teilen zwingenden Vorgaben sind die Gestaltungsmöglichkeiten der Parteien in der Praxis groß.

Welche Form der Leistungsbestimmung die Parteien in ihren Vertragsgestaltungen wählen, wird dabei entscheidend davon abhängen, welche Kosten sie bei Wahl der jeweiligen Verfahrensklausel zu erwarten haben. Begründet durch die Arbeiten von *Coase*, hat sich in der Ökonomie die Erkenntnis durchgesetzt, daß mit der Schaffung und Benutzung von Regelsystemen, seien sie vertraglich oder gesetzlich definierter Natur, die eine effiziente Allokation knapper Güter gewährleisten sollen, sogenannte Transaktionskosten verbunden sind.[53]

Dies gilt auch für Vertragsklauseln, die eine Anpassung langfristiger Verträge sicherstellen sollen. Sowohl für die Vereinbarung einer solchen Klausel[54] als auch für die später tatsächlich erfolgende Anpassung selbst muß Verhandlungs- und Informationsaufwand betrieben werden.[55]

So muß sich der Entscheidungsträger informieren, ob überhaupt eine Entscheidung notwendig wird. Sodann muß er sich über den Entscheidungsgegenstand selbst informieren; welche Alternativen zur Verfügung stehen und welche Auswirkungen diese haben.[56]

Zum anderen sind mit der Entscheidungsfindung selbst Kosten verbunden. Ist eine Einigung unter mehreren Personen herbeizuführen, muß gegebenenfalls eine Versammlung einberufen werden, so daß Kosten für die Einberufung, aber auch dafür entstehen, daß die Entscheidung bis zum Zustandekommen dieser Versammlung aufgeschoben ist und nicht sofort vorgenommen werden kann.[57]

Auch das Risiko der Nichteinigung und die Möglichkeit der Blockade sind Kostenfaktoren.[58]

---

[53] Coase, 3 J.o.LawEcon. 1, 15ff (1960). Vgl. zu diesem „Transaktionskostenansatz" auch Behrens, (1986) S. 106; Easterbrook-Fischel, 36 J.o.LawEcon. 425, 426 (1993); Fama-Jensen, 26 J.o.LawEcon. 301, 307 (1983); Grundmann, (1997) S. 52; Hansmann, (1996) S. 22ff; Milgrom-Roberts, (1992) S. 28ff; Nelle, (1993) S. 96ff; Reul, (1991) S. 107; Richter-Furubotn, (1999) S. 7ff; Schäfer-Ott, (2000) S. 5f; Williamson (1985) S. 18ff.

[54] (= Markt- oder *ex ante* Transaktionskosten) Coase, 3 J.o.LawEcon. 1, 15 (1960); Richter-Furubotn, (1999) S. 50f; Williamson, (1985) S. 20.

[55] (= *ex post* Transaktionskosten) Hart (1995), S. 25; Nelle, (1993) S. 108; Oetker, (1994) S. 42; Williamson, (1985) S. 21.

[56] (= Such- und Informationskosten) Behrens, (1986) S. 107f; Eggertsson, (1991) S. 15; Posner, (1998) S. 17; Richter-Furubotn, (1999) S. 51f; Ruffner (2000) S. 232. Eine formale Analyse dieser Kosten bei Stigler, 69 J.o.Pol.Econ. 213 (1961).

[57] (= Entscheidungskosten oder „*running-costs* einer *Governance*-Struktur") Behrens, (1986) S. 108f; Hansmann, (1996) S. 41f; Williamson, (1985) S. 21.

[58] (= „Feilsch"-Kosten) Oetker, (1994) S. 43; Richter-Furubotn, (1999) S. 22f; Williamson, (1985) S. 21.

Wird dagegen die Entscheidungsfindung auf eine Person verlagert, so besteht die Gefahr, daß diese Person ihre Entscheidungsbefugnis mißbraucht. Hier sind gegebenenfalls Kontrollkosten aufzuwenden. Bei professionellem Management muß darüber hinaus eine Vergütung für deren Tätigkeit bezahlt werden.[59]

Derartige Kosten üben einen entscheidenden Einfluß auf die Gestaltung des Innenverhältnisses der Verbände aus. Ihre Existenz ist auch bedeutend für das Verständnis von Treuepflichten. Dementsprechend ist es notwendig, diese Kosten im folgenden näher zu analysieren.

## II. Risiken nachträglicher Vertragsanpassung

Die nachträgliche Ausfüllung unvollständiger Verträge ist grundsätzlich mit spezifischen Risiken für die beteiligten Vertragsparteien verbunden. Die Verfahrensklauseln können den Parteien nicht die Rechtssicherheit vermitteln, wie dies eine verbindliche Rechts- und Lastenverteilung eines vollständigen Vertrages vermag. Hierin ist auch die Rechtfertigung für ein dispositives Gesetzesrecht zu sehen, dessen Bestimmungen ohne weiteres gelten, wenn die Parteien zu bestimmten Fragen keine Einigung getroffen haben. Den gesetzlichen Regelungen liegt eine angemessene Risikoverteilung zu Grunde. Sie füllen die Lücken der privat ausgehandelten Verträge aus und bewirken damit nahezu deren Vollständigkeit.[60]

Wie jedoch bereits festgestellt wurde, gibt es bestimmte Vertragstypen, zu denen auch die Gesellschaftsverträge zu zählen sind, deren Regulierungen notwendig unvollständig bleiben müssen, so daß auch der Gesetzgeber mit dispositivem Recht nur begrenzt weiterhelfen kann.

Hier kann das Ziel nur darin liegen, geeignete Antworten auf die Probleme zu finden, die mit nachträglichen Vertragsanpassungen verbunden sind, um sich damit dem Idealfall eines vollständigen Vertrages zumindest anzunähern.

### 1. Opportunismusgefahr

Eine solche besondere Problematik des nachträglichen Anpassens von Verträgen liegt darin, daß mit der Anpassung in die ursprüngliche Risiko- und Lasten-

---

[59] (= *Agency-Costs*) Easterbrook-Fischel, (1996) S. 10; Hansmann, (1996) S. 35; Jensen-Meckling, 3 J.o.Fin.Econ. 305, 308 (1976); Richter-Furubotn, (1999) S. 166.
[60] Siehe oben § 4 I. 1.

verteilung eingegriffen wird, welche die Parteien vor Vertragsschluß ausgehandelt haben. In derartigen Situationen besteht die Gefahr von Opportunismus[61]: die Gefahr, daß die Parteien nachträglich versuchen, das vertragliche Äquivalenzverhältnis zu ihren Gunsten zu verändern.[62]

## a) Blockaden (*hold-ups*)

Vor Abschluß des Vertrages befinden sich die Parteien in einer vergleichbaren Verhandlungsposition. Jeder von ihnen besitzt die Option, die Zustimmung zum Vertrag zu verweigern, wenn seine Interessen nicht in angemessener Weise berücksichtigt werden. Angesichts dieser Ausgangslage steht zu vermuten, daß die Rechte und Pflichten zwischen den Vertragsparteien angemessen verteilt werden. Dies kann in der Weise geschehen, daß alle gleichwertige Beiträge leisten und dadurch alle gleich berechtigt und verpflichtet sind, aber auch in der Weise, daß zwar ungleiche Beiträge geschuldet, dann aber auch die Rechte, etwa die Gewinnbeteiligung, differenziert ausgestaltet werden.[63]

Diese prinzipielle gleichrangige Verhandlungsposition der Beteiligten ändert sich jedoch im Laufe der Vertragsbeziehung. Die Vertragsparteien entwickeln eine unterschiedlich starke Abhängigkeit von der gemeinsamen Beziehung. Wer etwa als Gesellschafter nur einen Kapitalbeitrag leistet, ist auf den Bestand dieser speziellen Gesellschaft nicht besonders angewiesen. Er kann bei deren Auflösung ohne Schwierigkeiten das frei werdende Kapital in eine andere Unternehmung einbringen. Dagegen ist derjenige, dessen Beitrag im Erbringen einer Dienstleistung besteht, beispielsweise einer Geschäftsführertätigkeit, deutlich abhängiger vom Bestand der Gesellschaft. In seiner Tätigkeit für die Gesellschaft wird er sich mehr und mehr spezialisieren und sogenannte beziehungsspezifische Investitionen treffen.[64] Diese Spezialisierung ist bei Auflö-

---

[61] Opportunismus wird in der Ökonomie als das Verfolgen eigener Interessen unter Zuhilfenahme von (Arg-)List definiert; Jickeli, (1996) S. 41, 290; Ruffner, (2000) S. 64; Schäfer-Ott, (2000) S. 369; Williamson, (1985) S. 30, 47. Der Begriff der List darf in diesem Sinne aber nicht zu eng gesehen werden. So wird die *hold-up* Problematik, der Fall einer offen vorgebrachten Erpressung, in der Ökonomie als *postcontractual opportunism* ebenfalls miterfaßt; Milgrom-Roberts, (1992) S. 137.

[62] Fleischer, ZGR 2001, 1, 5; Milgrom-Roberts, (1992) S. 129; Richter-Furubotn, (1999) S. 145f; Williamson, (1985); S. 47.

[63] Vgl. Kreutz, ZGR 1983, 109, 117.

[64] Diese Investitionen können direkt dem Unternehmen zugute kommen, wie dies etwa bei Fortbildungsmaßnahmen der Fall ist. Sie können aber auch in Investitionen bestehen, die im Vertrauen auf den Bestand der Vertragsbeziehung vorgenommen wurden, beispielsweise der Kauf eines Familienheims am Sitz der Gesellschaft. Vgl. Eggertsson, (1991) S. 171; Hansmann, (1996) S. 26; Jickeli, (1996) S. 45f; Oetker, (1994) S. 43ff.

sung der Gesellschaft jedoch nicht ohne weiteres auf dem freien Markt verwertbar.[65]

Eine Anpassung des Gesellschaftsvertrages an veränderte Umstände und neue Entwicklungen sichert den Fortbestand der Gesellschaft. Daher ist derjenige, der große beziehungsspezifische Investitionen im Vertrauen auf den Bestand der Gesellschaft getätigt hat, besonders abhängig von einer solchen Änderung.[66]

Gilt in einem solchen Fall, daß die Parteien über diese Vertragsänderung eine einvernehmliche Einigung in Form eines einstimmigen Beschlusses zustande bringen müssen, ist der Gesellschafter, der am wenigsten beziehungsspezifisch investiert hat (in diesem Beispiel der Kapitalgeber), in der stärksten Verhandlungsposition.[67]

Auch wenn alle Parteien von der Vertragsänderung profitieren, weil sie der Gesellschaft als Ganzes zugute kommt, kann er sich für seine Zustimmung Sondervorteile aushandeln, da sein Schaden, wenn keine Einigung zustandekommt, im Vergleich zu dem seiner Vertragspartner am geringsten ist. Er wird versuchen, von diesem Umstand zu profitieren, indem er die Entscheidung blockiert und sich von den besonders betroffenen Gesellschaftern seine Zustimmung abkaufen läßt. Er verlangt Vorteile, auf welche er billigerweise keinen Anspruch hat, und beutet seinen Vertragspartner aus.[68]

## b) Majorisierung

Die Gefahr der soeben beschriebenen Erpressung kann vermindert werden, wenn die Blockadewirkung einer fehlenden Zustimmung beseitigt wird. Hierzu empfiehlt es sich, anstelle des Einstimmigkeitsprinzips lediglich die Übereinstimmung einer Mehrheit ausreichen zu lassen. Hierdurch wird tendenziell ver-

---

[65] Der Verlust, der mit Ende des Vertragsverhältnisses eintreten würde, bildet die Quasi-Rente, die der einzelne Vertragspartner mit der Fortführung der Beziehung erhält. Vgl. Eggertsson, (1991) S. 171f; Hansmann, (1996) S. 26; B.Klein-Alchian-Crawford, 21 J.o. LawEcon. 297, 299 (1978); Milgrom-Roberts, (1992) S. 30f, 135; Oetker, (1994) S. 45f; Schäfer-Ott, (2000) S. 97; Williamson, 73 A.Econ.Rev. 519, 522 (1983).

[66] Vgl. Jickeli, (1996) S. 268f; Schäfer-Ott, (2000) S. 477.

[67] Vgl. Gordon, 89 Col.L.Rev. 1549, 1589 (1989); Jolls, 26 J.o.Leg.Stud. 203, 207f (1997); Nelle, (1993) S. 97.

[68] Eggertsson, (1991) S. 173f; Gordon, in Bebchuk 74, 106; ders., 89 Col.L.Rev. 1549, 1583f (1989); Hansmann, (1996) S. 26; B.Klein-Alchian-Crawford, 21 J.o.LawEcon. 297, 298ff (1978); Milgrom-Roberts, (1992) S. 137; Richter-Furubotn, (1999) S. 92f; Schäfer-Ott, (2000) S. 476f; Zöllner, (1979) S. 13.

hindert, daß der Stimme des einzelnen ein Vetocharakter zukommt und sie zu Blockadezwecken mißbraucht werden kann.[69]

Dagegen wird mit dem Mehrheitsprinzip opportunistisches Verhalten anderer Art eröffnet, die sogenannte Majorisierung.[70] Unter Geltung des Einstimmigkeitsprinzips wird sichergestellt, daß sich die Situation der Parteien durch die Anpassung des Vertrages nicht verschlechtert.[71] Der Einzelne braucht es nicht hinzunehmen, daß die durch den erstmaligen Vertragsschluß vereinbarte Verteilung von Rechten und Pflichten zu seinen Lasten im Rahmen einer notwendigen Vertragsanpassung verändert wird.[72]

Klassisches Beispiel ist die Kapitalerhöhung unter Bezugsrechtsausschluß. Diese kann im Interesse der Gesellschaft notwendig sein, jedoch bewirkt diese Maßnahme, daß sich der Anteil des Einzelnen „verwässert". Es besteht die Möglichkeit des Verlustes von Rechten, die an eine bestimmte Beteiligungsquote gebunden sind.[73] Würde der Gesellschafter einen entsprechenden Beschluß unter Geltung des Einstimmigkeitsprinzips blockieren, wäre dies nicht mißbräuchlich und könnte ihm nicht zum Vorwurf gemacht werden.

Infolge der Einschränkung dieser Blockademöglichkeit unter Geltung des Mehrheitsprinzips, besteht die Gefahr, daß von der Mehrheit gewünschte Vertragsänderungen zu Lasten der Minderheit durchgesetzt werden, ohne deren berechtigte Interessen in irgendeiner Weise zu berücksichtigen.[74]

## 2. Kollektivhandlungsprobleme

Die soeben beschriebenen Opportunismusgefahren bestehen in jeder Nachverhandlungssituation, in der sich mindestens zwei Personen über eine Anpassung ihrer Vertragsbeziehung einigen müssen. Eine spezifische Besonderheit der Gesellschaften ist es, daß solche Einigungen häufig in sehr großen Personengruppen zustande kommen müssen, ein Umstand, der weitere Probleme schafft.

### a) Rationale Apathie

Jede Entscheidungsfindung setzt zuvor ein gewisses Maß an Initiative voraus. In erster Linie hat sich der Entscheidungsbefugte Informationen zu beschaffen.

---

[69] Baums, DJT-F 17; Schneider, AG 1979, 57; Timm, ZGR 1987, 403, 421; Weipert, ZGR 1990, 142, 143; Zöllner, (1963) S. 94.
[70] Vgl. Zöllner, (1963) S. 94.
[71] Vgl. Behrens, (1986) S. 286f.
[72] Vgl. Fillmann, (1991) S. 123.
[73] Ruffner, (2000) S. 256.
[74] Adams, AG 2000, 396, 397; Baums, DJT-F 17; Fleischer, ZGR 2001, 1, 5; G.Hueck, (1958) S. 41; Ruffner, (2000) S. 256; Timm, ZGR 1987, 403, 421; Zöllner, (1963) S. 94.

Er muß die Situation beobachten, um feststellen zu können, ob überhaupt eine Entscheidung erforderlich wird, und er muß sich über seine Optionen klar werden, zwischen denen er bei der Entscheidung wählen kann, und darüber, welche Auswirkungen diese jeweils haben würden. Nur wenn der Entscheidungsträger derartige Informationen besitzt, kann er seine Entscheidungsbefugnis effizient ausüben.[75]

Die Informationsbeschaffung ist jedoch mit Kosten verbunden. Diese Informationskosten bestehen zum einen darin, daß häufig die Information als Wirtschaftsgut vergütet werden muß, zum anderen ist aber immer ein eigener Zeitaufwand für die Aneignung der Information zu leisten.[76]

Wenn dieser Informationsaufwand dennoch betrieben wird, so deshalb, weil man sich von diesen Erkenntnissen einen jenen Aufwand übersteigenden Gewinn erwartet.[77]

Damit eine effiziente Entscheidung getroffen wird, muß sich jeder Beteiligte vollständig informieren und entsprechenden Aufwand leisten. Nur so mangelt es der Entscheidung nicht an Informationsdefiziten. Der Gewinn aus dieser Entscheidung kommt jedoch nur ein einziges Mal zustande. Er wird unter allen Beteiligten aufgeteilt. Dies führt dazu, daß der Informationsaufwand, der sich bei nur einem oder sehr wenigen Beteiligten noch lohnen würde, weil mit ihm eine gewinnbringende Entscheidung getroffen werden kann und dieser Gewinn den von allen getätigten Informationsaufwand überwiegt, sich bei einer größeren Gruppe von Entscheidungsträgern nicht mehr lohnt, da jeder dieser Beteiligten die gesamten Informationskosten aufwenden muß, aber nur eine quotale Beteiligung am Gewinn erhält. Mit Zunahme der Beteiligten besteht die Gefahr, daß diese Gewinnbeteiligung die eigenen Kosten nicht mehr deckt. In einer solchen Situation handelt der Einzelne rational, wenn er die Aufwendung von Informationskosten unterläßt und allenfalls eine uninformierte Entscheidung trifft.[78]

Dies führt aber dazu, daß dort, wo mehrere Personen zur Entscheidung berufen sind, die für diese Aufgabe erforderliche Informationsbeschaffung unterbleibt.

---

[75] Anderson, 25 UCLA.L.Rev. 738, 779 (1978); Buxbaum, 73 Cal.L.Rev. 1671, 1679 (1985); M.Olson, (1992) S. 52; Ruffner, (2000) S. 175.

[76] Anderson, 25 UCLA.L.Rev. 738, 779 (1978); Cooter-Ulen, (2000) S. 109, 126; Oetker, (1994) S. 41; Ruffner, (2000) S. 175; siehe auch oben § 4 I. 3. b).

[77] Behrens, (1986) S. 108; Cooter-Ulen, (2000) S. 209; Posner, (1998) S. 19; mit formaler Begründung Stigler, 69 J.o.Pol.Econ. 213, 216 (1961), wonach die Informationssuche solange betrieben wird, wie der Grenzertrag aus der zusätzlichen Sucheinheit (resultierend aus der gestiegenen Wahrscheinlichkeit, die benötigte Information zu erhalten) höher ist, als der Aufwand, der für diese zusätzliche Einheit betrieben werden muß.

[78] Anderson, 25 UCLA.L.Rev. 738, 774f (1978); Baums, DJT-F 25; Conard, ZGR 1987, 180, 182f; Easterbrook-Fischel, (1996) S. 66; Eggertsson, (1991) S. 62ff; Gordon, in Bebchuck 74, 91; M.Olson, (1992), S. 46f, 52.

Für die Vertragsbeziehung notwendige Entscheidungen kommen somit gar nicht oder nur mangelhaft zustande. Die Entscheidungsträger handeln rational apathisch.[79]

## b) Trittbrettfahrer

Ein weiteres Problem im Zusammenhang mit dem Handeln einer Gruppe entsteht, wenn die Initiative des Einzelnen ein öffentliches Gut erzeugt. Öffentliche Güter sind dadurch gekennzeichnet, daß ihre freie und kostenlose Benutzung durch die Allgemeinheit nicht verhindert werden kann.[80]

Dieser Umstand führt dazu, daß nur sehr geringe Anreize bestehen, derartige Güter überhaupt zu erzeugen. Die Produktion öffentlicher Güter ist in der Regel, wie die Erzeugung anderer Güter auch, mit Kosten verbunden. Diese Kosten können jedoch nicht auf die Benutzer des Gutes abgewälzt werden, da diese im Falle der Zahlungsverweigerung nicht von der Nutzung auszuschließen sind.[81]

So ist beispielsweise die Information, daß Handlungsbedarf besteht und die Gesellschafter ihren Gesellschaftsvertrag veränderten Umständen anpassen müssen, ein solches öffentliches Gut. Überwacht ein Gesellschafter die Rahmenbedingungen, in denen die Gesellschaft agiert, und stellt er fest, daß eine Vertragsänderung erforderlich ist, hat diese Information für ihn nur einen Wert, wenn er diese an die Gesellschafterversammlung weitergibt, damit die notwendige Anpassung auch vorgenommen wird. Kommt es aber zu dieser Preisgabe, profitieren ab diesem Moment alle Gesellschafter von dieser Information, auch diejenigen, welche keine Initiative ergriffen und es unterlassen haben, sich um die Geschicke der Gesellschaft zu kümmern.[82]

Auch die Kontrolle einer Verwaltung, die etwa dafür zuständig wäre, eben genannte Informationen anstelle der Gesellschafter zu beschaffen, ist ebenfalls ein öffentliches Gut. Wird ein Dritter von einer Gruppe beauftragt, Informationen bezüglich einer Anpassungsnotwendigkeit der Vertragsbeziehungen zu beschaffen, wird diese Gruppe nicht davon entbunden, zu kontrollieren, ob dieser Dritte auch seine Aufgabe erfüllt. Ergreift nun ein Mitglied der Gruppe die Initiative

---

[79] Adams, (2002) S. 275f; Baums, DJT-F 25; Clark, (1986) S. 390 ff; Easterbrook-Fischel, (1996) S. 66f; Gordon, in Bebchuck 74, 91; ders., 89 Col.L.Rev. 1549, 1575 (1989); M. Olson, (1992) S. 52.

[80] „Nicht-Exclusivität" öffentlicher Güter, vgl. u.a. Cooter-Ulen, (2000) S. 42; Eggertsson, (1991) S. 65; M.Olson, (1992) S. 13f; Pindyck-Rubinfeld, (1998) S. 673; Sandler, (1992) S. 5f.

[81] Behrens, (1986) S. 89; Cooter-Ulen, (2000) S. 42f; M.Olson, (1992) S. 26; Procaccia, ZGR 1990, 169, 188; Ruffner, (2000) S. 175f.

[82] Gordon, 89 Col.L.Rev. 1549, 1575f (1989); Romano, (1993) S. 91.

und übt Kontrolle aus, profitieren hiervon alle Mitglieder. Der Kontrollierende hat nur dann einen Nutzen von seiner Tätigkeit, wenn der dabei aufgedeckte Mißbrauch auch verfolgt wird. Kommt es hierzu, werden an diesem Nutzen wiederum auch diejenigen Mitglieder der Gruppe beteiligt, welche selber keinerlei Kontrollaufwand getätigt haben.[83]

In beiden Fällen trägt derjenige, der die wünschenswerte Initiative ergreift, die Kosten seines Handelns. Den Nutzen dieser Initiative muß er sich jedoch mit allen teilen, ohne daß er diejenigen, welche sich nicht am Aufwand beteiligen, von dieser Nutzung ausschließen könnte. In der Folge besteht die rationale Entscheidung des Einzelnen darin, nicht zu handeln und anstelle dessen ohne eigenen Kostenaufwand von der Initiative der anderen zu profitieren. Durch die Existenz öffentlicher Güter hat der Einzelne einen Anreiz zum Trittbrettfahren.[84] Da diese Überlegung aber für jedes Mitglied der Gruppe gilt, ist das Ergebnis wiederum, daß die notwendige Initiative gänzlich unterlassen wird.[85]

### 3. *Principal-Agent*-Konflikte

Von den bisher dargestellten Problemen sind in besonderer Weise Fälle betroffen, bei denen mehrere Personen zur Anpassung von Verträgen aufgerufen sind. Namentlich bei großen Personenverbänden können diese gravierende Ausmaße annehmen und schließlich zur Handlungsunfähigkeit führen.[86]

Eine Lösung könnte dann darin liegen, daß die Entscheidung über die Anpassung delegiert und die Anzahl der Entscheidungsträger dabei reduziert wird. Statt daß alle Beteiligten aufgerufen sind, die zur Vertragsanpassung erforderlichen Entscheidungen zu treffen, wird diese Aufgabe einzelnen Entscheidungsträgern übertragen, die für diese Tätigkeit eine Vergütung erhalten. Das Schließen von Vertragslücken wird damit in Vertretung gegeben.

Durch die Beauftragung einer Person, für die Gesamtheit der Gesellschafter die notwendigen Entscheidungen zu treffen, können Blockade- und Kollektivhandlungsprobleme vermieden werden. Mit der neuen Beziehung zwischen Vertreter und Geschäftsherr entsteht jedoch auch die Gefahr neuer Konflikte. Deren Wurzel liegt in der Machtbefugnis des Vertreters, über Vermögen und Interessen

---

[83] Adams, AG 2000, 396, 397; Anderson, 25 UCLA.L.Rev. 738, 779 (1978) Baums, DJT-F 25f; Hansmann, (1996) S. 36; Hart, (1995) S. 127.

[84] Baird-Gertner-Picker, (1995) S. 176; Baums, DJT-F 26; Behrens, (1986) S. 89; Clark, (1986) S. 392f; Cooter-Ulen, (2000) S. 42; Eggertsson, (1991) S. 65f; Gordon, in Bebchuk 74, 91; ders., 89 Col.L.Rev. 1549, 1576 (1989); Hart, (1995) S. 127, 186; Holler-Illing, (1991) S. 8f; Milgrom-Roberts, (1992) S. 499; M.Olson, (1992) S. 15; Pindyck-Rubinfeld, (1998) S. 676; Romano, (1993) S. 92; Sandler, (1992) S. 17.

[85] Gordon, 89 Col.L.Rev. 1549, 1576; Eggertsson, (1991) S. 65.

[86] Buxbaum, 73 Cal.L.Rev. 1671 (1985); siehe auch unten § 4 III. 3. b) bb).

des Prinzipals zu verfügen, sowie in der eingeschränkten Fähigkeit des Geschäftsherrn, seinen Agenten zu kontrollieren.[87]

Während in einer Vertragsbeziehung die Parteien durch Verhandlung und gegenseitiges Nachgeben ihre Interessen zu einem angemessenen Ausgleich bringen, fehlt eine entsprechende institutionelle Richtigkeitsgewähr für die einseitig berechtigende Vertretungsbefugnis. Deren Inhaber kann diese vereinbarungsgemäß im Interesse des Prinzipals ausüben. Er verfügt aber auch über die Möglichkeit des Mißbrauchs, indem er bei Ausübung die eigenen Interessen anstelle die seines Prinzipals verfolgt.[88]

Besonders die Geschäftsleitung von Gesellschaften besitzt weitreichende Befugnisse. Sie hat Zugriff auf das Gesellschaftsvermögen und kann durch direkte oder verdeckte Entnahmen die Gesellschaft und die Gesellschafter als deren Eigentümer schädigen. Die Geschäftsleitung entscheidet auch über die Ausübung von Geschäftschancen durch die Gesellschaft. Mit deren Ablehnung ist sie in der Lage, es sich oder nahestehenden Personen zu ermöglichen, diese zum Schaden der Gesellschaft selber auszuüben.

Die Gefahr eines derartigen Mißbrauchs der Vertretungsbefugnis steigt in dem Maße, wie der Vertreter auch über Geschäfte zu entscheiden hat, an deren Abschluß er ein vom Interesse des Geschäftsherrn abweichendes Eigeninteresse besitzt.[89]

a) Vertreterinteresse

Es lohnt sich daher, einen Blick auf mögliche Eigeninteressen der zur Vertretung berechtigten Personen zu werfen. Mit Ausübung der Befugnis, über die Anpassung eines Vertrages zu bestimmen, nimmt der Vertreter ein einseitiges Leistungsbestimmungsrecht war. Dieses kann durch eine der beteiligten Vertragsparteien selbst geschehen (Selbstorganschaft) oder aber eine dritte, nicht am Vertrag beteiligte Person wird hierzu berufen (Fremdorganschaft).

aa) Selbstorganschaft

Im Falle der Selbstorganschaft vertritt ein geschäftsführender und vertretungsberechtigter Gesellschafter die Gesellschaft und damit letztlich alle hinter dieser Gesellschaft stehenden Gesellschafter. Aufgrund seiner eigenen Beteiligung an der Gesellschaft ist dieser Geschäftsleiter jedoch nicht neutral. Jede von ihm

[87] (= *principal-agent-conflict*) Fama-Jensen, 26 J.o.LawEcon. 301, 312 (1983); Easterbrook-Fischel, 91 YaleL.J. 698, 700f (1982); Grundmann, (1997) S. 55f; Jensen-Meckling, 3 J.o. Fin.Econ. 305, 308 (1976); Richter-Furubotn, (1999) S. 163f; Ruffner, (2000) S. 131.

[88] Frankel, 71 Cal.L.Rev. 795, 809f u. 834f (1983); Milgrom-Roberts, S. 170.

[89] Milgrom-Roberts, S. 170.

vorgenommene Transaktion wirkt sich auf das Vermögen der Gesellschaft und damit in letzter Instanz auf den Wert seines eigenen Gesellschaftsanteils aus. Im Rahmen der Selbstorganschaft besitzt der Vertreter an jeder Entscheidung ein eigenes Interesse.

Allein das Bestehen eines Eigeninteresses macht jedoch noch keinen Interessenkonflikt aus. Dieses Eigeninteresse muß sich hierzu vielmehr vom Interesse des Prinzipals unterscheiden. Dort, wo sich das Interesse des Vertreters mit dem Interesse des Vertretenen deckt, besteht nicht nur keine Gefahr, daß der Agent eine Entscheidungsfindung gegen das Interesse des Prinzipals trifft; es besteht darüber hinaus sogar ein zusätzlicher Anreiz für den Vertreter, im Interesse des Vertretenen zu entscheiden, da dessen Interesse auch gleichzeitig das eigene Interesse ist. Tatsächlich ist diese Situation derjenigen vorzuziehen, bei welcher der Vertreter überhaupt kein eigenes Interesse am Vertragsschluß besitzt.[90]

Im Falle des geschäftsführenden Gesellschafters ist eine derartige Interessenkonformität grundsätzlich gegeben. Im Gegensatz zu Austauschverträgen schließen die Parteien eines Gesellschaftsvertrages diesen nicht ab, um ihre entgegengesetzten Interessen zu einem angemessenen Ausgleich zu bringen. Vielmehr verpflichten sie sich, ein gemeinsames Interesse, die Förderung des Gesellschaftszweckes, auch gemeinsam zu verfolgen. Damit hat der geschäftsführende Gesellschafter, genauso wie seine Mitgesellschafter, bei jeder Geschäftsführungsentscheidung vom Grundsatz her das gleiche Interesse, mit der Entscheidung den Gesellschaftszweck zu fördern. Folglich spricht grundsätzlich auch nichts dagegen, die Entscheidung über die Anpassung des Gesellschaftsvertrages auf einen Gesellschafter zu übertragen, obwohl er selber Partei dieses Vertrages ist.

bb) Fremdorganschaft

Der Geschäftsleiter, der bei der Gesellschaft angestellt, aber selber nicht an ihr beteiligt ist, nimmt zunächst eine neutrale Position gegenüber den Geschäftsführungsentscheidungen ein. An Gewinnen und Verlusten dieser Entscheidung ist er nicht beteiligt, womit er kein eigenes Interesse besitzt, das mit dem Interesse des Prinzipals kollidieren könnte.

Vielmehr bestehen einige institutionelle Vorkehrungen, auch den Fremdgeschäftsführer auf die Interessen der von ihm vertretenen Gesellschafter einzuschwören. So ist die Geschäftsleitung einer Gesellschaft eine Dienstleistung, für die letztlich die gleichen Regeln gelten wie für andere Arbeitsleistungen auch. Ähnlich wie auf dem Arbeitsmarkt die Anbieter sich in einer Konkurrenz mit Mitbewerbern behaupten müssen, existiert auch ein Markt für Management-

---

[90] Behrens, (1986) S. 212; Eggertsson, (1991) S. 42; Frankel, 71 Cal.L.Rev. 795, 811 (1983).

dienstleistungen.[91] Angesichts der hohen Informationskosten, welche die Gesellschafter aufzuwenden haben, um die Leistungsfähigkeit der Bewerber festzustellen, beziehen diejenigen Anbieter auf dem Markt für Managementleistungen eine bestmögliche Ausgangsposition, die bereits in der Vergangenheit die Fähigkeit zur erfolgreichen Führung einer Gesellschaft zeigen konnten. Im Hinblick auf zukünftige Weiterbeschäftigung hat daher ein Geschäftsleiter den Anreiz, das Interesse seines Prinzipals in bestmöglicher Weise zu verwirklichen, um sich eine entsprechende Reputation aufzubauen.[92]

Hinzu kommt die Abhängigkeit des Geschäftsleiters von seiner Stellung in der Gesellschaft. Regelmäßig schuldet er dem Unternehmen seine ganze Arbeitskraft. Bei einer Entlassung ginge ein Großteil seines Lebensunterhaltes verloren.[93] Diese Stellung in der Gesellschaft ist aber abhängig vom Erfolg bzw. Mißerfolg der getroffenen Geschäftsführungsmaßnahmen. Will der Geschäftsleiter seine Position erhalten, muß er Entscheidungen treffen, die im Interesse der Gesellschaft und ihrer Gesellschafter liegen.[94]

Damit steht auch das Interesse des Fremdgeschäftsführers nicht von vornherein im Widerspruch zu dem der Gesellschaft, sondern ist grundsätzlich ebenfalls auf die Förderung des Gesellschaftszweckes gerichtet.[95]

Diese Aussage erfährt aber bereits dort eine Einschränkung, wo eine feststehende Mehrheit über die Besetzung der Geschäftsführerpostion bestimmt. Hier besteht die Gefahr, daß sich der Geschäftsleiter auf die Unterstützung der Interessen dieser Mehrheit beschränkt, da seine Stellung allein von dieser Mehrheit abhängt. Dieser Umstand kann zum Problem der Majorisierung durch die Verwaltung führen, wenn sich das Interesse der Mehrheit nicht mit dem Interesse der Minderheit deckt.[96]

---

[91] Easterbrook-Fischel, (1996) S. 91; dies., 91 YaleL.J. 698, 701 (1982); Eggertsson, (1991) S. 45; Jensen-Meckling, 3 J.o.Fin.Econ. 305, 328 (1976); Jensen-Ruback, 11 J.o.Fin.Econ. 5, 6 (1983); Pindyck-Rubinfeld, (1998) S. 633; Ruffner, (2000) S. 233f.

[92] Demsetz, 26 J.o.LawEcon 375, 387 (1983); Easterbrook-Fischel, (1996) S. 4; Frankel, 71 Cal.L.Rev. 795, 812 u. 836 (1983); W.Klein, 91 YaleL.J. 1521, 1536f (1982); Palmiter, 67 Tex.L.Rev. 1351, 1373 (1989); Pindyck-Rubinfeld, (1998) S. 633f; Ruffner, (2000) S. 234. Kritisch gegenüber einem Markt für Managementdienstleistungen: Eisenberg, 89 Col.L. Rev. 1461, 1495 (1989). Zwar existiere ein solcher Markt, insbesondere im Bereich des mittleren Managements, Top-Manager befänden sich jedoch regelmäßig in der Endphase ihrer beruflichen Kariere und müßten keine Rücksicht mehr auf zukünftige Weiterbeschäftigungsmöglichkeiten nehmen.

[93] Grundmann, (1997) S. 209.

[94] Easterbrook-Fischel, (1996) S. 5; W.Klein, 91 YaleL.J. 1521, 1547 (1982).

[95] Eisenberg, 89 Col.L.Rev. 1461, 1471 (1989); Matheson-B.Olson, 76 Minn.L.Rev. 1313, 1335 (1992) Palmiter, 67 Tex.L.Rev. 1351, 1373 (1989); Posner, (1998) S. 452.

[96] Immenga, (1970) S. 277. Siehe auch oben § 2 I. 2.

## b) Konflikte

Aber auch im übrigen treffen die positiven Aussagen zum Eigeninteresse eines Geschäftsleiters nur im Grundsätzlichen zu. Tatsächlich wirken zahlreiche Faktoren auf die Interessen der Beteiligten ein, die eine hundertprozentige Übereinstimmung der Interessen verhindern.

### aa) Risikoaversionen

Auch wenn zwei Personen grundsätzlich das gleiche Ziel verfolgen, einen bestimmten Zweck zu fördern, ist es meistens möglich, diesen Zweck auf unterschiedlichen Wegen zu erreichen.[97]

So mag ein schneller, aber riskanter Lösungsweg zum gleichen Ergebnis führen wie eine umständlichere, dafür aber sicher prognostizierbare Alternative. Für den einen mag die Schnelligkeit das höhere Risiko wettmachen, dem anderen ist diese Lösung zu risikoreich und er wendet lieber viel Mühen auf, um ans gleiche Ziel zu gelangen. Während dieser dem Risiko neutral gegenübersteht, verhält sich jener risikoavers.[98]

Handelt nun der Risikoscheue als Vertreter für den Risikoneutralen, ist das Interesse beider, ans Ziel zu kommen, gleich. Dennoch wird der risikoscheue Vertreter nicht im Interesse des Prinzipals handeln, da er riskantere Optionen außer acht läßt, obwohl der Geschäftsherr dieses Wagnis in Kauf nehmen würde. Trotz grundsätzlicher Interessenübereinstimmung können somit unterschiedliche Risikoaversionen dennoch zu Interessenkonflikten führen.

Dieses abstrakte Beispiel läßt sich für die Verbände konkretisieren. Dort treten die Prinzipale in Gestalt von Kapitalgebern einer Gesellschaft auf. Sie sind häufig in der Lage, ihre Kapitalanlage und damit die Risiken derselben breit zu streuen. Diese Streuung läßt es sie verkraften, wenn ein einzelnes Investment mit einem Verlust endet. Dadurch sind Kapitalgeber eher bereit, Risiken einzugehen und sich die Chance auf eine höhere Rendite zu sichern.[99]

---

[97] Lutter, AcP 180 (1980) 84, 121.

[98] Eine Person ist risikoavers, wenn sie den Nutzen einer sicheren Auszahlung höher bewertet als den Nutzen aus einer unsicheren, aber vom Erwartungswert gleichwertigen Auszahlung (zur Ermittlung des Erwartungswertes siehe unten § 4 III. 1. a) (FN 119). Eine Person ist dagegen risikoneutral, wenn sie aus einer hohen Auszahlung mit niedriger Wahrscheinlichkeit den gleichen Nutzen zieht wie aus einer letztlich gleichwertigen niedrigen Auszahlung mit umso höherer Eintrittswahrscheinlichkeit. Vgl. Cooter-Ulen, (2000) S. 46f; Pindyck-Rubinfeld, (1998) S. 155; Posner, (1998) S. 12f.

[99] Alchian-Demsetz, 62 A.Econ.Rev 777, 787 (1972); Easterbrook, in Pratt/Zeckhauser 81, 86; Easterbrook-Fischel, (1996) S. 99f; Eggertsson, (1991) S. 138f; Milgrom-Roberts, S. 187; Ruffner, (2000) S. 218.

Das festangestellte Management der Gesellschaften, denen jene Investoren ihr Kapital zur Verfügung stellen, ist dagegen regelmäßig vom Bestand des sie beschäftigenden Unternehmens abhängig. Diese Geschäftsleitung hat hohe beziehungsspezifische Investitionen getätigt und aus diesem Grunde kein Interesse, den Bestand der Gesellschaft durch riskante Geschäfte aufs Spiel zu setzen.[100] In der Folge unterläßt es das Management, in Vertretung für die Gesellschaft riskante Geschäfte abzuschließen, obwohl deren Eigentümer - die Gesellschafter - bereit wären, sich mit diesem Risiko abzufinden. Vielmehr ist das Management bestrebt, das von ihm geführte Unternehmen zu vergrößern und zu diversifizieren.[101] Für die Anteilseigner wäre es dagegen vorteilhafter, wenn das Unternehmen sich auf das Kerngeschäft konzentrierte, da sie das Branchenrisiko über ihr Portfolio besser abdecken können.[102] Die Geschäftsleitung als Vertreter der Gesellschafter beachtet im Hinblick auf die eigene Risikoscheu nicht das Interesse ihres Prinzipals, sondern verfolgt vornehmlich eigene Interessen.[103]

### bb) Wettbewerb und Beteiligungen an anderen Gesellschaften

Deutlicher ist der Interessenkonflikt zwischen Geschäftsführer und vertretener Gesellschaft in solchen Fällen, in denen der Geschäftsführer auch ein Konkurrenzunternehmen zur Gesellschaft betreibt oder an einem solchen beteiligt ist. Wenn die Beteiligung des Geschäftsführers am Konkurrenzunternehmen höher ist als an der vertretenen Gesellschaft, besteht für ihn ein Anreiz, Geschäfte, die dem Tätigkeitsfeld beider Gesellschaften zugeordnet werden können, der Verwertung durch das Konkurrenzunternehmen zu überlassen, da er infolge der höheren Beteiligung auch einen höheren Anteil am Gewinn erwarten kann, den dieses durch den Abschluß des Geschäftes erzielt.[104]

Gleiches gilt für den Abschluß von Austauschverträgen zwischen Gesellschaften, an denen der Geschäftsleiter beteiligt ist. Auch hier besteht die Gefahr, daß

---

Skeptisch gegenüber der Diversifikation eines Kleinanlegerportfolios aber Clark, in Pratt/Zeckhauser 55, 69.

[100] Baums, FS Claussen 1997, 3, 7; Easterbrook, in Pratt/Zeckhauser 81, 86; Easterbrook-Fischel, (1996) S. 97; Eisenberg, 89 Col.L.Rev. 1461, 1571 (1989); Milgrom-Roberts, (1992) S. 430; Romano, (1993) S. 2; Ruffner, (2000) S. 218; Schäfer-Ott, (2000) S. 601.

[101] Conard, ZGR 1987, 180, 202; Hansmann, (1996) S. 38; Grundmann, (1997) S. 471.

[102] Vgl. Posner, (1998) S. 476.

[103] Allen, in Comp.Corp.Gov. 1998, 307, 319f; Easterbrook, in Pratt/Zeckhauser 81, 87; Eisenberg, 89 Col.L. Rev. 1461, 1472 (1989); Romano (1993) S. 2; Ruffner (2000) S. 219. Zu den Lösungsmöglichkeiten, das Interesse des Managements dem Anlegerinteresse durch Aktienoptionsprogramme anzunähern: Baums, FS Claussen 1997, 3, 5ff. Siehe auch unten § 6 III. 1.

[104] Allen, in Comp.Corp.Gov. 1998, 307, 319f; Clark, (1991) S. 142ff; Grundmann, (1997) S. 239; Weisser, (1991) S. 7.

der Geschäftsleiter zugunsten der anderen Gesellschaft schlechtere Konditionen für die von ihm vertretene Gesellschaft aushandelt.

## cc) Selbstkontrahieren

Besonders gravierende Interessenkonflikte zwischen Vertreter und Geschäftsherr sind in den Fällen des Selbstkontrahierens zu befürchten. In diesen Situationen sitzt der Vertreter bildlich gesprochen auf beiden Seiten des Verhandlungstisches. Der Agent möchte mit dem Prinzipal selber einen Austauschvertrag, etwa in Form eines Darlehens- oder Kaufvertrages, abschließen und dabei nicht nur für sich selbst, sondern auch für seinen Prinzipal handeln. Es ist offensichtlich, daß bei Abschluß derartiger Transaktionen das Eigeninteresse des Vertreters nicht nur nicht mit dem Interesse des Prinzipals übereinstimmt, sondern diesem völlig entgegengesetzt ist.[105]

Will der Geschäftsführer der Gesellschaft etwa ein Betriebsgrundstück verkaufen, besteht sein Interesse in der Erzielung eines möglichst hohen Kaufpreises im Gegensatz zur Gesellschaft, die einen möglichst geringen Betrag für ihre Betriebsmittel aufwenden will.

Diese Gefahr des Selbstkontrahierens besteht in jedem Vertretungsverhältnis. Bereits nach allgemein zivilrechtlichen Grundsätzen versagt das Gesetz derartig zustandegekommenen Transaktionen von vornherein die Wirksamkeit. Nach der Regelung des § 181 BGB besitzt der Vertreter für diese Geschäfte keine Vertretungsmacht, er kann seinen Geschäftsherrn nicht durch Selbstkontrahieren rechtlich binden.

## dd) Informationsasymmetrien

Bedenken gegen Geschäfte des Vertreters mit dem Geschäftsherrn können im Bereich der Gesellschaften aber nicht bereits dadurch ausgeräumt werden, daß man dem Geschäftsführer ein anderes Organ, etwa die Gesellschafterversammlung, als Verhandlungspartner gegenüberstellt, welches die Interessen der Gesellschaft glaubhafter vertritt. Ein Fall des Selbstkontrahierens läge zwar nicht mehr vor, auch § 181 BGB wäre unanwendbar.[106] Dennoch bestehen starke Zweifel, daß das Ergebnis einer derartigen Verhandlung dem eines unter freien Marktbedingungen ausgehandelten entsprechen würde.

[105] Eisenberg, 89 Col.L.Rev. 1461, 1471 (1989); Hansmann, (1996) S. 37f.
[106] Vgl. Immenga, (1970) S. 215; Wiedemann, (1980) S. 346.

Die ideale Verhandlungssituation zum Abschluß eines Austauschvertrags ist dadurch gekennzeichnet, daß die Parteien einen gleichhohen Informationsstand aufweisen.[107]

In einer Situation, in welcher der Geschäftsführer einer Gesellschaft mit deren Gesellschaftern über den Abschluß eines Vertrages zwischen ihm und der Gesellschaft verhandelt, ist ein solches Gleichgewicht in der Informationsverteilung jedoch nicht vorhanden. Der vollzeitbeschäftigte Geschäftsführer einer Gesellschaft besitzt umfassende Kenntnis über die von ihm vertretene Gesellschaft. Er selbst steht der Gesellschaft als Vertragspartner jedoch wie ein normaler Dritter gegenüber, ohne daß etwa die Gesellschafter vergleichbare Informationen über seine Person bzw. seine Präferenzen besäßen. Bei Transaktionen eines Geschäftsführers mit der von ihm vertretenen Gesellschaft besteht zwangsläufig eine Informationsasymmetrie zu seinen Gunsten.[108]

Die Konsequenz für das Gesellschaftsrecht kann darin liegen, dem Geschäftsführer grundsätzlich zu untersagen, Geschäfte mit der von ihm vertretenen Gesellschaft abzuschließen. Oder aber die Regulierungen fordern umfassende Offenlegungspflichten, um auf diese Weise die Informationsasymmetrien abzubauen.[109] Beide Alternativen sind dem US-amerikanischen Recht bekannt und letzteres ist heute allgemeiner Inhalt der *duty of loyalty*.[110]

Zumindest für eine bestimmte Gruppe von Transaktionen muß jedoch eine andere Lösung bereitgehalten werden. Hier geht es um Verhandlungen, die das Anstellungsverhältnis des Geschäftsleiters betreffen, insbesondere die Anpassung seiner Vergütung. Bei diesem Anstellungsvertrag handelt es sich um das der gesamten Beziehung zwischen Vertreter und Geschäftsherr zugrundeliegende Rechtsverhältnis. Über die Anpassung der aus diesem Verhältnis folgenden Rechte und Pflichten verhandeln zu können, ohne dabei seine eigenen Informationen und Präferenzen offenlegen zu müssen, darf dem Geschäftsleiter nicht verwehrt werden.[111]

---

[107] Vgl. Schäfer-Ott, (2000) S. 97.

[108] Brudney-Clark, 94 Harv.L.Rev. 997, 1034 (1981); Clark, in Pratt/Zeckhauser 55, 77; Easterbrook-Fischel, (1993) S. 1; Frühauf, ZGR 1998, 407, 414; Grundmann, (1997), S. 55; Ruffner, (2000) S. 241; Williamson, (1985) S. 317.

[109] Diese Alternative wird von der Regierungskommission *Corporate Governance* bevorzugt. Sie hat sich für einen Abbau der Informationsasymmetrien durch umfassende Publizitätspflichten ausgesprochen; vgl RegKom., (2001) Rdnr. 264.

[110] Siehe oben § 3 II. 2. b).

[111] Siehe oben § 3 II. 2. c) aa).

## c) Kontrolle

Zu den Risiken einer *principal-agent*-Beziehung gehören auch die Probleme im Zusammenhang mit der Kontrolle des Stellvertreters durch den Geschäftsherrn. Angesichts der umfassenden Befugnisse des Stellvertreters und der Gefahr eben beschriebener Interessenkonflikte empfiehlt es sich für den Prinzipal, seinen Agenten zu kontrollieren. Hier stellt sich aber die Frage, wie und vor allem durch wen diese Kontrolle erfolgen soll.

### aa) durch den Prinzipal

Naheliegend ist, daß der Geschäftsherr selber seinen Vertreter kontrolliert. Wie gesehen, empfehlen sich aber einseitige Leistungsbestimmungen, also die Anpassung der Verträge in Vertretung für die Vertragsparteien, insbesondere dort, wo andernfalls die große Anzahl der zur Entscheidung berufenen Personen infolge von Kollektivhandlungsproblemen zu einer Entscheidungsunfähigkeit führt. Die Gründe aber, welche dazu geführt haben, die Geschäfte durch einen Vertreter ausüben zu lassen, gelten in gleicher Weise auch im Hinblick auf die Kontrolle dieses Vertreters.[112] Auch die Kontrolle der Geschäftsführung verursacht Kosten für jeden, der diese Kontrolle ausübt. Der Gewinn aus dieser Kontrolle fällt aber für die ganze Gesellschaft an und ist unter allen Gesellschaftern aufzuteilen. Diesbezüglich gilt ebenfalls das Gesagte zur rationalen Apathie und zum Trittbrettfahren. Besteht der Prinzipal daher aus einer großen Gruppe von Personen, etwa einer Publikumsgesellschaft, wird infolge der Kollektivhandlungsproblematik eine Kontrolle des Agenten unterbleiben oder nur mangelhaft ausgeübt werden.[113]

### bb) durch einen Dritten

Ist der Prinzipal selbst nicht in der Lage, seinen Agenten zu kontrollieren, könnte es sich empfehlen, diese Kontrolle durch einen Dritten, zum Beispiel durch einen Aufsichts- oder Beirat, ausüben zu lassen. Damit wird nicht nur die Entscheidung über die Anpassung des Vertrages in Vertretung gegeben, sondern auch die Kontrolle über diesen Vertreter. Durch Beauftragung eines Dritten, die Geschäftsleitung zu kontrollieren, wird somit eine neue, eine zweite *principal-agent*-Beziehung begründet. Für diese Beziehung gilt aber wiederum grundsätzlich alles, was bereits über die erste derartige Beziehung gesagt

---

[112] Siehe oben § 4 II. 2. b).

[113] Adams, AG 1989, 333; Allen, in Comp.Corp.Gov. 1998, 307, 308; Conard, ZGR 1987, 180, 186; Easterbrook-Fischel, (1996) S. 11; Eggertsson, (1991) S. 132; Frühauf, ZGR 1998, 407, 411; Pindyck-Rubinfeld, (1998) S. 634; Hart, (1995) S. 127; Hansmann, (1996) S. 36f; Milgrom-Roberts, (1992) S. 499.

wurde.[114] Auch in dieser Beziehung besteht die Gefahr von *principal-agent-* Konflikten, so daß sich sofort die nächste Frage aufdrängt: „Wer kontrolliert den Kontrolleur?"[115]

## III. Auswirkungen auf den Abschluß von Gesellschaftsverträgen

Als Ergebnis des vorhergehenden Abschnitts kann festgehalten werden, daß die Vertragsparteien eine Vielzahl von Problemen und Konflikten zu erwarten haben, wenn sie nicht in der Lage sind, ihr Verhältnis von vornherein abschließend zu regeln. Keine der möglichen Anpassungsformen bewahrt die Parteien vor diesen Problemen, jedoch kann deren Umfang je nach gewählter Verfahrensklausel im konkreten Fall variieren.

### 1. Anpassungsrisiken als Anpassungskosten

Um die zu erwartenden Konflikte zu gewichten und für den Einzelfall die beste Lösung zu finden, empfiehlt es sich, die oben beschriebenen Unsicherheiten, die mit einer nachträglichen Vertragsanpassung verbunden sind, als Kosten zu begreifen. Bei dieser Art von Kosten handelt es sich um Transaktionskosten, die für jede Partei mit Abschluß und Durchführung des Vertrages verbunden sind.[116]

Diese Kosten können durch geeignete Formulierung der Verträge, wie etwa durch Kombination verschiedener Verfahrensklauseln für unterschiedliche Anpassungsgegenstände, optimiert werden.[117] Es steht zu erwarten, daß nach Ermittlung der Anpassungskosten präzisere Aussagen darüber getroffen werden können, wie die Parteien ihr Innenverhältnis am sinnvollsten ausgestalten. Dieser Aussage liegt die Verhaltensannahme zugrunde, daß die Parteien dieje-

---

[114] Treffend R.Winter, (1978) S. 41: „*An outside director [...] will never be on an equal footing with management until he spends a comparable amount of time, receives comparable compensation, and has comparable resources at his disposal. Then, however, he is in every sense an inside director.*"

[115] Alchian-Demsetz, 62 A.Econ.Rev. 777, 782 (1972); Easterbrook-Fischel, (1996) S. 92; dies., 91 YaleL.J. 698, 701 (1982); Milgrom-Roberts, (1992) S. 496f.

[116] Siehe oben § 4 I. 3. b).

[117] Williamson, (1985) S. 48.

nige Vertragsgestaltung wählen, welche für sie die geringsten Transaktionskosten verursacht.[118]

## a) Opportunismuskosten

Dementsprechend lassen sich auch die Gefahren opportunistischen Verhaltens als Opportunismuskosten darstellen. So wie sich die Opportunismusgefahr zusammensetzt aus der Gefahr, daß entweder Entscheidungen blockiert oder aber dissentierende Gesellschafter majorisiert werden, setzen sich auch die Opportunismuskosten aus den Blockade- und den Majorisierungskosten zusammen.

## aa) Blockadekosten

Die Blockade notwendiger Entscheidungen zur Anpassung des Gesellschaftsvertrages bewirkt, daß mit der Entscheidung verbundene Gewinne gar nicht oder nur verspätet realisiert werden. Im schlimmsten Fall kann dies dazu führen, daß die Gesellschaft aufgrund mangelhafter Anpassung an veränderte Umstände nicht mehr konkurrenzfähig ist und insolvent wird.

Dieser Schaden, der zunächst auf Ebene der Gesellschaft anfällt, reflektiert sich auch auf der Ebene des einzelnen Gesellschafters, da dessen Anteil in entsprechender Weise an Wert verliert. Bei Abschluß des Vertrages kann der Gesellschafter den so zu erwartenden Schaden mit einer Wahrscheinlichkeit belegen, mit der es tatsächlich zu einer derartigen Blockade kommt. Der zu erwartende Schaden wird mit dieser Wahrscheinlichkeit multipliziert, und man erhält als Ergebnis die erwarteten Blockadekosten, die als Teil der Opportunismus- und Transaktionskosten vom zu erwartenden Nutzen des Vertragsschlusses abgezogen werden müssen.[119]

---

[118] Angesichts der je nach Transaktion unterschiedlich anfallenden Aufwendungen für Informationsbeschaffung, Aushandeln der Austauschbedingungen, Niederschrift der Vereinbarung sowie der Kontrolle und Durchsetzung ihrer Einhaltung sind auch die unterschiedlichsten Formen vertraglicher Regulierungen anzutreffen. Dabei treten verschiedene Vertragsformen, wie kurzfristige Austauschverträge, Langzeitverträge bis hin zu komplexen Vertragsgeflechten wie einem Unternehmen (*firm = nexus of contracts*), miteinander in einen Wettbewerb, aus dem sich die Parteien die für sie günstigste Lösung auswählen werden. Vgl.: Alchian-Demsetz, 62 A.Econ.Rev. 777, 783f (1972); Easterbrook-Fischel, (1996) S. 17; Eggertsson (1991) S. 53, 162ff, 175ff; Hansmann, (1996) S. 18ff; Milgrom-Roberts, (1992) S. 38; Posner, (1998) S. 427ff (1998); Schäfer-Ott, (2000) S. 599f.

[119] Dieser Aussage liegt die Formel zur Ermittlung eines Erwartungswertes (EV = *expected value*) bei Vorliegen von Unsicherheit zugrunde. Der Erwartungswert ist gleich dem Auszahlungswert eines zukünftigen Ereignisses (O = *outcome*) multipliziert mit der Wahrscheinlichkeit (p = *probability* ($0 \leq p \leq 1$)), daß das zukünftige Ereignis jenen Ausgang neh-

## bb) Majorisierungskosten

Ähnliches gilt für den Fall der Majorisierung. Muß ein Gesellschafter antizipieren, daß er überstimmt und auf seine Interessen keine Rücksicht genommen wird, ist dies eine Schlechterstellung gegenüber der Situation, in der er seine Vorstellungen verwirklichen kann. Diese Schlechterstellung bildet den erwarteten Schaden, den der Gesellschafter für den Fall der Majorisierung befürchten muß. Dieser wird um so höher sein, je grundsätzlicher das betroffene Interesse ist, welches durch die Mehrheitsentscheidung übergangen wird. So ist eine Meinungsdifferenz über die konkrete Abwicklung einer bestimmten Geschäftstransaktion geringer zu bewerten als etwa die Frage, ob die Gesellschaft mit einer anderen fusionieren soll.

Diesen aus der Majorisierung zu erwartenden Schaden für den einzelnen Gesellschafter muß jener wiederum mit einer Wahrscheinlichkeit bewerten. Diese Wahrscheinlichkeit wird in dem Maße steigen, wie die Bildung fester Mehrheitsstrukturen oder die Verfolgung unterschiedlicher Interessen mit der Beteiligung an der Gesellschaft zu befürchten stehen.

Die so ermittelten erwarteten Majorisierungskosten mindern wiederum den Gewinn, den sich der Gesellschafter vom Abschluß des Gesellschaftsvertrages erhoffen darf.

## b) Kollektivhandlungskosten

Ähnlich wie die erwarteten Blockadekosten bestehen die erwarteten Kollektivhandlungskosten in dem zu erwartenden Schaden für das Gesellschaftsvermögen und mittelbar für den Wert des Anteils eines Gesellschafters, multipliziert mit der Wahrscheinlichkeit des Schadenseintritts.

Der Unterschied liegt lediglich darin, daß die Anpassung des Vertrages nicht infolge mutwilliger Blockade unterbleibt, sondern in der rationalen Apathie bzw. dem Trittbrettfahren begründet ist, also einer Art Selbstblockade der Entscheidungsträger.

Die Wahrscheinlichkeit des Eintritts eines derartigen Schadens steigt mit der Anzahl der zur Entscheidung berufenen Personen an.[120]

## c) *Agency costs*

Die in Anlehnung an die *principal-agent*-Konflikte sogenannten *agency costs* setzen sich zusammen aus den Kosten eines möglichen Mißbrauchs der Vertre-

---

men wird. Vgl. Cooter-Ulen, (2000) S. 44f; Pindyck-Rubinfeld, (1998) S. 148f; Posner, (1998) S. 12; Schäfer-Ott, (2000) S. 373.

[120] M.Olson, (1992) S. 26f; Sandler, (1992) S. 9.

tungsmacht durch die Geschäftsleitung und den Kontrollkosten, die aufgewendet werden müssen, um einen derartigen Mißbrauch zu verhindern.[121]

## aa) Mißbrauchskosten

Auch die erwarteten Mißbrauchskosten sind das Produkt aus dem für den einzelnen Gesellschafter zu erwartenden Schaden einer Mißbrauchshandlung und der Wahrscheinlichkeit, daß ein solcher Mißbrauch tatsächlich erfolgt.

Der zu erwartende Schaden hängt dabei von der konkreten Mißbrauchshandlung der zur Vertretung berufenen Person ab. Bereichert sich der Geschäftsführer direkt oder indirekt aus dem Gesellschaftsvermögen, entsteht der Gesellschaft ein Schaden, der sich mittelbar auch auf den Wert des einzelnen Gesellschaftsanteils auswirkt.

Unterläßt es dagegen der Geschäftsführer, eine Geschäftschance für die Gesellschaft wahrzunehmen, übt dieser jene vielmehr selber aus oder überläßt er dieses einem Dritten, liegt der Schaden zwar nicht in einer direkten Verminderung des Vermögens, jedoch bleiben der Gesellschaft Gewinne vorenthalten, mit deren Realisierung sie berechtigterweise rechnen durfte. Diesen ausbleibenden Gewinn muß der einzelne Gesellschafter vom Nutzen abziehen, den er eigentlich durch die Beteiligung an einer Gesellschaft hätte erzielen können.[122]

Fördert die Verwaltung schließlich in erster Linie die Interessen eines Mehrheitsgesellschafters und übergeht die Interessen der übrigen Gesellschafter, mindert sich der Wert der Anteile für die Minderheitsgesellschafter in gleicher Weise, wie dies bei der direkten Majorisierung durch einen Mehrheitsbeschluß der Fall wäre.

Die Wahrscheinlichkeit des Schadenseintritts durch eine derartige Mißbrauchshandlung der zur Vertretung der Gesellschaft berufenen Organe hängt nicht unerheblich davon ab, wie stark die Geschäftsleitung in der Ausübung der ihr eingeräumten Vertretungsbefugnis kontrolliert wird. Eine stärkere Kontrolle senkt die Wahrscheinlichkeit des Mißbrauchs und damit die erwarteten Mißbrauchskosten.[123]

---

[121] Ausführlich: Hansmann, (1996) S. 35ff; Jensen-Meckling, 3 J.o.Fin.Econ. 305, 308 (1976). Vgl. auch Eggertsson, (1991) S. 44; W.Klein, 91 YaleL.J. 1521, 1545 (1982); Richter-Furubotn, (1999) S. 166.

[122] (= Residualverlust) Jensen-Meckling, 3 J.o.Fin.Econ. 305, 308 (1976); Richter-Furubotn, (1999) S. 166; Weisser, (1991) S. 13.

[123] Hansmann, (1996) S. 37; Frankel, 71 Cal.L.Rev. 795, 810 (1983); Jensen- Meckling, 3 J.o.Fin.Econ. 305, 312f, 323f (1976).

bb) Kontrollkosten

Im Gegenzug zur Senkung der Mißbrauchskosten durch höhere Kontrolle der Verwaltung steigen aber die Kontrollkosten. Diese bestehen schlicht aus dem Kontrollaufwand, der betrieben werden muß. Sei es, daß der Prinzipal selber Zeit und Mühen aufwendet, seinen Agenten zu überwachen, oder sei es, daß eine Vergütung für die Beauftragung eines Dritten bezahlt werden muß, der diese Überwachungsfunktion übernehmen soll.[124]

Kein Bestandteil der Kontrollkosten ist dagegen die oben geschilderte Gefahr, daß eine Kontrolle unterbleibt, weil Kollektivhandlungsprobleme dies verhindern oder weil ein berufener Kontrolleur seinen Auftrag nicht erfüllt. Mangelnde Kontrolle führt nicht automatisch zu einem Schaden. Vielmehr bewirkt die mangelnde Überwachung des Agenten eine wachsende Wahrscheinlichkeit des Mißbrauchs der Vertretungsmacht. Die Gefahr, daß eine tatsächliche Kontrolle unterbleibt, ist somit Bestandteil der erwarteten Mißbrauchskosten.[125]

d) Auswirkungen auf den Vertragsschluß

Jede Partei eines Gesellschaftsvertrages wird ihre Zustimmung zu diesem Vertrag von der Voraussetzung abhängig machen, mit Abschluß des Vertrages besser gestellt zu werden als ohne diesen.[126] Einen solchen Gewinn wird sie durch den Vertrag nur erlangen, wenn für sie der Nutzen aus den Rechten und Ansprüchen dieses Vertrages höher ist als die Transaktionskosten, die mit Abschluß und Durchführung desselben verbunden sind.[127]

Weder Kosten noch Nutzen sind bei einem Gesellschaftsvertrag infolge der Zukunftsoffenheit dieser Institution bei Vertragsschluß sicher bekannt. Die Parteien sind gezwungen, für ihre Entscheidung, ob sie dem Vertrag zustimmen oder nicht, Kosten und Nutzen mit einer Wahrscheinlichkeit zu belegen. Bestandteil der erwarteten Kosten sind auch die Transaktionskosten, die sich wiederum zum Teil aus den oben beschriebenen Anpassungskosten zusammensetzen.[128] Steht zu befürchten, daß diese Anpassungskosten einen sehr großen Umfang annehmen werden, können diese zu erwartenden Kosten den zu erwartenden Nutzen des Vertrages übersteigen. In der Folge wird die einzelne Vertragspartei ihre

---

[124] Vgl. Hansmann, (1996) S. 36f; Jensen-Meckling, 3 J.o.Fin.Econ. 305, 308 (1976).

[125] Siehe vorletze FN.

[126] Richter-Furubotn, (1999) S. 142; Schäfer-Ott, (2000) S. 365.

[127] Behrens, (1985) S. 156.
Vgl. zu den Konsequenzen, die unterschiedlich anfallende Transaktionskosten auf die Wahl der Organisationsform eines Unternehmens haben: Hansmann, (1996) passim.

[128] Behrens, (1985) S. 158; vgl. auch Jensen-Meckling, 3 J.o.Fin.Econ. 305, 313 (1976) für die *agency costs*.

Zustimmung zum Abschluß des Gesellschaftsvertrages verweigern und dieser Vertrag nicht zustande kommen.[129]

Die mangelnde Sicherheit der langfristigen und unvollständigen Gesellschaftsverträge, die auch auf die beschriebenen Schwierigkeiten einer nachträglichen Vertragsanpassung zurückzuführen ist, verhindert tendenziell den Abschluß dieser Verträge. Damit liegt eine Marktstörung vor, die eine Regulierung in Form der gesellschaftsrechtlichen Treuepflicht rechtfertigen könnte.[130]

## 2. Anpassungskosten der Verfahrensklauseln

Der Abschluß eines Gesellschaftsvertrages ist wegen der Notwendigkeit, diesen nach Vertragsschluß neuen Bedingungen anpassen zu müssen, mit Unsicherheiten und daher mit Kosten verbunden. Wie jedoch bereits festgestellt wurde, können die Parteien auf diese Unsicherheit mit der Formulierung geeigneter Verfahrensklauseln reagieren.

Wenn die oben geschilderten Anpassungskosten in diesen verschiedenen Verfahrensformen unterschiedlich anfielen, hätten die Vertragsparteien infolge dessen zumindest die Möglichkeit, bei Vertragsschluß die unvermeidlichen Kosten zu optimieren.

Wie gesehen, bieten sich für eine Entscheidungsfindung, die gegenüber einer Personengruppe Verbindlichkeit besitzen soll, drei Arten der Leistungsbestimmung an. Die Bestimmung kann durch einstimmigen Beschluß erfolgen, durch Mehrheitsbeschluß oder durch eine einseitige Leistungsbestimmung. Letztere wiederum kann durch Personen erfolgen, die Mitglieder in der betreffenden Gruppe sind, oder aber durch eine dritte, nicht an der Gruppe beteiligte Person.

### a) Einstimmiges Nachverhandeln

Unter Geltung des Einstimmigkeitsprinzips muß eine Einigung aller Gesellschafter über den Beschlußgegenstand erzielt werden. Eine solche Einigkeit zu erreichen erfordert hohen Verhandlungsaufwand. Zunächst bestehen allgemeine Transaktionskosten in der Form, daß eine Versammlung einzuberufen ist, alle Gesellschafter über die zur Entscheidung anstehenden Fragen informiert werden müssen, und eine zeitliche Differenz zwischen der Feststellung des Handlungsbedarfs und der tatsächlichen Beschlußfassung abzuwarten ist.[131]

---

[129] Easterbrook-Fischel, (1996) S. 36f; Frankel, 71 Cal.L.Rev. 795, 833 (1983); Ruffner, (2000) S. 17. Siehe auch oben § 4 III. 1. FN 115.

[130] Vgl. Fleischer, ZGR 2001, 1, 5; Frankel, 71 Cal.L.Rev. 795, 816 u. 833 (1983); Procaccia, ZGR 1990, 169, 191.

[131] Vgl. Hansmann, (1996) S. 41f.

Des weiteren sind Blockaden zu befürchten. Dadurch, daß alle Gesellschafter zustimmen müssen, werden die einzelnen Gesellschafter in die Lage versetzt, mit Einsatz ihres Vetorechtes nicht nur die Beachtung von Randinteressen zu erzwingen. Sie können sich auch unterschiedliche Abhängigkeiten, welche die einzelnen Gesellschafter gegenüber dem Zu-standekommen des Beschlusses besitzen, zunutze machen und für sich Vorteile erpressen. Einstimmiges Nachverhandeln ist daher mit Opportunismuskosten verbunden.

Schließlich steht mit wachsender Anzahl der am Beschluß beteiligten Personen zu befürchten, daß nicht über alle entscheidungsbedürftigen Fragen auch tatsächlich verhandelt wird. Um einen Beschluß fassen zu können, müssen Informationen über den Beschlußgegenstand und über die Erforderlichkeit des Beschlusses vorhanden sein. Angesichts der Probleme kollektiven Handelns werden aber die Gesellschafter dazu verleitet, die Beschaffung solcher Informationen zu unterlassen.

Dagegen kann mit Hilfe des Einstimmigkeitserfordernisses ausgeschlossen werden, daß wichtige Interessen des einzelnen Gesellschafters unberücksichtigt bleiben, er also majorisiert wird. Da jeder Gesellschafter bei dieser Form der Entscheidungsfindung für sich selbst abstimmt und keine Vertretungsverhältnisse vorhanden sind, treten bei Abstimmungen unter Geltung des Einstimmigkeitsprinzips auch keine *agency*-Konflikte auf.

b) Mehrheitsbeschluß

Wird die Übereinstimmungsanforderung an einen Beschluß gesenkt, und werden Mehrheitsentscheidungen zugelassen, so bleiben weiterhin die Transaktionskosten, die mit der Einberufung und Informierung einer Gesellschafterversammlung verbunden sind. Allerdings sollten Beschlüsse unter Geltung des Mehrheitsprinzips schneller gefaßt werden können, da letztlich die Interessen einer kleineren Personenzahl in Übereinstimmung zu bringen sind und auf vereinzelte Randinteressen keine Rücksicht mehr genommen werden muß.[132]

Damit einher geht die Senkung der Blockadegefahr und der mit ihr verbundenen Kosten. Dieser Vorteil ist jedoch mit der Existenz von Majorisierungsgefahren zu erkaufen, weil der einzelne Gesellschafter nun befürchten muß, daß seine Interessen nicht mehr ausreichend berücksichtigt werden.[133]

Im übrigen bestehen auch bei dieser Form der Leistungsbestimmung ansteigende Kollektivhandlungsprobleme, je größer die Anzahl der bei der Abstimmung beteiligten Personen ist.

---

[132] Vgl. Behrens, (1986) S. 110.
[133] Vgl. Hansmann, (1996) S. 41.

## c) Einseitige Regelungsstruktur

Darf eine Person die erforderlichen Entscheidungen allein treffen, ist dies mit einer deutlichen Senkung der allgemeinen Transaktionskosten verbunden. Es muß keine Versammlung einberufen werden und nur noch die Person, welche die Entscheidung trifft, ist gehalten, sich zu informieren. Namentlich in der Situation, in der die Entscheidung zweckmäßigerweise der Person überlassen bleibt, die auch als erstes mit der Anpassungsnotwendigkeit konfrontiert wird, verkürzt sich darüber hinaus der Zeitraum zwischen der Kenntnis von der Anpassungsnotwendigkeit und der diesbezüglichen Entscheidung gegen Null. Im Hinblick auf diese Kosten liegt mit der einseitigen Regelungsstruktur die wirksamste Form der nachträglichen Vertragsanpassung vor.[134] Zumindest solange, wie gegen derartige Entscheidungen kein Widerspruchsrecht mit Vetocharakter besteht, sind auch keine Blockaden zu befürchten.

Eindeutiger Nachteil dieser Anpassungsform ist jedoch, daß mit der Befugnis des Einzelnen, mit Wirkung für und gegen die gesamte Gruppe eine Entscheidung zu treffen, *agency*-Konflikte einhergehen. Die zur Entscheidung berechtigten Personen besitzen die Möglichkeit, mit der Entscheidung primär eigene Interessen zu verfolgen und berechtigte Interessen der Gesellschafter außer acht zu lassen.[135]

Ob mit dem einseitigen Leistungsbestimmungsrecht auch Kollektivhandlungsprobleme verbunden sind, hängt entscheidend von der Ausgestaltung dieser Verfahrensklausel ab:

### aa) Bestimmungsrecht aller Gesellschafter

Denkbar, und etwa für die OHG auch gesetzlich vorgesehen,[136] ist die Vergabe des einseitigen Bestimmungsrechtes an jeden Gesellschafter. Jeder, der mit einer zur Entscheidung anstehenden Frage konfrontiert wird, hat hiernach die Befugnis, die erforderliche Bestimmung gleich selbst zu treffen. Bei einer derartig gestalteten einseitigen Regelungsstruktur bestehen die Kollektivhandlungsprobleme fort.

Ergreift in dieser Alternative ein Gesellschafter die Initiative und führt die Geschäfte der Gesellschaft, ist dies für ihn allein schon infolge des Zeitaufwandes mit Kosten verbunden.[137] Der Gewinn aus dieser Geschäftsführertätigkeit kommt aber der Gesellschaft und damit anteilsmäßig allen Gesellschaftern

---

[134] Behrens, (1986) S. 242.
[135] Buxbaum, 73 Cal.L.Rev. 1671 (1985); Jensen-Meckling, 3 J.o.Fin.Econ. 305, 308 (1976) Milgrom-Roberts, S. 181.
[136] § 115 Abs. 1 HGB.
[137] Vgl. Jensen-Meckling, 3 J.o.Fin.Econ. 305, 313 (1976).

zugute. Damit sind die Voraussetzungen für rationale Apathie und Trittbrettfahren erfüllt.[138]

Mit dem Ansteigen der Personenzahl, die über die Kompetenz verfügt, die Geschicke der Gesellschaft zu bestimmen, steht zu befürchten, daß die tatsächliche Ausübung solcher Befugnisse abnimmt.

### bb) Bestimmungsrecht einzelner Gesellschafter

Um diesen Konflikt zu umgehen, bleibt die Möglichkeit, nur einzelnen Gesellschaftern diese Befugnis zu übertragen, diese aber auch zur Geschäftsführung zu verpflichten, wofür sie eine besondere Vergütung erhalten. Diese Vergütung dient dazu, den Aufwand für die Geschäftsführung zu ersetzen. Die eigene Gewinnbeteiligung, die diese Geschäftsleiter aufgrund ihrer Gesellschafterstellung besitzen, sollte bei einer derartigen Ausgestaltung Anreiz genug bieten, die Geschäftsführung auch tatsächlich auszuüben.

### cc) Bestimmungsrecht eines Dritten

Wird mit der Anpassung des Gesellschaftsverhältnisses ein Dritter beauftragt, können Kollektivhandlungsprobleme ebenfalls vermieden werden. Wie bereits beschrieben, ist bei einem neutralen Dritten auch im Grundsatz die Annahme zulässig, er werde bei Ausübung der eingeräumten Befugnisse die Interessen der Gesellschaft in gleicher Weise verfolgen, als wären diese einem einzelnen Gesellschafter übertragen.[139]

Tatsächlich ist von einem neutralen Dritten der Ausgleich eventuell divergierender Gesellschafterinteressen eher zu erwarten als von einem direkt Betroffenen. Diese Aussage gilt allerdings nur solange, wie sich keine festen Mehrheitsstrukturen bilden, von deren Gunst die Stellung des Dritten in der Gesellschaft abhängen würde.

Schließlich mag die fachliche Ausbildung des Dritten dazu führen, dessen Beauftragung der eines Gesellschafters vorzuziehen.

Jedoch muß ein Dritter in jedem Fall für seine Aufgabe höher vergütet werden, da ihm ohne Gesellschaftsanteil keine Gewinnbeteiligung zusteht und ihm insoweit gegenüber einem Gesellschaftergeschäftsführer mehr zu bieten ist.

---

[138] Siehe oben § 4 II. 2.
[139] Siehe oben § 4 II. 3. a) bb).

### 3. Optimierung der Anpassungskosten durch Verfahrensklauseln

Die vorstehenden Ausführungen zeigen, daß mit den unterschiedlichen Verfahren zur Leistungsbestimmung auch in unterschiedlicher Weise Anpassungskosten anfallen. Dieses versetzt die Parteien in die Lage, durch geeignete Formulierung diese Kosten für ihre jeweilige Gesellschaft zu optimieren. Bereits an dieser Stelle läßt sich die Aussage treffen, daß die Anpassungslösungen im Hinblick auf die Grundsätzlichkeit des Entscheidungsinhalts und die Größe der Gesellschaft unterschiedlich ausfallen werden.[140]

#### a) Differenzierungen zwischen Grundlagenentscheidungen und Geschäftsführung

Je stärker grundsätzliche Interessen der Gesellschafter berührt sind, desto größer ist der zu erwartende Schaden, wenn die Interessen des einzelnen bei der Entscheidungsfindung nicht beachtet werden. Vollzieht sich die Entscheidung dagegen im Rahmen der täglichen Geschäftsführung, wird es zunehmend wichtiger, schnelle und effektive Entscheidungsverfahren zu gewährleisten. Die Nichtbeachtung von Einzelinteressen kann hier im Zweifel durch die Vielzahl der Entscheidungen ausgeglichen werden.

Je nachdem, wie stark grundsätzliche Interessen der Gesellschafter bei der anstehenden Entscheidung berührt sind, werden sie daher diese Entscheidung einem einstimmigen Beschluß, einer Mehrheitsabstimmung oder, in den Fällen der täglichen Anpassung im Rahmen der Geschäftsführung, lediglich dem Ermessen eines zuständigen Entscheidungsträgers überantworten.[141]

Diese These deckt sich mit der Entscheidung des Gesetzgebers, für Geschäftsführungsangelegenheiten eine Geschäftsführung durch einzelne, professionelle Geschäftsleiter vorzusehen, Grundlagenentscheidungen jedoch prinzipiell der Abstimmung der Gesellschafter zu überlassen.[142]

#### b) Die Bedeutung der Verbandsgröße

Bei allen Formen der nachträglichen Leistungsbestimmung spielt die Kollektivhandlungsproblematik eine Rolle. Da der Umfang von Kollektivhandlungskosten aber von der Anzahl der handelnden Personen abhängt, werden die Lösungen zur Optimierung der Anpassungskosten bei kleinen Gesellschaften vermutlich grundsätzlich anders ausgestaltet sein als bei großen.

---

[140] Vgl. Hansmann, (1996) S. 46ff.
[141] Vgl. Behrens, (1986) S. 289; G. Hueck, (1958) S. 307.
[142] Vgl. Martens, (1970) S. 111f; Schmidt, (1997) S. 459ff; Wiedemann, (1980) S. 323f.

## aa) Kleine Gesellschaften

Besteht eine Gruppe aus nur wenigen Personen, so ist der Anteil am Gewinn der gemeinsamen Tätigkeit relativ hoch und es steht zu erwarten, daß dieser bereits häufig die Kosten deckt, die der Einzelne für eine Initiative, namentlich für Informationsbeschaffungen, aufwenden muß. Selbst wenn der Gewinn dieser Initiative allen zugute kommt, kann es sich für den Einzelnen dennoch lohnen, die Initiative zu ergreifen, auch wenn er Gefahr läuft, daß seine Kollegen eine solche unterlassen.[143]

Nicht zuletzt aus diesem Grunde sind in kleinen Gruppen die Informationen über die Mitgesellschafter besser verteilt und die Bindungen enger.[144] Sie können in Familiengesellschaften sogar auf verwandschaftlichen Beziehungen beruhen. Dies wird für den Einzelnen Grund sein, die Wahrscheinlichkeit des Mißbrauchs gesellschaftsvertraglich vermittelter Rechte niedriger anzusetzen.[145]

Angesichts der guten Informationsverteilung steht allgemein zu erwarten, daß Gesellschafter in kleinen Gesellschaften einen optimalen Ausgleich zwischen der Notwendigkeit, ihr Vertragsverhältnis neuen Bedingungen anzupassen, und dem Bedürfnis, vor nachträglichen Eingriffen in die Rechts- und Lastenverteilung des Vertrages geschützt zu sein, finden werden.[146] Jede Regulierung in diesem Bereich sollte daher den Gesellschaftern in kleinen Gesellschaften einen weiten Ermessensspielraum bei der Gestaltung ihres Innenverhältnisses belassen.

## bb) Publikumsgesellschaften

Große Verbände, wie die Publikumsgesellschaften, sehen sich dagegen auf der Mitgliederebene mit der Kollektivhandlungsproblematik konfrontiert. Infolge von rationaler Apathie und Trittbrettfahren steht bereits bei der Vertragsgestaltung zu befürchten, daß diese auf nur unvollständigen Informationen der beteiligten Personen beruht.[147] Dies gilt um so mehr für spätere Anpassungen dieses Vertrages.

Mit zunehmender Personenzahl wächst auch die Wahrscheinlichkeit unterschiedlicher Interessen und unterschiedlicher Abhängigkeiten am Zustandekommen des Beschlusses.[148] Allein hierdurch wird die Wahrscheinlichkeit von

---

[143] M.Olson, (1992) S. 21, 32.

[144] Brudney-Clark, 94 Harv.L.Rev. 997, 1003 (1981).

[145] Vgl. Easterbrook-Fischel, (1996), S. 229; Frankel, 71 Cal.L.Rev. 795, 811 (1983).

[146] Vgl. Brudney-Clark, 94 Harv.L.Rev. 997, 1003 u. 1006 (1981); Fastrich, (1992) S. 156; Zöllner, (1979) S. 30f.

[147] Kübler, NJW 1984, 1857, 1862.

[148] Behrens, (1986) S. 287f; Fillmann, (1991) S. 14; W.Klein, 91 YaleL.J. 1521, 1544 (1982); Nitschke, (1970) S. 20; Piepenburg, (1996) S. 9.

Blockaden bei Beschlüssen unter Geltung des Einstimmigkeitsprinzips zunehmen. Nachverhandeln ist daher keine geeignete Anpassungsform für große Gesellschaften, selbst bei Beschlüssen von grundsätzlicher Natur.[149]

Auch die allgemeinen Transaktionskosten steigen mit der Anzahl der zur Entscheidung berufenen Personen an. Die Versammlungen werden immer größer, eine Informierung schwieriger, ein wirkliches Ausverhandeln der Entscheidung ist unmöglich.[150]

Folglich empfiehlt es sich für große Gesellschaften, möglichst viele Entscheidungen an einzelne Personen zu delegieren. Große Gesellschaften bedürfen eines professionellen Managements und sind ohne die Einräumung von einseitigen Leistungsbestimmungsrechten unregierbar.[151]

Damit gehen jedoch *principal-agent*-Konflikte einher, die durch die mangelhafte Kontrollinitiative der großen Gesellschaftermasse noch verstärkt werden.[152]

Es bleibt eine Herausforderung für das Gesellschaftsrecht, diesen Verbänden eine geeignete Organisationsverfassung zu verschaffen, die eine Kontrolle des Managements und damit eine Senkung der *agency*-Kosten ermöglicht.

cc) Zwischenergebnis

Die unterschiedlichen Schwierigkeiten, die bei der Gestaltung von Anpassungsklauseln in Gesellschaftsverträgen zwischen kleinen und großen Gesellschaften bestehen, sind bedeutend. Während bei kleinen Verbänden von informierten Vertragspartnern ausgegangen werden kann, die für ihre Beziehung eine optimale Gestaltung des Anpassungsverfahrens erzielen, ist diese Annahme bei Publikumsgesellschaften unzulässig. Hier steht zu befürchten, daß die Parteien suboptimale Lösungen finden, da für sie der Informationsaufwand zu groß ist,

---

In der Folge sind Publikumsgesellschaften insbesondere dort zu beobachten, wo sich die gemeinsame Zweckverfolgung auf einen sehr klar umrissenen Inhalt beschränkt. Dieser besteht typischerweise in der Erzielung einer möglichst hohen Rendite; vgl. Hansmann, (1996) S. 62.

[149] Anderson, 25 UCLA.L.Rev. 738, 778 (1978); vgl. auch Nitschke, (1970) S. 76.

[150] Baums, in Corp.Gov. 1998, 545, 547; Eisenberg, 89 Col.L.Rev. 1461, 1471 (1989); Nitschke, (1970) S. 20.

[151] Alchian-Demsetz, 62 A.Econ.Rev. 777, 788 (1972); Anderson, 25 UCLA.L.Rev. 738, 774 (1978); Behrens, (1986) S. 256, 320; Buxbaum, 73 Cal.L.Rev, 1671 (1985); Clark, in Pratt/Zeckhauser S. 55, 57; Easterbrook-Fischel, (1996) S. 67; Fama-Jensen, 26 J.o. LawEcon. 301, 309 (1983); Hart, (1995) S. 127; Hansmann, (1996) S. 35; Martens, (1970) S. 115; Nitschke, (1970) S. 76; Romano, (1993) S. 1; Ruffner, (2000) S. 140; Tröger, (2000) S. 235.

[152] Siehe oben § 4 II. 3. c) aa).

eine angemessene Vereinbarung zu finden. Zudem sind Anpassungsverfahren in diesen Verbänden immer nur „*second best*" – Lösungen, weil Kollektivhandlungspobleme entweder zu mangelhaften Entscheidungen der Gesellschafter oder zu einer mangelhaften Kontrolle des Managements führen.

Diese Unterschiede sind bei einer Analyse von Regulierungen zu berücksichtigen, die das Ziel haben, Mißbrauch gesellschaftsinterner Gestaltungsmacht zu verhindern. Sie können daher auch bei der folgenden Analyse der Wirkungsweise gesellschaftsrechtlicher Treuepflichten nicht außer acht gelassen werden.

## IV. Die Anreizwirkung der Treuepflicht

Die Tatsache, daß Gesellschaftsverträge nicht lückenlos im Sinne eines vollständigen Vertrages ausformuliert werden können, zwingt die Parteien dazu, Regelungsstrukturen in den Vertrag aufzunehmen, die eine Anpassung der Regulierungen an sich wandelnde Bedingungen ermöglichen. Diese Anpassungsklauseln können nicht die Sicherheit bieten, wie es ein vollständig ausformulierter Vertrag vermag. Die Gesellschafter müssen sich auf Nachverhandlungen einlassen, die mit der Gefahr verbunden sind, daß infolge veränderter Verhandlungsstärken in die bisherige Rechts- und Risikoverteilung des Vertrages eingegriffen und das Äquivalenzverhältnis verschoben wird. Darüber hinaus kommen Gesellschafter nicht umhin, bei diesen Verfahren regelmäßig auf eigene Kompetenzen zu verzichten, um eine effiziente Anpassung zu gewährleisten.

So wird sich bereits für kleine Gesellschaften oftmals empfehlen, bestimmte Entscheidungen im Wege der Einzelgeschäftsführung zu delegieren und Mehrheitsentscheidungen zuzulassen. Völlig unerläßlich sind derartige Kompetenzverzichte bei Publikumsgesellschaften, bei denen die Geschäftsführung auf ein professionelles Management zu übertragen ist und auch für Grundlagenentscheidungen ein qualifizierter Mehrheitsbeschluß ausreichend sein muß.

Mit der Delegation der Befugnis, über die eigenen Interessen in der Gesellschaft verfügen zu können, an eine Mehrheit oder eine einzelne vertretungsberechtigte Person geht jedoch für den Gesellschafter die Gefahr des Mißbrauchs einher.

Eine Regulierung, die geeignet wäre, diesen Mißbrauch zu verhindern, indem sie die Entscheidungsträger veranlaßt, die Interessen aller Gesellschafter mit zu berücksichtigen, wäre in der Lage, die Unsicherheiten und Kosten zu senken, die mit dem Beitritt zu einer Gesellschaft verbunden sind.[153] Sie würde es dem einzelnen Gesellschafter erleichtern, einer Delegation eigener Kompetenzen im Interesse der Funktionsfähigkeit der Gesellschaft zuzustimmen.

Im Folgenden ist zu untersuchen, ob mit der richterlichen Generalklausel der gesellschaftsrechtlichen Treuepflicht, die es den Gerichten ermöglicht, gesellschaftsinterne Entscheidungen auf ihre Angemessenheit zu überprüfen und diese gegebenenfalls außer Kraft zu setzen, eine derartige, kostensenkende Regulierung vorliegt.

## 1. Die Treuepflicht als „Gegenrecht"

Die Verhaltensanforderungen der gesellschaftsrechtlichen Treuepflicht, wie sie anfangs in Fallgruppen dargestellt wurden,[154] sind materiellrechtliche Anforderungen an eine ordnungsgemäße Ausübung gesellschaftsinterner Gestaltungsrechte, wie etwa Entscheidungskompetenzen der Geschäftsleitung oder Kontroll- und Stimmrechte der Gesellschafter. So unterschiedlich die konkreten Anforderungen der gesellschaftsrechtlichen Treuepflicht im Einzelfall auch sein mögen, so liegt ihnen dennoch der gemeinsame Nenner zugrunde, daß sie einen Kontrollmaßstab darstellen, anhand dessen die Angemessenheit der jeweiligen Entscheidung durch den Richter, d.h. durch einen Außenstehenden, überprüft werden kann, wenn eine Partei sich durch die interne Entscheidung benachteiligt fühlt und den Klageweg beschreitet.

Vereinfacht gesagt, kann die Regulierung der gesellschaftsrechtlichen Treuepflicht als ein Ausgleich angesehen werden, den der einzelne Gesellschafter dafür erhält, es anderen mit seinem Beitritt zur Gesellschaft zu ermöglichen, seine Interessensphäre zu beeinflussen.[155] Es ist Ziel der Treuepflicht, den Gesellschafter vor Übervorteilung zu schützen, der im gemeinsamen Flexibilitätsinteresse auf vertraute Sicherheit verzichtet.[156]

Die Annahme ist nicht unberechtigt, daß sich vollständig informierte Parteien bei einer Verhandlung über die Anpassungsklauseln auf eine ähnliche materielle Regelung einigen würden, da derjenige, der durch den Vertrag die Befugnis erhält, einseitig über die Interessen der anderen Vertragspartei zu bestimmen, billigerweise nicht ablehnen kann sich zu verpflichten, diese Befugnis ange-

---

[153] Easterbrook-Fischel, 36 J.o.LawEcon. 425, 427 (1993); vgl. auch Palmiter, 67 Tex.L.Rev. 1351, 1367f (1989).

[154] Siehe oben § 2.

[155] Grundmann, (1997) S. 274; Reul, (1991) S. 257; Ruffner, (2000) S. 323. Zur Mißbrauchs bzw. Opportunismus hemmenden Wirkung von Gegenrechten siehe auch Jickeli, (1996) S. 301f, der die Implementierung einer derartigen Struktur in Verträgen und dispositivem Recht generell befürwortet.

[156] Coffee, 89 Col.L.Rev. 1618, 1621 (1989); vgl auch Martens, (1970) S. 110.

messen auszuüben, die Interessen des Vertretenen mit zu berücksichtigen und eine diesbezügliche Kontrolle zu ermöglichen. Insoweit beschreibt die juristische Begründung, wonach mit gestiegener Rechtsmacht auch eine gesteigerte Verantwortung einhergehen müsse, in zutreffender Weise den Kerngedanken einer vertraglich ableitbaren Treuepflicht.

Die Unterteilung der Treuepflicht in organschaftliche, mitgliedschaftliche und mehrheitsbezogene Pflichten spiegelt dabei die unterschiedlichen Risiken der Regelungsstrukturen wider.

So ist die organschaftliche Treuepflicht als Reaktion auf die *agency*-Probleme zu sehen, die damit einhergehen, daß in einer einseitigen Regelungsstruktur Vertretungskompetenzen an Einzelne vergeben werden.[157]

Die mehrheitsbezogene Treuepflicht stellt dagegen eine Antwort auf die Gefahr der Majorisierung dar, insbesondere, wenn die geltende Mehrheitsklausel einen einzelnen Gesellschafter in die Lage versetzt, wie bei einer einseitigen Regelungsstruktur die Geschicke der Gesellschaft allein zu bestimmen.

Die mitgliedschaftliche Treuepflicht reagiert schließlich auf die Gefahr von *hold-ups* bei Einstimmigkeitsklauseln oder Sperrminoritäten, zudem versucht sie mit der Beschlußkontrolle zumindest die untragbarsten Ergebnisse der Kollektivhandlungsproblematik zu beseitigen.[158]

Aus diesen „verschiedenen" Treuepflichten lassen sich zwar unterschiedliche Verhaltensanforderungen ableiten, je nachdem, welches Verhalten der Treuepflichtigen dem jeweiligen Risiko einer Entscheidungssituation gerecht wird. Zur Durchsetzung der im Einzelfall unterschiedlichen Anforderungen bedienen sich die Treuepflichten jedoch einheitlicher Mechanismen. Diese Einheitlichkeit der im Folgenden darzustellenden Wirkungsweise der Treuepflichten rechtfertigt es schließlich, von *der* gesellschaftsrechtlichen Treuepflicht zu sprechen.

**2. Zwei Ansätze**

Um die einzelnen Verhaltensanforderungen an die Treuepflichtigen durchzusetzen, bedient sich die Regulierung gesellschaftsrechtlicher Treuepflichten zweier Mechanismen:

---

[157] Ruffner, (2000) S. 211; Wiedemann, FS Heinsius 1991, 949, 951.
[158] Siehe dazu unten § 6 III. 2. a) u. b).

Zum einen soll die Treuepflicht durch das Verbot bestimmter Handlungen verhindern, Prinzipal und Agenten überhaupt in einen Interessenkonflikt geraten zu lassen.[159] Solange das Eigeninteresse des Vertreters nicht von dem Interesse des Geschäftsherrn abweicht, besteht kein Anreiz, die eingeräumte Vertretungsmacht zu mißbrauchen. Wenn in dieser Situation der Agent primär eigene Interessen verfolgt, fördert er dadurch gleichzeitig auch die Interessen des Prinzipals (dazu sogleich unter a)).

Zum anderen ermöglicht die gesellschaftsrechtliche Treuepflicht eine Kontrolle der Ausübung der eingeräumten Entscheidungskompetenzen. Der Schuldner wird verpflichtet, auf die tatsächlichen Interessen des Gläubigers zumindest Rücksicht zu nehmen, wenn nicht sogar ausschließlich dessen Interessen zu verfolgen. Die Treuepflicht ermöglicht es betroffenen Gesellschaftern, gerichtlich überprüfen zu lassen, ob der Treupflichtige diese Grenzen des ihm eingeräumten Ermessens eingehalten hat. Sie ist damit materielle Grundlage einer wünschenswerten Kontrolle (dazu unten unter b)).[160]

a) Vermeidung von Interessenkonflikten

Soweit der Ansatz der Treuepflicht darin besteht, ein Entstehen von Interessenkonflikten von vornherein zu unterbinden, wird dieses Ziel mit Hilfe von Verboten zu erreichen versucht. Diese sollen verhindern, daß der Entscheidungsberechtigte in Situationen gerät, in denen der Gewinn einer Mißbrauchshandlung für ihn größer wird als der Gewinn, den er mit einer loyalen Zusammenarbeit erwarten kann.

Charakteristisch ist, daß diese Verbote sich nicht nur aus der richterlichen Generalklausel ableiten lassen, sondern zumeist auch gesetzlich kodifiziert worden sind. So ist der schwerwiegendste Interessenkonflikt in Deutschland Gegenstand einer allgemeinen zivilrechtlichen Regulierung und wird im Gegensatz zu den USA nicht der Treuepflicht untergeordnet. Das Selbstkontrahieren ist für alle Arten der Vertretung bereits nach § 181 BGB verboten.[161]

Ebenso wurde das Wettbewerbsverbot der Geschäftsführung in den meisten Gesellschaften gesetzlich reguliert. Ökonomischer Hintergrund auch dieses Verbotes ist, den Geschäftsführer nicht in einen Interessenkonflikt geraten zu lassen. Andernfalls wäre dieser bei Aufnahme einer Wettbewerbstätigkeit gezwungen, auch die Interessen eines konkurrierenden Unternehmens zu beachten.[162]

---

[159] Frankel, 71 Cal.L.Rev. 795, 824 (1983).

[160] Vgl. Allen, in Comp.Corp.Gov. 1998, 307, 313.

[161] Vgl. Grundmann, (1997) S. 241.

[162] Grundmann, (1997), S. 242; Hopt, in Hopt/Teubner 1985, 285, 301; Polley, (1992) S. 92ff.

Zu nennen ist an dieser Stelle aber auch die bereits erwähnte „Süssen"-Entscheidung des BGH, in der es der Mehrheitsgruppe aufgrund ihrer mehrheitsbezogenen Treuepflicht untersagt worden war, einzelne Mitglieder dieser Gruppe durch Beschluß vom Wettbewerbsverbot zu befreien, weil andernfalls ein Mitglied in die Stellung eines „Unternehmens" im Sinne des Konzernrechts gelangt wäre. Auch hier sollte die Gefahr vermieden werden, die entsteht, wenn eine Person mit Einfluß auf die Gesellschaft die Interessen zweier Unternehmen verfolgt.[163]

## b) Ausübungskontrolle

Der allgemeinere „generalklauselhafte" Ansatz der gesellschaftsrechtlichen Treuepflicht besteht aber darin, es den Gerichten materiell zu ermöglichen, die Ausübung der durch Gesellschaftsvertrag vermittelten Rechte inhaltlich zu kontrollieren. Wie gesehen, geht dabei der Umfang dieser richterlichen Kontrollbefugnis weit über die allgemeine zivilrechtliche Ermessenskontrolle hinaus.[164]

Geschäftsführer dürfen nur das Interesse der Gesellschaft beachten; bei Grundsatzentscheidungen muß das Interesse des einzelnen Gesellschafters an der Erhaltung gemeinsam geschaffener Werte auch durch Gesellschafterbeschluß angemessene Berücksichtigung finden. Die Problematik, daß hierdurch die Gerichte in die Lage versetzt werden, in privatautonom ausgehandelte Vertragsvereinbarungen einzugreifen, wurde bereits angesprochen.[165]

Zu beachten ist jedoch, daß die Verleihung von Rechten, mittels dessen die hierzu Berufenen in die Lage versetzt werden, über die Interessen ihrer Vertragspartner zu verfügen und die damit auch die Möglichkeit des Mißbrauchs einräumen, im Bereich der Gesellschaftsverträge nur eingeschränkt auf Freiwilligkeit beruhen. Die bisherige Darstellung hat gezeigt, daß die nachträgliche Anpassung von Verträgen mit besonderen Schwierigkeiten verbunden ist, insbesondere wenn diese Anpassung für mehrere Personen gelten soll, wie dies in Gesellschaften der Fall ist. Durch die Zukunftsoffenheit des Gesellschaftsverhältnisses sind die Gesellschafter gezwungen, Kompetenzen auf einzelne Personen zu delegieren oder zumindest Mehrheitsentscheidungen zuzulassen, soll die Funktionsfähigkeit der Gesellschaft sichergestellt werden.

Um angesichts dieser Ausgangslage überhaupt den Abschluß von Gesellschaftsverträgen zu ermöglichen, kann es gerechtfertigt sein, zugunsten der Gesellschafter die Ausübung gesellschaftsvertraglich vermittelter Rechte durch den Rechtsinhaber auf Angemessenheit zu überprüfen.

---

[163] BGHZ 80, 69, 73f, siehe oben § 2 II. 3.
[164] Siehe oben § 4 I. 2. c).
[165] Siehe Einleitung.

### 3. Die Anreizwirkung einer Ausübungskontrolle

Eine derartige Legitimation der Treuepflicht wäre zu bejahen, wenn durch die Ausübungskontrolle Anreize gesetzt würden, die eingeräumten Befugnisse nicht zu mißbrauchen. In diesem Falle besäße die gesellschaftsrechtliche Treuepflicht eine präventive Wirkung.

Sie würde die Wahrscheinlichkeit herabsenken, daß die vertraglich eingeräumten Entscheidungskompetenzen mißbraucht würden, und wäre damit in der Lage, die oben beschriebenen erwarteten Mißbrauchskosten zu minimieren. Eine derartig wirkende Treuepflicht würde den Abschluß von Gesellschaftsverträgen fördern.

### a) Spieltheoretisches Modell

Indem die Parteien durch die Treuepflichten angehalten werden, auf die Belange ihrer Vertragspartner angemessen Rücksicht zu nehmen, bleibt die Initiative zunächst bei den Parteien, genauer beim Rechtsinhaber, dem Bestimmungsberechtigten. Seine Entscheidung wird lediglich vom Richter auf Angemessenheit überprüft und dieses auch nur, wenn ein Prozeß eröffnet, d.h. geklagt wird.

Klagen wird nur der Vertragspartner, der am Ergebnis der Entscheidung nicht beteiligt war (Prinzipal); sei es, daß er überstimmt wurde, er ein qualifiziertes Mehrheitserfordernis nicht erreicht und damit einer Sperrminorität unterliegt oder die Entscheidungsfindung an eine andere Person delegiert wurde. In all diesen Fällen wird auf sein Interesse von einer anderen Person (Agent) Einfluß genommen.

Für die Strategiewahl des Prinzipals ist die Kostentragungsregelung von großer Bedeutung.[166] Dabei soll im folgenden vom allgemeinen Grundsatz nach § 91 ZPO ausgegangen werden, wonach die unterlegene Partei immer die Kosten des Rechtsstreits zu tragen hat. Wird unter Geltung dieses Kostenprinzips eine unangemessene Entscheidung durch das Gericht verworfen oder durch eine angemessene ersetzt, ergibt sich folgendes Bild:

---

[166] Vgl. zu den verschiedenen Kostenmodellen, die in unterschiedlicher Weise Anreize zur Aufnahme von Kontrolltätigkeit setzen: Adams, AG 2000, 396ff.

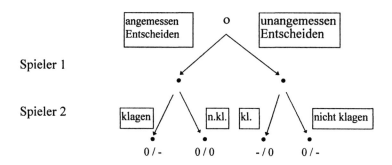

**Abb. 1:** Spieler 1 ist der Agent. Von seiner Entscheidung hängt es ab, wie sich Spieler 2, der Prinzipal, verhalten wird. Es handelt sich somit um ein sequentielles Spiel. Wenn er eine angemessene Entscheidung trifft, wird Spieler 2 nicht klagen, da die Entscheidung vom Richter nicht aufgehoben wird, Spieler 2 aber die vollen Kosten des Rechtsstreits zu tragen hätte, sollte er dennoch klagen.

Wenn Spieler 1 jedoch eine unangemessene Entscheidung trifft, würde dies Spieler 2 belasten und dieser würde klagen, um dieser Belastung zu entgehen. Spieler 1 würde den Prozeß bei einer unangemessenen Entscheidung verlieren, seine Entscheidung würde aufgehoben und er hätte die Kosten zu tragen.

Für beide entstehen keine Kosten, wenn Spieler 1 eine angemessene Entscheidung trifft. Für Spieler 1 entstünden jedoch Kosten, wenn er eine unangemessene Entscheidung träfe, da es die Strategie von Spieler 2 wäre, in diesem Fall mit Erfolg zu klagen.

Für Spieler 1 besteht damit eine dominante Strategie, angemessen zu entscheiden. Eine dominante Strategie ist die beste Wahl für einen Spieler für jede mögliche Strategie des anderen.[167] Egal wie sich Spieler 2 verhält, wenn Spieler 1 angemessen entscheidet, entstehen für ihn keine Kosten.

Der Agent geht somit kein Risiko ein, wenn er eine angemessene Entscheidung trifft. Unabhängig vom Verhalten des Prinzipals hat er bei einer angemessenen Entscheidung keine Kosten zu befürchten. Trifft er dagegen eine unangemessene Entscheidung, kann dies für ihn zwar zunächst Vorteile bringen. Diese Vorteile stehen jedoch unter dem Vorbehalt, daß der Betroffene das Verhalten des Agenten nicht erkennt und es unterläßt, zu klagen.

Im Fall der Klage verliert der Agent nicht nur die Vorteile seiner unangemessenen Entscheidung, er wird darüber hinaus noch mit den Verfahrenskosten und eventuellen Schadensersatzansprüchen belastet. Angesichts dieser drohenden Gefahr haben Treuepflichten, ähnlich wie Strafnormen, eine präventive Wirkung.[168]

---

[167] Baird-Gertner-Picker, (1995) S. 11; Holler-Illing, (1991), S.10.
[168] Easterbrook-Fischel, (1996) S. 92; dies., 91 YaleL.J. 698, 702 (1982). Vgl. auch Adams, AG 2000, 396, 397; Palmiter, 67 Tex.L.Rev. 1351, 1374 (1989); Ruffner, (2000) S. 214.

## b) Zur Präventionswirkung

Die Feststellung, daß der Treuepflicht ähnlich wie Straf- oder deliktischen Haftungsnormen eine präventive Funktion zukommt, ist zwar eine noch junge, aber keine gänzlich neue Erkenntnis mehr.

Als Vorreiter auf diesem Gebiet können *Easterbrook* und *Fischel* mit ihrer Untersuchung der ökonomischen Strukturen des amerikanischen Gesellschaftsrechts genannt werden.[169]

Von ihren Aussagen unterscheidet sich das Ergebnis der vorliegenden Untersuchung jedoch insoweit, als jene in der Treuepflicht ein direktes Rechtsinstitut zur Lückenfüllung unvollständiger Verträge, ähnlich der ergänzenden Vertragsauslegung, erblicken:[170]

Die Gerichte könnten die Anpassungsentscheidungen der Bestimmungsberechtigten mit Hilfe der *fiduciary duties* inhaltlich überprüfen. Dabei habe sich der Richter am hypothetischen Willen der Vertragsparteien, d.h. an einem fiktiven vollständigen Vertrag, bei dem die Parteien ohne Transaktionskosten eine lückenlose Vereinbarung über alle zukünftig auftretenden Anpassungserfordernisse getroffen hätten, zu orientieren. Da der Richter mit Hilfe der Treuepflicht denjenigen Anpassungen ihre Wirksamkeit versagen könne, die nicht diesem hypothetischen Parteiwillen entsprächen, besäßen die Entscheidungsbefugten einen Anreiz, von vornherein nur Entscheidungen zu treffen, die auch die Parteien zum Zeitpunkt des Vertragsschlusses vereinbart hätten, wären sie entsprechend informiert gewesen.

Diesen Ausführungen kann nicht in vollem Umfang gefolgt werden. Wenn eine Anpassung des Gesellschaftsvertrages ansteht, gibt es in diesem Punkte keine „reine Lücke" im Vertrag. Die Parteien haben eine Vereinbarung über diesen Punkt insoweit getroffen, als sie die Entscheidung hierüber einem bestimmten Verfahren in der Zukunft überantwortet haben. Es besteht kein Konsens, sich bereits zum Vertragsschluß diesbezüglich zu binden. Damit ist gerade nicht der Zeitpunkt des ursprünglichen Vertragsschlusses für die Beurteilung einer Anpassungsentscheidung relevant, vielmehr hat sich diese am Zeitpunkt der Anpassungsentscheidung selbst zu orientieren.[171]

---

[169] Easterbrook-Fischel, (1996) S. 90ff; dies., 91 YaleL.J. 698, 702 (1982). Ähnlich Matheson-B.Olson, 76 Minn.L.Rev. 1313, 1345 (1992); Palmiter, Tex.L.Rev. 1351, 1370f (1989); Ruffner, (2000) S. 214.

[170] Easterbrook-Fischel, (1996) S. 92; dies., 36 J.o.LawEcon. 425, 427 (1993); dies., 91 YaleL.J. 698, 702 (1982).

[171] Vgl. Zöllner, (1979) S. 39, der einen „Normalwillen" der Parteien beobachtet, daß diese bei Anpassungssituationen lieber eine Neueinigung ins Auge fassen, als eine durch Auslegung ermittelte Fortentwicklung des Vertrages.

Die Entscheidung, das Vertragsverhältnis derartig zukunftsoffen zu gestalten, wird den Parteien durch die Treuepflicht erleichtert, da mit ihr die Entscheidungsträger zukünftiger Anpassungen verpflichtet werden, ihre Befugnisse nicht zu mißbrauchen. Ob ein derartiger Mißbrauch vorliegt, richtet sich danach, ob das dem Vertrag zugrundeliegende Äquivalenzverhältnis zu Lasten Einzelner verschoben wird.[172]

Bei der Beurteilung, ob dieses der Fall ist, muß sicherlich auf die ursprüngliche Vereinbarung und den hypothetischen Parteiwillen zurückgegriffen werden. In den meisten Fällen bleibt den Entscheidungsträgern jedoch ein überprüfungsfreier Ermessensraum.[173] Der Richter kann nicht seine eigene Entscheidung anstelle der treuwidrigen setzen. Dieses wäre ihm möglich, wenn der Inhalt der Treuepflicht darin bestünde, lediglich den hypothetischen Parteiwillen umzusetzen, da insoweit immer eine Ermessensreduzierung auf Null vorläge.[174]

Die gesellschaftsrechtliche Treuepflicht ist daher nur ein indirekter Lückenfüllungsmechanismus. Das Schließen der Vertragslücken obliegt den durch die Verfahrensklauseln Berufenen. Sicherzustellen, daß diese hierbei ihre Kompetenzen nicht mißbrauchen, ist Aufgabe der Treuepflicht bzw. des erkennenden Richters.[175]

*Easterbrook* und *Fischel* ist jedoch insoweit beizupflichten, als kaum eine treuepflichtwidrige Entscheidung vorliegen wird, wenn diese den hypothetischen Parteiwillen im Sinne eines vollständigen Vertrages umsetzt. Damit bestehen in der Tat Anreize für die Entscheidungsbefugten, ihre Ermessensausübung am hypothetischen Parteiwillen auszurichten.

Mit der Anknüpfung an eine Verschiebung des vertraglich ausgehandelten Äquivalenzverhältnisses sowie einer Orientierung am hypothetischen Parteiwillen liegen schließlich auch hinreichend bestimmte Eingriffsvoraussetzungen vor, an denen der Treuepflichtige sein Verhalten in präventiver Weise aus-

---

[172] Vgl. schon Hedemann, (1933) S. 55f, der in der Generalklausel einzig ein Abwehrinstrument gegen Vertragsabreden erblickt, die dem Geist der übrigen Vertragselemente widersprechen.
Auch Grundmann, (1997) S. 272, der vertritt, daß nur die Entscheidungspositionen in einer Gesellschaftsbeziehung treuhänderisch gehalten werden, die zur Veränderung der Verteilungsquote zwischen den Gesellschaftern eingesetzt werden können.

[173] Vgl. Horn, in Gutachten BJM I 1981, 551, 581f; Lutter, JZ 1995, 1053, 1055; Reichert-M.Winter, FS GmbHG 1992, 209, 223; M. Winter, (1988) S. 151ff.

[174] Zum Unterschied zwischen der Lückenfüllung des Richters durch ergänzende Vertragsauslegung, bei der sich dieser „tunlichst in der Mitte halten" müsse, im Gegensatz zum Gestaltungsraum der bestimmungsberechtigten Partei auch: Schilling-M.Winter, FS Stiefel, 1987, 665, 680f.

[175] Vgl. auch Fillmann (1991) S. 19: „Treuebindungen sind in der Rechtsordnung überall dort von Bedeutung, wo sich innerhalb der Rechtsbeziehungen noch Ermessensspielräume für die Rechtsausübung ergeben."

richten kann.[176] Denn letztlich ist er als Vertragspartei immer noch am ehesten in der Lage, zu beurteilen, wann er mit seiner Entscheidung das ausgehandelte Gleichgewicht des Vertrages verläßt.

## c) Einschränkung

Gegenüber dieser im Modell festgestellten Anreizwirkung der gesellschaftsrechtlichen Treuepflicht ist jedoch einschränkend zu vermerken, daß die Bedeutung derselben mit zunehmender Größe einer Gesellschaft abnehmen wird.[177] Das dargestellte Anreizmodell der Treuepflicht basiert wesentlich auf der Annahme, der benachteiligte Gesellschafter werde klagen. Dies wird er jedoch nur tun, wenn er auch die Kenntnis besitzt, durch eine Entscheidung des Bestimmungsberechtigten benachteiligt worden zu sein.[178]

Insbesondere bei Publikumsgesellschaften steht jedoch zu befürchten, daß der betroffene Gesellschafter diese Information nicht erhält. Für eine entsprechende Kenntnis wäre eine Kontrolle des Bestimmungsberechtigten durch den Gesellschafter erforderlich. Aber gerade dort, wo infolge der großen Anzahl der Prinzipale es notwendig ist, die Entscheidung über Geschäftsführungsangelegenheiten in Vertretung zu geben, wird aus den selben Gründen, die eine effiziente Entscheidungsfindung durch die Gesellschafter verhindern, auch eine wirksame Kontrolle unterbunden. Die Wahrscheinlichkeit, daß es zu Klagen gegen unangemessene Entscheidungen kommt, ist damit ohne zusätzliche organisatorische Regulierungen gering, zumal selbst bei Erhalt der Informationen die Kollektivhandlungsprobleme fortbestehen.[179]

Eine Bewertung der Treuepflicht in Publikumsgesellschaften wird daher auch die existierenden Kontrollsysteme mit einbeziehen müssen.[180]

Angesichts dieser Bedeutung der Gesellschaftsgröße für die Funktionsweise der gesellschaftsrechtlichen Treuepflicht wird bei der sich anschließenden Neubewertung der aus der Treuepflicht ableitbaren Verhaltenspflichten grundsätzlich differenziert zwischen Treuepflichten in kleinen geschlossenen Verbänden (§ 5) und Treuepflichten in Publikumsgesellschaften (§ 6).

---

[176] Vgl. Fleischer, ZGR 2001, 1, 5, der die Treuepflicht als ein „fokales oder richtunggebendes Prinzip" bezeichnet.
[177] Vielleicht liegt hierin die eigentliche Begründung, warum die Anerkennung der Treuepflicht in Publikumsgesellschaften so schleppend voranging. Vgl. oben § 1 IV. 3.
[178] Anderson, 25 UCLA.L.Rev. 738, 790 (1978); Tröger, (2000) S. 162.
[179] Adams, AG 2000, 396, 397.
[180] Siehe hierzu unten § 6 III.

198

# § 5 Die Treuepflicht in geschlossenen Verbänden

Nachdem Aufgabe und Anreizwirkung der gesellschaftsrechtlichen Treuepflicht in abstrakter Form analysiert worden sind, gilt es nun, vor dem Hintergrund dieser Erkenntnisse die Fallgruppen dieser Generalklausel neu zu bewerten. Angesichts der infolge kollektiven Handelns qualitativ unterschiedlichen Problemstellungen in großen und kleinen Gesellschaften soll bei dieser Fallgruppenanalyse ebenfalls zwischen den Treuepflichten in geschlossenen Verbänden und den Treuepflichten in Publikums-, namentlich börsennotierten Aktiengesellschaften (§ 6) differenziert werden.

## I. Geschlossene Verbände

### 1. Annahmen

Für die Untersuchung der Treuepflichten in geschlossenen Verbänden wird von einem Gesellschaftstypus mit einer geringen Zahl von Gesellschaftern ausgegangen, deren Anteile nicht an einer Börse oder einem gleichwertig effizienten Kapitalmarkt gehandelt werden.

Die geringe Anzahl sollte dabei so bemessen sein, daß der einzelne Gesellschafter ohne großen Aufwand in der Lage ist, nachzuvollziehen, inwieweit seine Vertragspartner sich im gemeinsamen Unternehmen engagieren oder nur von den Initiativen anderer profitieren.[1] Wie hoch diese Zahl ist, kann nicht verallgemeinert definiert werden. Sie hängt vom Einzelfall ab; davon, wie komplex das Tätigkeitsfeld der Gesellschaft ist, ob für deren Geschäftsführung eine Ausbildung oder besondere Kenntnisse erforderlich sind und wieviel Zeit die Gesellschafter für ihre Gesellschaft aufbringen können.[2]

Dagegen ist für die Untersuchung der geschlossenen Verbände nicht entscheidend, wie das Innenverhältnis strukturiert ist. Welche der Regelungsstrukturen zur Anpassung des Gesellschaftsvertrages gewählt wurden, ob ein-, zwei-, dreiseitige oder multilaterale Regelungsstrukturen gelten, ob zwischen Grundlagen- und Geschäftsführungsangelegenheiten differenziert wird, ist hier nicht von Bedeutung.

Allerdings sind diesbezüglich jedoch typische Merkmale anzutreffen. Bei geschlossenen Verbänden handelt es sich regelmäßig um personalistische Gesell-

---

[1] (= Intermediäre Gruppe) M.Olson, (1992) S. 49, 54; Sandler, (1992) S. 9.
[2] Vgl. Jensen-Meckling, 3 J.o.Fin.Econ. 305, 328 (1976); Sandler, (1992) S. 9f.

schaftsformen, in denen die Gesellschafter eine Arbeits- und Haftungsgemein-
schaft bilden. Die Teilhabe an der Geschäftsführung wird als Lebensaufgabe
verstanden, entsprechend bedeutsam ist die Zusammensetzung des Gesellschafterstammes. Der Eintritt in geschlossene Gesellschaften ist daher regelmäßig an
die Zustimmung aller Gesellschafter geknüpft; sogar der Bestand der Gesellschaft kann mit der Zusammensetzung des Gesellschafterbestandes so eng verknüpft sein, daß bei Tod oder Ausscheiden eines Gesellschafters auch die Gesellschaft aufgelöst wird. Im Rahmen der Willensbildung ist häufig das Einstimmigkeitsprinzip anzutreffen, dort wo Mehrheitsentscheidungen zulässig sind,
wird nach Kopfteilen abgestimmt.[3]

Für derartige geschlossene Verbände eignen sich grundsätzlich alle Gesellschaftsformen. Von den Leitvorstellungen des Gesetzgebers her zugeschnitten
sind auf diese die Personengesellschaften, die GmbH, aber auch die kleine AG.

## 2. Sich-selbst-durchsetzende Regel infolge einer Zuständigkeitsverteilung

Eine derart zusammengesetzte Gruppe aus relativ wenigen Personen kann den
Problemen kollektiven Handelns mit der Verteilung von Zuständigkeiten begegnen. Bei festen Zuständigkeitsregelungen weiß jeder Beteiligte, daß andere
in seinem Bereich keine Tätigkeiten entfalten. Diese gehen vielmehr davon aus,
er selbst werde in diesem Bereich die Initiative ergreifen. Durch die Zuständigkeitsverteilung wird dabei sichergestellt, daß jeder einen angemessenen Beitrag
leisten muß, um am Gewinn beteiligt zu sein, den alle gemeinsam erwirtschaften. Ob der Partner tatsächlich in diesem Sinne tätig wird, läßt sich zwar
nicht in einer Art Zug um Zug Situation überprüfen, weil die Entscheidungen,
die Geschäftsführung wahrzunehmen, regelmäßig zeitgleich und unabhängig
voneinander getroffen werden. Jedoch läßt sich das Ergebnis einer solchen
Tätigkeit anhand der Qualität der Rechenschaft feststellen, die der Einzelne
über seinen Bereich abgeben muß.

Mit dieser Ergebniskontrolle wird ein strategisches Verhalten der Beteiligten eröffnet, das in der Spieltheorie anhand der Situation sich wiederholender Spiele
beschrieben wird und zu einer sich selbst durchsetzenden Regel führt.[4] Wenn

---

[3] Grundlegend zu den Eigenschaften geschlossener Verbände und personalistischer Gesellschaften: Immenga, (1970) S. 31f, 54 u. 69ff. Siehe auch in Abgrenzung zu kapitalistischen
bzw. körperschaftlich verfaßten Gesellschaftsform: Nitschke, (1970), 19f, 74ff u. bes. 108;
unten § 6 I. 1.

[4] Sich selbst durchsetzende Regeln basieren auf einer vertraglichen Gestaltung, bei der die
Vorteile der Nichterfüllung des Vertrages stets geringer sind als die langfristigen Vorteile
der Vertragstreue. Easterbrook-Fischel, (1996) S. 95; Kern JuS 1992, 13, 16f; Richter-
Furubotn, (1999), S. 171; Telser, 53 J.o.Bus. 27, 28 (1980).

der Schuldner infolge einer entsprechenden Vertragsgestaltung von seiner ordnungsgemäßen Pflichterfüllung selbst profitiert, wird sichergestellt, daß diese Leistung auch erbracht wird. Kontroll- sowie Durchsetzungskosten für den Gläubiger werden hierdurch gesenkt und gesetzliche Regulierungen entbehrlich.[5]

Das Ausgangsproblem besteht wiederum darin, daß von der Pflichterfüllung des Einzelnen in dessen Zuständigkeitsbereich alle Gesellschafter profitieren. Zweck einer Gesellschaft ist es schließlich, die gemeinsam erwirtschafteten Gewinne zu teilen. Im Zweifel wird jedoch der Ertrag einer derartigen Gewinnbeteiligung die Aufwendungen im eigenen Zuständigkeitsbereich nicht decken, solange nur ein Gesellschafter seinen Pflichten nachkommt. Dieser ist daher auf seine Mitgesellschafter angewiesen, die ebenfalls in ihren Zuständigkeitsbereichen die Initiative ergreifen und Gewinne erwirtschaften müssen.[6] Unterlassen es dagegen die anderen Gesellschafter, im Rahmen der Zuständigkeitsverteilung tätig zu werden, würde es sich auch für den Einzelnen empfehlen, nicht zu handeln.[7] Ergriffe dieser allein die Initiative, könnten zwar die Mitgesellschafter von seiner Tätigkeit profitieren, er selber wäre aber nicht in der Lage, mit seinem verbliebenen Gewinnanteil die eigenen Aufwendungen zu decken. Dieses Problem soll an folgendem Fallbeispiel erörtert werden:

Angenommen, es besteht eine kleine Gesellschaft mit zwei Gesellschaftern. Jeder von ihnen besitzt einen eigenen Zuständigkeitsbereich (etwa Produktion und Vertrieb). Wenn ein Gesellschafter seinen Bereich ordentlich führt, hat er Aufwendungen (primär Zeitaufwand) i.H.v. 100,- EUR pro Stunde. Aus diesen Aufwendungen werden jedoch Erträge i.H.v. 120,- EUR pro Arbeitsstunde für die Gesellschaft erzielt. Bei der Entscheidung, ob er eine zusätzliche Stunde Arbeit für die Gesellschaft aufwenden soll, weiß keiner der beiden Gesellschafter, ob auch sein Kollege in der gleichen Zeit tätig wird (der Vertriebsleiter arbeitet etwa die meiste Zeit außerhalb). Die Entscheidungssituation des Gesellschafters in diesem Beispiel läßt sich wie folgt darstellen:

|  |  | Spieler 2 | |
| --- | --- | --- | --- |
|  |  | arbeiten | nicht arbeiten |
| Spieler | arbeiten | 20 / 20 | - 40 / 60 |
| 1 | nicht arbeiten | 60 / - 40 | 0 / 0 |

---

[5] Cooter-Ulen, (2000) S. 215; Frankel, 71 Cal.L.Rev. 795, 830 (1983); Jickeli, (1996) S. 81; Telser, 53 J.o.Bus. 27ff (1980); Williamson, 73 A.Econ.Rev. 519, 521 (1983).

[6] Vgl. Eggertsson, (1991) S. 164f.

[7] Vgl. Alchian-Demsetz, 62 A.Econ.Rev. 777, 780.

**Abb. 2:** Wenden beide Spieler (= Gesellschafter) die Zeit für eine zusätzliche Arbeitsstunde auf, so hat jeder von ihnen 100,- EUR Aufwand. Dem steht jedoch ein Ertrag der Gesellschaft i.H.v. 240 EUR gegenüber, der zwischen den Gesellschaftern aufgeteilt wird. Jeder Spieler erzielt einen Gewinn i.H.v. 20 EUR.

Arbeitet dagegen nur ein Spieler, so hat er weiterhin einen Aufwand von 100,- EUR. Die Gesellschaft erhält jedoch nur einen Ertrag von 120,- EUR, von dem jeder Spieler mit 60,- EUR profitiert. Damit verliert der arbeitende Spieler 40,- EUR, während sein Kollege ohne eignen Aufwand 60,- EUR erhält.

Arbeitet keiner von ihnen, haben beide keine Aufwendungen, die Gesellschaft erzielt jedoch auch keinen zu verteilenden Ertrag. Die Auszahlung wäre für beide Null.

Da die Entscheidungen der Spieler, ob sie eine weitere Arbeitsstunde aufwenden, zeitgleich getroffen werden, hat kein Spieler die Information, wie sich der andere verhält. Jeder Spieler muß daher seine Strategie unabhängig von der Entscheidung seines Mitspielers treffen. In einer derartigen Situation, die in dieser Struktur auch als Gefangenendilemma bekannt ist,[8] stellt sich der Spieler unabhängig vom Verhalten des anderen immer besser, wenn er keine zusätzliche Arbeitsstunde aufwendet. Arbeitet sein Mitspieler länger, profitiert er hiervon, ohne eigenen Kostenaufwand zu haben. Sein Gewinn ist deutlich höher, als wenn er ebenfalls eine zusätzliche Arbeitsstunde aufwenden würde. Arbeitet der andere dagegen nicht, bleibt auch er nicht auf einem Teil seines Aufwandes sitzen, weil er den hieraus erzielten Gewinn mit seinem Mitspieler teilen müßte. Folge ist jedoch, daß eine Initiative gänzlich unterbleibt und somit beide Spieler sich gegenüber der Situation verschlechtern, in der beide Spieler zusätzlich arbeiten würden.

Einen Ausweg aus diesem Dilemma bietet der Aufbau berechtigten Vertrauens. Durch kooperatives Verhalten in der Vergangenheit kann ein Spieler seinem Mitspieler signalisieren, daß er sich auch zukünftig kooperativ verhalten wird.[9] Wenn ein Spieler somit in der Lage ist, das Ergebnis eines vorhergehenden Spielverlaufs zu beobachten, kann er sein Verhalten für das gegenwärtige Spiel von diesem Ergebnis abhängig machen.[10]

Wird das Spiel nicht nur einmalig oder in einem begrenzten Umfang gespielt, sondern wiederholt, ohne daß ein Ende erkennbar ist, können die Spieler eine *tit for tat* Strategie wählen. Diese Strategie beinhaltet, daß am Ende des Spiel-

---

[8] Darstellungen dieses bekannten Phänomens der Spieltheorie bei Axelrod, (1984) 7ff; Baird-Gertner-Picker, (1995) S. 33; Cooter-Ulen, (2000) S. 35ff; Holler-Illing, (1991) S. 3; Sandler, (1992) S. 20ff.

[9] (= Reputation) Cooter-Ulen, (2000) S. 215; B.Klein-Alchian-Crawford, 21 J.o.LawEcon. 297, 303 (1978); W.Klein, 91 YaleL.J. 1521, 1536f (1982); Milgrom-Roberts, (1992) S. 139f; Schäfer-Ott, (2000) S. 472f.

[10] Holler-Illing, (1991), S. 140f.

durchlaufs geprüft wird, ob der andere kooperiert hat. Ist dies der Fall, wird man im nächsten Spiel ebenfalls kooperieren. Kooperierte der Partner dagegen nicht, wird man sich hierauf einstellen und ebenfalls nicht kooperieren.[11] Voraussetzung hierfür ist, daß die Spieler in der Lage sind, das Verhalten des Mitspielers in der Vergangenheit zu beurteilen.[12]

Entscheidend wird damit das erste Spiel. Je nachdem, welche Strategie die Spieler hier spielen (kooperieren oder nicht), sind die Ausgänge für die kommenden Spiele vorgezeichnet. Da der Spieler davon ausgehen kann, daß auch sein Mitspieler dessen Verhalten auf sein eigenes Verhalten beim nächsten Spielzug abstellen wird, hat er einen Anreiz, von vornherein zu kooperieren, da nur durch die Kooperation die von beiden erwünschten Gewinne erzielt werden können. In dieser Situation ist es eine vorzugswürdige Strategie, unnötige Konflikte zu vermeiden und zunächst solange zu kooperieren, wie der Mitspieler sich ebenfalls kooperativ verhält.[13]

Solange ein Ende dieser sich wiederholenden Situationen nicht in Sicht ist, die Spiele also weitergeführt werden, bewirkt diese Situation eine dauerhafte Kooperation.[14]

Auf eine Geschäftsführung der Gesellschafter mit feststehender Zuständigkeitsverteilung übertragen, bedeutet diese Aussage: Dadurch, daß die Ergebnisse, die sich über den Lauf eines Zeitraumes in den Zuständigkeitsbereichen beobachten lassen, jeweils einem bestimmten Gesellschafter (= Spieler) zugeordnet werden können, sind alle Beteiligten in der Lage festzustellen, ob der Einzelne seinen Verpflichtungen genügt. Hierdurch wird ihnen die Möglichkeit eingeräumt, ihr eigenes Verhalten auf das Verhalten der anderen Gesellschafter auszurichten. Kommen die anderen Gesellschafter ihrer Pflicht nach, so wird man selbst ebenfalls seine eigenen Obliegenheiten erfüllen. Da die Geschäftsführung einer Gesellschaft regelmäßig zukunftsoffen angelegt ist, bleibt auch sichergestellt, daß sich die „Spiele" ständig wiederholen.

Mit der Vereinbarung einer Zuständigkeitsverteilung wird daher eine sich selbst durchsetzende Regel geschaffen und eine entsprechende Regulierung entbehrlich.

---

[11] Axelrod, (1984) S. 13; Baird-Gertner-Picker, (1995) S. 171; Cooter-Ulen, (2000) S. 214; Holler-Illing, (1991) S. 22, 167; Sandler, (1992) S. 80; Telser, 53 J.o.Bus. 27f (1980).
[12] Baird-Gertner-Picker, (1995) S. 174; Cooter-Ulen, (2000) S. 215 (FN 27); Holler-Illing, (1991) S. 141; Sandler, (1992) S. 80.
[13] Axelrod, (1984), S. 20. Axelrod hat auch die *tit for tat* Strategie mit Hilfe von Computersimulationen getestet. Es zeigte sich, daß unter verschiedenen Strategien, das Gefangenendilemma zu überwinden, *tit for tat* mit Abstand die effektivste, weil einfachste Strategie zur Lösung war; (S. 27ff, insbes. 31).
[14] Cooter-Ulen, (2000) S. 215; Holler-Illing, (1991) S. 139; Sandler, (1992) S. 80f.

Somit läßt sich auch oben genanntes Fallbeispiel auflösen. Weil die Gesellschafter untereinander die Aufgaben in der Gesellschaft verteilt und feste Zuständigkeiten vereinbart haben, sind sie in der Lage, anhand der Ergebnisse der Teilbereiche zu überprüfen, wieweit sich der jeweils andere Partner für den gemeinsamen Verband engagiert. Da sie diese Kontrollmöglichkeit besitzen, kann jeder Gesellschafter die Entscheidung, ob er zusätzlich arbeiten soll, von dem vorherigen Verhalten seines „Mitspielers" abhängig machen. Die vereinbarten Beitragspflichten, die hier in Form von Dienstleistungen bestehen, sind sich selbst durchsetzende Regeln. Ihrer Erfüllung stehen nicht die Probleme der rationalen Apathie oder des Trittbrettfahrens entgegen, und sie bedürfen in dem genannten Fallbeispiel zu ihrer Durchsetzung insoweit keiner Inanspruchnahme staatlicher Hilfe.[15]

Eine Lösung der Kollektivhandlungsproblematik mit Hilfe einer Zuständigkeitsverteilung ist jedoch nur in kleinen Gruppen umzusetzen. Zunächst ist eine sinnvolle Aufteilung von Zuständigkeitsbereichen nur in einem begrenzten Maße möglich. Wichtiger aber noch ist, daß es mit zunehmender Personenzahl für den Einzelnen schwieriger wird, zu überprüfen, ob tatsächlich alle ihrer Tätigkeitsverpflichtung im ausreichenden Maß nachkommen. Diese Information ist aber, wie oben gesehen, essentiell für die eigene Entscheidung, wie man selbst weiter handeln soll.

## 3. Umfang der Zuständigkeit

Es bleibt die Frage, welchen Umfang diese Zuständigkeit des einzelnen Gesellschafters annehmen soll. Mit der Beseitigung der Probleme kollektiven Handelns durch die Zuständigkeitsverteilung ist in erster Linie die Frage gelöst, wer die Initiative ergreift und die notwendigen Informationen für eine Entscheidung besorgt. Sind diese Informationen vorhanden, steht die Kollektivhandlungsproblematik keiner Form der Leistungsbestimmung entgegen.

Bei Einstimmigkeit muß eine Einigung aller Gesellschafter erreicht werden. Eine solche Einigkeit zu erreichen erfordert hohen Verhandlungsaufwand. Aufgrund der Blockadegefahren steht zu befürchten, daß eine Einigung auf ein angemessenes Ergebnis viel Zeit in Anspruch nehmen wird. Andererseits wird durch das Einstimmigkeitsprinzip sichergestellt, daß kein Beteiligter befürchten muß, auf seine wesentlichen Interessen werde nicht hinreichend Rücksicht genommen. Damit empfehlen sich Abstimmungen unter Geltung des Einstimmigkeitsprinzips in der Regel nur für solche Gegenstände, die für die Gesellschafter

---

[15] Zu beachten ist jedoch, daß an dieser Stelle nur die Kollektivhandlungsproblematik behandelt wurde. Dies bedeutet aber nicht, daß die Durchsetzung der Beitragspflichten im übrigen garantiert ist. Wenn etwa ein Spieler seine Arbeit für die Gesellschaft einstellt, weil er seine Arbeitskraft woanders gewinnbringender einsetzen kann, und dieser Gewinn aus der Nichtkooperation den Gewinn aus loyalem Verhalten übersteigt, wird es auch bei kleinen Gesellschaften und sich wiederholenden Spielen zu Nichtkooperationen kommen. Siehe hierzu unten § 5 II. 2.

von essentieller Bedeutung sind, deren Grundsätzlichkeit es aber vertretbar erscheinen lassen, für ihre Änderung hohen Verhandlungsaufwand zu betreiben. Schnellere Ergebnisse mit geringerem Verhandlungsaufwand sind dagegen bei Geltung des Mehrheitsprinzips zu erwarten. Randinteressen brauchen hier nicht mehr berücksichtigt werden, so daß schneller ein Beschluß erzielt werden kann. Damit einher geht aber auch die Gefahr der Majorisierung.

Die schnellste und einfachste Entscheidungsfindung wird mit der einseitigen Leistungsbestimmung erreicht. Kann ein Gesellschafter für seinen Zuständigkeitsbereich die notwendigen Entscheidungen selber treffen, entfallen alle Transaktionskosten, die mit Einberufung und Informierung einer Gesellschafterversammlung verbunden sind, sowie die zeitliche Differenz, die andernfalls zwischen Erkennen der Entscheidungsnotwendigkeit und der tatsächlichen Entscheidungsfindung bestünde.[16]

Damit ist die einseitige Leistungsbestimmung die wirkungsvollste Form der Entscheidungsfindung, die jedoch zugleich mit der Gefahr von *agency*-Problemen verbunden ist. Diese Anpassungsform eignet sich daher für eilbedürftige Entscheidungen des Tagesgeschäfts, bei denen in Ermangelung grundsätzlicher Bedeutung *agency*-Kosten eher verkraftbar sind, zumal in kleinen Gesellschaften auch diesbezüglich eine bessere Kontrolle zu erwarten ist.[17]

## 4. Zwischenergebnis

In kleinen, geschlossenen Gesellschaften, wo sich die Gesellschafter gegenseitig ohne großen Aufwand kontrollieren können, sind Probleme kollektiven Handelns mit Hilfe von Zuständigkeitsverteilungen lösbar. Nachdem so für die Beschaffung der notwendigen Informationen für die Entscheidungsträger gesorgt ist, steht zu erwarten, daß sich die Gesellschafter für die nachträgliche Anpassung ihres Gesellschaftsvertrages aller Formen der Vertragsanpassung bedienen.

Es kann festgehalten werden, daß für die folgende Fallgruppenanalyse die Probleme kollektiven Handelns vernachlässigbar sind. In geschlossenen Verbänden braucht eine Treuepflichtregulierung für diese Problematik keine Lösung vorzuhalten.

---

[16] Vgl. Fama-Jensen, 26 J.o.LawEcon. 301, 303ff (1983); Richter-Furubotn, (1999) 168f.
[17] Anderson, 25 UCLA.L.Rev. 738, 773 (1978); Conard, ZGR 1987, 180, 192; Easterbrook-Fischel, (1996) S. 229; Fama-Jensen, 26 J.o.LawEcon. 301, 306 (1983).

## II. Neubewertung der organschaftlichen Treuepflicht

Die organschaftliche Treuepflicht ist verbunden mit der Geschäftsführungs- und Vertretungsbefugnis. Sie ist das Korrelat oder Gegenrecht zu diesen Befugnissen.[18] Mit dieser Anknüpfung stellt sie eine Regulierung von *principal-agent*-Beziehungen dar.[19] Gläubiger dieser Pflicht ist der Prinzipal: im rechtlichen Sinne regelmäßig die Gesellschaft, wirtschaftlich jedoch die hinter dieser Gesellschaft stehenden Gesellschafter. Schuldner ist der geschäftsführungsbefugte Agent.[20]

Zur Verteilung von Geschäftsführungs- und Vertretungsbefugnissen in geschlossenen Verbänden kann es aufgrund von zweierlei Umständen kommen. Zum einen kann es dem Wunsch einzelner Gesellschafter entsprechen, sich nur kapitalistisch zu beteiligen, da diese selbst kein Interesse oder keine Zeit haben, sich um die Geschäftsführung zu kümmern, oder weil es ihnen hierzu an nötiger Erfahrung und Kenntnissen fehlt.

Zum anderen empfehlen sich, wie gesehen, in kleinen Gesellschaften Zuständigkeitsverteilungen, die zumindest eine Verteilung von Geschäftsführungsaufgaben bedingen. Darüber hinaus ist es zumeist zweckmäßig, im Rahmen einer solchen Zuständigkeit auch Vertretungsbefugnisse zu verteilen, da so eine effektive Anpassung sichergestellt wird. Derjenige, der in seinem Zuständigkeitsbereich mit einer Anpassungsnotwendigkeit konfrontiert wird, kann auch gleich hierüber entscheiden. Dies ist der schnellste Weg, zu einer Lösung zu gelangen. Zudem wird der zuständige Gesellschafter regelmäßig auch über die besten Kenntnisse hinsichtlich des in Frage stehenden Problems verfügen.

Schließlich wird die Kontrolle vereinfacht, welche für die Kooperationsbereitschaft der Handelnden Voraussetzung ist. So muß nicht mehr im Sinne einer Verhaltenskontrolle überprüft werden, ob der Zuständige korrekt handelt und seine Aufgaben wahrnimmt. Es reicht aus, im Wege einer Ergebniskontrolle festzustellen, ob der betreffende Bereich die zu fordernden Zielvorgaben einhält, etwa bestimmte Gewinne erwirtschaftet.[21] Der Zuständige ist für die Einhaltung dieser Vorgaben verantwortlich. Eine derartige Bereichsverantwortlichkeit kann jedoch nur begründet werden, wenn der Zuständige auch den hierzu nötigen Einfluß besitzt und über die Befugnis verfügt, anstehende Entscheidungen in seinem Bereich selbst eigenverantwortlich zu treffen.

---

[18] Siehe oben § 4 IV. 1.

[19] Wiedemann, FS Heinsius 1991, 949, 951.

[20] Vgl. Frankel, 71 Cal.L.Rev. 795, 819 (1983).

[21] Zum Vorteil einer Ergebnis- gegenüber einer Verhaltenskontrolle vgl. Eggertsson, (1991) S. 181; Frankel, 71 Cal.L.Rev. 795, 814 (1983); Milgrom-Roberts, (1992) S. 179.

## 1. Vermögenspflichten

Die Pflicht, das Gesellschaftsvermögen treuhänderisch zu verwalten und nicht durch direkte oder verdeckte Entnahmen zu entreichern, korreliert mit der Vertretungs- und Geschäftsführungsbefugnis, über dieses Vermögen mit Wirkung für und gegen den Prinzipal verfügen zu können. Diese Treuhänderpflicht kann als Hauptpflicht des Geschäftsführers charakterisiert werden.[22]

### a) Untreue i.e.S.

Wem eine Verfügungsbefugnis über fremdes Vermögen eingeräumt worden ist, darf sich billigerweise nicht dagegen wehren, eine Pflicht zur treuhänderischen Verwaltung auferlegt zu bekommen.[23] Eine Regulierung, die diese Pflicht für vertretungsberechtigte Personen festschreibt, entspricht dieser Erkenntnis und entlastet die Parteien davon, Selbstverständliches im Vertrag niederlegen zu müssen.[24]

Diese Regulierung ist als zwingendes Recht auszugestalten. Jemandem eine Verfügungsbefugnis über das eigene Vermögen zu verleihen, diesem aber gleichzeitig zu erlauben, das Treugut zu eigenen Zwecken zu veruntreuen, wäre eine rational nicht nachvollziehbare Vertragsabrede.[25] Wenn sich dennoch eine solche Abrede findet, spricht vieles dafür, daß einseitige Verhandlungsmacht oder List zu dieser Regelung geführt haben.[26] Ein beachtenswertes Interesse der Vertragsparteien, dieses Untreueverbot abbedingen zu können, ist daher nicht erkennbar, wohl aber die Gefahr, daß bei einer ungleichen Verhandlungssituation der schwächere Vertragspartner überrumpelt und eine lediglich dispositve Regelung außer Kraft gesetzt würde.

Angesichts dieser Interessenlage sollte die organschaftliche Treuepflicht es jeder geschäftsführend tätigen und vertretungsberechtigten Person in einer Gesellschaft zwingend untersagen, das Gesellschaftsvermögen zu eigenen oder fremden Gunsten direkt oder verdeckt zu entreichern; d.h. Vorteile aus dem Gesellschaftsvermögen zu ziehen, die nicht explizit als Vergütungsbestandteil vereinbart wurden.[27] Diese Aussage entspricht auch der Regulierungspraxis, die

---

[22] Grundmann, (1997) S. 92f, 192.

[23] Anderson, 25 UCLA.L.Rev. 738, 760; Posner, (1998) S. 103f.

[24] Anderson, 25 UCLA.L.Rev. 738, 761 (1978); Brudney-Clark, 94 Harv.L.Rev. 997, 999 (1981).

[25] Vgl. Baums, (1987) S. 141; Behrens, (1986) S. 207; Palmiter, 67 Tex.L.Rev. 1351, 1372 (1989).

[26] Eisenberg, 89 Col.L.Rev. 1461, 1469f (1989); Frankel, 71 Cal.L.Rev. 795, 821 (1983); Gordon, 89 Col.L.Rev. 1549, 1597 (1989); Grundmann, (1997) S. 243.

[27] Clark, in Pratt/Zeckhauser 55, 73f; Grundmann, (1997) S. 269.

nicht nur eine entsprechende Treuepflicht kennt, sondern derartiges Verhalten auch als Untreue unter Strafe stellt.[28]

## b) Vertragsbeziehungen zur Gesellschaft

Die Gefahr der oben beschriebenen Untreue durch den Geschäftsleiter steigt in dem Maße, wie sich ihm Möglichkeiten bieten, die Entreicherung des Gesellschaftsvermögen zu eigenen Gunsten zu verdecken. Eine besondere Gefährdung geht dabei vom Abschluß von Verträgen mit der Gesellschaft aus. Nicht nur beim klassischen Selbstkontrahieren, sondern auch dort, wo der Geschäftsleiter mit einer anderen, die Gesellschaft vertretenden Person eine Einigung erzielt, besteht infolge seines Informationsüberschusses die Gefahr, daß dieser Vertrag zu Konditionen abgeschlossen wird, die nicht dem Ergebnis eines Vertragsschlusses unter freien Marktbedingungen entsprechen und das Gesellschaftsvermögen mehr als nötig belasten.[29]

Diese Gefährdung mag zu der Forderung verleiten, dem Geschäftsleiter solle nicht nur das Selbstkontrahieren verboten werden, vielmehr solle es ihm durch die Treuepflicht generell untersagt bleiben, mit Ausnahme seines eigenen Anstellungsvertrages, Verträge mit der Gesellschaft abzuschließen.[30]

Dem wird jedoch entgegnet, daß es Transaktionen geben könne, bei denen der Geschäftsleiter der Gesellschaft als einzig möglicher Verhandlungspartner in Betracht komme. Seine überschießenden Kenntnisse würden in diesen Fällen der Gesellschaft noch Vertragsabschlüsse ermöglichen, wo sich der freie Markt bereits zurückgezogen habe. Namentlich bei Darlehensverträgen seien oftmals nur noch die Geschäftsleiter mit ihren besonderen Kenntnissen bezüglich des Wachstumspotenzials der Gesellschaft bereit, dieser Kredit zu gewähren.[31]

Letzterem ist zuzustimmen. Schon bei der Darstellung des amerikanischen Rechts wurde aufgezeigt, daß sich das ursprünglich strikte Verbot von Transaktionen des Management mit der eigenen Gesellschaft nicht durchhalten ließ und nur zu Umgehungskonstruktionen führte.[32] Gerade bei den hier zu untersuchenden geschlossenen Verbänden, die sich eventuell nur in Nischenbereichen engagieren oder nur mit einem geringen Eigenkapital ausgestattet sind, besteht nicht immer die Möglichkeit, im hinreichenden Maße die eigene Kreditwürdig-

---

[28] § 266 Abs.1 StGB.

[29] Vgl. oben § 4 II. 3. b) dd).

[30] Vgl. Anderson, 25 UCLA.L.Rev. 738, 783 (1978).

[31] Grundmann, (1997) S. 240; wobei dieser umgekehrt die Vergabe von Krediten an die Geschäftsleiter ausdrücklich ausnimmt, da es schlicht nicht vorstellbar sei, daß eine Gesellschaft, die einen Kredit vergeben wolle, hierfür keinen anderen Vertragspartner als ihren Geschäftsleiter fände. Vgl. auch Ruffner, (2000) S. 240.

[32] Siehe oben § 3 II. 2. b).

keit dem freien Markt zu signalisieren. Andererseits ist gerade die Kontroll-
dichte gegenüber dem Management in diesen Gesellschaften höher, da keine
Kollektivhandlungsprobleme bestehen. Die Informationsasymmetrie zugunsten
des Geschäftsleiters fällt hier gegenüber der Gesellschaft deutlich geringer aus.
Ihr kann mit einer aus der Treuepflicht folgenden Pflicht zur Aufklärung der
Gesellschaft(er) begegnet werden.[33]

Diese Umstände zusammengenommen vermögen es zu rechtfertigen, daß die organschaftliche Treuepflicht in den hier zu untersuchenden geschlossenen Verbänden es den geschäftsführenden Personen dieser Gesellschaften nicht - über
das bestehende Selbstkontrahierungsverbot hinaus - untersagt, Verträge mit der
eigenen Gesellschaft abzuschließen. Voraussetzung bleibt, daß jene sich letztlich als angemessen gegenüber der Gesellschaft erweisen und nicht auf einer Informationsasymmetrie beruhen. Letztere zu beseitigen ist Aufgabe des am Abschluß interessierten Treuepflichtigen.

## 2. Gleichbehandlungsgebot und Verhältnismäßigkeitsgrundsatz

Mit der Verleihung von Geschäftsführungsbefugnissen wird die Entscheidung,
wie das gemeinsame Gesellschaftsverhältnis den wechselnden Bedingungen angepaßt werden soll, an einzelne Personen verteilt. Durch diese Anpassung wird
aber in das bei Vertragsschluß ausgehandelte Äquivalenzverhältnis eingegriffen. Kann bei einer Nachverhandlung der einzelne Gesellschafter noch sicherstellen, daß seine Interessen seiner Stellung in der Gesellschaft entsprechend
angemessen berücksichtigt werden, so entfällt eine solche Gewähr, wenn die
Entscheidungsbefugnis auf einzelne Personen übertragen wird. Diese können
die Entscheidung im primär eigenen oder im vermeintlichen Gesellschaftsinteresse treffen. Es ist nicht sichergestellt, daß dabei die Interessen des Einzelnen
hinreichend berücksichtigt werden.[34]

Um dieser Majorisierung durch die Verwaltung entgegenzuwirken, besteht die
Möglichkeit, dem Gesellschafter ein Widerspruchsrecht gegen Entscheidungen
der Geschäftsführung einzuräumen. Der Gesellschafter kann damit bei einer
Vertragsanpassung eine Nachverhandlung erzwingen. Folge dieser Lösung ist
jedoch, daß die Vorteile, die zu einer einseitigen Regelungsstruktur geführt
haben, aufgegeben werden. Gegenüber einer reinen Nachverhandlungsklausel
bietet diese Widerspruchslösung gegen Geschäftsführungsentscheidungen aber

---

[33] Ruffner, (2000) S. 241. Vgl auch Empfehlungen der RegKom., (2001) Rdz. 264 und
D.C.G.K. Zif. 4.3.4, wobei sich diese Aussagen in erster Linie auf große Aktiengesellschaften mit Aufsichtsräten beziehen, die idealerweise Ausschüsse zur Genehmigung derartiger Transaktionen gebildet haben.
[34] Ruffner, (2000) S. 257f.

immer noch den Vorteil, zumindest unstrittige Entscheidungen zügiger treffen zu können.[35]

Für eine Lösung, die nicht auf die Vorteile der einseitigen Leistungsbestimmung verzichtet, bietet es sich jedoch an, den Geschäftsführer auf eine angemessene Berücksichtigung aller Gesellschafterinteressen zu verpflichten. Ihm ist insbesondere aufzuerlegen, alle von ihm vertretenen Prinzipale gleich zu behandeln und bei der Auswahl zwischen mehreren geeigneten Maßnahmen diejenige zu wählen, welche die einzelnen Gesellschafter am wenigsten belastet. Die Einhaltung dieses Gleichbehandlungs- und Verhältnismäßigkeitsgrundsatzes muß einer Überprüfung zugänglich sein und entspräche damit der generellen Anreizstruktur der Treuepflichten. So ausgestaltet, könnte diese ihre präventive Wirkung entfalten.[36]

Auch in einer Welt ohne staatliche Institutionen stünde es zu erwarten, daß die Parteien bei der Verteilung einseitiger Regelungsstrukturen den Entscheidungsbefugten auf die angemessene Beachtung aller betroffenen Interessen verpflichten würden.[37] Hier läge es nahe, im Streitfalle die Überprüfung durch einen neutralen Dritten - einem von allen Seiten anerkannten Schlichter - zu eröffnen.

Durch die staatliche Regulierung eines Gleichbehandlungs- und Verhältnismäßigkeitsgebotes wird diese Überprüfung dem Richter übertragen. Die Treuepflichtregulierung stellt damit die Überprüfung durch einen Neutralen sicher und entbindet die Parteien insoweit von der Aufgabe, eine entsprechende Schiedsklausel zu formulieren und einen neutralen Schlichter zu suchen.

Unter Berufung auf das Gleichbehandlungs- und Verhältnismäßigkeitsgebot kann der einzelne Gesellschafter eine Übervorteilung seiner Interessen verhindern. Die Existenz dieser Regulierung senkt die Gefahr einer Majorisierung durch die Verwaltung und damit *agency*-Kosten. Hierdurch wird es dem einzelnen Gesellschafter erleichtert, einer Verteilung von Geschäftsführungsbefugnissen an andere Personen zuzustimmen, wodurch die Aufnahme dieser effizienten Form der Anpassungsbestimmung in die Gesellschaftsverträge insgesamt gefördert wird.

Die gegenwärtige Rechtslage, welche die Geschäftsleitung zur Gleichbehandlung aller Gesellschafter verpflichtet und sie zur Anwendung der diesen gegenüber schonendsten Maßnahmen verweist, senkt damit Transaktionskosten des Gesellschaftsvertrages und ist auch aus ökonomischer Sicht zu begrüßen.

---

[35] G.Hueck, (1958) S. 37.
[36] Siehe oben § 4 IV. 3.
[37] Vgl. Ruffner, (2000) S. 261.

Den Vertragsparteien sollte es jedoch ermöglicht werden, entsprechende eigene Klauseln zu formulieren. Namentlich sollte die Möglichkeit eröffnet sein, andere Gremien mit der Überprüfung der Entscheidung zu beauftragen. Besonders bei Fragestellungen, deren Beurteilung Fachkompetenz erfordert, kann das Vertrauen der Parteien in richtige Entscheidungen nichtstaatlicher Institutionen größer sein. Die Möglichkeit, die Entscheidungen der Geschäftsleitung von derartigen Institutionen auf Angemessenheit überprüfen zu lassen, mag im Einzelfall zu einer noch weitergehenden Senkung der Transaktionskosten führen.[38] Insoweit sollte das aus der Treuepflicht abgeleitete Gleichbehandlungs- und Verhältnismäßigkeitsgebot im Rahmen von Geschäftsführungsentscheidungen einer eigenständigen vertraglichen Regulierung durch die Parteien offen stehen.

## 3. Wettbewerbsverbot

Wie bereits ausgeführt, untersagt das geschäftsführende Personen treffende Wettbewerbsverbot keine konkreten Mißbrauchshandlungen, sondern soll von vornherein Situationen vorbeugen, in denen der Geschäftsleiter starke Anreize hätte, sich mißbräuchlich zu verhalten.[39]

Allein durch die Aufnahme von Wettbewerb gegenüber der Gesellschaft oder durch die Beteiligung an einem konkurrierenden Unternehmen wird die Gesellschaft nicht geschädigt, zumindest solange nicht, wie durch diesen Wettbewerb keine eventuell vorher bestehende Marktbeherrschung der Gesellschaft gefährdet würde. Erst wenn der Geschäftsleiter Geschäftschancen zugunsten des Wettbewerbers der Gesellschaft vorenthält oder Informationen der Gesellschaft im konkurrierenden Unternehmen verwertet, verhält er sich tatsächlich mißbräuchlich.[40]

Die Gefahr derartiger Mißbrauchshandlungen steigt jedoch, wenn der Geschäftsleiter nicht allein das Interesse am Fortkommen der Gesellschaft im Sinne hat, sondern auch die Interessen eines Wettbewerbers beachten muß.[41]

Eine Regulierung, die derartigen Wettbewerb von vornherein untersagt, deckt sich daher regelmäßig mit dem Parteiinteresse der Gesellschafter bei Verteilung einer Geschäftsführungsbefugnis und entlastet dadurch die Vertragsparteien bei den Verhandlungen. Angesichts der nicht zwangsläufigen Schädigung der Gesellschafter ist dieses Wettbewerbsverbot jedoch dispositiv zu gestalten. Im Einzelfall mögen die Parteien doch ein Interesse daran haben, der Geschäftsleitung den Wettbewerb zu gestatten. Sei es, daß nur auf diese Weise qualifiziertes Personal gewonnen werden kann, oder sei es ein Interesse, mit gemeinsamen Ver-

---

[38] Williamson, 73 A.Econ.Rev. 519, 527f (1983).
[39] Siehe oben § 4 IV 2 a).
[40] Vgl. Grundmann, (1997) S. 242; Tröger, (2000) S. 312.
[41] Grundmann, (1997) S. 242; Hopt, in Hopt/Teubner 1985, 285, 301.

tretern in den Geschäftsleitungen Kooperationen zwischen Unternehmen abzusichern.

Ein dispositives Wettbewerbsverbot bewirkt, daß die Parteien sich ausdrücklich darüber einig werden müssen, eine im Interesse der Gesellschafter geschaffene Regulierung abzubedingen. Dieses zwingt den an einer Wettbewerbstätigkeit interessierten Geschäftsleiter, genau zu begründen, warum ihm ausnahmsweise dennoch der Wettbewerb gestattet sein soll. Dadurch wird einer Überrumpelungsgefahr infolge einer eventuell größeren Verhandlungsmacht vorgebeugt. Mit der dispositiven Regel in der Hinterhand haben es die betroffenen Gesellschafter im Falle einer Gewährung des Wettbewerbs auch leichter, vom Geschäftsleiter die Zustimmung zu anderen Sicherungsmechanismen, wie etwa den Ausschluß von besonders sensiblen Informationen, zu erlangen. Damit senkt die Regulierung sogar dort agency-Kosten, wo sie selbst infolge einer anderen Vertragsgestaltung gar nicht zur Anwendung kommt.

## 4. Geschäftschancenlehre

Bei der Frage, ob der Geschäftsleiter Geschäftschancen der Gesellschaft zuleiten muß, oder diese selbst wahrnehmen darf, sind zwei Fälle zu unterscheiden:[42]

Ist die Geschäftschance bereits dem Vermögen der Gesellschaft zuzuordnen, etwa weil sich diese als Ergebnis einer von der Gesellschaft selbst durchgeführten Forschung ergibt oder weil sie der Gesellschaft direkt angetragen wurde, so darf der Geschäftsleiter das Gesellschaftsvermögen nicht um diese Chance entreichern, indem er sie selber ausübt.[43] Ebenso muß eine Geschäftschance dem Gesellschaftsvermögen zugeordnet werden, wenn der Geschäftsleiter sich Vermögen und Arbeitskräfte der Gesellschaft bedient hat, um die Geschäftschance wahrzunehmen.[44] In diesen Fällen würde der Geschäftsführer sogar in gleicher Weise den Untreuetatbestand erfüllen, wie wenn er andere Werte, wie Geldbeträge, dem Gesellschaftsvermögen entziehen würde.

Hier spielt es auch keine Rolle, welcher Art diese Geschäftschance ist, ob sie etwa auch im Tätigkeitsbereich (der *line of business*) der Gesellschaft liegt.[45] Entscheidend bleibt allein, daß sie sich als Vermögensbestandteil der Gesellschaft darstellt, und es jener überlassen bleiben muß, zu entscheiden, wie dieses Vermögen zu verwerten ist. Ist die Ausübung dieser Chance nicht vom Gesellschaftszweck gedeckt, kann diese immer noch an andere Interessenten veräußert werden. Wenn der Geschäftsführer diese Chance selber ausüben will, muß er zu

---

[42] Vgl. auch oben § 2 III. 2.

[43] BGH WM 1967, 679f; Brudney-Clark, 94 Harv.L.Rev. 997, 1044 (1981) Grundmann, (1997) S. 445f; Polley, (1992) S. 132ff.

[44] BGH WM 1976, 77f.

[45] Brudney-Clark, 94 Harv.L.Rev. 997, 1044 (1981); vgl. auch Grundmann, (1997) S. 433.

einer entsprechenden vertraglichen Einigung mit der Gesellschaft kommen, was eine Gegenleistungspflicht beinhalten wird.[46]

Der andere Fall betrifft dagegen die Situation, wo die Gesellschaft sich selbst erst um die Erlangung der Chance bemühen muß. Erhält ein Geschäftsführer im privaten Bereich Kenntnis von einer Geschäftschance, die auch für die von ihm vertretene Gesellschaft von Interesse ist, wird das Gesellschaftsvermögen nicht entreichert, wenn er diese Chance selbst ausübt, da die Gesellschaft noch keinerlei vermögenswerte Position erworben hat. Ob der Geschäftsführer dennoch eine Geschäftschance, von der er derartig Kenntnis erlangt hat, der Gesellschaft zuleiten muß, hängt weniger von der treuhänderischen Stellung ab, die der Geschäftsleiter gegenüber dem von ihm verwalteten Gesellschaftsvermögen besitzt, als vielmehr von der Frage, ob der Geschäftsleiter infolge einer gesellschaftsrechtlichen Beitrags- oder arbeitsrechtlichen Dienstleistungspflicht dazu verpflichtet ist, Geschäftschancen für die Gesellschaft aufzuspüren, diese ihr zuzuleiten und für eine ordentliche Ausübung derselben zu sorgen.[47]

Da mit der Verteilung von Geschäftsleiterpositionen regelmäßig auch die besonderen Fachkenntnisse und Geschäftskontakte einer Führungskraft der Gesellschaft zugeleitet werden sollen, ist diese Frage sicherlich in den meisten Fällen zu bejahen. Es entspräche dem mutmaßlichen Parteiwillen, wenn „im Zweifel" die Auslegung der Geschäftsführerpflicht ergäbe, daß Geschäftschancen, die im Geschäftsbereich der Gesellschaft liegen, dieser unabhängig davon zugeleitet werden müssen, wie von deren Existenz Kenntnis erlangt wurde.[48]

Hier kann auch nicht das Argument herangezogen werden, die Gesellschaft wäre etwa aus finanziellen Gründen nicht in der Lage, diese Chance selber auszuüben, da es Aufgabe eines Geschäftsführers ist, die Gesellschaft in diese Lage zu versetzen.[49]

Demzufolge wäre eine entsprechende dispositive Regulierung zu begrüßen, da sie im Regelfall dem Parteiwillen entspräche und Verhandlungskosten senken könnte.[50]

---

[46] Grundmann, (1997) S. 454; Polley, (1992) S. 155ff.

[47] Vgl. Easterbrook-Fischel, (1996) S. 17; Grundmann, (1997) S. 433.

[48] Brudney-Clark, 94 Harv.L.Rev. 997, 999 (1981); Geßler/Hefermehl, AktG § 76 Rdnr. 8; Grundmann, (1997) S. 432; Hachenburg/Mertens, GmbHG § 43 Rdnr. 35.

[49] Brudney-Clark, 94 Harv.L.Rev. 997, 1021f (1981); Hopt, in Großkomm. AktG § 93 Rdnr. 171.

[50] Dabei wird es nicht nur im Interesse der Gesellschaft liegen, daß sich das Management zu entsprechenden Leistungen verpflichtet. Angesichts der Risikoaversion der Geschäftsleitung dürfte diese es ebenfalls vorziehen, ein höheres Festgehalt zu beziehen und dafür unsichere Geschäftschancen vollständig der Gesellschaft zuzuleiten; vgl. Grundmann, (1997) S. 208f, 441.

## III. Neubewertung der mitgliedschaftlichen Treuepflicht

Die Aufgabe der gesellschaftsrechtlichen Treuepflicht, den Mißbrauch gesellschaftsvertraglich vermittelter Machtkompetenz zu verhindern, ist bei der organschaftlichen Treuepflicht deutlich erkennbar. Mit der Geschäftsführungs- und Vertretungsbefugnis wird einzelnen Personen die Möglichkeit eingeräumt, einseitig in die Interessensphäre anderer einzugreifen. Aber auch dem einzelnen Gesellschaftsmitglied werden unabhängig von der Frage, ob er auch zur Geschäftsführung berechtigt ist, durch den Gesellschaftsvertrag Gestaltungsrechte eingeräumt, deren Ausübung seinem Ermessen überantwortet ist. Damit besitzt auch der einzelne Gesellschafter ein Potential, ihm gewährte Kompetenzen zu mißbrauchen.[51]

### 1. Beschränkung von Kontroll- und Teilhaberechten

Mit der Mitgliedschaft in einer Gesellschaft ist eine Reihe von Teilhaberechten verbunden. Dies folgt aus dem Umstand, daß der Gesellschafter letztlich das volle Risiko der Gesellschaftsunternehmung trägt. Ihm muß daher Einfluß gewährt werden, damit er dieses Risiko beherrschen kann. Er muß sich Informationen beschaffen können, um entweder selber die Geschicke der Gesellschaft im Rahmen der Geschäftsführung zu leiten, oder aber um die Arbeit eines Geschäftsführers beurteilen und diesen notfalls auswechseln zu können. Ihm können Widerspruchsrechte gegen Geschäftsführungsentscheidungen gewährt werden oder zumindest Anfechtungsrechte. Je nach Ausgestaltung des Vertrages kann er auch ein Kündigungsrecht besitzen, so daß es von seiner Entscheidung abhängt, ob die Gesellschaft fortgeführt oder liquidiert wird.

Alle diese Rechte, deren Ausübung in das Ermessen des einzelnen Gesellschafters gestellt werden, wirken mehr oder weniger stark auch auf die Interessensphäre der anderen Gesellschafter mit ein. Der Einzelne besitzt die Möglichkeit, ihm eingeräumtes Ermessen zu mißbrauchen und damit jene Interessensphären zu verletzen.

Informations- und Kontrollrechte können über Gebühr in Anspruch genommen werden und die Geschäftsführung behindern. Sie können aber auch mißbraucht werden, um Geschäftsgeheimnisse für eigene Unternehmungen zu erlangen. Mit anderen Rechten, wie dem Widerspruchs- oder Anfechtungsrecht, können Suspensiv- und damit Blockadeeffekte erzielt werden, die den Rechtsinhaber in die Lage versetzen, für sich Vorteile zu erpressen.

In ihrer Struktur sind diese Gestaltungsrechte mit einer einseitigen Regelungsstruktur, wie etwa der Geschäftsführungsbefugnis, vergleichbar.

---

[51] Siehe oben § 2 III. 1.

Darf sich aber der zur einseitigen Leistungsbestimmung Berechtigte billigerweise nicht dagegen wehren, daß er verpflichtet wird, diese Befugnis angemessen und in den Grenzen billigen Ermessens auszuüben, so müßte dies in gleicher Weise für die einseitigen Gestaltungsrechte gelten, die mit der Mitgliedschaft in einer Gesellschaft verbunden sind.

Den einzelnen Gesellschafter bei Ausübung dieser Gestaltungsrechte einer Treuebindung zu unterwerfen, eröffnet eine gerichtliche Kontrollbefugnis, die grundsätzlich geeignet scheint, die Einhaltung der Ermessensgrenzen sicherzustellen. Damit wäre die mitgliedschaftliche Treuepflicht in der Lage, die Opportunismuskosten, die mit der Verleihung derartiger Teilhaberechte verbunden sind, auf ganz ähnliche Weise zu senken, wie dies die organschaftliche Treuepflicht im Hinblick auf den Mißbrauch einer Geschäftsführungs- und Vertretungsbefugnis vermag.

Im Gegensatz zur Kontrolle von Geschäftsführungsentscheidungen ist eine derartige Ausübungskontrolle mitgliedschaftlicher Rechte aber nicht ohne weiteres ökonomisch von Vorteil. Die Verleihung einer Geschäftsführungsbefugnis dient dazu, den von allen Beteiligten für förderungswürdig erachteten Gesellschaftszweck in einer effizienten Form umzusetzen. Wenn eine gerichtliche Kontrolle sicherstellt, daß mit der Geschäftsführungsbefugnis auch tatsächlich nur die Förderung des Gesellschaftszweckes betrieben und nicht zur Verfolgung anderer Ziele mißbraucht wird, entspricht dies genau dem, wozu sich die Beteiligten im Gesellschaftsvertrag verpflichtet haben. Die hier angesprochenen mitgliedschaftlichen Teilhaberechte sind im Gegensatz dazu aber gerade dafür bestimmt, dem Gesellschafter die Verwirklichung seiner Interessen in der Gesellschaft zu ermöglichen. Ihm soll eine Einflußmöglichkeit gegeben werden, um das Risiko, das mit jeder Gesellschaftsbeteiligung verbunden ist, für ihn beherrschbarer zu machen. Im Zweifel hat sich der einzelne Gesellschafter nur deshalb auf das Risiko einer Beteiligung eingelassen, weil ihm Gestaltungsrechte zur Verfügung stehen, die es ihm erlauben, bestimmte Transaktionen zu blockieren.[52] Mit jeder Einschränkung dieser Gestaltungsmöglichkeiten durch eine Treuepflicht werden diese Rechte entwertet.[53]

Eine intensive richterliche Ausübungskontrolle dieser Teilhaberechte mit Hilfe der gesellschaftsrechtlichen Treuepflicht kann daher dazu führen, daß diese Individualrechte für den einzelnen Gesellschafter mehr an Wert verlieren als

---

[52] Vgl. Fillmann, (1991) S. 123.
[53] Kritisch auch Kirchner, AG 1985, 124, 130; Martens, in Rechtsdokmatik 1990, 251, 261; Rowedder, GmbHG § 13 Rdnr. 16; Schlegelberger/Martens, HGB § 109, Rdnr. 24; Westermann, ZHR 156 (1992) 203, 204.
Vgl. zur „Erschütterung der Vertragstreue" durch Generalklauseln auch Hedemann, (1933) S. 70.

durch die Beseitigung der Opportunismusgefahr Kosten gesenkt werden.[54] In diesem Falle wäre die Treuepflicht eine ineffiziente Regulierung. Sie würde die Transaktionskosten für den Abschluß eines Gesellschaftsvertrages erhöhen, anstelle diese zu senken.[55]

Richter müssen sich bei der Formulierung von Treuepflichten dieser Wechselwirkung über die konkrete Situation des zu beurteilenden Einzelfalls hinaus bewußt sein. Bei Anwendung einer sehr offen gehaltenen Generalklausel durch die Gerichte, wie sie mit der gesellschaftsrechtlichen Treuepflichtrechtsprechung vorliegt, entfalten bereits einzelne Urteile Signalwirkung in Richtung der Rechtsanwender. Die Urteilsinhalte werden antizipiert und bei der Aushandlung neuer Verträge berücksichtigt.[56] Je stärker die Parteien befürchten müssen, daß Gerichte mit Hilfe der Treuepflicht später in die Risikoverteilung des Vertrages eingreifen, desto weniger Vertrauen haben sie in die Geltungskraft ihres Vertrages.[57] Diese Unsicherheit kann zu großen Transaktionskosten führen und den Abschluß des Vertrages letztlich verhindern.

Gerichte sollten daher bei der Formulierung von Schranken mitgliedschaftlicher Rechtsausübung durch Treuepflicht die Kreierung von Leitsätzen vermeiden. Was bei der einen Gesellschaft noch eine mißbräuchliche Blockade wichtiger Transaktionen war, kann bei der anderen notwendiger Schutz vor einer Übervorteilung sein.[58] Vor keinem anderen Hintergrund ist die sich wiederholende Feststellung der Literatur zu verstehen, Umfang und Ausmaß der mitgliedschaftlichen Treuepflicht richte sich nach der Realstruktur der konkreten Gesellschaft.[59]

---

[54] Vgl. Palmiter, 67 Tex.L.Rev. 1351, 1371 (1984).

[55] Gegen die Effizienz der mitgliedschaftlichen Treuepflicht im Bereich der Teilhaberechte spricht auch, daß selbst dort, wo treuwidrig Entscheidungen blockiert werden, diese Blockade im Zweifel erst durch ein langwieriges Gerichtsverfahren beseitigt werden kann, so daß diese Regelung auch für die „Einzelfallgerechtigkeit" keine großen Vorteile bringt. Um diese Ergebnis zu vermeiden, müßten entsprechende Pflichtverstöße mit rigorosen Schadensersatzansprüchen bedroht sein, die aber die Ausübung der mitgliedschaftlichen Rechte für den einzelnen Gesellschafter noch riskanter und damit unattraktiver machen würde. Entsprechende Mitgliedschaftsrechte verlören für die Gesellschafter noch weiter an Wert.

[56] Easterbrook-Fischel, 36 J.o.LawEcon. 425, 428 (1993); Ruffner, (2000) S. 214; Westermann, ZHR 156 (1992) 203, 204.

[57] Fischer, FS Kunze, 1969, 95, 97; Kirchner, AG 1985, 124, 130; Kreutz, ZGR 1983, 109, 115.

[58] Ulmer, (1986), S. 53. So mahnte auch der langjährige Vorsitzende des II. (Gesellschaftsrechts-) Senates des BGH Fischer, in FS Kunze 1969, 95, 97: „Sie [die Rechtsprechung] (Anm. d. Verf.)] wird dabei gut tun, bei der etwaigen Anerkennung solcher Gestaltungsformen zunächst eine besondere Zurückhaltung zu üben und auf die Besonderheit des zu entscheidenden Einzelfalls abstellen, also allgemeine, namentlich systematisierende Ausführungen unterlassen."

[59] Siehe oben § 1 I. 2. (FN 19).

Der Richter muß für jeden Einzelfall klären, ob die Parteien überhaupt noch ein entsprechendes Teilhaberecht vereinbart hätten, wenn deren Ausübung durch Treuepflicht einer derartig weiten Beschränkung unterliegt. Ist diese Frage zu verneinen, greift die Anwendung der Treuepflicht gravierend in die von den Parteien privatautonom vereinbarte Risikoverteilung ein und sollte unterbleiben.[60]

## 2. Stimmbindungspflichten

Diese Aussagen zu den allgemeinen mitgliedschaftlichen Teilhabe- und Kontrollrechten gelten in besonderer Weise für das wertvollste mitgliedschaftliche Individualrecht, das Stimmrecht.

Wie in der Rechtsprechungsübersicht gesehen, wird auch die Ausübung dieses Gestaltungsrechtes durch die gesellschaftsrechtliche Treuepflicht beschränkt, wenn auch die Rechtsprechung an die Feststellung einer treuwidrigen Stimmrechtsausübung hohe Anforderungen stellt.[61] In diesem Punkt unterscheidet sich die deutsche Rechtsprechung noch am stärksten von der amerikanischen, auch wenn in den USA gerade bei den kleinen, geschlossenen Verbänden der Beginn einer ähnlichen Entwicklung festzustellen ist.[62]

Gegen diese Rechtsprechungspraxis bestehen schwerwiegende Bedenken. Mit Gesellschafterbeschlüssen wird der Gesellschaftsvertrag geändert. Durch Vereinbarung einer Abstimmungsklausel, also einer multilateralen Regelungsstruktur, haben die Parteien bewußt eine andere Form der Vertragsanpassung gewählt als die der einseitigen Leistungsbestimmung mit Angemessenheitskontrolle. Werden die Gesellschafter jedoch durch Treuepflicht angehalten, nur in einer bestimmten Weise abzustimmen - in der Regel so, wie es dem Beschlußvorschlag der Geschäftsführung entspricht - wird der Beschluß andernfalls kassiert, wird den Parteien sogar eine Schadensersatzpflicht auferlegt für den Fall, daß durch die Zustimmungsverweigerung der Gesellschaft oder einzelnen Gesellschaftern ein Schaden entsteht, so gehen die Gesellschafter ein Risiko ein, wenn sie nicht der Beschlußvorlage zustimmen. Sie erhalten einen Anreiz, nicht in der Weise abzustimmen, wie es ihrem eigenen Interesse entspricht, sondern wie es der Initiator des Beschlusses vorschlägt. Damit wird das Abstimmungsrecht vollständig entwertet. Der Wille der Parteien, über bestimmte Punkte der Vertragsanpassung durch Abstimmung nachzuverhandeln, bleibt außer Acht.

---

[60] Vgl. Easterbrook-Fischel, 36 J.o.LawEcon. 425, 431 (1993); Kern, JuS 1992, 13, 15; Kirchner, AG 1985, 124, 130; Palmiter, 67 Tex.L.Rev. 1351, 1371 (1989).
[61] Siehe oben, § 2 III 2.
[62] Siehe oben § 3 III. 2. b) cc).

Anstelle dessen wird ein der einseitigen Regelungsstruktur vergleichbarer Anpassungsmechanismus installiert.[63]

Ein derartiges Sich-Verschließen gegenüber dem erklärten Parteiwillen ließe sich nur rechtfertigen, wenn andernfalls ein gravierendes Marktversagen zu befürchten stände. Solches könnte mit dem *hold up*-Problem, der Gefahr einer Blockade von Entscheidungen zu Erpressungszwecken, vorliegen. Diese Problematik ist jedoch weitestgehend dadurch lösbar, daß Mehrheitsentscheidungen zugelassen werden.[64]

Hinzu kommt, daß gerade in den kleinen Gesellschaften eine allgemeine Absicherung gegen *moral hazard*-Probleme existiert, die sich in ähnlicher Weise spieltheoretisch erklären läßt, wie zuvor die Vermeidung der Kollektivhandlungsproblematik:[65]

Gesellschafter bilden eine relativ homogene Gruppe. Sie haben mit der Beteiligung an der Gesellschaft in der Regel ein sehr einheitliches Interesse - die Verfolgung des Gesellschaftszweckes, der zumeist in der Erzielung möglichst hoher Gewinne besteht.[66] Es steht daher nicht zu erwarten, daß sich Gesellschafter einer Zustimmung zu Vertragsänderungen verweigern, die diese Zweckverfolgung optimieren soll.

Mit dieser Interessenhomogenität allein ist die Gefahr des Stimmrechtsmißbrauchs zu Erpressungszwecken jedoch nicht beseitigt. Wie gesehen, kann es auch dann zu opportunistischem Verhalten kommen, wenn die Beteiligten grundsätzlich gleiche Ziele verfolgen, aber von Vertragsänderungen unterschiedlich stark abhängen, weil sie unterschiedlich hoch beziehungsspezifisch investiert haben. In einer solchen Situation besteht für den Unabhängigeren ein Anreiz, die Rente des Abhängigeren abzuschöpfen, die jener durch die Vertragsänderung erhält.[67]

Zu beachten ist jedoch, daß dieser durch Opportunismus erzielte Vorteil ein einmaliger ist. Abstimmungen stehen in Gesellschaften dagegen an der Tages-

---

[63] Überzeugend Flume, (1977) S. 263: „Die Zustimmung ist, wenn für sie eine Verpflichtung besteht, keine Entscheidung, keine Zustimmung mehr. Wenn die Klage auf Zustimmung gewährt wird, so handelt es sich nur um ein rechtstechnisches Mittel der Klarstellung, daß die fragliche Maßnahme rechtens ist und mit Wirkung für die Gesellschaft durchgeführt werden kann."

[64] Baums, DJT-F 17, Timm, ZGR 1987, 403 (421). Zum Problem der dadurch entstehenden Majorisierungsgefahr siehe sogleich unten die Ausführungen zur mehrheitsbezogenen Treuepflicht (§ 5 IV.).

[65] Vgl. oben § 5 I. 2.

[66] Anderson, 25 UCLA.L.Rev. 738, 771 (1978); Lutter, AcP 180 (1980) 84, 93; Romano, (1993) S. 3.

[67] Siehe oben § 4 II. 1. a).

ordnung. Sie können mit sich wiederholenden Spielen verglichen werden. Mittel- bis langfristig stellt sich der Gesellschafter besser, wenn er bei Abstimmungen kooperiert, da nur durch die ständige Anpassung der Gesellschaft an neue Entwicklungen eine dauerhafte Rendite erzielt wird.[68]

Bei der einzelnen Abstimmung kann zwar die Situation vorliegen, daß der Gesellschafter kurzfristig einen höheren Gewinn durch die Strategie der Nichtkooperation erzielen würde, weil er in der Lage ist, eine besondere Abhängigkeit einzelner Gesellschafter für sich auszunutzen. Die Antwort seines Mitgesellschafters auf diese Strategie wird jedoch darin bestehen, zukünftig ebenfalls nicht mehr zu kooperieren (*tit for tat*). Solange die Kooperation bei einer Abstimmung nicht von außen durch eine Regulierung durchgesetzt wird, besteht die einzige Reaktionsmöglichkeit des Gesellschafters auf eine Nichtkooperation seines Mitspielers in der Beendigung der Vertragsbeziehung.[69]

Jener wird versuchen, seine Abhängigkeit von der Gesellschaft zu verringern, es zukünftig unterlassen, noch weiter beziehungsspezifisch zu investieren, und vielmehr nach Alternativen zu seinem Engagement in der Gesellschaft Ausschau halten. Durch die einmalige Nichtkooperation verurteilt der sich opportunistisch verhaltene Spieler seine Gesellschaft zum Scheitern.[70]

Dies berücksichtigend, wird ein rational handelnder Gesellschafter nur dann eine nichtkooperative Strategie wählen, wenn der Gewinn aus dieser einmaligen opportunistischen Handlungsweise so groß ist, daß er sogar die Rendite übersteigt, die mit einer langfristigen Beteiligung an der Gesellschaft zu erwarten steht.[71] Dies ist aber nur der Fall, wenn entweder die langfristigen Gewinnerwartungen an die Gesellschaft nur noch sehr gering sind, oder aber die unterschiedlichen Abhängigkeiten der Gesellschafter von der Änderung des Vertrages so große Ausmaße angenommen haben, daß von einer homogenen Gesellschaftergruppe nicht mehr gesprochen werden kann.[72] In beiden Fällen wäre die Lösung der freien Marktkräfte, daß die Gesellschaft mittelfristig keine Überlebenschancen mehr besitzt. Es stellt sich die Frage, ob es dennoch sinnvoll ist, diese Gesellschaft künstlich fortzuführen, indem der opponierende Gesellschaf-

---

[68] Diese Rendite bildet eine Prämie für kooperatives Verhalten; vgl. Anderson, 25 UCLA. L.Rev. 738, 771f (1978); B.Klein-Alchian-Crawford, 21 J.o.LawEcon. 297, 304 (1978); Telser, 53 J.o.Bus. 27, 43 (1980).

[69] Vgl. Alchian-Demsetz, 62 A.Econ.Rev. 777 (1972); Holler-Illing, (1991) S. 22; Kern, JuS 1992, 13, 16; Richter-Furubotn, (1999) S. 171; Telser, 53 J.o.Bus. 27 (1980).

[70] Anderson, 25 UCLA.L.Rev. 738, 771f (1978); Vgl. auch Romano, (1993) S. 27: „[...] *many close corporation disputes occure in endgame settings*, [...] *when there will be no gains from future relations.*"

[71] Frankel, 71 Cal.L.Rev. 795, 811 (1983); Hart, (1995) S. 67; Holler-Illing, (1991) S. 140f; Kern, JuS 1992, 13, 16; B.Klein-Alchian-Crawford, 21 J.o.LawEcon. 297, 306f (1978); Sandler, (1992) S. 80; Telser, 53 J.o.Bus. 27, 28 (1980).

[72] Vgl. Anderson, 25 UCLA.L.Rev. 738, 772 (1978).

ter durch Stimmbindungspflicht angehalten wird, sich weiterhin kooperativ zu verhalten.

## 3. Bewertung

Mit dieser Kritik an der mitgliedschaftlichen Treuepflicht in kleinen Gesellschaften soll nicht geleugnet werden, daß es bei einer schrankenlosen Ausübung von Teilhabe- und Simmrechten im Einzelfall zu unbilligen Ergebnissen kommen kann, so wie auch die Entscheidungen der Rechtsprechung isoliert für die jeweiligen Sachverhalte sicherlich korrekt beurteilt worden sind.[73] Fraglich bleibt jedoch, ob der Gewinn, der mit dieser Einzelfallgerechtigkeit erzielt worden ist, den Schaden aufwiegt, der mit der Entwertung dieser vertraglich ausgehandelten Rechte einhergeht, weil der Gesellschafter bei seiner Interessenwahrung beschränkt, im schlimmsten Fall sogar mit einer Schadensersatzpflicht wegen treuwidriger Rechtsausübung bestraft wird.[74]

Beides, mangelhafte Einzelfallgerechtigkeit wie der Verlust an Einfluß durch Beschränkung von Kontrollmöglichkeiten sowie durch Stimmrechtsbindungen, wird der Gesellschafter beim Beitritt zur Gesellschaft antizipieren und als Kostenfaktor in Rechnung stellen. Ob die Gerichte in Deutschland diesen Gesellschafter mit ihrer Treupflichtrechtsprechung noch primär von Kosten entlasten und ihn bei seiner Beitrittsentscheidung unterstützen, oder ob dieser bereits Zweifel in die Geltungskraft seiner Vertragsgestaltung hegt und er damit schon überwiegend mit Kosten belastet und von einem Beitritt abhalten wird, kann an dieser Stelle nicht beurteilt werden.

Feststellen läßt sich nur, daß eine uneingeschränkte richterliche Kontrollbefugnis mitgliedschaftlicher Rechte, ökonomisch betrachtet, sicherlich ebenso ineffizient ist wie eine totale Ablehnung der mitgliedschaftlichen Treuepflicht im Bereich der geschlossenen Verbände. Auch der Vergleich mit dem amerikanischen Recht, welches die Gesellschafter in diesem Zusammenhang deutlich weniger beschränkt, hat gezeigt, daß eine zurückhaltende Regulierung mitgliedschaftlicher Pflichten die Akzeptanz von Gesellschaftsverträgen nicht mindern muß.

Eine abschließende Aussage läßt sich aber auch an dieser Stelle machen: Die traditionelle Auffassung, wonach die mitgliedschaftlichen Treuebindungen um so umfassender sein müßten, je intensiver die Gesellschafter zusammenarbeiteten und je enger die Bindungen zwischen ihnen seien, findet in einer ökono-

---

[73] Zur Problematik, daß der Analyst nicht wie der Richter die konkreten Folgen einer Entscheidung zu verantworten hat, vgl. Häuser, (1981) S. 19.

[74] Kritsch ggü. der Konzentration der Juristen auf die Herstellung von Einzelfallgerechtigkeit auch Reul, (1991) S. 124.

mischen Betrachtung keine Stütze. Je geringer die Anzahl der Gesellschafter und je intensiver ihre Zusammenarbeit ist, desto besser können sie sich gegenseitig kontrollieren, und desto eher sind sie in der Lage, kooperative Strategien zu spielen, die keiner Unterstützung von außen bedürfen.

## IV. Die mehrheitsbezogene Treuepflicht und die *lock-in* Problematik

### 1. Der Mehrheitsgesellschafter als faktischer Agent

Ein Mehrheitsgesellschafter oder eine Gruppe von Gesellschaftern, die ihre Stimmen gebündelt haben und damit über die Mehrheit bei Abstimmungen in einer Gesellschaft verfügen, besitzen formal die gleichen Rechte, wie sie auch den übrigen Gesellschaftern - der Minderheit -zustehen. Wie gesehen, dienen diese mitgliedschaftlichen Rechte dazu, dem einzelnen Gesellschafter die Verwirklichung seiner Interessen in der Gesellschaft zu ermöglichen, deren Tätigkeit zu überwachen und damit sein Risiko überschaubarer zu halten. Bei nachträglichen Änderungen des Gesellschaftsvertrages sollen sie ihm im Rahmen von Abstimmungen einen direkten Einfluß verschaffen. Diese mitgliedschaftlichen Rechte sind somit grundsätzlich eigennützige Rechte, bei deren Ausübung der Gesellschafter auch nur eigene Interessen zu verfolgen braucht. Da diese Rechte jedem Gesellschafter zufallen, ist vom Grundsatz her sichergestellt, daß alle Interessen in der Gesellschaft artikuliert und zu einem angemessenen Ausgleich gebracht werden.

Angesichts dieser auf Eigennützigkeit angelegten Gestaltungsrechte sind die Bedenken dargestellt worden, die gegen eine Beschränkung der Rechtsausübung durch Treuepflicht bestehen. Dementsprechend stände es auch dem Mehrheitsgesellschafter zu, seine mitgliedschaftlichen Rechte frei ausüben zu dürfen. Tatsächlich aber sind die mitgliedschaftlichen Rechte des Mehrheitsgesellschafters nur noch in formaler Hinsicht mit den gleichnamigen Rechten sonstiger Gesellschafter zu vergleichen. Faktisch ähneln sie vielmehr den organschaftlichen Rechten der Geschäftsleitung.

Bei Abstimmungen ist es grundsätzlich sinnvoll, jedem Gesellschafter die Befugnis zu verleihen, ausschließlich seine eigenen Interessen zu verfolgen. Ähnlich wie bei einem Vertragsschluß sind dadurch die Gesellschafter gezwungen, eine Kompromißlösung zu finden, die zu einem angemessenen Ausgleich divergierender Interessen führt. Selbst bei Geltung des Mehrheitsprinzips funktioniert dieser Mechanismus, da zumindest immer noch eine Einigung unter der

Mehrzahl der Gesellschafter gefunden werden muß. Aus Praktikabilitätsgründen, insbesondere zur Vermeidung von erpresserischem Verhalten, wird lediglich das Übereinstimmungserfordernis gesenkt. Es bedarf keiner sich hundertprozentig deckender Willenserklärungen mehr. Das Erfordernis, daß sich dennoch eine zu qualifizierende Mehrheit einigen muß, führt zu angemessenen Kompromissen, die grundsätzlich eine Richtigkeitsgewähr bieten, da ihnen immer noch der interessenwahrende „Vertragsmechanismus" zugrunde liegt.[75]

Voraussetzung für diese Richtigkeitsvermutung ist jedoch, daß alle Gesellschafter zumindest die Chance besaßen, mit ihren Vorstellungen durchzudringen. Es muß die abstrakte Möglichkeit bestanden haben, Gleichgesinnte zu finden und auf diese Weise eine Mehrheit zu erzielen.[76] Diese Voraussetzungen sind jedoch bei der Existenz eines Mehrheitsgesellschafters oder einer Mehrheitsgruppe nicht mehr gegeben. Verhandlungen werden nutzlos, bei der Abstimmung wird ausschließlich das Interesse des Mehrheitsgesellschafters bzw. der Mehrheitsgruppe durchgesetzt. Die Stimmen der Minderheit sind bloße formale Erklärungen, denen keine Wirkung mehr zukommt.[77] Damit sind die Beschlüsse derartiger Abstimmungen nicht mehr das Ergebnis einer zwei- oder mehrseitigen Regelungsstruktur, sondern die einseitige Bestimmung einer Vertragspartei.

Mit Erlangung der Anteilsmehrheit erhält somit der Mehrheitsgesellschafter - ähnlich dem Geschäftsführer - die Kompetenz, einseitig über die Interessen anderer zu bestimmen. Der Mehrheitsgesellschafter wird zum faktischen Agenten der Minderheit.[78]

So wie es aber eine rational nicht nachvollziehbare Handlungsweise darstellt, jemandem eine Vertretungsbefugnis über eigene Interessen einzuräumen, ohne jenen zu verpflichten, diese Befugnis treuhänderisch auszuüben, erscheint es irrational, sich an einer Gesellschaft zu beteiligen, bei der ausschließlich ein Gesellschafter zu bestimmen hat und diesen nicht dazu zu verpflichten, als Treuhänder der übrigen Gesellschafter zu fungieren. Der Mehrheitsgesellschafter darf sich im Rahmen einer Vertragsverhandlung billigerweise nicht dagegen wehren, den Einfluß, den er durch die Beteiligung anderer Gesellschafter über fremde Interessensphären erhält, treuhänderisch auszuüben.[79]

---

[75] Brox, JZ 1966, 761, 762; Immenga, FS GmbHG 1992, 189, 206; Kirchner, AG 1985, 124, 129; Wiedemann, (1980) S. 406. Zur Bedeutung der Richtigkeitsgewähr privatautonomer Vereinbarungen für die Ordnungsfunktion des Privatrechts: Fastrich, (1992) S. 53ff.

[76] Vgl. Flume, (1983) S. 209; G.Hueck, (1958) S. 306); Martens, (1970) S. 64; Piepenburg, (1996) S. 12.

[77] Siehe oben § 4 I. 2. b).

[78] Vgl. Lutter, AcP 180 (1980) 84, 114; Mestmäcker, (1958) S. 195ff, 223, 355.

[79] Vgl. Tröger, (2000) S. 141f; Weisser, (1991) S. 140.

Eine Regulierung, die den Mehrheitsgesellschafter verpflichtet, bei seinen die Gesellschaft betreffenden Entscheidungen auf die Interessen der übrigen Gesellschafter Rücksicht zu nehmen, insbesondere den Verhältnismäßigkeitsgrundsatz zu beachten, entspräche dem mutmaßlichen Parteiwillen und würde die Parteien bei der Vertragsverhandlung entlasten.

## 2. Die *lock-in* Problematik

Das Zustandekommen derartiger Verhandlungen ist jedoch äußerst fraglich. Vielmehr dürfte der Mehrheitsgesellschafter seine Einflußmacht erhalten, ohne daß die betroffene Minderheit ihre Zustimmung zu der Entscheidungskompetenz über die eigenen Interessensphären gegeben hätte.

Dabei widerspricht es der auf freier Selbstbestimmung beruhenden Zivilrechtsordnung, wenn eine Person die Befugnis erhält, über die Interessen einer anderen zu entscheiden, ohne daß letztere ihre Einwilligung hierzu erteilt hätte.[80] Es gibt nur geringe Ausnahmen, wo einer Privatperson derartige Kompetenzen zugebilligt werden. Dabei handelt es sich in erster Linie um die Sorgerechte des Familienrechts, wo umfangreiche Regulierungen und eine Überwachung durch das Vormundschaftsgericht sicherstellen, daß die Interessen der betroffenen Person beachtet und Sorgerechte nicht mißbraucht werden.

Keine Probleme bereitet die Situation, wenn bei Abschluß des Gesellschaftsvertrages ein Gesellschafter von vornherein die Mehrheit besitzt. Wenn sich an dieser Gesellschaft dennoch ein Minderheitsgesellschafter beteiligt, kann von seiner Zustimmung zur Kompetenz des Mehrheitsgesellschafters ausgegangen werden. Hier stände aber auch zu erwarten, daß der Minderheitsgesellschafter sich im Gegenzug gewisse Schutzmechanismen ausbedingt, insbesondere den Mehrheitsgesellschafter verpflichten würde, auch seine Interessen bei der Entscheidungsfindung angemessen mitzuberücksichtigen.[81] In diesem Fall käme der mehrheitsbezogenen Treuepflicht lediglich eine Entlastungsfunktion zu, da sie den Parteien den gewollten Schutzmechanismus kostengünstig zur Verfügung stellt.

Häufig erwirbt aber ein Gesellschafter erst im Laufe seiner Beteiligung eine Mehrheit an einer Gesellschaft. Wenn auch dieser Zukauf von Beteiligungen in

[80] Vgl. Bötticher, (1964) S. 4; Fastrich, (1992) S. 38; Martens, (1970) S. 111; ders., DB 1973, 413, 414.
[81] Kirchner, AG 1985, 124, 130. Zu den vertraglichen Gestaltungsmöglichkeiten eines Minderheitenschutzes: Verhoeven, (1978) Rdnr. 66ff.

geschlossenen Verbänden deutlich erschwert ist,[82] so besteht aber auch dort die Gefahr, daß sich ein Gesellschafterstamm bildet, der sich zur einheitlichen Stimmausübung auf Kosten der Außenstehenden verpflichtet.

In diesen Fällen einer nachträglichen Etablierung feststehender Mehrheitsverhältnisse kann von einer Zustimmung der übrigen Gesellschafter nicht ausgegangen werden. Unzulässig ist insbesondere der Rückschluß, durch die Vereinbarung einer Mehrheitsklausel hätten die Parteien einer einseitigen Leistungsbestimmung durch andere zugestimmt.[83] Die Mehrheitsklausel dient dazu, Abstimmungen effizient zu gestalten, namentlich Blockadegefahren zu mindern. Jeder Gesellschafter wahrt sich aber die Chance, mit seinen Interessen durchzudringen. Zumindest ist immer noch gewährleistet, daß mehrere Interessen zum Ausgleich gebracht werden und gerade nicht eine einzelne Person bestimmt.[84] Wäre dies im Sinne der Parteien gewesen, hätten sie die günstigere einseitige Regelungsstruktur begründet und keine Abstimmungsklausel gewählt.

Die fehlende Zustimmung der Minderheit, die Tatsache, daß sie nicht über Schutzmechanismen verhandeln konnten, sondern eines Tages starren Mehrheitsverhältnissen gegenüberstehen, bedingen die zwingende Regulierung der mehrheitsbezogenen Treuepflicht. Sie gleicht den Mangel aus, daß die Mehrheit eine Gestaltungskompetenz über fremde Interessen erhält, ohne über eine Gegenleistung verhandeln zu müssen.

Dem könnte entgegengehalten werden, daß die Minderheitsgesellschafter nicht verpflichtet seien, in einer beherrschten Gesellschaft zu bleiben. Würden sie sich dennoch weiter beteiligen, könne hierin die Zustimmung zu der Kompetenz des Mehrheitsgesellschafters gesehen werden. Sie seien auch in der Lage, Schutzmechanismen vom Mehrheitsgesellschafter auszuhandeln, da dieser ein Interesse daran habe, das Kapital der Minderheit in der Gesellschaft zu halten und diese nicht auszahlen zu müssen.

Doch auch diese hypothetische Zustimmung beruht auf einer unzulässigen Annahme. Gerade in kleinen, geschlossenen Verbänden fehlt den Parteien die hierzu nötige Ausstiegsoption, vielmehr sind sie in der Gesellschaft eingeschlossen:[85]

Wenn bei Abschluß des Gesellschaftsvertrages noch kein Gesellschafter von vornherein eine Mehrheit der Stimmen besaß, haben besonders in kleinen Gesellschaften die Parteien starke Anreize, dem Einzelnen den Ausstieg aus der

---

[82] Verhoeven, (1978) Rdnr. 59.

[83] Vgl. Martens, DB 1973, 413 f u. 416.

[84] Vgl. Brox, JZ 1966, 761, 762, der im Vertragsmechanismus den eigentlichen Geltungsgrund der Privatautonomie erblickt.

[85] Mestmäcker, (1958) S. 199; Wiedemann, (1980) S. 407. Siehe auch oben § 3 III. 3 c).

Gesellschaft zu erschweren. Sinn des Vertrages ist es schließlich, die Parteien über einen langen Zeitraum zu binden und auf die gemeinsame Zweckverfolgung festzulegen. Die Rechtsstellung von Gesellschaftern in geschlossenen Gesellschaften ist regelmäßig stärker als die in Publikumsgesellschaften. Sie beinhaltet häufig eine große Einflußmöglichkeit auf die Geschäftsführung der Gesellschaft. So ist es nicht gleichgültig, wer Mitglied in dieser geschlossenen Gesellschaft wird. Aus diesem Grunde sind die Gesellschaftsanteile an geschlossenen Verbänden regelmäßig vinkuliert und ein Verkauf ist nur mit Zustimmung der übrigen Gesellschafter möglich.[86]

Dort, wo diese Möglichkeit dennoch besteht, existiert kein oder nur ein unterentwickelter Markt für derartige Anteile, da diese nicht öffentlich an einer Börse gehandelt werden und deren Veräußerung daher mit hohen Transaktionskosten verbunden ist.[87] Hat dann auch noch ein Gesellschafter die Kontrollmehrheit erworben, so ist es gänzlich aussichtslos, den eigenen Anteil noch zu akzeptablen Bedingen veräußern zu können.[88] Der einzige, der in dieser Situation noch bereit ist, Anteile der Gesellschaft zu kaufen, ist der Mehrheitsgesellschafter selbst – zu einer entsprechend geringen Gegenleistung.

Auch Kündigungsrechte einzelner Gesellschafter werden in Verbänden, die nicht von vornherein durch einen Gesellschafter kontrolliert werden, unattraktiv ausgestaltet.[89] Führt doch die Kündigung einer Gesellschafterstellung, wenn nicht zur Auflösung des gesamten Verbandes, so doch zum Abfluß erheblichen Gesellschaftsvermögens zur Abfindung des Kündigenden.[90] Demjenigen, der ein jederzeitiges Kündigungsrecht besitzt, ist es daher möglich, sich gegenüber Gesellschaftern, die infolge von beziehungsspezifischen Investitionen besonders abhängig vom Bestand der Gesellschaft sind, opportunistisch zu verhalten und Vorteile für sich zu erpressen.[91]

Daneben ist der einzelne Gesellschafter in einem geschlossenen Verband häufig auch aus anderen Gründen auf einen Verbleib angewiesen. Zumeist besteht seine Stellung nicht in einer reinen Kapitalbeteiligung, sondern er ist ein aktives Mitglied, d.h. stellt seine Arbeitskraft der Gesellschaft zur Verfügung und

---

[86] Clark, (1986), S. 762; Immenga, (1970) S. 31f u. 75ff; Reichert-M.Winter, FS GmbHG 1992, 209, 212; Romano, (1993) S. 24; Verhoeven, (1978) Rdnr. 61; Wiedemann, (1980) S. 297.

[87] Conard, ZGR 1987, 180, 192; Easterbrook-Fischel, (1996) S. 230; Eggertsson, (1991) S. 182; Immenga, (1970) S. 71f u. 132f; Verhoeven, (1978) Rdnr. 343.

[88] W.Klein, 91 YaleL.J. 1521, 1552 (1982); Lutter, JZ 1976, 225, 231.

[89] Verhoeven, (1978) Rdnr. 63.

[90] Immenga, (1970) S.175f; Schilling-M.Winter, FS Stiefel 1987, 665, 678.

[91] Easterbrook-Fischel, (1996) S. 239f; W.Klein, 91 YaleL.J. 1521, 1563 (1982).

bezieht einen Großteil seines Lebensunterhaltes aus seiner Gesellschafterstellung.[92]

So wird der Austritt für den ausscheidungswilligen Gesellschafter verteuert. Durch hohe Zustimmungserfordernisse bei der Aufnahme neuer Gesellschafter, die bei geschlossenen Verbänden ebenfalls zu finden sind, ist auch der Eintritt in diese Gesellschaft mit hohen Kosten verbunden. Nach der Untersuchung von *Hirschman* sind diese Bedingungen - hohe Aufnahmegebühren und Austrittskosten - entscheidende Faktoren zur Erzeugung von Loyalität bei den Verbandsmitgliedern. Diese Loyalität hat aber zur Folge, daß sich die Mitglieder zunächst eine Verschlechterung ihrer Mitgliedschaft, etwa durch steigenden Einfluß/Anteilsbesitz eines Gesellschafters, klaglos gefallen lassen. In der Konsequenz versetzt dieser Umstand aber einen potentiellen Mehrheitsgesellschafter in die Lage, zunächst eine Kontrollmehrheit aufzubauen, ohne mit sofortigem Widerspruch der im steigenden Maße gefährdeten Minderheit konfrontiert zu werden.[93]

Folge ist jedoch, daß diese Regelungen, die bei einer unabhängigen Gesellschaft angesichts des hohen Einflusses jedes einzelnen Gesellschafters ihren Sinn haben, im Falle des nachträglichen Erwerbs einer Kontrollmehrheit durch einen Gesellschafter die Minderheit in der Gesellschaft einschließen.[94] Die Gesellschafter sind in ihrer Gesellschaft gefangen. Keinesfalls besitzen sie ein Drohpotential, mit dessen Hilfe sie sich Zugeständnisse hinsichtlich der Mitbeachtung von Minderheitsinteressen aushandeln könnten. Eine zwingende Regulierung, die diese Minderheit vor Mißbrauch der Mehrheitsmacht schützt, ist daher erforderlich. Sie liegt mit der mehrheitsbezogenen Treuepflicht vor.

## 3. Wirkung

Die Wirkungsweise der mehrheitsbezogenen Treuepflicht entspricht der organschaftlichen, außer daß sie in erster Linie mitgliedschaftliche Rechte einschränkt.[95] Auch der Mehrheitsgesellschafter darf das Gesellschaftsvermögen nicht entreichern. Entnahmen müssen allen Gesellschaftern entsprechend ihren Anteilen zukommen. Die mehrheitsbezogene Treuepflicht begründet auch hier ein Gegenrecht zur faktischen Kompetenz des Mehrheitsgesellschafters,

---

[92] Immenga, (1970) S. 132.
[93] Vgl. Hirschman, (1974) Kapitel 7, besonders S. 79ff.
[94] W.Klein, YaleL.J. 1521, 1563 (1982); Verhoeven, (1978) Rdnr. 59.
[95] Das unterschiedliche Verständnis der Pflicht des Mehrheitsgesellschafters – in den USA als eine faktische Organpflicht, in Deutschland als eine gesteigerten Mitgliedschaftspflicht – läßt sich dadurch erklären. Hierin liegt auch die Rechtfertigung, von einer eigenständigen Pflicht zu sprechen.

sich entsprechende Vorteile zu beschaffen. Dieses materielle Gegenrecht ermöglicht es den Gesellschaftern, eine gerichtliche Kontrolle zu erreichen. Da in der geschlossenen Gesellschaft keine Kollektivhandlungsprobleme zu befürchten sind, besteht eine hohe Wahrscheinlichkeit, daß entsprechender Mißbrauch entdeckt und geahndet wird.

Gleiches gilt im Hinblick auf eine angemessene Anpassung des Gesellschaftsvertrages. Die Beschlüsse des Mehrheitsgesellschafters dürfen einzelne Gesellschafter nicht benachteiligen und müssen den Anforderungen des Verhältnismäßigkeitsgrundsatzes genügen. Angesichts der effektiven Kontrolle in kleinen Gesellschaften steht auch hier zu erwarten, daß unangemessene Entscheidungen zu Fall gebracht werden.

Die zwingende mehrheitsbezogene Treuepflicht entfaltet somit ebenfalls präventive Wirkung. Der Mehrheitsgesellschafter erhält durch sie Anreize, bei seinen Beschlüssen die Interessen der Minderheit mit zu berücksichtigen. Mittel- bis langfristig wird er versuchen, die Anteile der Minderheit zu erwerben, um ausschließlich seine eigenen Interessen durchsetzen zu können. Mit der Treuepflicht im Rücken sind die Minderheitsgesellschafter in diesem Fall nun auch in der Lage, einen angemessenen Preis für ihren Anteil zu fordern.

# § 6 Die Treuepflicht in Publikumsgesellschaften

## I. Publikumsgesellschaften

### 1. Merkmale

Publikumsgesellschaften sind im Gegensatz zu den geschlossenen Verbänden durch eine große Anzahl von Mitgliedern gekennzeichnet. Diese Vielzahl der Gesellschafter bewirkt, daß der Einzelne sich keinen Überblick mehr darüber verschaffen kann, wieweit sich die anderen Anteilseigner im gemeinsamen Verband engagieren.[1] Der Einzelne hat keine Möglichkeit, sein eigenes Verhalten auf das Verhalten der anderen abzustimmen. In dieser Situation ist es für ihn eine rationale Entscheidung, Initiative in der Gesellschaft zu unterlassen und von eventuellem Engagement anderer zu profitieren. Publikumsgesellschaften sind folglich in starkem Maße von der Kollektivhandlungsproblematik betroffen.[2]

Weiteres Kennzeichen der Publikumsgesellschaften ist, daß durch die große Anzahl von Gesellschaftern der Einfluß des Einzelnen auf konkrete Entscheidungen tendenziell abnimmt.[3] Je mehr Gesellschafter an einem Verband beteiligt sind, desto schwieriger wird es, eine einheitliche Willensbildung herbeizuführen. Daher werden Befugnisse des einzelnen Gesellschafters zurückgedrängt und Entscheidungen der täglichen Verwaltung auf spezielle Organe delegiert, um den Bestand der Gesellschaft zu sichern.[4] Damit ist die personelle Zusammensetzung des Gesellschafterstammes, anders als bei geschlossenen Verbänden, von grundsätzlich geringerem Interesse. Regelmäßig wird der Gesellschaftszweck gerade durch die hohe Anzahl der Gesellschafter gefördert, die dem Verband entsprechend viel Kapital zur Verfügung stellen.[5] Um einer möglichst großen Anzahl potentieller Gesellschafter eine attraktive Beteiligung zu bieten, ermöglichen die Satzungen den freien Wechsel im Gesellschafterbestand.[6]

Am Ende dieser Entwicklung stehen börsennotierte Aktiengesellschaften. Diese bieten den Investoren einen effizienten Kapitalmarkt zum Austausch ihrer Be-

---

[1] (= latente Gruppe) B.Klein, 26 J.o.LawEcon. 367, 372 (1983); M.Olson, (1992) S. 49, 54.
[2] Conard , ZGR 1987, 180, 182f u. 186; B.Klein, 26 J.o.LawEcon. 367, 372f (1983); M.Olson, (1992) S. 49.
[3] Easterbrook-Fischel, (1996) S. 1; Fillmann, (1991) S. 12; M.Olson, (1992) S. 52.
[4] Nitschke, (1970) S. 20 u. 108.
[5] Anderson, 25 UCLA.L.Rev. 738, 774 (1978).
[6] Vgl. W.Klein, 91 YaleL.J. 1521, 1551 (1992); Nitschke, (1970) S. 108.

teiligungen, so daß dem einzelnen Gesellschafter grundsätzlich der jederzeitige und problemlose Ausstieg aus der Gesellschaft ermöglicht wird. Darüber hinaus bestehen aus bekannten steuerlichen Gründen auch Personengesellschaften in Form von Publikumsgesellschaften. Bei letzteren hat die Rechtsprechung angesichts der gravierenden Abweichung dieser Gesellschaften vom Leitbild des Gesetzgebers zum Teil entsprechende Schutzmechanismen in Anlehnung an das Aktienrecht entwickelt.[7]

## 2. Anpassungslösungen

Die große Anzahl der Gesellschafter und die damit einhergehenden Kollektivhandlungsprobleme bedingen, daß das Verfahren zur Anpassung des Gesellschaftsvertrages an veränderte Umstände nicht in einer Nachverhandlung unter Geltung des Einstimmigkeitsprinzips bestehen kann. Bereits mit Kleinstbeteiligungen könnten Beschlüsse blockiert werden, die für die Gesellschaft von existentieller Bedeutung sind. Infolge der Kapitalmarktoffenheit dieser Verbände ist auch jedermann in der Lage, sich derartige Kleinstbeteiligungen zu beschaffen. Angesichts der großen Summen, die Publikumsgesellschaften umsetzen, böten sich hier lukrative Erpressungsmöglichkeiten für jedermann.[8] Sollten dagegen alle Gesellschafter in einer Publikumsgesellschaft über sämtliche zur Entscheidung anstehende Fragen einen einstimmigen Beschluß fassen, wäre diese Gesellschaft unregierbar und zum Scheitern verurteilt. Es ist daher zwingend, daß selbst Grundlagenbeschlüsse mit einer qualifizierten Mehrheit getroffen werden können.[9]

In großen Publikumsgesellschaften kann zudem die Geschäftsführung, selbst bei Geltung des Mehrheitsprinzips, nicht auf die Gesellschafterversammlung übertragen werden. Über Geschäftsführungsangelegenheiten Beschlüsse zu fassen, wäre mit zu hohen Transaktionskosten verbunden und nicht praktikabel.[10] Eine sinnvolle Zuständigkeitsverteilung über die Summe der Gesellschafter ist angesichts ihrer Masse nicht möglich. Der Einzelne könnte damit nicht nachvollziehen, ob seine Kollegen sich hinreichend in der Geschäftsführung engagieren. Die rationale Reaktion auf diese Unsicherheit bestünde darin, eigenes Engagement zu unterlassen und darauf zu vertrauen, daß andere die Initiative ergreifen. Hinzu kommt, daß die meisten Gesellschafter von vornherein kein In-

---

[7] Vgl. BGHZ 85, 350, 356ff; Kübler, NJW 1984, 1857, 1861; Staub/Schilling, HGB Anh. § 161 Rdnr. 4 u. 24ff; Ulmer, (1986), 18f. Grundlegend zu den „körperschaftlich strukturierten Personengesellschaften": Nitschke, (1970).

[8] Tatsächlich ist diese Problematik aufgrund der Möglichkeit, Anfechtungsklagen zu erheben, immer noch zu beobachten, obwohl in den Publikumsgesellschaften kein Beschluß der Einstimmigkeit bedarf. Siehe hierzu unten § 6 II. 4.

[9] Siehe oben § 4 III. 3. b) bb).

[10] Siehe oben § 4 III. 3. b) bb).

teresse daran haben, sich aktiv zu beteiligen. Die Masse der Anteilseigner derartiger Verbände ist an lukrativen Renditen interessiert und daher eher mit Anleihegläubigern als mit Mitunternehmern zu vergleichen.[11] Um diesen Interessen gerecht zu werden und Trittbrettfahrerprobleme zu vermeiden, bleibt es unumgänglich, daß für die alltäglichen Fragen der Geschäftsführung eine einseitige Regelungsstruktur gefunden und die Geschäftsführung auf ein professionelles Management übertragen wird.[12]

### 3. Die Ausstiegsoption

Einer derartigen Kompetenzverteilung zuzustimmen wird dem einzelnen Gesellschafter dadurch erleichtert, daß er im Gegensatz zu Gesellschaftern eines geschlossenen Verbandes grundsätzlich die Möglichkeit des Austritts besitzt. Er kann seine Beteiligung jederzeit auf effizienten Kapitalmärkten veräußern, bei denen grundsätzlich sichergestellt ist, daß auch stille Reserven eines Unternehmens im Kurs mit abgebildet werden. Werden Geschäftsführungsentscheidungen und Grundlagenbeschlüsse nicht in seinem Sinne gefällt, bleibt ihm daher die Wahl, dieses als unbedeutende Abweichung von seinem eigenen Interesse gegebenenfalls unter Protest hinzunehmen oder bei schwerwiegenden Differenzen eine geeignetere Beteiligung zu suchen.[13]

Diese Austrittsmöglichkeit hat auch eine präventive Wirkung gegenüber den Entscheidungsträgern. Das Kapital der Gesellschaft bildet die Ressource, aus der das Management seine Handlungsmöglichkeiten schöpft. Für eine Geschäftsleitung, welche die Interessen der Gesellschafter nicht angemessen berücksichtigt, wird es schwieriger, sich über den Kapitalmarkt zu finanzieren, da weniger Personen bereit sind, sich an einer derart geführten Gesellschaft zu beteiligen.[14]

Eine große Anzahl unzufriedener Gesellschafter erleichtert auch einen Kontrollwechsel, weil tendenziell mehr Personen bereit sind, ihre Anteile an einen Bie-

---

[11] Alchian-Demsetz, 62 A.Econ.Rev. 777, 789 (FN 14) (1972); Fillmann, (1991) S. 12f; Martens, (1970) S. 24f u. 142; Posner, (1998), S. 451; R.Winter, (1978) 16f.

[12] Fama-Jensen, 26 J.o.LawEcon. 301, 308 (1983); B.Klein, 26 J.o.LawEcon. 367, 373 (1983); Matheson-B.Olson, 76 Minn.L.Rev. 1313, 1387 (1992).

[13] Grundlegend Hirschman, (1974) S. 39. Vgl. auch Alchian-Demsetz, 62 A.Econ.Rev. 777, 788 (1972); Baums, DJT-F 117; Behrens, (1986) S. 218; Buxbaum, 73 Cal.L.Rev. 1671, 1720 (1985) Grundmann, (1997) S. 280; Kirchner, AG 1985, 124, 129; W.Klein, 91 YaleL.J. 1521, 1562 (1982); Matheson-B.Olson, 76 Minn.L.Rev. 1313, 1336 (1992); Mertens, AG 1990, 49, 52.

[14] Behrens, (1986) S. 218; Easterbrook-Fischel, (1996) S. 32f; Mertens, AG 1990, 49, 52. Allein die Möglichkeit mit Austritt drohen zu können, versetzt selbst träge oder loyale Gesellschafter in die Lage, Forderungen in der „eigenen" Gesellschaft mit Aussicht auf Gehöhr stellen zu können; vgl. Hirschman, (1974) S. 70f.

ter zu verkaufen. Da eine solche Übernahme regelmäßig mit dem Austausch des Managements verbunden ist, hat letzteres starke Anreize, die Gesellschafter zum Verbleib in der Gesellschaft zu bewegen. Damit liegt es letztlich im eigenen Interesse des Managements, möglichst viele Gesellschafterinteressen zum Ausgleich zu bringen.[15]

Infolge dieser Ausstiegsoption ist die *lock-in* Gefahr in Publikumsgesellschaften deutlich geringer als bei geschlossenen Verbänden. Allerdings ist ein derartiger Einschluß auch bei Publikumsgesellschaften nicht völlig auszuschließen, da zum einen in effizienten Kapitalmärkten auch die Wirkungen benachteiligender Entscheidungen sofort in den Kurs mit aufgenommen werden, zum anderen die Inhaber größer Beteiligungspakete kaum in der Lage sind, ihre Beteiligung als Ganzes ohne negative Kursbeeinflussung zu veräußern. In diesen Fällen ist eine Veräußerung nur mit Verlust möglich, was den einzelnen Gesellschafter wiederum zum Verbleib in der Gesellschaft nötigen kann.[16]

Letztlich ist daher auch in Publikumsgesellschaften ein Schutzinteresse der Gesellschafter vor unangemessenen Entscheidungen zu bejahen. Es reicht nicht aus, diese auf die grundsätzlich gegebene Ausstiegsmöglichkeit zu verweisen.

# II. Pflichten von Verwaltung und Mehrheit

## 1. Organschaftliche und mehrheitsbezogene Treuepflicht

Bezüglich der Pflichten einer Geschäftsleitung und eines Mehrheitsgesellschafters kann wesentlich auf die Ausführungen zur organschaftlichen und mehrheitsbezogenen Treuepflicht in kleinen Gesellschaften verwiesen werden. Genau wie Geschäftsleitern und Mehrheitsgesellschaftern in kleinen Gesellschaften, ist es entsprechenden Personen in großen Verbänden untersagt, ihre Kompetenzen, über fremde Interessen bestimmen zu können, zu mißbrauchen. Auch hier gilt die grundsätzliche Überlegung, daß es eine nicht nachzuvollziehende Handlungsweise darstellen würde, jemandem die Befugnis zu gewähren, über die eigene Interessensphäre zu verfügen, ohne diesen auf eine treuhänderische Ausübung dieser Befugnis zu verpflichten.

---

[15] Hirschman, (1974) S. 53; zu den Wirkungen eines Marktes für Unternehmenskontrollen siehe unten § 6 II. 2.

[16] Vgl. Baums, DJT-F 22 u. 117; ders. in Corp. Gov. 1998, 545, 548; Easterbrook-Fischel, (1996) S. 32; Kirchner, AG 1985, 124, 129f; W.Klein, 91 YaleL.J. 1521, 1552 (1982); Wiedemann, (1980) S. 469.

## a) Zwingende Geschäftsleiterpflichten

Vielmehr ist es angebracht, bei der Bestimmung des Pflichteninhalts der Verwaltung großer Gesellschaften einen noch strengeren Maßstab anzuwenden. Die Geschäftsleitung als Agent steht in Publikumsgesellschaften einem infolge der Kollektivhandlungsproblematik nur beschränkt rational handelnden Prinzipal gegenüber. Entsprechend schwächer fällt die Kontrolle der Verwaltung aus.[17] Dieser ist es dagegen um so leichter möglich, sich von der Gesellschafterversammlung einseitig begünstigende Transaktionen absegnen zu lassen.[18]

Daher ist es zu begrüßen, daß im neuen Deutschen Corporate Governance Kodex eine Verpflichtung der Vorstandsmitglieder aufgenommen wurde, wonach sie Interessenkonflikte gegenüber dem Aufsichtsrat unverzüglich offenzulegen haben, und daß alle Transaktionen zwischen der Gesellschaft und dem Vorstandsmitglied (bzw. ihm nahestehender Personen oder Unternehmen) der Zustimmung des Aufsichtsrates bedürfen.[19]

In seiner Darstellung zum amerikanischen Gesellschaftsrecht favorisiert *Clark* aber eine noch strengere Lösung. Während es den Managern einer *close corporation* unter den Voraussetzungen, daß auf Seiten der Gesellschaft eine andere Person handelt und diese umfassend informiert wird, gestattet bleiben soll, Verträge mit der eigenen Gesellschaft abzuschließen, sollte dies dem Management einer *public corporation* durch die *duty of loyalty* untersagt werden.[20] Ließen sich bei geschlossenen Verbänden noch Situationen vorstellen, in denen einzig die Geschäftsleitung bereit sei, mit der Gesellschaft zu kontrahieren, so daß auch die Gesellschaft als Gläubigerin der Treuepflichten ein Interesse an Verträgen mit ihrem Agenten haben könnte, wären derartige Situationen bei Publikumsgesellschaften kaum denkbar. Diesen großen Verbänden stünde ein effizienter Kapitalmarkt zur Verfügung, der sicherstellt, daß sinnvolle Transaktionen auch zustande kommen. Damit gäbe es kein beachtenswertes Interesse, dem Manager den Vertragsschluß mit der eigenen Gesellschaft zu ermöglichen.[21]

---

[17] Brudney-Clark, 94 Harv.L.Rev. 997, 1023 (1981); Clark, (1986) S. 180 ff; ders. in Pratt/ Zeckhauser 55, 77; Demsetz, 26 J.o.LawEcon. 375 (1983); Easterbrook-Fischel, (1996) S. 4; Posner, (1998) S. 451.

[18] Anderson, 25 UCLA.L.Rev. 738, 784 (1978); Clark, (1986) S. 182; Eisenberg, 89 Col.L. Rev. 1461, 1474ff (1989); Gordon, 89 Col.L.Rev. 1549, 1593 (1989); Matheson-B.Olson, 76 Minn.L.Rev. 1313, 1332 (1992).

[19] D.C.G.K. Zif. 4.3.4; vgl. auch schon RegKom., (2001) Rdz. 264.

[20] Clark, (1986) S. 164f und 180ff. Diese Differenzierung hat er zusammen mit *Brudney* zuvor bereits für die Freigabe von *corporate opportunities* vertreten: Brudney-Clark, 94 Harv. L.Rev. 997, 1002 (1981).

[21] Clark, (1986) S. 187.

Vielmehr erfordere die Führung von Publikumsgesellschaften professionelles Management, das seine Arbeitskraft vollständig dem Unternehmen zur Verfügung zu stellen hat. Dem Management auf dem Wege der Transaktion mit der Gesellschaft weitere Betätigungsfelder neben der Tätigkeit für die Gesellschaft zu eröffnen, widerspreche auch aus diesem Grunde dem Interesse der Gesellschaft.[22]

Diese Differenzierung zwischen geschlossenen Verbänden und Publikumsgesellschaften beinhaltet auch für das deutsche Recht überzeugende Ansätze, die bei der weiteren Diskussion um ein verbessertes deutsches *corporate governance* System Beachtung verdienen. Hiernach wäre es dem angestellten Management einer Publikumsgesellschaft zwingend zu untersagen, außerhalb des Anstellungsvertrages Geschäfte mit der eigenen Gesellschaft abzuschließen, unabhängig davon, ob zugleich ein Fall des Selbstkontrahierens vorliegt. Im Gegensatz zu geschlossenen Verbänden wäre die organschaftliche Treuepflicht in Publikumsgesellschaften damit gänzlich zwingender Natur.[23]

b) Zwingende Pflichten des kontrollierenden Gesellschafters

Im Rahmen der geschlossenen Verbände wurde argumentiert, daß dort die mehrheitsbezogene Treuepflicht in erster Linie deshalb zwingend auszugestalten sei, weil in diesen Gesellschaften die Gefahr des Einschlusses der Gesellschafter bestünde. Den Gesellschaftern biete sich im Falle des Erwerbs einer festen Mehrheitsbeteiligung keine adäquate Verhandlungsoption gegenüber diesem neuen Mehrheitsgesellschafter, da sie nur unter Verlust in der Lage seien, aus der Gesellschaft auszusteigen und damit keinerlei Drohpotential gegenüber jenem hätten.[24]

Diese *lock-in* Gefahr ist in Publikumsgesellschaften deutlich geringer, da bei diesen Verbänden zumindest für Kleinaktionäre grundsätzlich die Möglichkeit des Beteiligungsverkaufes besteht und auch regelmäßig ein funktionierender Kapitalmarkt hierfür vorhanden ist.[25] Dieser Umstand könnte zu der Forderung verleiten, die mehrheitsbezogene Treuepflicht für Publikumsgesellschaften schwächer und allenfalls als dispositives Recht auszugestalten.

Einer solchen Argumentation kann nicht gefolgt werden. Zwar wird der Mehrheitsgesellschafter Verhandlungen, die seine Zustimmung zu einer Treuhänderpflicht im Hinblick auf die Minderheiteninteressen zum Inhalt haben, selten mit

[22] Vgl. Brudney-Clark, 94 Harv.L.Rev. 997, 1024 (1981).
[23] Vgl.auch Eisenberg, 89 Col.L.Rev. 1461, 1474 (1989); Gordon, 89 Col.L.Rev. 1549, 1593 (1989); Ruffner, (2000) S. 276.
[24] Siehe oben § 5 III 2.
[25] Siehe oben § 6 I. 3.

Hilfe der *lock-in* Problematik verhindern können. Dennoch steht nicht zu erwarten, daß es zu einer entsprechenden Verhandlung kommt, die Grundlage dafür wäre, ein Einverständnis der Minderheitsgesellschafter damit anzunehmen, daß der Mehrheitsgesellschafter befugt sei, auch über ihre Interessen einseitig zu verfügen.[26]

In Publikumsgesellschaften steht auch hier wiederum die Kollektivhandlungsproblematik dem Zustandekommen einer derartigen Verhandlung entgegen. Minderheitenschutzrechte auszuhandeln wäre Aufgabe der außenstehenden Gesellschafter, die hierzu die Initiative gegenüber dem Mehrheitsgesellschafter ergreifen müßten. Im Gegensatz zum Mehrheitsgesellschafter ist jedoch die Minderheit auf eine Vielzahl von Anlegern verteilt.[27] Aus bekannten Gründen wird es der einzelne Minderheitsgesellschafter daher unterlassen, die Initiative gegenüber dem Mehrheitsgesellschafter zu ergreifen.

Hinzu tritt bei Publikumsgesellschaften ein weiteres Problem. Angesichts der Vielzahl der Teilhaber wird es regelmäßig nicht gelingen, alle Gesellschafter in einer Versammlung zu vereinigen. Dies versetzt Gesellschafter mit großem Anteilsbesitz in die Lage, mit einer geringeren als der formalen Mehrheitsbeteiligung die Gesellschaft zu kontrollieren.[28]

Wiederum steht nicht zu erwarten, daß derartige Kontrollverhältnisse dem einzelnen Minderheitsaktionär überhaupt bekannt werden, da auch hier der Aufwand, sich über die Beteiligungsstrukturen einer Gesellschaft im Zusammenhang mit durchschnittlichen Hauptversammlungspräsenzen zu informieren, angesichts der Kleinstbeteiligung nicht lohnen würde.[29]

Aus diesen Gründen ist für die mehrheitsbezogene Treuepflicht in Publikumsgesellschaften nicht nur ebenfalls eine zwingende Geltung zu fordern. Diese mehrheitsbezogene Treuepflicht muß darüber hinaus bereits für den Gesellschafter gelten, der angesichts niedriger Hauptversammlungspräsenzen in der Lage ist, mit einer niedrigeren als der formalen Mehrheitsbeteiligung kontrollierenden Einfluß auf die Gesellschaft auszuüben.[30]

---

[26] Siehe zur Notwendigkeit einer solchen Annahme oben § 5 IV. 1.

[27] Andernfalls läge keine Publikums-, sondern eine kleine, geschlossene Gesellschaft vor.

[28] Siehe hierzu Henn, (1984) S. 29ff; Schanz, NZG 2000, 337, 339.

[29] Vor diesem Informationsdefizit sind die Offenlegungspflichten zu verstehen, welche dem Großaktionär nach § 20 AktG bereits bei einer 25%igen Beteiligung auferlegt werden.

[30] Dementsprechend ist es hier sachlich richtiger, anstelle von mehrheitsbezogener Pflicht, von einer Pflicht des kontrollierenden Gesellschafters (*controling shareholder*) wie in den USA zu sprechen.
Allerdings dürfte sich die gesamte Problematik mit dem neuen WpÜG deutlich entschärft haben, da dieses mit § 35 Abs. 2 i.V.m § 29 Abs. 2 dem kontrollierenden Gesellschafter bereits beim Halten von 30% der Anteile auferlegt, den übrigen Aktionären ein Pflichtangebot zur Übernahme ihrer Aktien abzugeben.

## 2. Managementpflichten bei feindlichen Übernahmen

Die den Gesellschaftern in Publikumsgesellschaften gegebene Möglichkeit, jederzeit aus dem Verbande auszuscheiden und die eigene Beteiligung zu verkaufen, ermöglicht nicht nur dem einzelnen Gesellschafter, auf eine Nichtberücksichtigung seiner Interessen mit Wechsel des Investments zu reagieren. Sie verschafft auch einzelnen Gesellschaftern oder Außenstehenden die Möglichkeit, eine Mehrheitsbeteiligung und damit die Kontrolle über die Gesellschaft zu erwerben.[31]

Ein derartiger Kontrollerwerb hat Auswirkungen auf die Beziehung des Managements zur Gesellschaft. Der Mehrheitsgesellschafter wird vom Management erwarten, daß dieses in erster Linie seine Interessen berücksichtigt. Um dies sicherzustellen, erfolgt bei einem Kontrollwechsel häufig auch ein Wechsel in der Geschäftsleitung. Es werden Personen eingesetzt, von denen der neue Mehrheitsgesellschafter glaubt, daß sie ihm eine bessere Rendite für seine Beteiligung erwirtschaften.[32]

Diese drohende Auswechslung der Geschäftsleitung bewirkt den bekannten Anreiz für das Management, auch bei schwacher Kontrolle durch die Gesellschafter dennoch in deren Interesse zu handeln, um Beteiligungsverkäufe und die damit einhergehende Möglichkeit von Kontrollwechseln zu vermeiden.[33]

Genau aus diesem Grunde muß es im Interesse der Gesellschafter liegen, die theoretische Möglichkeit eines Kontrollwechsels offen zu halten und die Erfolgsaussichten eines feindlichen Übernahmeangebots nicht von vornherein zu mindern.[34] Es widerspricht daher dem Interesse der Gesellschafter, wenn die

---

[31] Buxbaum, 73 Cal.L.Rev. 1671, 1672 (1985); Fama-Jensen, 26 J.o.LawEcon. 301, 313 (1983); Hess, in Corp.Gov. 1996, 9, 19; Manne, 64 Col.L.Rev. 1427, 1430 (1964).

[32] Adams, AG 1989, 333, 335; Easterbrook-Fischel, (1996) S. 112; dies., 91 YaleL.J. 698, 705 (1982); Fama-Jensen, 26 J.o.LawEcon. 301, 313 (1983); Manne, 73 J.o.Pol.Econ. 110, 112f (1976); Milgrom-Roberts, (1992) S. 508f; Schanz, NZG 2000, 337, 338; Williamson, (1985) S. 314; R.Winter, (1978)S. 20..

[33] Baums, in Corp.Gov. 1998, 545, 548; Conard , ZGR 1987, 180, 192f; Demsetz, 26 J.o. LawEcon. 375, 387 (1983); Easterbrook-Fischel, (1996) S. 91; dies. 91 YaleL.J. 698, 701 (1982); Gordon, 91 Col.L.Rev. 1931, 1975 (1991); Frankel, 71 Cal.L.Rev. 795, 814 (1983); Kirchner, AG 1999, 481; Krause, AG 2000, 217, 218f; Manne, 73 J.o.Pol.Econ. 110, 113 (1976); Matheson-B.Olson, 76 Minn.L.Rev. 1313, 1336 (1992); Pindyck-Rubinfeld, (1998) S. 634; Schäfer-Ott, (2000) S. 602; Schanz, NZG 2000, 337, 338 (u. 341: „Das effektivste Abwehrmittel für das im Vorstand ist das konsequent verfolgte Shareholder Value Strategie"); R.Winter, (1978) S. 20. Kritisch dagegen Anderson, 25 UCLA.L.Rev. 738, 785ff (1978); Eisenberg, 89 Col.L.Rev. 1461, 1498 (1989); Palmiter, 67 Tex.L.Rev. 1351, 1370 (1989): Zwar hätten feindliche Übernahmen grundsätzlich diesen Effekt. Damit die Prämie in einem Gebot aber noch für den Übernehmer tragbar sei, müsse schon ein beachtliches Missmanagement vorliegen.

[34] Entsprechend kritisch werden *take-over* Regulierungen - in Form von einzelnen Verhaltenspflichten für den Bieter oder auch in Form von Kartell- bzw. *anti-trust* Regulierungen, die

Geschäftsleitung unter Verwendung von Gesellschaftsvermögen feindliche Übernahmeangebote abwehrt. Diese bieten die Aussicht, vergangenes Fehlverhalten des Managements aufzudecken und am Kapitalmarkt nicht abgebildete stille Reserven durch die Kursaufschläge zu realisieren.[35]

Demgegenüber steht das Management, das aus bekannten Gründen wesentlich abhängiger von seiner Anstellung im Unternehmen ist als die Gesellschafter, die ihr Investment breiter streuen und mit weniger Transaktionskosten neu anpassen können.[36] Dieses Management hat im Falle eines feindlichen Übernahmeversuchs ein Interesse, das Angebot effektiv bekämpfen zu können. Es befindet sich bei der Reaktion auf ein feindliches Übernahmeangebot daher regelmäßig in einem Interessenkonflikt.[37] Ein Umstand, der es rechtfertigen könnte, der Geschäftsleitung grundsätzlich zu untersagen, zu einem Übernahmeangebot Stellung zu beziehen, es gar mit Vermögensmitteln der Gesellschaft zu bekämpfen.[38]

Wird dem Management diese Möglichkeit jedoch genommen, besteht andererseits die Gefahr, daß es sich auf andere, verdeckte Weise vor derartigen Angeboten zu schützen beginnt. Namentlich könnte es versucht sein, schon vor Abgabe eines feindlichen Angebots das Unternehmen für einen potentiellen Bieter unattraktiv zu gestalten, etwa indem es eine nur kurzfristig angelegte Unternehmenspolitik verfolgt und weniger langfristige Renditechancen für das Unternehmen sichert, welche dieses für eine Übernahme interessant machen würden.[39] Auch wird vertreten, daß die Gebote oftmals unfair seien und spezielle Informationsasymmetrien auf Seiten der Gesellschafter ausnützen würden. Diese Asymmetrien könnten nur durch das Management aufgehoben werden, da dieses die richtigen Anreize habe, alle Nachteile eines Übernahmeangebots aufzudecken und über die nötigen Mittel hierzu verfüge. Einzig das Management besitze auch die Informationen, welche die langfristige Entwicklung des Unternehmens

---

generell Übernahmemöglichkeiten einschränken - von den Vertretern eines „Marktes für Unternehmenskontrolle" betrachtet. Vgl. Easterbrook-Fischel, (1996) S. 218ff; Manne, 73 J.o.Pol.Econ. 110, 119 (1976); Matheson-B.Olson, 76 Minn.L.Rev. 1313, 1338ff (1992); R.Winter, (1978) S. 22f.

[35] Adams, AG 1989, 333; Easterbrook-Fischel, (1996) S. 26, 112; Jensen-Ruback, 11 J.o.Fin. Econ. 5, 7f (1983); Schanz, NZG 2000, 337, 338. Kritisch ggü. dieser Annahme: Reul, (1991) S. 154ff.

[36] Siehe oben § 4 II. 3. b) aa).

[37] Grundmann, (1997) S. 422; Jensen-Ruback, 11 J.o.Fin.Econ. 5, 31 (1983); Kirchner, AG 1999, 481, 483f; Palmiter, 67 Tex.L.Rev. 1351, 1412f (1989); Romano, (1993) S. 2, 52; Ruffner, (2000) S. 223.

[38] Baums, DJT-F 213f; Kirchner, AG 1999, 481, 484, Milgrom-Roberts, (1992) S. 182f; Palmiter, 67 Tex.L.Rev. 1351, 1412f (1989). Vgl. auch Krause, AG 2000, 217, 218f.

[39] Estreicher, 45 RutgersL.R. 513, 517 u. 532 (1993); Gordon, in Bebchuk 74, 83.

betreffen, wie etwa Investitionen in Forschung. Diese Informationen könnten aus Wettbewerbsgründen regelmäßig nicht in den freien Markt gegeben werden, dennoch seien sie wesentlich für den wahren Wert der Unternehmensanteile.[40]

Grundsätzlich wird ein angestelltes Management auch die Möglichkeit der jederzeitigen Beendigung der Vertragsbeziehung durch eine erleichterte Übernahme in Rechnung stellen und es daher entweder unterlassen, beziehungsspezifisch zu investieren, oder aber für die Gefahr des drohenden Verlustes dieser Investition eine höhere Vergütung verlangen.[41] Dies alles erhöht die Transaktionskosten einer dreiseitigen Regelungsstruktur und ist geeignet, den Gewinn des einzelnen Gesellschafters zu minimieren, wenn nicht sogar aufzuzehren, den dieser von einer strengen Übernahmeregulierung - die es dem Management grundsätzlich untersagt, Abwehrmaßnahmen zu ergreifen - erwarten kann.

Auch sollte beachten werden, daß bezüglich der Kompetenz der Gesellschafter, ein Management jederzeit auswechseln zu können und damit dessen beziehungsspezifische Investitionen zu zerstören, ebenfalls eine Befugnis vorliegt, mit der massiv in die Interessensphäre eines anderen - hier eines Geschäftsleiters - eingegriffen werden kann.[42] Diese Kompetenz des Prinzipals wird sicherlich angesichts der Notwendigkeit, eine Vertretungsbefugnis bei mangelnder Vertrauensbasis jederzeit zurücknehmen zu können,[43] nicht in treuhänderischer Form gehalten; aber sie vermittelt einen Einfluß, der grundsätzlich auch einer Treuebindung unterliegt.[44] Diese ist nicht besonders stark ausgeprägt, da die Geschäftsleitung bereits für das mit der Anstellung in höherer Position verbundene Risiko auch entsprechend besser entlohnt wird, also eine spezifische Risikoverteilung zwischen den Vertragsparteien getroffen wurde.[45] Sie sollte den Geschäftsleiter jedoch zumindest in die Lage versetzen, den Gesellschaftern effektiv die eigenen Pläne und Strategien bezüglich der Unternehmensführung im Gegensatz zu den Plänen des Bieters darzustellen, bevor jene ihre Verkaufsentscheidung treffen.[46] Hierzu kann es erforderlich sein, daß die Geschäfts-

---

[40] Estreicher, 45 RutgersL.R. 513, 537 (1993).

[41] Gordon, in Bebchuk 74, 83; Milgrom-Roberts, (1992) S. 517; Williamson, (1985) S. 314.

[42] (= *shareholder opportunism*) Coffee, 89 Col.L.Rev. 1618, 16160 (1989) Gordon, in Bebchuk 74, 85.

[43] BGHZ 13, 188, 192f.

[44] Zur Treuebindung der Gesellschaft gegenüber der Geschäftsleitung: BGHZ 49, 30, 32; 13, 188, 193; 10, 187, 192f; Baumbach-Hueck/Zöllner, GmbHG § 35 Rdnr. 25.

[45] Vgl. BGHZ 10, 187, 191f. Zur vertraglichen Zuordnung von Risiken und deren Bepreisung: Schäfer-Ott, (2000) S. 373.

[46] Für ein begrenztes Recht des Managements, im Rahmen von Übernahmen eigene Interessen verfolgen zu können, auch Coffee, 89 Col.L.Rev. 1618, 1659f (1989). Dieses vertritt er nicht zuletzt vor dem Hintergrund, daß es einem Management kaum möglich sei, ein Unternehmen ab einer bestimmten Größe in einer anderen Form als der Publikumsgesellschaft zu führen, und es daher keine Möglichkeit besitze, dem Risiko des Kontrollwechsels durch Anbieten seiner Dienstleistungen in anderen Unternehmensformen zu entgehen.

leitung große Gesellschaftergruppen, wie etwa Investmentfonds informiert (sogenannte „*roadshows*") und hierzu Reise- und Präsentationsaufwand aus der Gesellschaftskasse tätigt.[47] Auch Rundschreiben an die Gesellschafter sind sicherlich zu rechtfertigen.

Sehr fraglich ist dagegen, wenn mit Hilfe professioneller Werbung, die mehr auf die Erzeugung von Loyalitätsgefühlen zielt als Informationen vermittelt, versucht wird, die Gesellschafter im Unternehmen zu halten. Gesellschafter als wirtschaftliche Eigentümer des Gesellschaftsvermögens müssen es nicht dulden, wenn mit ihrem Geld Werbeschlachten finanziert werden, die nur dazu dienen, sie selbst zu manipulieren.[48] Ein Management, welches das von ihm fremdnützig zu verwaltende Vermögen dementsprechend primär zum eigenen Nutzen verwertet, entreichert das ihm anvertraute Treugut und verletzt nicht nur eine organschaftliche Neutralitätspflicht, sondern veruntreut das ihm anvertraute Vermögen.[49]

Angesichts dieser Interessenlage bleibt es dem Management nach der Rechtsprechung Delawares zumindest erlaubt, ein Übernahmeangebot zu bewerten und Maßnahmen gegen ein die Gesellschafter benachteiligendes Angebot zu ergreifen. Insoweit sind dessen Entscheidungen von der *business judgment rule* gedeckt.[50]

In Deutschland hatte die Rechtsprechung bislang kaum Gelegenheit, sich zu diesem Komplex zu äußern,[51] und eine solche im Verfahren gegen den ehemaligen Vorstand von Mannesmann in bezug auf die von ihm geführte „Schlacht" gegen den Bieter Vodafone auch weitestgehend ungenutzt gelassen.[52] Nunmehr liegt jedoch mit § 33f WpÜG eine gesetzliche Regulierung der Vorstandspflichten im Falle einer feindlichen Übernahme vor.

---

Vgl. auch Buxbaum, 73 Cal.L.Rev. 1671, 170f (1985).

[47] Krause, AG 2000, 217, 220.

[48] Deutlich großzügiger dagegen Krause, AG 2000, 217, 220, der dem Vorstand entsprechende Maßnahmen zugestehen will, wenn der Bieter sich derartiger Methoden bedient. Dabei verkennt er allerdings, daß der Bieter sich hierbei nicht des Vermögens der Gesellschafter, sondern seines eigenen bedient. Wenn schon „Waffengleichheit" hergestellt werden soll, dann muß auch der Vorstand entsprechende Kampagnen aus eigenen Mitteln bestreiten.

[49] Hachenburg/Mertens, GmbHG § 43 Rdnr. 37; Schanz, NZG 2000, 337, 340.

[50] Siehe oben § 3 III. 2. b). Eine derartige Regulierung auch für Deutschland befürwortend: Kirchner, AG 1999, 481, 489f.

[51] Vgl. Grundmann, (1997) S. 422; Schanz, NZG 2000, 337.

[52] Siehe hierzu die im vorläufigen Rechtsschutzverfahren ergangene Entscheidung des LG Düsseldorf, WM 2000, 528ff, die den Antrag auf Sondereinberufung einer Hauptversammlung ablehnte.

In Anbetracht des bisher Gesagten ist es zu begrüßen, daß mit § 34 i.v.m § 27 WpÜG der Vorstand nicht nur eine begründete Stellungnahme zum Übernahme-angebot abgeben darf, sondern er hierzu im Informationsinteresse der Gesell-schafter auch verpflichtet ist. Ebenso zu begrüßen ist die grundsätzliche Bestim-mung in § 33 Abs. 1 WpÜG, wonach der Vorstand keine Handlungen vorneh-men darf, durch die der Erfolg des Angebotes verhindert werden könnte. Hinge-gen erscheint die Regelung des Abs. 2, wonach sich der Vorstand die Ermäch-tigung zu Abwehrmaßnahmen von der Hauptversammlung einholen darf, ange-sichts der beschriebenen Informationsasymmetrien und Kollektivhandlungspro-bleme sowie vor dem Hintergrund der allgemein positiven Kontrolleffekte feindlicher Übernahmen äußerst fraglich, wenn nicht gar mißglückt.

### 3. Investorengespräche

Auf den internationalen Kapitalmärkten agieren mit Banken, Versicherungen, Investment- und Pensionsfonds in immer stärkerem Maße sogenannte institu-tionelle Investoren. Namentlich die Fonds ermöglichen es Kleinanlegern, schon mit verhältnismäßig geringen Mitteln eine breit gestreute und daher risikoneu-trale Kapitalanlage zu erwerben.[53] In dem Maße, wie staatliche Alterssiche-rungssysteme zurückgefahren werden (oder sich schlicht als nicht mehr funk-tionsfähig erweisen), steht ein Zuwachs des derart angelegten Kapitals zu er-warten.[54]

Angesichts der Fähigkeit dieser Institutionellen, einem Unternehmen bedeuten-de Mengen an Kapital zuzuführen, sind diese professionellen Anleger für die Finanzplanung der Gesellschaften zu einem entscheidenden Faktor geworden.[55] Namentlich Institutionelle, die ihre Produkte zur Alterssicherung anbieten oder deren Portfolios auf der Abbildung von Indizes basieren, verfügen nur über be-schränkte Austrittsmöglichkeiten und verfolgen daher langfristigere Strategien mit einer Unternehmensbeteiligung.[56] Setzen sich die Gesellschafter in größe-rem Umfang aus derart gebundenen Investoren zusammen, wird es auch dem Management ermöglicht, über einen längerfristigen Zeithorizont zu planen, statt diese Strategien unter dem Druck der Märkte kurzfristig wirkenden Aktionen opfern zu müssen.[57] Diese Tatsache und der Umstand, mit diesem Anlegertypus

---

[53] Easterbrook-Fischel, 91 YaleL.J. 698, 713 (1982).

[54] Zum Wachstum institutioneller Investoren in den USA siehe Coffee, 91 Col.L.Rev. 1277, 1291f (1991); Matheson-B.Olson, 76 Minn.L.Rev. 1313, 1354ff (1992).

[55] Vgl. v.Werder, ZGR 1998, 69, 80f.

[56] Hess, in Corp.Gov. 1996, 9, 23; Coffee, 91 Col.L.Rev. 1277, 1324 (1991); Matheson-B. Olson, 76 Minn.L. Rev. 1313, 1355f (1992).

[57] Vgl. Ruffner, (2000) S. 264; Matheson-B.Olson, 76 Minn.L.Rev. 1313, 1321f (1992); kri-tisch allerdings Coffee, 91 Col.L.Rev. 1277, 1325f (1991) und Hess, in Corp.Gov. 1996, 9, 23 für solche Institutionelle, deren eigenes Management nach Quartalsperformance bewertet

professionellen Sachverstand vor sich zu haben, bewegt die Unternehmensvorstände immer häufiger dazu, diesen Anlegerkreis in Investorengesprächen exklusiv mit unternehmensrelevanten Informationen zu bedienen.[58] Allein der Umstand, daß sich der Vorstand die Zeit nimmt, Fragen eines bestimmten Gesellschafterkreises außerhalb der Hauptversammlungen zu beantworten, führt zu einer Ungleichbehandlung der Kleinaktionäre, die direkt in das Unternehmen investiert haben, statt sich nur mittelbar über Fondsanteile zu beteiligen. Vor dem Hintergrund des aus der organschaftlichen Treuepflicht fließenden Gleichbehandlungsgebotes muß diese Praxis Bedenken hervorrufen.[59]

Diesen Bedenken wird entgegnet, daß der Gesetzgeber, der mit § 131 Abs. 4 AktG bestimmt habe, daß einem Aktionär in der Hauptversammlung auf dessen Verlangen Auskunft zu erteilen sei, wenn diese Auskunft zuvor außerhalb der Hauptversammlung bereits einem Aktionär gegeben wurde, selber derartige Exklusivinformationen vorgesehen habe.[60]

Dem wird jedoch erwidert, daß aus dem Schutzrecht, den einzelnen Aktionär zumindest *ex post* an bereits erteilten Informationen teilhaben zu lassen, nicht darauf geschlossen werden könne, *ex ante* sei die bewußte exklusive Informierung bestimmter Anleger zulässig. Wenn der Vorstand aus eigenem Antrieb bestimmte Anlegerkreise mit Informationen bevorzugt bediene, sei dies vor dem Gleichbehandlungsgebot unzulässig.[61] Der Vorstand müsse vielmehr dafür sorgen, daß auch die anderen Aktionäre an den Informationen teilhaben können,[62] oder zumindest von sich aus in der nächsten Hauptversammlung die an Einzelne erteilten Informationen an alle Aktionäre weiterleiten.[63]

Mag bei einer rein juristischen Perspektive für die Beurteilung dieser Investorengespräche die Bejahung eines unzulässigen Gleichbehandlungsverstoßes naheliegen, führt eine ökonomische Betrachtung jedoch zu einem anderen Bild:

---

wird.
[58] Wilde, ZGR 1998, 423, 460.
[59] Hierzu jüngst RegKom., (2001) Rdnr. 143. Vgl. auch Duden, FS v.Caemmerer 1978, 499, 500f; Geßler/Eckhardt, § 131 AktG Rdnr. 161; Henn, AG 1985, 240, 244 u. 247f; Ruffner (2000) S. 263; W.Schmidt/Meyer-Landrut, in Großkomm. AktG² § 112 Anm. 5.
[60] Lutter-Zöllner, in KölnKomm. § 53a Rdnr. 74; Haberlandt, BB 1962, 1142f; wohl auch Wilde, ZGR 1998, 423, 462.
[61] Geßler/Haberlandt, AktG § 131 Rdnr. 162; RegKom., (2001) Rdnr. 143.
[62] Joussen, DB 1994, 2485, 2486; RegKom., (2001) Rdnr. 143; W.Schmidt/Meyer-Landrut, in Großkomm. AktG² § 112 Anm. 5.
[63] In diese Richtung Henn AG 1985, 240, 244; Obermüller, DB 1962, 827. Nach D.C.G.K. Zif. 6.3 soll den Aktionären nicht nur in der Hauptversammlung, sondern sofort die erteilten Informationen, etwa über das Internet (Zif. 6.4) zur Verfügung gestellt werden.

Wie bereits beschrieben, sind die Anreize zur Kontrolle des Managements für den einzelnen Gesellschafter gering. Der erforderliche Informationsaufwand steht regelmäßig außer Verhältnis zur möglichen Gewinnbeteiligung. Ein Verfahren, welches in der Lage wäre, Informationskosten soweit zu senken, daß sich eine Kontrolle zumindest für einzelne Gesellschafter lohnen würde, obwohl der Gewinn aus dieser Kontrolle mit anderen geteilt werden müßte, wäre in der Lage, die Problematik der rationalen Apathie zu beseitigen.[64]

Jedenfalls Gesellschafter mit relativ großem Anteilsbesitz, wie sie mit den institutionellen Anlegern auf dem Kapitalmarkt zu finden sind, könnten eine Kontrolle ohne eigene Verluste ausüben.[65] Wenn primär diese Gesellschafter zusätzlich noch einen Anreiz erhielten, nicht auf die Initiative anderer zu vertrauen und von deren Kontrolltätigkeit zu profitieren, wäre ein solches Verfahren in der Lage, die Kollektivhandlungsproblematik deutlich zu reduzieren und das Kontrolldefizit spürbar abzubauen.[66] Ein derartiges Verfahren könnte mit den hier diskutierten Investorengesprächen vorliegen.

Indem der Unternehmensvorstand es einem kleinen, überschaubaren Anlegerkreis ermöglicht, wichtige Verwaltungsmitglieder direkt zu befragen, werden die Informationskosten gegenüber einem Auskunftsverfahren wie der unübersichtlichen Hauptversammlung gesenkt. Für institutionelle Investoren, die große Kapitalmengen verwalten, lohnt es sich zudem, speziell ausgebildetes Personal zu beschäftigen, das im Rahmen solcher Gespräche in der Lage ist, die relevanten Informationen zu filtern und die Verwaltung auch mit kritischen Fragen zu konfrontieren.[67] Aufgrund dieser relativ geringeren Informationskosten gegenüber der relativ größeren Gewinnbeteiligung, die ein professioneller Anleger mit einem größeren Beteiligungspaket besitzt, entfallen für diese Gesellschaftergruppe mit der Ermöglichung von Investorengesprächen die Vorausset-

---

[64] Hierdurch würde eine „priviligierte Gruppe" im Sinne *Olsons* gebildet, da zumindest einzelne Gruppenmitglieder in die Lage versetzt würden, mit eigenem Gewinn ein öffentliches Gut zu erzeugen, auch wenn hiervon andere kostenlos profitieren; M.Olson, (1992) S. 48f; Ruffner, (2000) S. 356; Sandler, (1992) S. 9.
Die Tatsache, daß es für großen Anteilsbesitz lohnenswert sein kann, öffentliche Güter zu erzeugen, obwohl kleine Anteile hiervon ohne eigenen Aufwand profitieren, veranlaßte *Olson* zu der Feststellung, in Gruppen gäbe es eine „Tendenz zur Ausbeutung der Großen durch die Kleinen"; M.Olson, (1992) S. 28, 33f.

[65] Allen, in Comp.Corp.Gov. 1998, 307, 309; Conard , ZGR 1987, 180, 194f; Matheson-B.Olson, 76 Minn.L.Rev. 1313, 1356 (1992); Ruffner, (2000), S. 436.

[66] Coffee, 91 Col.L.Rev. 1277, 1353 (1991); Matheson-B.Olson, 76 Minn.L.Rev. 1313, 1317 (1992). In der Möglichkeit, „selektive Anreize" setzen zu können, sieht *Olson* das entscheidende Kriterium, das große (latente) Gruppen dazu veranlaßt, sich effizient zu organisieren; M.Olson, (1992) S. 131.

[67] Sie können von Skalenerträgen profitieren; vgl. Allen, in Comp.Corp.Gov. 1998, 307, 309; Coffee, 91 Col.L.Rev. 1277, 1352 (1991); Matheson-B.Olson, 76 Minn.L.Rev. 1313, 1321 (1992); v.Werder, ZGR 1998, 69, 81.

zungen der rationalen Apathie.[68] Darüber hinaus erhält diese Anlegergruppe mit der Exklusivität der Informationen einen zusätzlichen Anreiz, diese Kontrollmöglichkeit auch selber auszuüben und nicht auf die Initiative anderer institutioneller Anleger zu vertrauen.[69]

Letztlich kann schon die Existenz solcher Investorengespräche als Indiz dafür gewertet werden, daß die positiven Kontrolleffekte die negativen Wirkungen einer Ungleichbehandlung der Gesellschafter übersteigen. Wenn die Vorstände von sich aus Investorengespräche anbieten, die eine Kontrolle der eigenen Tätigkeit ermöglichen, dann wird dieses nur vor dem Hintergrund geschehen, daß die Märkte derartiges Verhalten positiv bewerten und hierdurch die Kapitalbeschaffungskosten der Unternehmen sinken.[70] Stellt man dem gegenüber, daß die Existenz von Insider(=Exklusiv-)wissen von den Märkten tendenziell negativ bewertet wird,[71] so müssen die positiven Kontrolleffekte doch deutlich die Nachteile exklusiver Information überwiegen, wenn sich die Vorstände dennoch genötigt sehen, Kontrolle zur Senkung von Kapitalbeschaffungskosten zu eröffnen. In dieser wünschenswerten Verwaltungskontrolle liegt damit ein hinreichend sachlicher Differenzierungsgrund vor, der die Bevorzugung institutioneller Anleger in Investorengesprächen gegenüber anderen Aktionärsgruppen zu rechtfertigen vermag.[72] Aus ökonomischer Sicht sollte eine Treuepflichtregulierung derartige Gespräche nicht unterbinden.

Darüber hinaus dürften sich mit den Möglichkeiten der neuen Medien, namentlich des Internets, auch juristische Bedenken im zunehmenden Maße zerstreuen lassen, wenn die auf derartigen Veranstaltungen präsentierten Informationen zeitnah allen interessierten Anlegern zugänglich gemacht werden.[73] Zu einer

---

[68] Gegenüber diesen theoretischen Ausführungen wird jedoch in der Praxis eine ausgesprochene Passivität der Institutionellen insbesondere beim Abstimmungsverhalten beobachtet. Diese Beobachtungen werden zumindest in den USA allerdings weniger auf die Fehlerhaftigkeit des hier beschriebenen Anreizmodells zurückgeführt. Vielmehr erschwere eine mangelhafte US-Kapitalmarktregulierung es den Institutionellen, untereinander zugunsten einer Managementkontrolle zu kooperieren. Vgl. Conard, ZGR 1987, 180, 197ff u. 207ff.

[69] Auf den Kapitalmärkten besitzen nur wirklich neue Informationen einen Wert für den einzelnen Investor. Dieses schafft einen Anreiz, sich um exklusive Informationen zu bemühen. Ein Umstand, der einige Autoren sogar die Befürchtungen äußern läßt, insgesamt werde zuviel Informationsaufwand betrieben. Vgl. Cooter-Ulen, (2000), S. 127; Easterbrook-Fischel, (1996) S. 19; Gordon, 89 Col.L.Rev. 1549, 1557 (1989); Hirshleifer, 61 A.Econ.Rev. 561, 569 (1971); Jensen-Meckling, 3 J.o.Fin.Econ. 305, 354f (1976); Romano, (1993) S. 92.

[70] Wilde, ZGR 1998, 423, 460.

[71] Romano, (1993) S. 107; Schäfer-Ott, (2000) S. 604; kritisch ggü. solchen Beobachtungen Easterbrook, in Pratt/Zeckhauser 81, 89ff.

[72] Ebenso Krause, AG 2000, 217, 220; Ruffner, (2000) S. 263. Vgl. auch Duden, FS v.Caemmerer 1978, 499, 509f.

[73] Vgl. RegKom.,(2001) Rdnr. 143; Schneider-Strenger, AG 2000, 106, 110.

derartigen Präsentation wird der Vorstand nunmehr auch durch den Deutschen Corporate Governance Kodex angehalten.[74]

## 4. Auskauf anfechtender Aktionäre

Gegenstand einer umfangreichen Diskussion im Bereich des Aktienrechts war in jüngerer Zeit die Thematik des Mißbrauchs von Aktionärsklagen und der Möglichkeit ihrer Eindämmung.[75] Insbesondere mit Hilfe von Anfechtungsklagen und deren Blockadewirkung gegenüber Hauptversammlungsbeschlüssen versuchen Aktionäre von der Verwaltung oder von einem Mehrheitsaktionär, der in besonderer Weise an der Umsetzung des von ihm getragenen Beschlusses interessiert ist, Vorteile für sich zu erpressen. Die Treuwidrigkeit eines solchen Verhaltens ist unzweifelhaft.[76]

Fragen des Mißbrauch stellen sich in diesem Zusammenhang aber nicht nur beim Klage erhebenden Aktionär. So könnten auch der Vorstand bzw. der Mehrheitsgesellschafter ihre Treuepflicht verletzen, wenn sie sich auf diese Erpressung einlassen und den klagenden Aktionär gegen Bezahlung zur Klagerücknahme oder zum Verkauf seiner Beteiligung bewegen. Die Problematik dieses Verhaltens wird deutlicher, wenn nicht nur offensichtlich mißbräuchlich handelnde Aktionäre ausgekauft werden, sondern dies auch bei Klagen geschieht, die bei ihrer Erhebung durchaus Aussicht auf Erfolg besitzen.

Soweit der Vorstand derartige Zahlungen aus dem Vermögen der Gesellschaft vornimmt, ist dieses Verhalten als Gewährung direkter oder verdeckter Gewinnausschüttungen zu werten und bereits aus Gläubigerschutzgesichtspunkten,[77] aber auch wegen Verstoßes gegen die aus der organschaftlichen Treuepflicht ableitbaren Vermögenspflichten unzulässig.[78]

Darüber hinaus kommt ein Verstoß gegen das Gleichbehandlungsgebot in Betracht, da der Vorstand mit einem solchen Auskauf einem Gesellschafter Sondervorteile gewährt.[79] Diese Ungleichbehandlung ist sachlich nicht begründbar, da bei mißbräuchlichen Klagen der Kläger keinerlei Ansprüche besitzt, bei Kla-

---

[74] D.C.G.K. Zif. 6.3 u. 6.4.

[75] Thema des 63. DJT – hierzu Gutachten von Baums; ZHR Symposium im Januar 1993 – veröffentlicht in ZHR 157 (1993), 91 ff; ebenso Diekgräf, (1990); Heuer, GmbHR 1989, 1401ff; Westermann, ZHR 156 (1992) 203, 207; Windblicher, in mißbräuchliches Aktionärsverhalten, 35 ff.

[76] Siehe oben § 2 III. 1.

[77] Vgl. §§ 57, 62 AktG.

[78] Lutter, ZGR 1978, 347, 353f. Siehe auch oben § 2 I. 1.

[79] Hirte, BB 1988, 1469, 1473; Lutter, ZGR 1978, 347, 354f; Ruffner, (2000) S. 269f. Vgl. auch Reul, (1991) S. 66 zur ähnlichen Problematik im US-amerikanischen Recht (sogen. „greenmailing").

gen mit Erfolgsaussicht dagegen durch das Vorstandshandeln wünschenswerte Kontrolle unterbunden würde.[80]

Einem Mehrheitsgesellschafter kann andererseits kein Verstoß gegen Vermögenspflichten zur Last gelegt werden, wenn er entsprechende Zahlungen aus eigenem Vermögen bestreitet.[81] In Betracht kommt jedoch auch für ihn, daß er mit dem Auskauf klagender Gesellschafter gegen eine Gleichbehandlungspflicht verstößt. Wie bereits dargelegt wurde, ist eine derartige Pflicht zur Gleichbehandlung der Mitgesellschafter für den Mehrheitsgesellschafter nicht unumstritten, nach hier vertretener Auffassung aber aus der mehrheitsbezogenen Treuepflicht grundsätzlich ableitbar.[82] Offen blieb jedoch, ob es auch sinnvoll ist, den kontrollierenden Gesellschafter einer solchen Pflicht zu unterwerfen. Eine ökonomische Betrachtung vermag auf diese Frage Antworten zu geben:

Der Abkauf erfolgversprechender Klagen ist eine Schwächung der Kontrolle der Minderheit gegenüber der sie regierenden Mehrheit. Wie gesehen, erlangt ein Mehrheitsgesellschafter in seiner kontrollierenden Position eine Entscheidungsmacht, wie sie formal nur durch Vereinbarung einseitiger Regelungsstrukturen zu erreichen ist.[83] Der Mehrheitsgesellschafter wird somit faktisch zum Vertreter für die Minderheit und muß sich, wie eine formell eingesetzte Verwaltung auch, die Kontrolle seines gesellschaftsbezogenen Verhaltens gefallen lassen.[84]

Der gezielte Auskauf besonders lästiger Aktionäre würde das Kontrollsystem in der Mehrheits-/Minderheitsbeziehung unterlaufen. Die ohnehin schon schwache Kontrolle in Publikumsgesellschaften würde vollends beseitigt. Da dem Mehrheitsgesellschafter faktische Geschäftsführungsbefugnisse zukommen, treffen ihn auch vergleichbare Pflichten, wie sie ein Geschäftsführer zu beachten hat. Um die Beachtung derselben sicherzustellen, muß sich der kontrollierende Gesellschafter auch eine vergleichbare Kontrolle gefallen lassen. Wenn er diese Kontrolle mit Hilfe des Auskaufs opponierender Aktionäre untergräbt, verstößt er gegen seine mehrheitsbezogene Treuepflicht. Ein solcher Verstoß ist wirksam zu sanktionieren, indem der Mehrheitsgesellschafter verpflichtet wird, Vorteile,

---

[80] A.A. Diekgräf, (1990) S. 156f; Martens, AG 1988, 118, 120; Schlaus AG 1988, 113, 116. Sie sehen bei der Gefahr erheblicher Verzögerungsschäden eine Rechtfertigung in der Schadensminderungspflicht des Vorstands. Zudem würde die Geltung des Gleichheitsgrundsatzes in Fällen mißbräuchlicher Anfechtungsklagen auf eine unzulässige „Gleichheit im Unrecht" hinauslaufen.

[81] Heuer, GmbHR 1989, 1401, 1406f; Hirte, BB 1469, 1474.

[82] Siehe oben § 2 II. 4.

[83] Siehe oben § 4 I. 2. b).

[84] Siehe oben § 5 III. 1. und § 6 II. 1. b).

die er einem Gesellschafter gewährt, allen übrigen Mitgesellschaftern ebenfalls anzubieten.

Eine andere Situation liegt jedoch vor, wenn ein Aktionär sein zum Zwecke des Minderheitenschutzes eingeräumtes Klagerecht mißbraucht. Wenn dieser Aktionär durch den Mehrheitsgesellschafter ausgekauft wird, liegt keine Schwächung der Kontrolle vor, vielmehr wird eine schädliche Blockade aufgehoben.[85] Da die Zahlungen auch nicht mit Vermögensmitteln der Gesellschaft erfolgen, ist kein beachtenswertes Interesse der Minderheit erkennbar, dem Mehrheitsgesellschafter den Auskauf zu untersagen, profitiert diese doch selbst von der Aufhebung der Blockade.[86]

Trotzdem könnte die optimale Lösung – im Interesse aller, selbst des verpflichteten Mehrheitsgesellschafters – darin liegen, dem kontrollierenden Gesellschafter auch in dieser Situation den Auskauf des klagenden Aktionärs zu untersagen, bzw. ihn zu verpflichten, Zahlungen, die er gegenüber jenen tätigt, in gleicher Weise den übrigen Gesellschaftern zukommen zu lassen.[87]

Generell machen sich Erpresser den Umstand zunutze, daß es von ihrem Verhalten abhängt, ob die erpreßte Person einen Schaden erleidet oder nicht. Sie wissen, daß es für jene Person von Vorteil ist, das geforderte Lösegeld zu bezahlen, solange die Höhe dieser Forderung geringer ist als der zu erwartende Schaden aus dem angedrohten Verhalten. Lediglich für Personen, die in besonderer Weise erpressungsgefährdet sind, könnte sich eine Strategie lohnen, dennoch kein Lösegeld zu zahlen, da durch dieses Verhalten zwar im konkreten Erpressungsfall der Schaden in Kauf genommen werden muß, über diesen aktuellen Fall aber eine Reputation aufgebaut würde, nicht erpreßbar zu sein. Angesichts der Unsicherheit, ob und wie viele zukünftige Erpressungen durch die Wahl einer solchen Strategie verhindert werden können, erscheint eine solche Strategie jedoch äußerst instabil zu sein. In der Konfrontation mit dem sehr real drohenden Schaden im konkreten Erpressungsfall sind die Anreize groß, doch das geforderte Lösegeld zu zahlen.

Damit ist dem Mehrheitsgesellschafter das glaubhafte Setzen von Signalen, nicht erpreßbar zu sein, kaum möglich. Ein Kleinstaktionär kann schon mit relativ „bescheidenen" Erpressungssummen seinen Anteil in beachtlicher Weise verzinsen. Dagegen ist es ihm möglich, durch Klagen über den Instanzenzug hinweg, der Gesellschaft großen Verzögerungsschaden zuzufügen, von dem der Mehrheitsgesellschafter in besonderer Weise betroffen ist. So bleibt es für den

---

[85] Diekgräf, (1990) S. 144f, der diesbezüglich eine Schadensminderungspflicht des Vorstandes untersucht. Vgl. auch Mertens, AG 1990, 49, 50.

[86] Diekgräf, (1990) S. 212.

[87] In diese Richtung schon Lutter, ZGR 1978, 347, 353. Ablehnend Martens, AG 1988, 118, 122; Schlaus, AG 1988, 113, 115 u. 117.

Mehrheitsgesellschafter eine rationale Strategie, das Lösegeld zu zahlen. Er wird sich kaum erhoffen können, durch Inkaufnahme des gegenwärtig drohenden Verlustes zukünftig so viele Aktionäre von einem vergleichbaren Verhalten abzuschrecken, daß diese Gewinne seinen momentanen Verlust aufwiegen würden. Beschränkt sich der klagende Aktionär daher auf einen immer noch lohnenden Bruchteil des dem Mehrheitsgesellschafter drohenden Schadens, hat sein Erpressungsverhalten hinreichend Aussicht auf Erfolg.[88]

Eine Treuepflichtregulierung, welche den Mehrheitsgesellschafter verpflichten würde, Vorteile, die er einem mißbräuchlich anfechtenden Aktionär im Rahmen eines Auskaufs gewährt, allen Gesellschaftern zukommen zu lassen, könnte jedoch geeignet sein, die Auszahlungswerte des „Erpressungsspiels" so entscheidend zu verändern, daß es zur dominanten Strategie des Mehrheitsgesellschafters würde, kein Lösegeld zu zahlen. Wird die Nichtzahlung aber zur dominanten Strategie, könnte dieses präventiv potentiellen Erpressern glaubhaft signalisiert werden.[89]

Die Folge einer solchen Gleichbehandlungspflicht wäre, daß sich die Kosten einer Lösegeldzahlung für den Mehrheitsgesellschafter vervielfachen würden. Die Auszahlungswerte der Lösegeldstrategie würden schnell die Kosten einer Beschlußblockade erreichen. Angesichts dieser Auszahlungen wäre es die beste Strategie des Mehrheitsgesellschafters, den Prozeßausgang abzuwarten, den

---

[88] Keine Rolle spielt hierbei die Erfolgsaussicht der Klage. Dem Erpressten kommt es nicht auf die Verhinderung eines Klägergewinnes an, sondern auf die Verhinderung des eigenen Schadens. Dieser überwiegt aber allein durch die Verzögerung alles, was von einem unterlegenen Kläger als Kostenerstattung zu erwarten wäre; vgl. Adams, AG 2000, 396, 402.

[89] Gegen die Glaubhaftigkeit dieser Signalisierung mag aus praktischer Sicht eingewandt werden, daß sich derartige Auskäufe regelmäßig heimlich vollziehen, so daß der Mehrheitsgesellschafter das Bekanntwerden des gewährten Vorteils und die an diesen verknüpfte Sanktion nicht fürchten muß und Entsprechendes dann auch nicht signalisieren kann. Daß treuwidriges Handeln sich im Verborgenen abspielt, ist jedoch ein allgemeines Problem in diesem Bereich, ohne daß dadurch die Richtigkeit der jeweiligen Verpflichtung anzuzweifeln wäre. Nicht der Inhalt der Treuepflicht wird durch die mangelnde Aufklärung treuwidrigen Verhaltens in Frage gestellt, sondern die Kontrollsysteme, die nicht in der Lage sind entsprechendes Fehlverhalten aufzudecken. Im übrigen kann sich gerade ein Auskauf anfechtender Aktionäre nicht völlig heimlich vollziehen. Immerhin liegt mit der Rücknahme der Klage eine öffentlich beobachtbare Handlung vor. Angesichts der Summen, die bei einer Gleichbehandlungspflicht des Mehrheitsaktionärs zu erwarten stünden, gäbe es in diesem Fall einen großen Anreiz, etwa für Anwaltskanzleien, die Hintergründe derartiger Klagerücknahmen genauer zu untersuchen. Zudem empfiehlt es sich generell, bei einer geringen Aufklärungswahrscheinlichkeit eine möglichst schwere Sanktion anzudrohen, um damit den Erwartungswert der Bestrafung wieder anzuheben.

klagenden Gesellschafter nicht auszukaufen, vielmehr diesen letztlich auf seinen Prozeßkosten sitzen zu lassen. Bei Geltung einer Gleichbehandlungspflicht würden potentielle Erpresser das Spielen dieser Strategie antizipieren und eine mißbräuchliche Klageerhebung unterlassen, zumal sie mit hoher Wahrscheinlichkeit Prozeßkosten für eine unbegründete Klageerhebung zahlen müßten.[90] Eine entsprechende Regulierung würde den Mehrheitsgesellschafter in die Lage versetzen, glaubhaft zu signalisieren, daß er sich nicht durch blockierende Klagen erpressen läßt und wäre damit insgesamt geeignet, die Opportunismuskosten von Minderheitsrechten zu senken. Diese Pflicht käme damit letztlich insbesondere dem Verpflichteten zugute.

Im Ergebnis ist daher die Anwendung einer aus der mehrheitsbezogenen Treuepflicht ableitbaren Gleichbehandlungspflicht aus ökonomischer Sicht zu empfehlen.


## III. Kontrolle

In Publikumsgesellschaften sind die Gesellschafter schlechte Kontrolleure ihres Managements.[91] Gerade dort, wo die Probleme kollektiven Handelns dazu zwingen, Vertretungsverhältnisse zu begründen und einseitige Regelungsstrukturen zu installieren, bewirkt die gleiche Problematik, daß die hiervon Betroffenen eine wirkungsvolle Kontrolle unterlassen. Dieses unbefriedigende Ergebnis wird teilweise dadurch gemildert, daß die Geschäftsleitung einer Gesellschaft grundsätzlich gleiche Interessen verfolgt wie ihre Prinzipale und unabhängig von einer Kontrolltätigkeit der Gesellschafter Anreize für das Management bestehen, die Geschäfte ordentlich und sorgfältig zu führen.[92]


### 1. Kontrolle durch Marktkräfte

So gilt allgemein, daß schlecht geführte Gesellschaften infolge unausgeschöpfter Entwicklungsmöglichkeiten potentielle Kandidaten für eine feindliche Über-

---

[90] Bei Nachweis einer vorsätzlichen Erpressung kommt darüber hinaus auch eine Schadensersatzpflicht aus § 826 BGB in Betracht. Zu den erheblichen Schwierigkeiten eines solchen Nachweises jedoch jüngst erst wieder LG Frankfurt AG 1999, 473, 474ff.

[91] Frankel, 71 Cal.L.Rev. 795, 814 (1983); W.Klein, 91 YaleL.J. 1521, 1546 (1989); siehe auch oben § 4 II. 2. b).

[92] Siehe oben § 4 II. 3. a).

nahme darstellen.[93] Geschäftsleiter, die sehr spezifische Leistungen anbieten, sind daher daran interessiert, daß es nicht zu einer solchen Übernahme kommt und werden allein aus diesem Grunde versuchen, die Entwicklungspotentiale einer Gesellschaftsunternehmung voll auszuschöpfen, um die Preise eventueller Übernahmeangebote niedrig und damit unattraktiv zu halten.[94]

Auch können vertragliche Gestaltungen die Anreize des Managements verstärken, im Interesse der Gesellschafter die eingeräumten Befugnisse auszuüben. So zielen Gewinnbeteiligungen wie Tantiemen oder Aktienoptionsprogramme in diese Richtung.[95]

Schließlich kommt es insbesondere bei Kapitalgesellschaften dem einzelnen Gesellschafter weniger auf das „wie" der Geschäftsführung an als vielmehr auf das Ergebnis: die Rendite, die er mit seiner Beteiligung erzielt. Grundsätzlich wird ein Gesellschafter eher bereit sein, sich an einem Unternehmen zu beteiligen, bei dem sich die Geschäftsleitung etwa durch überhöhten Repräsentationsaufwand treuwidrig verhält, aber dennoch in der Lage ist, dem Gesellschafter eine hohe Rendite für seine Beteiligung zu erwirtschaften, als daß er bereit wäre, sich an einem Unternehmen zu beteiligen, dessen Management sich keine Verfehlungen erlaubt, trotzdem aber nur niedrige Gewinne erzielt.[96] Die Kontrolle ist in Publikumsgesellschaften somit weniger eine Verhaltens- als vielmehr eine Ergebniskontrolle. Ist die Geschäftsleitung nicht in der Lage, mit ihrem Verhalten - treumäßig oder nicht - einen akzeptablen *shareholder value* zu produzieren, wird es mit Abwanderung der Gesellschafter oder einer Übernahme der Unternehmenskontrolle durch einen feindlichen Bieter bestraft. Hierdurch wird das Management indirekt kontrolliert. Unter der Annahme, daß sich gute Ergebnisse letztlich nur mit loyalem Verhalten erzielen lassen, kommt es zu einer ähnlich präventiven Wirkung, wie sie eine direkte Kontrolle der Geschäftsführung zu erzeugen vermag.[97]

Trotz dieser grundsätzlichen Interessenkonformität bleibt es unbefriedigend, daß eine direkte Kontrolle des Managements unterbleibt.[98] Die dargestellten

[93] Adams, AG 1989, 333, 334; Buxbaum, 73 Cal.L.Rev. 1671, 1672 (1985); Eggertsson, (1991) S. 135, 137f; Jensen-Ruback, 11 J.o.Fin.Econ. 5, 44 (1983); Manne, 73 J.o.Pol. Econ. 375, 388ff (1983); Pindyck-Rubinfeld, (1998) S. 634; Ruffner, (2000) S. 234.
[94] Siehe oben § 6 II. 2.
[95] Anderson, 25 UCLA.L.Rev. 738, 784 (19789); Baums, FS Claussen 1997, 3, 6ff; Demsetz, 26 J.o.LawEcon. 375, 388ff (1983); Eggertsson, (1991) S. 135ff; Frühauf, ZGR 1998, 407, 412; Jensen-Meckling, 3 J.o.Fin.Econ. 305, 323 (1976); Jolls, 26 J.o.Leg.Stud. 203, 212 (1997); Palmiter, 67 Tex.L.Rev. 1351, 1369 (1989); Pindyck-Rubinfeld, (1998) S. 635ff; Ruffner, (2000) S. 234; kritisch: Eisenberg, 89 Col.L.Rev. 1461, 1489ff (1989).
[96] Anderson, 25 UCLA.L.Rev. 738, 770 (1978); Kallmeyer, ZGR 1993, 104, 106.
[97] Anderson, 25 UCLA.L.Rev. 738, 792f (1978); Easterbrook-Fischel, (1996) S. 4f.
[98] Eisenberg, 89 Col.L.Rev. 1461, passim (1989).

Anreize, im Interesse der Gesellschafter zu handeln, können nicht verhindern, daß sich das Management opportunistisch verhält, wenn der zu erwartende Gewinn aus einem solchen Verhalten den zu erwartenden Verlust beziehungsspezifischer Investitionen übersteigt.[99] Derartigen Opportunismus wird ein rational handelnder Geschäftsleiter nur unterlassen, wenn er befürchten muß, daß ihm diese Opportunismusprämie nachträglich wieder entzogen wird. Diesen Entzug vermag eine Klage mit Berufung auf Treuepflichtverletzung zu gewährleisten, jedoch nur, wenn eine solche Verletzung auch dargelegt und bewiesen werden kann. Der Besitz dieser notwendigen Informationen kann aber nur gewährleistet sein, wenn die Geschäftsleitung laufend kontrolliert wird.

**2. Kontrolle nach US-amerikanischem Recht**

Die Antwort des US-amerikanischen Rechts auf dieses Kontrolldefizit besteht darin, dem einzelnen Gesellschafter die Aufnahme einer Kontrolltätigkeit zu erleichtern, indem versucht wird, die Eigenschaft einer derartigen Kontrolle als öffentliches Gut zu beseitigen. Namentlich werden dem Gesellschafter Anreize geboten, Klagen im Namen der Gesellschaft (*derivative suit*) zu führen. Er soll nicht befürchten müssen, infolge des Umstandes, daß er den Gewinn aus dieser Klage mit allen Gesellschaftern teilen muß, seine Aufwendungen nicht mehr decken zu können.[100] Die Funktionsweise dieses Ansatzes ist nur vor dem Hintergrund des dortigen Kostenrechts zu verstehen:

In den USA gilt die sogenannte „*American rule*", wonach jeder Beteiligte seine eigenen Anwaltskosten trägt und der Verlierer nur die Kosten des Prozeßgerichts vollständig tragen muß. Im Zusammenhang mit der Möglichkeit, Erfolgshonorare vereinbaren zu können, wird damit das Kostenrisiko für den Kläger weitestgehend ausgeschaltet.[101]

Damit allein sind die Probleme öffentlicher Güter aber noch nicht beseitigt. Im Erfolgsfall hat der Kläger zumindest seinen Anwalt noch zu bezahlen. Diese Kosten können immer noch die eigene Beteiligung an dem durch den Prozeß erzielten Gewinn wertmäßig übersteigen, so daß es sich für den einzelnen Gesellschafter nicht lohnen würde, den Rechtsstreit im Namen der Gesellschaft gegen treuwidrig handelndes Management zu führen.

Hier greift ein weiterer Grundsatz des amerikanischen Prozeßrechtes, die „*common fund doctrine*", wonach ein Kläger, der mit seiner Klage Vorteile für eine ganze Gruppe von Personen verfolgt, sich seine Aufwendungen für diese Klage

---

[99] Telser, 53 J.o.Bus. 27, 28 (1980).
[100] Vgl. Anderson, 25 UCLA.L.Rev. 738, 791 (1978); Clark, in Pratt/Zeckhauser 55, 57.
[101] Baums, DJT-F 82f; Clark, (1986) S. 659; Ulmer, ZHR 163 (1999) 290, 307.

aus dem gemeinsamen Vermögen dieser Gruppe erstatten lassen kann. Wer sich die Vorteile einer Klage teilt, soll sich auch an den Kosten beteiligen.[102]

Der Kläger kann sich somit im Falle des Obsiegens seine Kosten aus dem Gesellschaftsvermögen erstatten lassen. Für den Fall der Niederlage sichert die Erfolgshonorarvereinbarung, daß die Kosten minimal bleiben.

Die amerikanische Regulierung fördert eine dauerhafte Kontrolle des Managements. Insbesondere Anwaltsfirmen sind in den USA daran interessiert, Fehlverhalten des Managements großer Gesellschaften aufzudecken. Angesichts der Kostentragungsregeln werden sich in einem solchen Falle Gesellschafter finden, die eine entsprechende Klage zu führen bereit sind. Diese Regulierung bietet Anreize, ein entsprechendes Kontrollgewerbe aufzubauen. Nachteil dabei ist jedoch, daß auch viele unbegründete oder gar mißbräuchliche Prozesse geführt werden. Auf diesem Gebiet tätige Anwaltsfirmen können erfolglose Prozesse mit den Gewinnen aus den erfolgreich geführten quersubventionieren.[103]

Angesichts der Tatsache, daß die Gesellschaften, als Aufwandsentschädigung für ihre beklagten Geschäftsleiter, deren Anwaltskosten auch im Falle der Klageabweisung tragen müssen, besteht generell die Neigung, Vergleiche abzuschließen. Auf diese Weise läßt sich namentlich die Anwaltschaft aus den Gesellschaftsvermögen Honorare für Prozesse bezahlen, die nicht geführt werden müßten. Letztlich werden durch eine solche Regulierung somit auch Vermögenspositionen der Gesellschafter vermindert und es ist fraglich, ob der Gewinn aus der höheren Kontrolldichte den Verlust durch überflüssig finanzierte Prozesse aufwiegt.[104]

### 3. Kontrolle nach deutschem Recht

Die Antwort des deutschen Rechts auf das Kontrolldefizit liegt weniger in einer Stärkung des einzelnen Gesellschafters. Vielmehr wird es diesem sogar noch erschwert, entsprechende Kontrolle auszuüben, etwa weil an eine Klagebefugnis ein Mindestanteilsbesitz geknüpft ist.[105]

---

[102] Dieser Grundsatz wird auch auf Verfahren ausgeweitet, bei denen sich ein unmittelbarer Vorteil der Mitgesellschafter nicht feststellen läßt, die aber dennoch in ihrem Interesse erfolgen, wie namentlich Feststellungs- oder Anfechtungsklagen. Insoweit wird von der *„substantial-benefit-doctrine"* gesprochen; Baums, DJT-F. 83; Clark, (1986) S. 660.

[103] Baums, DJT-F 32; Großfeld, JZ 1981, 234, 236; Ulmer, ZHR 163 (1999) 290, 307. Zur Bedeutung des Kostenrechtes im Hinblick auf die Klagehäufigkeit auch Conard , ZGR 1987, 180, 216; Ruffner, (2000) S. 236.

[104] Baums, DJT-F 83f.

[105] Siehe Regelung des § 147 AktG. Vgl. auch Großfeld, JZ 1981, 234, 235; Krieger, ZHR 163 (1999) 343, 345; Rehbinder, ZGR 1983, 92, 104; Wiedemann, (1980) S. 423.

In Deutschland besteht die Leitvorstellung darin, daß in Publikumsgesellschaften die Kontrolle der Verwaltung selber in Vertretung gegeben wird. Herausragendes Beispiel für diese Lösung bleibt das deutsche Modell des Aufsichtsrates.[106] Mit Hilfe eines personell begrenzten Gremiums wird die Kollektivhandlungsproblematik vermieden.[107] Die einzelnen Mitglieder erhalten eine Aufwandsentschädigung,[108] und Prozesse des Aufsichtsrates gegen Vorstandsmitglieder werden aus der Gesellschaftskasse finanziert. Die Aufsichtsratsmitglieder unterliegen als Vertreter der Gesellschafter selber einer Treuepflicht, die mit der organschaftlichen Treuepflicht vergleichbar ist, die sich aber, wie die ihnen eingeräumte Vertretungsmacht, auf die ordnungsgemäße Kontrolle des Vorstandes beschränkt.[109]

Idealerweise ist der Aufsichtsrat mit Gesellschaftern besetzt, die große Beteiligungen an der Gesellschaft halten, wie etwa institutionelle Anleger, die dadurch ein eigenes Interesse daran haben, den Vorstand gewissenhaft zu kontrollieren.[110]

Wie sich gezeigt hat, ist auch dieses Modell keine Ideallösung.[111] Wenn der Aufsichtsrat Klagen gegen Vorstandsmitglieder erhebt, wird dieses häufig nicht als eine wünschenswerte Kontrolltätigkeit begrüßt. Eher wird den Aufsichtsräten zum Vorwurf gemacht, den Schadenseintritt durch effektivere Kontrolle nicht von vornherein unterbunden zu haben. Angesichts ihrer eigenen Haftung bestehen daher oftmals keine Anreize für Aufsichtsratsmitglieder, aufgedecktes Fehlverhalten des Vorstandes durch Rechtsverfolgung publik werden zu lassen.[112] Hinzu kommen personelle Verflechtungen zwischen den großen Publikumsgesellschaften in Deutschland, die ein übriges bewirken, Verfehlungen des „Kollegen" nicht zu verfolgen.[113] Mangels Kontrolle der Kontrolleure ist

---

[106] Vgl. § 112 AktG; BGHZ 135, 244ff („Arag/Garmenbeck"); Hopt, ZGR 2000, 779, 783.

[107] Frühauf, ZGR 1998, 407, 411; Matheson-B.Olson, 76 Minn.L.Rev. 1313, 1367 (1992); Windbichler, ZGR 1985, 50, 71f.

[108] Die Bedeutung einer Aufwandsentschädigung für eine effiziente Kontrolle wird allzu leicht unterschätzt. Für mehr Professionalität und eine entsprechend höhere Vergütung plädierend: Lutter, ZHR 159 (1995) 287, 308f.

[109] Zur Treuepflicht des Aufsichtsrates: Hopt, in Großkomm. AktG § 93 Rdnr 147; Säcker, FS Fischer, 1979, 635, 639; Weisser, (1991) S. 138.

[110] Vgl. Conard , ZGR 1987, 180, 197; Ruffner, (2000) S. 235, der eine Tendenz zur Aufnahme auch von nichtkontrollierenden Gesellschaftern in die Aufsichtsgremien erkennt und dies mit Verwaltungsstrategien begründet, die Aktionäre von der Ausübung gerichtlicher Kontrolle abzuhalten.

[111] Vgl. auch Fama-Jensen, 26 J.o.LawEcon 301, 314 (1986), die eigentlich eine Trennung von „Entscheidungskontrolle" und Eigenkapital in großen Gesellschaften befürworten.

[112] Baums, DJT-F 241f; Conard , ZGR 1987, 180, 197; Mertens, AG 1990, 49, 51.

[113] Adams, AG 1989, 333, 335; Baums, DJT-F 242; Hopt, ZGR 2000, 779, 786f; Mestmäcker, (1958) S. 241f; Wiedemann, (1989) S. 17, 23ff.

auch durch das Vertretungsmodell das Kontrolldefizit nicht in wünschenswerter Weise beseitigt.

## 4. Eigener Ansatz

Das deutsche Quasi-Monopol des Aufsichtsrates, die Verwaltung kontrollieren und Verletzungen gerichtlich verfolgen zu können, ist eine unnötige Beschränkung der Kontrollmöglichkeiten. Generell sollte es jedem Gesellschafter offen stehen, neben diesen berufenen Kontrollgremien eine Klage im Namen der Gesellschaft gegen die Vertretungsorgane wegen Treuepflichtverletzung erheben zu können, da sie letztlich als die Betroffenen immer noch die besten Anreize haben, das über ihre Interessen verfügende Management zu kontrollieren.[114] Gesellschafterklagerechte sind daher nicht als Minderheiten-, sondern als Individualrechte zu gestalten. Die durch den § 147 AktG geprägte Rechtslage *de lege lata* bedarf dringend einer Änderung.[115]

Um die Bildung eines auch ökonomisch unerwünschten Prozeßgewerbes zu unterbinden, sollte allerdings die Kostenregelung dieser Klagen nicht dazu führen, daß eine solche Prozeßführung kosten- und risikolos bleibt. Entsprechende Regulierungen im amerikanischen Recht zeigen, daß hierdurch mit den Klagen selbst Mißbrauch betrieben werden kann und diese sich dazu eignen, mittels Vergleichsverhandlungen Vorteile zu erpressen, auf die der einzelne Gesellschafter billigerweise keinen Anspruch erheben darf. Ein Kläger darf nicht vom Risiko freigestellt sein, bei unbegründeten Klagen die gesamten Kosten zu tragen, die durch sein Verhalten entstanden sind.[116]

Die aktuellen Vorschläge, dieses Kostenrisiko bei aussichtsreichen Klagen im Wege eines Vor- bzw. Klagezulassungsverfahrens zu minimieren, zeigen einen

---

[114] So auch Baums, DJT-F 240ff, der diese Möglichkeit aber nur als Ersatzbefugnis gelten lassen will (F 243f). Vgl. auch Alchian-Demsetz, 62 A.Econ.Rev. 777, 782f (1972), danach habe derjenige die besten Anreize zur Kontrolle, der erhält, was „übrig bleibt" (= *residual rewards*); Demsetz, 26 J.o.LawEcon. 375, 390 (1983); Großfeld, JZ 1981, 234, 235; W.Klein, 91 YaleL.J. 1521, 1559 (1982); Ulmer, ZHR 163 (1994) 290, 334ff, der sich in diesem Zusammenhang gegen die Regelung des gemeinsamen Vertreters nach § 147 Abs. 3 AktG ausspricht. Anders aber Fama-Jensen, 26 J.o.LawEcon. 301, 304 (1983), die für komplexe Entscheidungsprozesse, wie sie in Publikumsgesellschaften vorlägen, empfehlen, Entscheidungsmanagement (= Initiierung und Ausführung), Entscheidungskontrolle (= Abstimmung und Überwachung) sowie die Risikotragung durch die *residual claimants* arbeitsteilig voneinander zu trennen.

[115] In diese Richtung, wenn auch weniger weitreichend, die Empfehlungen der RegKom., (2001) Rdnr. 72f und die Beschlüsse des 63. DJT., Beilage zu NJW 2001 (Heft 3) S. 21. Fillmann, (1991) S. 212ff; Lutter, ZHR 159 (1995) 287, 307; Ulmer, ZHR 163 (1999) 290, 318ff; a.A. Mertens, AG 1990, 49, 55, der einen Ausbau der Minderheiten- zu Lasten der Individualrechte (allerdings mit geringeren Mindestquoren) fordert.

[116] Adams, AG 2000, 396, 404; Baums, DJT-F 82; Großfeld JZ 1981, 234, 236.

Ausweg auf, die insofern weiter bestehenden Kollektivhandlungsprobleme zu reduzieren. Sie können an dieser Stelle aber nicht vertiefend behandelt werden.[117]

Im Übrigen beschränken sich bisherige Betrachtungen zur Bekämpfung der mit Individualrechten einhergehenden Mißbrauchsgefahren in zu enger Weise auf Regulierungen, die dem Minderheitsgesellschafter die Aufnahme von Kontrolltätigkeit erschweren.[118] Mindestanteilsbesitzerfordernisse oder gar generelle Klageverbote drängen nicht nur mißbräuchliche Klagen zurück, sondern in gleicher Weise Klagen, die in wünschenswerter Weise eine Kontrolle der Verwaltung ermöglichen würden.[119] Ebenso wirken Haftungstatbestände, die eine Ersatzpflicht des Minderheitsgesellschafters für Schäden begründen würden, die aus einer Blockade infolge mißbräuchlicher Klageerhebung entständen. Angesichts der häufig schwer prognostizierbaren Prozeßausgänge würde durch eine derartige Haftungsnorm auch wünschenswerte Kontrolltätigkeit der Anteilseigner von vornherein unterbunden.

Eine Regulierung, die zur Mißbrauchsbekämpfung von Individualrechten bei den Rechtsinhabern ansetzt, ist daher mit unerwünschten Effekten im Hinblick auf die Kontrolle verbunden, welche diese Rechte eigentlich ermöglichen sollen. Daher ist zu fragen, ob für die Beseitigung der Mißbrauchsgefahr eine effiziente Regulierung nicht auf der Seite der primär Betroffenen - der Verwaltung sowie des Mehrheitsgesellschafters - ansetzen sollte.

Ein tragender Grundsatz der Ökonomischen Theorie des Rechts besteht darin, daß eine Regulierung demjenigen ein Verhalten abfordern soll, der mit dem geringsten Kostenaufwand in der Lage ist, das unerwünschte Ergebnis abzuwehren.[120] Bei einer derartigen Anforderung kann unter Umständen aber auch

---

[117] Hierzu umfassend Baums, DJT-F 252, 259ff. Vgl. auch Adams, AG 2000, 396, 404ff; Krieger, ZHR 1999, 342, 352; Lutter, ZHR 159 (1995) 287, 306; RegKom., (2001) Rdnr. 73; Ulmer, ZHR 1999, 290, 329f u. 338f.

[118] Beschlüsse des 63. DJT., Beilage zu NJW 2001 (Heft 3) S. 19f und Symposium in ZHR 157, (1993) 91ff. Vgl. auch Heuer, WM 1989, 1401, 1404 u. 1408; Krieger, ZHR 163 (1999) 343, 361; Mertens, AG 1990, 49, 55; Ruffner, (2000) S. 236f; Westermann, ZHR 156 (1992) S. 221ff.

[119] Vgl. Ulmer, ZHR 163 (1999) 290, 330f, der allerdings dennoch nicht vollständig auf ein Quorum verzichten will.

[120] Prinzip des „cheapest cost avoider", das letztlich in der Auslegungsregel Anklang findet, wonach Vertragslücken so geschlossen werden sollen, wie es dem mutmaßlichen Willen der Vertragsparteien bei Vertragsschluß entspräche. Es kann von rationalen Vertragsparteien angenommen werden, daß sie Vertragspflichten demjenigen zuweisen, der sie mit geringsten Kosten erfüllen kann und deswegen in der Lage ist, vom anderen eine geringere Gegenleistung zu fordern. Vgl. Behrens, (1986) S. 159; Posner, (1998) S. 106; Schäfer-Ott,

das Opfer einer Schädigung der geeignete Regulierungsadressat sein, um in effizienter Form den Eintritt des schädigenden Ereignisses zu verhindern.[121]

Mißbräuchliche Klagen werden erhoben, nicht weil die Kläger sich einen Gewinn aus der klageimmanenten Kontrollwirkung erhoffen, sondern weil sie durch die Blockadewirkung einer anderen Person so großen Schaden zufügen können, daß es sich für jene lohnt, gegen Zahlung von Lösegeld die Rücknahme der Klage zu erwirken.[122] Würden die Kosten der Lösegeldzahlung dagegen genauso hoch oder höher ausfallen, wie die mit dem Blockadeschaden einhergehenden Kosten, bestünden keine Anreize für den Klagebetroffenen, dem klagenden Gesellschafter Sondervorteile zu verschaffen.

Diese Auszahlungswerte antizipierend, gäbe es aber für den potentiellen Kläger keinen Grund, eine mißbräuchliche Klage zu erheben, da jener angesichts oben beschriebener Kostenregelung befürchten müßte, ohne Vorteile auf den Prozeßkosten sitzen zu bleiben.[123]

Eine Regulierung, die es der Verwaltung und dem betroffenen Mehrheitsgesellschafter wirtschaftlich unmöglichen machen würde, mißbräuchliche Klagen durch Lösegeldzahlungen abzuwehren, würde die richtigen Signale setzen und potentielle Erpresser von mißbräuchlichen Klagen abhalten. Im Gegenzug hätte eine solche Regulierung nicht die unerwünschten Effekte, daß Minderheitsgesellschafter von begründeten Klagen abgehalten würden, da diese es nicht auf eine so verhinderte Sonderzahlung abgesehen haben. Vielmehr besäße eine derartige Regulierung die positive Nebenwirkung, daß die Kontrolladressaten unter Berufung auf angeblichen Mißbrauch nicht auch berechtigt klagende Gesellschafter durch Gewährung von Sondervorteilen von dieser Kontrolltätigkeit abhalten könnten. Eine effiziente Beseitigung der Mißbrauchsgefahr von Individualrechten besteht daher nicht in der Beschränkung dieser Rechte, sondern darin, es den Opfern des Mißbrauchs wirksam zu untersagen, Sondervorteile zu gewähren und damit den Mißbrauch erst lohnenswert zu machen.

Wie bereits untersucht, ist eine entsprechende Regulierung für den Mehrheitsgesellschafter dahingehend zu gestalten, ihn zur Zahlung an alle Mitgesellschafter zu verpflichten, wenn er einem Gesellschafter Sondervorteile gewährt.[124] Eine gleichartige Regelung ist für den Vorstand nicht möglich, da entsprechende Zahlungen aus dem Gesellschaftsvermögen der Zweckbindung desselben und dem Gläubigerschutz zuwider laufen würden. Angesichts seiner treuhänderischen Vermögenspflichten kann diesem aber von vornherein untersagt werden, entsprechende Zahlungen aus dem Gesellschaftsvermögen vorzu-

(2000) S. 373ff; Ruffner, (2000) S. 22.

[121] Vgl. Posner, (1998) S. 185.

[122] Adams, AG 2000, 396, 402.

[123] Siehe oben § 6 II. 4.

[124] Siehe oben § 6 II. 4.

nehmen. Verstöße sind mit einer korrespondierenden Schadensersatzpflicht zu sanktionieren. Sollte der atypische Fall vorliegen, daß die Verwaltung aus privaten Mitteln das Lösegeld bestreitet, ist sie angesichts ihrer Neutralitätspflicht gegenüber dem Gesellschafterbestand wie der Mehrheitsgesellschafter zu verpflichten, die gewährten Vorteile allen Gesellschaftern zukommen zu lassen.

Der eigene Ansatz zur Verbesserung der Kontrolle in Publikumsgesellschaften ist daher dahingehend zu formulieren, daß neben den Aufsichtsgremien den einzelnen Gesellschaftern in weitestgehendem Maße Individualkontroll- und –klagerechte einzuräumen sind. Der Mißbrauchsgefahr solcher Rechte ist nicht durch eine Beschränkung derselben zu begegnen, sondern durch eine Unterbindung von Sonderzahlungen der Betroffenen an die mißbräuchlich Handelnden. Hierdurch werden letztlich unter Wahrung des *cheapest-cost-avoider*–Prinzips dem Täter die Anreize zur Tat genommen.

# IV. „Girmes" und Schlußfolgerungen *de lege ferenda*

Die Geltung mitgliedschaftlicher Treuepflichten in Publikumsgesellschaften war lange Zeit umstritten, und auch heute noch finden sich vereinzelte Kritiker.[125] Selbst Befürworter gehen davon aus, daß angesichts der geringen Einflußmöglichkeit des einzelnen Gesellschafters in diesen Verbänden eine mitgliedschaftliche Verpflichtung nur selten aktuell werden wird.[126] In den amerikanischen Publikumsgesellschaften, den *public corporations*, wird eine mitgliedschaftliche Treuepflicht, soweit ersichtlich, nicht einmal diskutiert, geschweige anerkannt.[127] Eine Analyse des Bedarfs für derartige Pflichten ist daher unabhängig von ihrer dogmatischen Herleitbarkeit dringend erforderlich. Sie orientiert sich idealerweise an den Regulierungen der Gesellschaftsform, die eine Publikumsgesellschaft in Reinkultur darstellt: der börsennotierten Aktiengesellschaft mit weitem Streubesitz.

---

[125] Kritik weiterhin durch Altmeppen, NJW 1995, 1749, 1750 und Flume, ZIP 1996, 161, 165ff; MüKo/Reuter, BGB § 34 Rdnr. 22.

[126] BGHZ 103, 184, 195 („Linotype").

[127] Siehe oben § 3 III. 3. a).

## 1. Das „Girmes"-Verfahren

In der börsennotierten Aktiengesellschaft mit Streubesitz wurde eine mitgliedschaftliche Treuepflicht des Minderheitsaktionärs erstmals mit der „Girmes"-Entscheidung des BGH anerkannt.[128] Eine Analyse der mitgliedschaftlichen Treuepflicht in Publikumsgesellschaften hat sich in erster Linie an den Feststellungen dieses *leading case* zu orientieren.

### a) Sachverhalt

Die Girmes AG war in wirtschaftliche Schwierigkeiten geraten, und der Vorstand zeigte der Hauptversammlung an, daß das Grundkapital zur Hälfte unterschritten sei. Gleichzeitig legte er dieser ein mit den Gesellschaftsgläubigern abgestimmtes Sanierungskonzept vor. Jene waren bereit, auf Forderungen zu verzichten, wenn die Gesellschaft im Gegenzug ein Kapitalschnitt durchführe. Hierzu sollte das Grundkapital im Verhältnis 5:2 herabgesetzt werden. Dieser Sanierungsplan fand jedoch nicht die erforderliche Mehrheit der Hauptversammlung, da im wesentlichen der Beklagte als Stimmrechtsbevollmächtigter eines Großteils der Girmes Aktionäre dagegen stimmte. Der Beklagte hatte als Herausgeber des Effektenspiegels die Entwicklung der Girmes AG verfolgt und publizistisch begleitet. Seiner Auffassung nach reichte für eine Sanierung der Gesellschaft eine Kapitalherabsetzung im Verhältnis von 5:3 aus. In der Folge hatte er in seiner Zeitschrift darum geworben, daß andere Aktionäre ihm eine Stimmrechtsvollmacht erteilen, damit er einen entsprechenden Beschluß herbeiführen könne. Tatsächlich erreichte der Beklagte auf diese Weise eine Sperrminorität in der Hauptversammlung der Girmes AG.

Nachdem das vom Vorstand vorgeschlagene Konzept keine Mehrheit gefunden hatte, wurde ein Vergleichsverfahren eröffnet, das in einem Konkursverfahren endete. Daraufhin sank der Aktienkurs dramatisch, die Aktien wurden schließlich wertlos.

Der Kläger, welcher Inhaber von 350 Girmes Aktien war, machte nun gegen den Beklagten Schadenersatz geltend. Dieser habe durch seine Verweigerungshaltung in der Hauptversammlung eine Sanierung der Girmes AG verhindert und somit den Kursverlust ausgelöst. Die Klage blieb vor Land- und Oberlandesgericht erfolglos. Der BGH hatte über die Revision zu entscheiden.

### b) Entscheidung des BGH

Der BGH bejahte eine Verletzung der Treuepflicht für den Fall, daß eine Minderheit von Aktionären mit Hilfe einer Sperrminorität eine sinnvolle und von der Mehrheit erstrebte Sanierung aus eigennützigen Gründen verhindere.

---

[128] BGHZ 129, 136, 142ff.

Dem Beklagten als bloßem Bevollmächtigten könne zwar kein eigenständiger Treuepflichtverstoß zur Last gelegt werden. Die Treuepflicht entspringe dem mitgliedschaftlichen Verhältnis und sei nicht auf außenstehende Dritte übertragbar. Dennoch komme eine Haftung des Beklagten in Betracht, da er bei Ausübung der Stimmrechte seiner Vollmachtgeber deren Treuepflichten beachten müsse. Solange er seine Auftraggeber geheimhalte, wie dies im vorliegenden Sachverhalt der Fall war, habe er aus den Grundsätzen nach § 179 Abs. 1 BGB auch für die Schadensersatzansprüche aufzukommen, die eigentlich gegen seine Geschäftsherren aufgrund der treuwidrigen Ausübung ihres Stimmrechtes bestünden.

Ob die Treuepflicht auch für Fälle gelte, bei denen ein Sanierungsbeschluß zufällig an einer Sperrminorität scheitere, ließ der Senat offen, weil hier jedenfalls ein abgestimmtes Verhalten der Aktionäre vorliege, da sie ihre Stimmen bei dem Beklagten gebündelt hätten mit dem Ziel, auf diese Weise die Sperrminorität zu erreichen.

Ausgiebig befaßte sich der BGH mit der Frage, inwieweit die Aktionäre wegen ihres Stimmverhaltens haftbar gemacht werden könnten. Diese Frage bedurfte einer eingehenden Erörterung, da der Wortlaut des § 117 Abs. 1 AktG zu überwinden war, der eine Haftung des Aktionärs für die Ausübung seines Stimmrechtes eigentlich ausschließt. Im Ergebnis bejahte der BGH eine Haftung für den Fall, daß ein wirksamer Rechtsschutz für die Kläger mit Hilfe einer Beschlußanfechtung nicht mehr zu erreichen und das Stimmrecht vorsätzlich mißbraucht worden sei, sowie das Scheitern der Sanierung zumindest billigend in Kauf genommen wurde.

Ein wirksamer Rechtsschutz durch Anfechtung des Beschlusses war der Gesellschaftermehrheit nicht mehr möglich, da infolge des Scheiterns der Kapitalherabsetzung das Sanierungskonzept hinfällig wurde und die Girmes AG noch innerhalb der Anfechtungsfrist in Konkurs fiel. Eine Beschlußanfechtung konnte den Schaden der treuwidrigen Stimmabgabe nicht mehr beseitigen. Bezüglich des Vorsatzes mußte die Sache an das Berufungsgericht zurückgewiesen werden, da diesbezüglich bisher keine Feststellungen getroffen worden waren.

c) Anschlußurteil des OLG Düsseldorf

Einen entsprechenden Vorsatz konnte das Berufungsgericht im Anschluß an die Entscheidung des BGH nicht feststellen.[129] Da sich die Pflichtverletzung auf das Gebot beziehe, „die gesellschaftsbezogenen Interessen der Mitaktionäre nicht

---

[129] OLG Düss. ZIP 1996, 1211ff.

zu beeinträchtigen", müsse sich der Vorsatz auch auf den Schaden beziehen, hier dem Scheitern der Sanierungsbemühungen.[130]

Zum Zeitpunkt der Hauptverhandlung sei den Aktionären nicht sicher bekannt gewesen, daß eine Ablehnung in jedem Fall mit dem Scheitern verbunden sein würde, so daß ein direkter Vorsatz ausscheide. Aber auch ein Eventualvorsatz müsse verneint werden, da das Scheitern zumindest nicht billigend in Kauf genommen worden sei. Ziel der Ablehnung durch den Beklagten sei gerade nicht ein Scheitern der Sanierung gewesen, sondern die Durchführung derselben mit milderen Mitteln für die Altaktionäre.[131] Die Klage wurde daher in Ermangelung eines vorsätzlichen Verhaltens auf Seiten des Beklagten abgewiesen.

### 2. Analyse der Rechtsprechung

Die Entscheidung des BGH, welche die Treuepflicht erstmals auch für einen Minderheitsaktionär begründete, ist in der Literatur überwiegend auf positive Zustimmung getroffen.[132] Angesichts der bereits für geschlossene Verbände geäußerten Kritik an der mitgliedschaftlichen Treuepflicht, insbesondere an der auch in diesem Fall einschlägigen Stimmbindungspflicht, bedarf aber auch dieses Urteil einer kritischen Würdigung.

### a) Zur mitgliedschaftlichen Treuepflicht

Gegen die in der „Girmes"-Entscheidung judizierte Stimmbindungspflicht der Aktionäre bestehen zunächst die gleichen Bedenken, wie sie bereits hinsichtlich der geschlossenen Verbände geäußert wurden. Die mitgliedschaftliche Treuepflicht ermöglicht auch hier eine gerichtliche Inhaltskontrolle von Gesellschafterbeschlüssen und entwertet insoweit die von den Vertragsparteien gefundene Regelungsstruktur.

Zu beachten ist jedoch, daß der Gesellschafterbeschluß in geschlossenen Verbänden nicht von Stimmberechtigten getroffen wird, die sich infolge von Kollektivhandlungsproblemen rational apathisch verhalten. Von jenen Gesellschaftern kann ausgegangen werden, daß sie sich über den Beschlußgegenstand ausreichend informieren.

Dagegen haftet einem Beschluß, der von Gesellschaftern einer Publikumsgesellschaft getroffen wurde, grundsätzlich der Makel des kollektiven Handelns an. Der einzelne Gesellschafter hat wenig Anreize, sich vollständig über den Beschlußgegenstand zu informieren. Vielmehr ist er regelmäßig nicht in der Lage, die einzelnen Beschlußgegenstände einer Hauptversammlung in ihrer vollen

---

[130] a.a.O. S. 1213.

[131] a.a.O. S. 1215.

[132] Siehe oben § 1 IV. 4.

Tragweite zu überblicken. Er verhält sich für seine Person rational, wenn er angesichts seiner geringen Beteiligung auch nur minimalen Informationsaufwand im Hinblick auf die Entscheidungsfindung leistet.[133] Er trifft eine weitgehend uninformierte Entscheidung; häufig halten sich Publikumsgesellschafter einfach an die Beschlußvorlage der Verwaltung, ohne diese zu hinterfragen.[134] Dieses Informationsdefizit vermag eine gerichtliche Beschlußkontrolle stärker zu legitimieren, als wenn diese einzig zum Ziel hätte, Mißbrauchsgefahren zu beseitigen.

Stimmrechte sind dazu geschaffen, eigene Interessen in die Gesellschaft einzubringen. Mit der Schaffung derartiger Befugnisse geht grundsätzlich die Gefahr einher, daß sich die einzelnen Interessen nicht decken und das Stimmrecht dazu benutzt wird, eigene Interessen gegenüber berechtigten Belangen anderer durchzusetzen. Speziell dieses Risiko nehmen die Gesellschafter in Kauf, wenn sie in ihren Vertrag bzw. die Satzung Mehrheitsklauseln aufnehmen, anstelle Einstimmigkeit zu vereinbaren. Grundsätzlich steht zu erwarten, daß die Gesellschafter für dieses Risiko anderweitige Regelungen zur Kompensation gefunden haben. Ein Gericht, welches daher aufgrund des bewußt in Kauf genommenen Mißbrauchsrisikos Regelungen zur Vermeidung dieses Risikos aufstellt, greift in das vertraglich ausgehandelte Äquivalenzverhältnis ein und verschiebt die Risikoverteilung der Parteien.

Dagegen liegt es im Interesse aller Gesellschafter, daß informierte Entscheidungen getroffen werden. Aus der Vereinbarung einer Abstimmungsklausel kann nicht von vornherein geschlossen werden, daß sich die Parteien damit abfinden, daß zukünftig uninformierte Entscheidungen getroffen werden. Vielmehr wird die Abstimmungsklausel vor allem deshalb gewählt, weil der Einzelne von sich vermutet, daß er immer noch am besten beurteilen kann, wie sich seine Interessen in der Gesellschaft optimal verwirklichen lassen.[135] Der Gesellschafter, der sich demgegenüber des eigenen Informationsdefizits bewußt ist, kann sich leichter mit einer Regulierung abfinden, die es ermöglicht, derartig zustande gekommene Beschlüsse im Zweifel einer gerichtlichen Überprüfung zu unterziehen.

Auch im hier behandelten „Girmes"-Sachverhalt lag die wesentliche Ursache des Scheiterns der Sanierung in der mangelhaften Kenntnis der zur Abstimmung Berufenen von den wirklich zur Verfügung stehenden Optionen. Der Vorstand konnte der nötigen Mehrheit der Gesellschafter nicht deutlich genug machen,

---

[133] Siehe oben § 4 II. 2. Vgl. auch Henn, (1984) S. 32.
[134] Baums, in Corp.Gov. 1998, 545, 548; Conard , ZGR 1987, 180, 186; Gordon, 89 Col.L. Rev. 1549, 1576 (1989); Hart, (1995) S. 62f; M.Olson, (1992) S. 54; Ruffner, (2000) S. 175; Wiedemann, (1980) S. 124f.
[135] Vgl. Eisenberg, 89 Col.L.Rev. 1461, 1463 (1989).

daß es zur Beschlußvorlage keine Alternative mehr gab und weitere Verhandlungen mit den Gläubigern ausgeschlossen waren. Wie das OLG Düsseldorf als Tatsacheninstanz ausführte, war es nicht Absicht des Beklagten, die Sanierung scheitern zu lassen, vielmehr glaubte er, diese mit milderen Mitteln erreichen zu können.[136] Damit lag gerade kein Mißbrauch des Stimmrechts vor, sondern ein Informationsdefizit. Dieses Defizit zu beseitigen, liegt im Interesse aller Parteien.

Da nicht nur die Gefahr des Stimmrechtsmißbrauchs gesenkt, sondern auch Informationsdefizite mit Hilfe der durch mitgliedschaftliche Treuepflicht eröffneten Beschlußkontrolle abgebaut werden können, beinhaltet diese Regulierung bei Publikumsgesellschaften einen größeren Vorteil, als dies bei den geschlossenen Verbänden festgestellt werden konnte. Der Gewinn aus der Anwendung der mitgliedschaftlichen Treuepflicht kann damit schneller die Kosten ausgleichen und übersteigen, die mit der Entwertung des Stimmrechtes durch die nachträgliche Kontrolle für den einzelnen Gesellschafter verbunden sind.

Fraglich bleibt nach dieser Erkenntnis jedoch, welche Rechtsfolgen infolge eines treuwidrig getroffenen Beschlusses eintreten sollen und inwieweit das vom BGH geforderte subjektive Element in Form eines vorsätzlichen Mißbrauchs hierbei eine Rolle spielt.

b) Beschlußkontrolle

Sollen mit Hilfe der Treuepflichtregulierung Informationsdefizite der Gesellschafter bei Beschlußfassung ausgeglichen werden, wie dies hier gefordert wird, kann dem Vorsatzkriterium im Rahmen der Beschlußkontrolle keine Bedeutung zukommen.[137] Weiß der einzelne Gesellschafter nicht, welche Folgen seine Stimmausübung zeitigt, liegt gerade kein vorsätzliches Handeln, sondern Fahrlässigkeit vor. Zum Vorwurf kann ihm allenfalls gemacht werden, daß er sich an der Entscheidungsfindung beteiligt hat, obwohl er über den Beschlußgegenstand nicht hinreichend informiert war. Will man diesen Vorwurf erheben, ist jedoch konsequenterweise zu fordern, Gesellschafter in Publikumsgesellschaften überhaupt nicht mehr abstimmen zu lassen, da diese, soweit sie nicht an der Geschäftsführung beteiligt sind, regelmäßig mit unvollständigen Informationen zu ringen haben.[138]

---

[136] OLG Düss. ZIP 1996, 1211, 1215. Vgl. auch Flume, ZIP 1996, 161, 166.
[137] So auch Henze, BB 1996, 489, 496; Lutter, JZ 1995, 1053, 1054.
[138] In der deutlichen Beschränkung von Beschlußgegenständen der Hauptversammlung liegt allerdings ein überlegenswerter Ansatz, der unten im nächsten Abschnitt (3.) weiter ausgeführt wird. De lege lata ist aber von den bestehenden Hauptversammlungskompetenzen auszugehen, deren Ausübung durch Probleme kollektiven Handelns eingeschränkt sind und deshalb eine mitgliedschaftliche Treuepflicht rechtfertigen können.

Beschlüsse, die treuwidrig gemeinsam geschaffene Vermögenswerte gefährden oder einzelne Gesellschafter unangemessen benachteiligen, müssen wirkungslos bleiben, unabhängig von der Frage, ob die Personen, die diesen Beschluß herbeigeführt haben, vorsätzlich gehandelt haben oder infolge von Informationsdefiziten kein besserer Beschluß zu erwarten war.[139] Dieser Aussage entsprechend müssen auch die durch Zufallsmehrheiten zustande gekommenen Beschlüsse einer Beschlußkontrolle unterliegen.[140]

In Publikumsgesellschaften sollte es den Gerichten mit Hilfe der mitgliedschaftlichen Treuepflicht daher möglich sein, derartige Beschlüsse wegen Treuepflichtverletzung im Rahmen einer Anfechtung die Wirksamkeit zu versagen bzw. deren Nichtigkeit festzustellen und eventuell über die positive Beschlußfeststellung zu klären, mit welchem – der Treuepflicht entsprechendem – Inhalt der Beschluß zustande gekommen ist. Gegenüber den Vereinbarungen voll informierter Vertragsparteien stellt eine derartige Drittbestimmung aber immer nur eine *second best* Lösung dar.[141] Soweit die Parteien ohne Kollektivhandlungsprobleme in die Lage versetzt werden, informierte Entscheidungen zu treffen, sind deren Beschlüsse gegenüber den Urteilen eines sachferneren Gerichtes vorzuziehen.

## c) Schadensersatz

Eine andere Frage ist, ob derjenige, der einen treuwidrigen Beschluß herbeiführt oder das Zustandekommen eines treumäßigen Beschlusses verhindert hat, für den Schaden haften soll, der durch sein Verhalten verursacht worden ist. Im Rahmen einer ökonomischen Betrachtung dieser Fragestellung sollten verteilungsethische Motive, wie etwa, daß derjenige, der sich treumäßig verhält, nicht auf dem Schaden sitzen bleiben soll, den ein anderer verursacht hat, keine Rolle spielen. Auch hier steht zu vermuten, daß für derartige Gefahren Kompensationen an anderer Stelle gefunden wurden.[142]

## aa) Fahrlässigkeitshaftung

Aber auch unter diesen Bedingungen kommt es in Betracht, daß Gesellschafter für eine fahrlässig treuwidrige Stimmrechtsausübung haften sollen. Eine Fahrlässigkeitshaftung schafft grundsätzlich Anreize, daß die haftenden Personen

---

[139] Henze, BB 1996, 489, 496; Nehls, (1993) S. 97; M.Winter (1988), S. 109f; Martens, GmbHR 1984, 265, 267; abw. Zöllner, in Köln-Komm. AktG § 243, Rdnr. 197, der zumindest ein schuldhaftes Außerachtlassen des Gesellschaftsinteresses für eine Anfechtbarkeit fordert.

[140] Grundmann, (1997) S. 283f; Hennrichs, AcP 195 (1995) 221, 262.

[141] Richter-Furubotn, (1999) S. 161.

[142] Vgl. hierzu Adams, (2002) S. 61ff.

den geforderten Sorgfaltsmaßstab beachten.[143] Ob der Betroffene tatsächlich den Sorgfaltsmaßstab einhält, hängt allerdings von den Kosten ab, die er hierzu aufwenden muß. Bleiben diese geringer als die Kosten einer Haftung, die sich aus dem Produkt der zu erwartenden Höhe des zu ersetzenden Schadens und der Wahrscheinlichkeit des Schadenseintritts bei sorgfaltswidrigem Handeln zusammensetzt, wird eine rational handelnde Person unter Geltung einer Fahrlässigkeitshaftung den Aufwand tätigen und den geforderten Sorgfaltsmaßstab einhalten.[144] Damit wird der Schadenseintritt vermieden, so daß es regelmäßig sinnvoll ist, denjenigen für Fahrlässigkeit haften zu lassen, der mit den geringsten Kosten durch Einhaltung eines Sorgfaltsmaßstabes den Schadenseintritt verhindern kann.[145]

Wie gesehen, kommen treuwidrige Beschlüsse in Publikumsgesellschaften, die nicht durch einen Mehrheitsgesellschafter kontrolliert werden, in erster Linie durch Informationsdefizite der abstimmenden Gesellschafter zustande. Eine Regulierung, die in der Lage ist, dem Gesellschafter Anreize zu bieten, sich Informationen zu beschaffen und das festgestellte Defizit abzubauen, wäre daher geeignet, treuwidrige Beschlüsse insgesamt zu verhindern und hätte einen gesamtwohlfahrtsfördernden Effekt. Nach dem bisher Gesagten scheint eine Fahrlässigkeitshaftung des Abstimmenden diese Wirkung zu zeigen, da sie ihm Anreize zu bieten scheint, sich bei Abstimmungen sorgfältig zu verhalten, d.h. nur abzustimmen, wenn er sich zuvor über den Beschlußgegenstand in ausreichendem Maße informiert hat. Daher überrascht es auch nicht, daß in der Literatur eine entsprechende Fahrlässigkeitshaftung im Rahmen der mitgliedschaftlichen Treuepflicht gefordert wird.[146] Die Rechtsprechung hat sich ihnen in ihren Urteilen zum „Girmes"-Verfahren nicht angeschlossen.[147]

Tatsächlich steht nicht zu erwarten, daß eine entsprechende Regulierung eine derartige Anreizwirkung entfaltet, vielmehr ist sie ungeeignet, das Informationsdefizit der Gesellschafter abzubauen. Wie mehrfach beschrieben, lohnt es

---

[143] Adams, (1985) S. 52ff; Baums, DJT-F 20; Polinsky, (1989) S. 41f; Ruffner, (2000) S. 226.

[144] Aussage der von *Judge Learned Hand* in US v. Coroll Towing Co., 159 F.2d 169, 173 (2d Cir. 1947) geprägten Formel, wonach ein Schädiger dann haften solle, wenn er weniger Sorgfaltsaufwand betrieben habe, als ein den Kosten des Schadens im Falle des Schadenseintritts multipliziert mit der Schadenswahrscheinlichkeit entspricht. Vgl. auch Behrens, (1986) S. 164; Posner, (1989) S. 180f; Schäfer-Ott, (2000) S. 146f.

[145] Behrens, (1986) S. 164; Schäfer-Ott, (2000) S. 211f. Wenn allerdings zur Vermeidung des Schadenseintritts sorgfältiges Verhalten mehrerer Personen Voraussetzung ist, muß ein effizientes Haftungssystem um eine Mitverschuldenskomponente ergänzt werden; Adams, (1985) S. 86f; Polinsky (1989), 45f.

[146] Beckerhoff, (1996) S. 99ff; Fillmann, (1991) S. 111f; Nehls, (1993) S. 104ff; Piepenburg, (1996) S. 159ff.

[147] BGHZ 129, 139, 163. Vgl. auch Lutter, JZ 1995, 1053, 1055.

sich für den einzelnen Gesellschafter einer Publikumsgesellschaft nicht, einen genügenden Informationsaufwand zu betreiben, da seine Beteiligung am Gewinn eines auf vollständiger Information basierenden Beschlusses zu gering ist, seine Informationskosten zu decken. Eine Fahrlässigkeitshaftung böte somit keinen Anreiz, nunmehr eine informierte Entscheidung zu fällen. Ein rational handelnder Gesellschafter wird durch eine derartige Regulierung vielmehr dazu veranlaßt, überhaupt keine Entscheidung mehr zu treffen.[148] Es steht zu befürchten, daß Beschlüsse gänzlich unterbleiben oder zumindest nur den Vorlagen des Vorstandes entsprechen, wodurch dieser faktisch ein einseitiges Bestimmungsrecht auch für diejenigen Anpassungsgegenstände erhält, die nach Satzung oder Gesetz eigentlich einer multilateralen Regelungsstruktur unterliegen.

Namentlich im Aktienrecht stünde daher eine Fahrlässigkeitshaftung für treuwidrige Stimmrechtsausübung im Widerspruch zu der zwingenden Kompetenzverteilung des AktG, das für bestimmte Anpassungsgegenstände die Entscheidung der Hauptversammlung und nicht die des Vorstandes fordert. Eine Treuepflichtrechtsprechung, die eine Fahrlässigkeitshaftung für Verstöße gegen die mitgliedschaftliche Treuepflicht judizierte, würde diesen ausdrücklich erklärten Willen des Gesetzgebers mißachten.[149]

bb) Vorsatzhaftung

Gänzlich andere Regulierungsziele liegen jedoch mit einer Vorsatzhaftung vor. Hier geht es nicht darum, Informationsdefizite abzubauen, da der vorsätzlich Handelnde um die Wirkung seines Handelns weiß, aber dennoch handelt; sei es, daß er dieses Ergebnis befürwortet, oder sei es, weil er dieses zugunsten eines anderen Zieles billigend in Kauf nimmt.

Die Vorsatzhaftung bezweckt, die Opportunismusprämie abzuschöpfen. Sie ist notwendige Ergänzung jeder materiellen Treuepflicht, da sie die Verletzung von Bestimmungen dieser Pflicht sanktioniert.[150] Es wurde bereits festgestellt, daß die Gesellschafter aufgrund der gleichen Interessenlage grundsätzlich den Anreiz haben, sich so zu verhalten, daß der Gesellschaftszweck optimal gefördert wird. Der Einzelne handelt jedoch entgegen dieser Aussage rational, wenn er in dem Moment, wo er durch opportunistisches Verhalten mehr Gewinne erzielt, als er infolge seines Verhaltens durch zukünftige Nichtkooperation seiner Mitgesellschafter verlieren wird, ausschließlich sein eigenes Interesse zu Lasten des Gesellschaftsinteresses verfolgt.[151] Ist ihm ein solches Verhalten durch Treue-

---

[148] Vgl. Manne, 64 Col.L.Rev. 1427, 1429 (1964).

[149] Insoweit auf § 117 Abs. 7 Nr. 1 abstellend: Hennrichs, AcP 195 (1995) 221, 268ff.

[150] OLG Stuttg., DB 1999, 2256, 2258; vgl. Schäfer-Ott, (2000) S. 503; Tröger, (2000) S. 327.

[151] Telser, 53 J.o.Bus. 27, 28 (1980).

pflicht untersagt, wird er von seiner Handlung dennoch nur ablassen, wenn ihm infolge seiner treuwidrigen Handlung die Opportunismusprämie durch eine begleitende Haftungsnorm wieder genommen wird.

Bleibt die Frage, auf was sich der Vorsatz für eine Vorsatzhaftung beziehen muß. In Betracht käme, den Gesellschafter dafür haften zu lassen, daß er mit Ausübung seines Stimmrechtes bewußt eigene Interessen verfolgt. Dieser Vorsatzbezug widerspräche jedoch der Funktionsweise einer mehrseitigen Regelungsstruktur wie der Abstimmung. Diese dient nicht dazu, existierende Gesellschaftsinteressen umzusetzen. Hierzu wäre es ausreichend, eine Person zu bestimmen, die einseitig das Gesellschaftsinteresse feststellt und umsetzt. Wenn diese Person hinreichend kontrolliert wird, wäre diese Regelung kostengünstiger, als ein entsprechendes Ergebnis aufwendig durch die Gesellschafterversammlung absegnen zu lassen.

Die Abstimmung verfolgt vielmehr das Ziel, das Gesellschaftsinteresse erst zu ermitteln.[152] Hierzu wird sich eines Verhandlungsmodus bedient, bei dem jeder Abstimmende sein eigenes Interesse verfolgen kann und soll.[153] Dadurch, daß für einen Beschluß mehrere Interessen in Übereinstimmung gebracht werden müssen, kristallisiert sich durch diesen notwendigen Interessenausgleich das Gesellschaftsinteresse heraus. Es ist dann eine Frage des geltenden Mehrheitserfordernisses, wie viele Interessen zum Ausgleich gebracht werden müssen, um das Gesellschaftsinteresse angemessen zu repräsentieren.

Voraussetzung dieses Mechanismusses bleibt jedoch, daß jeder bei der Abstimmung zunächst seine eigenen Interessen verfolgt. Eine Haftung, die an die Verfolgung eigener Interessen anknüpfen würde, setzte daher diesen Mechanismus und damit letztlich die durch Satzung oder Gesetz getroffene Regelungsstruktur außer Kraft.[154] Auch eine solche Haftungsregulierung im Rahmen der mitgliedschaftlichen Treuepflicht ist folglich abzulehnen.


Es bleibt, daß derjenige für sein Stimmverhalten wegen Verletzung mitgliedschaftlicher Treuepflicht haften muß, der vorsätzlich das treuwidrige Ergebnis, also den Schaden herbeiführen wollte. Wie das OLG Düsseldorf überzeugend

---

[152] Entsprechend wird die Hauptversammlung auch als Willensbildungsorgan der AG bezeichnet; Wilde, ZGR 1998, 423; 436; vgl. auch Immenga, FS GmbHG 1992, 189, 206; a.A. Flume, (1983) S. 212, der ein unabhängig von den Interessen ihrer Mitglieder bestehendes Eigeninteresse der juristischen Person bejaht. Die Gesellschafter müßten ihre Stimmabgabe auf dieses Interesse ausrichten.

[153] Vgl. Behrens, (1986) S. 259; Fastrich, (1992) S. 47; Fillmann, (1991) S. 112; A.Hueck, ZGR 1972, 237, 238; Manne, 64 Col.L.Rev. 1427, 1428 (1964).

[154] Mertens, AcP 178 (1978) 227, 243.

betonte, muß der Vorsatz in erster Linie auf die Herbeiführung des Schadens gerichtet sein.[155] Einer derartigen Vorsatzhaftung für treuwidrige Ausübung des Stimmrechtes, ist als notwendige Sanktion der Verletzung mitgliedschaftlicher Pflichten zuzustimmen.

Die Rechtsprechung im „Girmes"-Verfahren hat diesen Haftungsbereich nicht überdehnt und ist damit aus ökonomischer Sicht nicht zu kritisieren. Es stellt sich allerdings aus juristischer Sicht die Frage, ob es einer derartigen, nicht kodifizierten Haftung aus Treuepflicht bedurfte. Vorsätzlicher Rechtsmißbrauch führt bereits nach § 826 BGB zu einer gleichartigen Haftung.[156] Die Anwendung dieser Norm war im konkreten Verfahren auch sachnäher, da es letztlich um die Haftung des Stimmrechtsvertreters ging, für den der BGH ohnehin nur eine mittelbare Haftung aus Treuepflicht annahm. Die jedermann treffende Deliktsnorm des § 826 BGB hätte hier von vornherein eine direkte Haftung begründen können.[157] Warum der BGH dennoch so ausführlich zur Treuepflicht Stellung nahm, ist wohl nur vor dem Hintergrund zu verstehen, daß er die damalige Diskussion um die mitgliedschaftliche Treuepflicht des Minderheitsaktionärs im entschiedenen Sinne beenden wollte.[158]

## 3. Folgerungen *de lege ferenda*

Die Probleme kollektiven Handelns machen die Abstimmung in Hauptversammlungen von Publikumsgesellschaften zu einer ineffizienten Entscheidungsform. Die Begründung von mitgliedschaftlichen Treuepflichten, insbesondere Stimmbindungspflichten, für die außenstehenden Gesellschafter einer Publikumsgesellschaft muß letztlich als eine Reaktion der Rechtsprechung angesehen werden, unerwünschte Einzelfallergebnisse zu korrigieren, welche in einer unbefriedigenden *governance*-Struktur der Publikumsgesellschaften begründet liegen, die auf dem Anpassungsmechanismus der Abstimmung beruhen.

So wird untragbaren Beschlüssen die Wirksamkeit versagt, und mit Urteilen wie der „Girmes"-Entscheidung sollen zumindest Signale gesetzt werden, um die abstimmenden Gesellschafter anzuhalten, sich besser über den Beschlußgegenstand zu informieren. Tatsächlich bewirkt diese Regulierung, daß das ohnehin schon für den einzelnen Gesellschafter fragwürdige Beteiligungsrecht, das er rational nicht mehr sinnvoll einsetzen kann, noch weiter entwertet wird.

---

[155] OLG Düss., ZIP 1996, 1211, 1213.
[156] Vgl. LG Frankfurt AG 1999, 473, 474; Altmeppen, NJW 1995, 1749, 1750; Flume ZIP 1996, 161, 166f; auch schon A.Hueck, Treuegedanke, S. 15; Martens, in Rechtsdogmatik 1990, 251, 263; Mertens, AcP 178 (1978) 227, 243.
[157] Lamprecht, ZIP 1996, 1372, 1375.
[158] Altmeppen, NJW 1995, 1749, 1750.

Gerade auch im „Girmes"-Verfahren hatte sich gezeigt, daß die Gesellschafter über eine Beschlußvorlage abzustimmen hatten, dessen Inhalt letztlich gar nicht ihrer privatautonomen Entscheidung zugänglich war. Die formelle und die faktische Kompetenz, die zur Abstimmung anstehende Frage zu entscheiden, fiel auseinander. Im Nachhinein zeigt sich, daß einzig der Vorstand der Girmes AG die faktische Kompetenz besaß, das bestmögliche Sanierungsergebnis für die Gesellschaft zu finden. Er verhandelte mit den beteiligten Gläubigern und besaß die Fähigkeit, eine Satzungsänderung zu formulieren, die dem Verhandlungsergebnis entsprach.[159] Die formell abstimmenden Gesellschafter hatten keinerlei Einfluß mehr auf dieses Konzept. Ihre Optionen beschränkten sich auf Annahme oder Ablehnung, wobei letzteres eine treuwidrige Stimmabgabe darstellte. Letztlich blieb den Gesellschaftern damit keine Alternative, als das Konzept des Vorstandes abzusegnen. In einer solchen Situation ist es aber überflüssig und unnötiger Aufwand, die Gesellschafter überhaupt noch abstimmen zu lassen.

Den Gesellschaftern wird kein Gefallen getan, indem sie über derartige Punkte abstimmen dürfen. Tatsächlich laufen sie damit nur Gefahr, durch uninformierte Entscheidungen die Gesellschaft zu gefährden, sich eventuell sogar selber einer Haftung wegen treuwidriger Stimmrechtsausübung auszusetzen sowie Transaktionen des Vorstandes mit dem Beschluß zu legitimieren und diesen von einer eigenen Haftung freizustellen.[160]

Im Fall „Girmes" wäre den Aktionären deutlich mehr geholfen gewesen, wenn die Entscheidung über die Sanierungsmaßnahmen vollständig dem Vorstand überantwortet gewesen wäre. Der Vorstand - angehalten durch seine organschaftliche Treuepflicht - hätte die für die Aktionäre mildesten Sanierungsmaßnahmen wählen und dies in den Verhandlungen mit den Gläubigern umsetzen müssen.[161] In einem anschließenden Gerichtsverfahren hätte die Frage immer noch geklärt werden können, ob der Kapitalschnitt 5:2 die Gesellschafter unbillig benachteilige. Dort wäre festgestellt worden, daß mildere Sanierungsmaßnahmen gegenüber den Gläubigern nicht durchzusetzen waren. Die Sanierung wäre jedoch nicht gescheitert. Durch die drohende Gefahr einer nachträglichen gerichtlichen Kontrolle, die bei einer derartigen Entscheidung zu erwarten war, hätte vielmehr ein hinreichender Anreiz für den Vorstand bestanden, die für die Aktionäre mildeste Sanierung zu verfolgen, um einer eigenen Haftung zu entgehen.

---

[159] So wohl auch Marsch-Barner, ZIP 1996, 853, 856.
[160] Kritisch zum letzten Punkt auch Easterbrook-Fischel, (1996) S. 80f.
[161] Die Rechtsanwendung wird deutlich erleichtert, wenn die Gerichte die Entscheidungen kleiner Gremien, wie Aufsichtsrat oder Vorstand, inhaltlich nachzuvollziehen haben, anstelle die begrenzt rationalen Entscheidungen kollektiv handelnder Aktionäre überprüfen zu müssen; vgl. Ruffner, (2000) S. 186.

Gesellschaftern mit Hilfe zwingender Regulierung des Aktienrechts Kompetenzen zu verschaffen, die diese nicht effizient ausüben können, ist eine ökonomisch unsinnige Regelung.[162] Diese Kompetenzen sollten verringert und auf die Geschäftsleitung als einseitig Leistungsbestimmungsberechtigten übertragen werden.[163] Im Gegenzug ist eine umfassende Kontrolle dieses Vorstandes zu gewährleisten.

*De lege lata* geht diese Entwicklung jedoch in die genau entgegengesetzte Richtung. Unter den Vorgaben der „Holzmüller"-Entscheidung[164] werden zunehmend Kompetenzen auf die Hauptversammlung übertragen, statt umgekehrt diese Kompetenzen auf das notwendigste Maß zu begrenzen.[165]

Ein Aktionär einer Publikumsgesellschaft besitzt regelmäßig das begrenzte Interesse eines Kapitalgebers.[166] Er hat ein Interesse daran mitzubestimmen, für welchen Zweck sein investiertes Geld verwendet wird; er ist folglich bei Änderungen des Gesellschaftszweckes zu beteiligen.[167] Dies gilt in verschärfter Form auch für die größte Zweckänderung, die Entscheidung darüber, die Gesellschaft aufzulösen. Des weiteren hat er ein Interesse daran, die Befugnisse zu verteilen, mit denen die Geschäftsleitung in die Lage versetzt wird, umfassend über seine in der Gesellschaft gebunden Interessen zu verfügen. Gerade letzeres ist den Aktionären in Deutschland direkt aber gar nicht möglich. Über die Besetzung des Vorstandes entscheidet der Aufsichtsrat und nicht die Hauptversammlung.

Im übrigen gehören die Kompetenzen der Hauptversammlung auf den Prüfstand,[168] wie überhaupt zu fragen ist, ob es einer eigenständigen Hauptversammlung noch bedarf.

---

[162] Vgl. Easterbrook-Fischel, (1996) S. 80f; Fama-Jensen, 26 J.o.LawEcon. 301, 309 (1983); Ruffner, (2000) S. 186f; R.Winter, (1978).

[163] Dieses im Hinblick auf eine Verminderung von Anfechtungsklagen ebenfalls befürwortend Baums, DJT-F 111f; Krieger, ZHR 163 (1999) 343, 346; Mertens, in KölnKomm. AktG § 76 Rdnr. 53; ders. AG 1990, 49, 52; Priester, ZHR 163 (1999) 187, 195f; Rehbinder, ZGR 1983, 92, 99; Ulmer, (1986) S. 47; Westermann, ZHR 156 (1992) 203, 224; Windbichler, in mißbräuchliches Aktionärsverhalten S. 35, 47.

[164] BGHZ 83, 122, 131; zustimmend m.w.Ausf. Hüffer, AktG § 119 Rdnr 16ff.

[165] Auch die Regierungskommission *Corporate Governance* hat sich eingehend mit diesem Problemkreis befaßt. Dabei war es ihr primär daran gelegen, die durch das „Holzmüller"-Urteil entstandene Rechtsunsicherheit zu beseitigen und diese Rechtsprechung einer gesetzlichen Regelung zuzuführen. Eine Verkürzung bereits bestehender Kompetenzen wurde dagegen nicht erwogen. In Anbetracht des Umstandes, daß eine gesetzliche Fixierung der „Holzmüller"-Doktrin ebenfalls nur in einer interpretationsbedürftigen Generalklausel münden konnte, hat die Regierungskommission jedoch keine Empfehlung ausgesprochen. Vgl. RegKom., (2001) Rdnr. 79ff.

[166] Siehe oben § 6 I. 2.

[167] Vgl. Easterbrook-Fischel, (1996) S. 79.

[168] Dies ebenfalls befürwortend: Ruffner, (2000) S. 193.Vgl. auch Martens, (1970) S. 24:

Tatsache ist, daß Aktionäre solch global handelnder Unternehmen, wie sie bei-spielsweise im Deutschen Aktienindex vertreten sind, gar nicht mehr an einem Ort versammelt werden könnten, geschweige ein ordentlicher Ablauf sicherzu-stellen wäre.[169] Während bei den hinsichtlich ihrer geographischen Ausbreitung regelmäßig regional deutlich begrenzteren Genossenschaften dieses Problem erkannt wurde, und § 43a Abs. 1 GenG ab einer Größe von 1500 Genossen die Errichtung einer Vertreterversammlung ermöglicht, geht das Aktienrecht wei-terhin davon aus, daß die weltweit verstreuten Aktionäre in der Lage sind, ihre Rechte wirksam in einer einzigen Versammlung durchzusetzen.[170] Kommt es hier zu entsprechend unsinnigen Abläufen, wird wiederum versucht, dieses Pro-blem mit Hilfe der mitgliedschaftlichen Treuepflicht zu lösen, indem etwa Re-derechte beschränkt werden,[171] statt das eigentliche Übel, das in der Versamm-lung mehrerer tausend Eigentümer besteht, zu hinterfragen.

Bei einer hier geforderten Begrenzung von Kompetenzen wäre es vertretbar, die Aktionäre im Rahmen von Brief- oder Internetabstimmungen zu beteiligen.[172] Ein Verfahren, welches auch den Vorteil hätte, daß deutlich zeitnaher entschie-den werden könnte, als wie dies bei der umständlichen Organisation von Mas-senveranstaltungen wie den Hauptversammlungen von Publikumsgesellschaften der Fall ist.

Die Erweiterung von Kompetenzen des Vorstandes erfordert allerdings eine Verbesserung der Kontrolle dieses Organs gegenüber dem geltenden Recht. Ein ständiges Kontrollorgan, wie der Aufsichtsrat, bliebe auch zukünftig unver-

---

„Dem Kleinaktionär, unabhängig ob er engagiert oder desinteressiert ist, muß soviel Rechtsmacht verliehen werden, daß er seine kapitalistischen Belange autonom wahren kann. Im übrigen steht er jenseits des wirtschaftlichen Entscheidungsprozesses."
[169] Zum logistischen Aufwand großer Hauptversammlungen siehe Noak, ZGR 1998, 592, 599. Zur mangelnden Effizienz großer Versammlungen generell: M.Olson, (1992) S. 52.
[170] Tatsächlich hat auch für das Aktienrecht der Gesetzgeber sich den Notwendigkeiten ge-beugt, und mit § 135 AktG eine Regulierung der Stimmrechtsvertretung vorgenommen. Heute kann man im Hinblick auf die zahlreichen Depotstimmrechte ohnehin schon mehr von einer Vertreter-, als von einer Hauptversammlung sprechen. Vgl. Fillmann, (1991) S. 110; Henn, (1984) S. 31f; Lutter, JZ 1995, 1053, 1056; Mertens, AG 1990, 49, 52; Wiedemann, (1980) S. 125.
[171] Vgl. BVerfG, ZIP 1999, 1798, 1799 („Wenger/Daimler-Benz"); Obermüller, DB 1962, 827, 831.
[172] Letzteres begrüßend: Noack, ZGR 1998, 592, 601f (m.w.N.). Siehe auch RegKom., (2001) Rdnr. 110ff. Sie spricht sich dafür aus, neben der Hauptversammlung auch „Universalver-sammlungen" als reine Internetversammlungen zuzulassen. Beurkundungsbedürftige Be-schlüsse sollten in einer solchen Versammlung aber nicht gefaßt werden; vgl. Rdnr. 111. Eine reine Briefwahl lehnt die Kommission aber wegen dieser zu schaffenden virtuellen Versammlungen und der zukünftig zu ermöglichenden elektronischen Abstimmung bei Präsenzhauptversammlungen ab; vgl. Rdnr. 112.

zichtbar. Dessen Mitglieder müßten aber einer reellen Haftung für ihre Tätigkeit unterliegen, damit dieser auch tatsächlich seine Kontrollaufgaben wahrnimmt. Um diese Haftung - genauso wie die Haftung des Vorstandes für seine treumäßige Geschäftsführung - wirklich glaubhaft zu machen, bedarf es schließlich einer Kontrolle durch die Eigentümer, d.h. direkter Klagemöglichkeiten der Aktionäre.[173]

Eine derartig weite Beschränkung von Aktionärsbefugnissen würde die mitgliedschaftliche Treuepflicht bei Publikumsgesellschaften *de lege ferenda* entbehrlich machen.

---

[173] Zur Beschränkung der hieraus zu befürchtenden Mißbrauchsgefahren siehe oben § 6 III. 4.

# Ergebnisse in Thesen

1. Seit der „Girmes"-Entscheidung des Bundesgerichtshofs ist die gesellschaftsrechtliche Treuepflicht als eine rechtsformübergreifende richterrechtliche Generalklausel anerkannt. Mit ihr soll der Mißbrauch gesellschaftsrechtlicher Machtbefugnisse verhindert werden. Dieser Zielrichtung entsprechend bindet sie alle Personen, denen durch Gesellschaftsvertrag bzw. Satzung Entscheidungskompetenzen eingeräumt werden (vgl. § 1).

2. Einwände, die noch in jüngerer Zeit gegen mitgliedschaftliche Treuepflichten im Aktienrecht erhoben wurden, vermögen nicht zu überzeugen. Soweit vertreten wird, es fehle bei Aktionären an dem nötigen Vertrauensverhältnis, ist dem zu entgegnen, daß das Maß des gegenseitigen Vertrauens zwar den Umfang und die Intensität der aus der Treuepflicht fließenden Pflichten bestimmen kann; es hat jedoch keine Bedeutung für die Frage, ob bestimmte Personen überhaupt einer Treuepflicht unterliegen. Für letzteres ist einzig entscheidend, ob der Einzelne in der Lage ist, mit Hilfe gesellschaftsrechtlich vermittelter Kompetenzen auf die Interessen anderer einzuwirken.

Soweit gegen eine Treuebindung der Aktionäre angeführt wird, diese ungeschriebene Pflicht lasse sich nicht mit dem zwingenden Kompetenzgefüge des Aktienrechts vereinbaren, verkennt diese Auffassung den Hintergrund umfassend zwingenden Aktienrechts. Dieses dient dazu, mit der Aktie ein standardisiertes Bündel von Rechten und Pflichten zu schaffen und damit einen besonders verkehrsfähigen Gesellschaftsanteil. Beim Erwerb einer Aktie fallen vergleichsweise geringe Transaktionskosten an, da die wesentlichen Rechte und Pflichten der hinter diesem Anteil stehenden Gesellschaftsbeziehung durch das Recht zwingend vorgegeben werden. Diesbezüglich braucht der Erwerber keine Informationskosten aufzuwenden. Höchstrichterrechtlich festgestellte Treuepflichten wirken aber in gleicher Weise zwingend, wie das kodifizierte Aktienrecht selbst. Damit setzen sie sich nicht in Widerspruch zu der zwingenden Kompetenzordnung des Aktienrechts (vgl. § 1 II. 3.).

3. Auch in den USA haben die Treuepflichten mit dem A.L.I.-Projekt eine neue Aktualität gewonnen. Dort konzentriert sich die Diskussion aber auf die organschaftliche und mehrheitsbezogene Treuepflicht. Mitgliedschaftliche Pflichten sind zwar auch bekannt, haben aber eine deutlich geringere Bedeutung als in Deutschland. Zudem fehlen sie in Publikumsgesellschaften. In der Ge-

wichtung mitgliedschaftlicher Pflichten läßt sich der größte Unterschied zwischen beiden Rechtssystemen in bezug auf die gesellschaftsrechtliche Treuepflicht feststellen.

Organschaftliche und mehrheitsbezogene Pflichten sind dagegen in den USA umfassender und weiter entwickelt. Sie unterteilen sich in allgemeine Sorgfaltspflichten (*duty of care*) und in strenge Interessenwahrungspflichten (*duty of loyalty*). Grundsätzlich werden diese Pflichten in den USA aus der treuhänderischen Geschäftsführungsbefugnis hergeleitet. Diese trifft auch Gesellschafter mit kontrollierendem Einfluß, da sie faktisch wie die Geschäftsleitung in der Lage sind, die Entwicklung der Gesellschaft zu bestimmen (vgl. § 3 IV.).

4. Der ökonomische Hintergrund gesellschaftsrechtlicher Treuepflichten ist in der Zukunftsoffenheit und damit Unvollständigkeit der Gesellschaftsverträge zu sehen. Da die Parteien nicht in der Lage sind, alle zukünftigen Entwicklungen zu antizipieren und einer vertraglichen Regelung zuzuführen, sind sie gezwungen, in ihre Verträge Verfahrensklauseln aufzunehmen. In diesen Klauseln werden Mechanismen festgeschrieben, mit denen in der Zukunft der lückenhafte Gesellschaftsvertrag ergänzt werden soll. Diese Mechanismen können den Charakter mehrseitiger Regelungsstrukturen - wie einer Abstimmung - annehmen oder aber einer einseitigen Regelungsstruktur - wie etwa der Geschäftsführungsbefugnis eines Geschäftsleiters - entsprechen (vgl. § 4 I.).

Durch die Vereinbarung von nachträglichen Anpassungsmechanismen begeben sich die Parteien jedoch in die Gefahr, daß zukünftige Ergänzungen die ursprüngliche Rechts- und Pflichtenverteilung (das Äquivalenzverhältnis) zu Lasten einzelner Vertragsparteien verschieben. Die Parteien haben damit ein Bedürfnis, vor dieser Gefahr geschützt zu werden. Eine Regulierung, die diesen Schutz bieten kann, senkt Transaktionskosten und erhöht die Bereitschaft, sich an zukunftsoffenen Gesellschaftsverträgen zu beteiligen. Diese Aufgabe wird durch die gesellschaftsrechtliche Treuepflicht erfüllt (vgl. § 4 IV.).

5. Indem die gesellschaftsrechtliche Treuepflicht den Entscheidungsträger (Agent) verpflichtet, eine angemessene Entscheidung zu treffen, d.h. die Interessen aller von seiner Entscheidung betroffenen Personen (Prinzipale) mit zu berücksichtigen, wird die materielle Grundlage geschaffen, mit der die Prinzipale die Entscheidung des Agenten gerichtlich überprüfen lassen können. Wenn die Entscheidung treuwidrig ist, indem sie das Äquivalenzverhältnis des Vertrages zu Lasten einzelner Vertragsparteien verschiebt, wird die Entscheidung aufgehoben, und der Agent trägt die Kosten seines Fehlverhaltens. Dieses wird der Agent bei seiner Entscheidungsfindung von vornherein berücksichtigen, so daß der gesellschaftsrechtlichen Treuepflicht, trotz ihres unpräzisen Inhalts, ei-

ne Präventionsfunktion zukommt. Der Agent ist als Teil der Vertragsbeziehung am besten in der Lage einzuschätzen, wann durch seine Entscheidung das Äquivalenzverhältnis betroffen ist. Indem ihm ein Eingriff in dieses Verhältnis untersagt wird, liegt für den Agenten damit immer noch eine hinreichend bestimmte Verhaltensanforderung vor, so daß er sein Verhalten auf die Anforderungen der Treuepflicht einstellen kann (vgl. § 4 IV. 3.).

6. Die Wirkungen der gesellschaftsrechtlichen Treuepflicht lassen sich weiter differenzieren. So ist die organschaftliche Treuepflicht eine Reaktion auf *Agency*-Probleme, die mit der Verteilung von Geschäftsführungsbefugnissen einhergehen. Sie untersagt den Mißbrauch treuhänderisch gehaltener Vertretungsbefugnisse.

Die mehrheitsbezogene Treuepflicht stellt eine Antwort auf die Gefahr der Majorisierung dar. Ähnlich der organschaftlichen Treuepflicht werden hier faktisch entstandene einseitige Entscheidungskompetenzen beschränkt.

Die mitgliedschaftliche Treuepflicht reagiert schließlich auf die Gefahr von sogenannten *hold ups* bei Einstimmigkeitsklauseln oder Sperrminoritäten. Zudem können mit ihr im Rahmen einer Beschlußkontrolle zumindest die untragbarsten Ergebnisse der sogenannten Kollektivhandlungsproblematik beseitigt werden.

Diese Probleme, die mit dem Handeln vieler Personen verbunden sind, zwingen auch dazu, bei einer Untersuchung einzelner aus der Treuepflicht fließender Verhaltensanforderungen zwischen Treuepflichten in geschlossenen Verbänden und Treuepflichten in Publikumsgesellschaften zu differenzieren. (vgl. § 4 IV. 1.)

7. a) In kleinen geschlossenen Verbänden sind die Gesellschafter in der Lage, sich gegenseitig zu kontrollieren. Diese Kontrolle wird nicht durch Kollektivhandlungsprobleme verhindert. Der Umstand, daß die Gesellschafter auf lange Zeit zusammenarbeiten, bewirkt, daß diese grundsätzlich einen starken Anreiz besitzen, kooperative Strategien zu wählen und die ihnen eingeräumten Befugnisse nicht zu mißbrauchen (vgl. § 5 I.).

Angesichts dieser sich selbst durchsetzenden Regel erscheint es bedenklich, die mitgliedschaftlichen Rechte durch nachträglich formulierte Schranken in Form von Treuepflichten zu entwerten. Es steht zu befürchten, daß der Nutzen, Einzelfälle gerechter entscheiden zu können, nicht den Schaden aufwiegt, der mit der Nichtbeachtung privatautonom ausgehandelter Risikoverteilung einhergeht (vgl. § 5 III.).

b) Dagegen liegt die Beschränkung organschaftlicher Befugnisse durch die Treuepflicht im Sinne der Parteien. Es wäre rational nicht nachzuvollziehen, jemandem eine entsprechende Befugnis einzuräumen, ohne ihn gleichzeitig zur treuhänderischen Ausübung derselben zu verpflichten. Die wirksame Kontrolle in geschlossenen Verbänden stellt dabei sicher, daß die Geschäftsleitung ihre Pflichten auch beachtet (vgl. § 5 II.).

In gleicher Weise wirkt die mehrheitsbezogene Treuepflicht. Auch hier besitzt eine Person oder ein geschlossener Personenkreis mit der Mehrheitsmacht die Kompetenz, über die Interessensphären anderer zu verfügen. Angesichts der besonderen Gefahr in kleinen Gesellschaften, daß Minderheitsgesellschafter nach Entstehung einer solchen einseitigen Kompetenz weder zu angemessenen Bedingungen aus der Gesellschaft ausscheiden können, noch in der Lage sind, für sich vertragliche Schutzmechanismen auszuhandeln, ist der Mehrheitsgesellschafter zwingend zu verpflichten, die Interessen der Minderheit mit zu berücksichtigen und insbesondere den Verhältnismäßigkeits- und den Gleichbehandlungsgrundsatz zu beachten (vgl. § 5 IV).

c) Die gesellschaftsrechtliche Treuepflicht ist in geschlossenen Verbänden insgesamt in der Lage, den Mißbrauch gesellschaftsvertraglich gewährter Rechte zu verhindern. Im Hinblick auf die Einschränkung mitgliedschaftlicher Rechte kann allerdings nicht ausgeschlossen werden, daß sie über dieses Ziel hinaus geht, da eine Gefährdung nicht zu befürchten steht. Die Aussage, wonach die Treuebindungen zwischen den Gesellschaftern um so größer sein müßten, je enger sie zusammenarbeiten, findet in einer ökonomischen Betrachtung jedenfalls keine Stütze (vgl. § 5 III. 3.).

Keine Regelungsstruktur zur Anpassung des Gesellschaftsverhältnisses an neue Bedingungen, wie etwa eine Abstimmung durch die Gesellschafter oder eine einseitige Bestimmung durch einen Geschäftsleiter, ist in geschlossenen Verbänden unter allen Umständen vorzuziehen. Das Recht sollte es daher den Parteien ermöglichen, aus allen Verfahrensmöglichkeiten zur Anpassung von Gesellschaftsverträgen frei zu wählen und die für sie kostengünstige Lösung zu gestalten (vgl. § 5 I. 4.).

8. a) In Publikumsgesellschaften bewirkt die Vielzahl der Gesellschafter, daß der Einzelne sich keinen Überblick mehr darüber verschaffen kann, wieweit sich andere Anteilseigner im gemeinsamen Verband engagieren. Damit fehlt die wesentliche Voraussetzung für eine sich selbst durchsetzende Regel, wie sie noch bei kleinen Gesellschaften in der Lage war, Mißbrauch von gesellschaftsrechtlich vermittelter Machtkompetenz zu verhindern und beschränkende Regulierungen dadurch entbehrlich zu machen.

In großen Verbänden unterläßt es der Einzelne, Initiativen zu ergreifen, und versucht, vom Engagement anderer zu profitieren. Dieses allgemein zu beobachtende Verhalten führt aber zu einer generellen Handlungsunfähigkeit derartiger Gesellschaftergruppen. Daher wird die Einstellung eines professionellen Managements sowie die generelle Geltung des Mehrheitsprinzips unumgänglich. Der damit einhergehende Verzicht wird den Gesellschaftern dadurch erleichtert, daß ihnen regelmäßig ein effizienter Kapitalmarkt zur Verfügung steht, der einen Ausstieg aus der Gesellschaft erleichtert, sollte die Entwicklung in diesem Verbande nicht mehr mit seinen Interessen übereinstimmen. (vgl. § 6 I.)

b) In Publikumsgesellschaften sind die Gesellschafter schlechte Kontrolleure ihres Managements. Gerade dort, wo die Probleme kollektiven Handelns dazu zwingen, Vertretungsverhältnisse zu begründen und einseitige Regelungsstrukturen zu installieren, bewirkt die gleiche Problematik, daß die hiervon Betroffenen eine wirkungsvolle Kontrolle unterlassen. Aus diesem Grunde sollte das die Geschäftsleitung treffende Gleichbehandlungsgebot nicht soweit reichen, daß es dieser untersagt, namentlich institutionelle Anleger im Rahmen von Investorengesprächen auch außerhalb der Gesellschafterversammlung mit Informationen zu bedienen. Auch wenn aus juristischer Sicht in diesen Fällen ein Gleichbehandlungsverstoß naheliegt, sind diese Gespräche aus ökonomischer Sicht geeignet, Informationskosten zu senken. Mit der Aussicht, exklusive Informationen erwerben zu können, erhalten die institutionellen Anleger einen selektiven Anreiz, das Management zu kontrollieren, wodurch die sogenannte Trittbrettfahrerproblematik überwunden werden kann. In Verbindung mit den größeren Beteiligungspaketen dieser professionellen Anleger führt dieser Umstand dazu, daß trotz allgemein bestehender Kollektivhandlungsprobleme dennoch eine aktive Kontrolle der Verwaltung, wenn auch nur durch wenige Gesellschafter, ermöglicht wird (vgl. § 6 II. 3.).

c) Im Hinblick auf die allgemein nur als mangelhaft zu bewertende Kontrolle in den Publikumsgesellschaften bleibt die diesbezügliche Quasi-Monopolfunktion deutscher Aufsichtsräte unverständlich. Hier sollte neben der vertretungshalber ausgeübten Kontrolle des Aufsichtsrates auch eine direkte Kontrolltätigkeit einzelner Aktionäre ermöglicht werden. Mißbräuchlichen Klagen von Kleinstaktionären ist unter Beibehaltung der allgemeinen Prozeßkostenregulierung insbesondere dadurch zu begegnen, daß es den hiervon betroffenen Vorständen und Mehrheitsgesellschaftern durch geeignete Regulierung unmöglich gemacht wird, die klagenden Gesellschafter in Form von Sonderzahlungen zur Klagerücknahme zu bewegen. Namentlich für den Großaktionär läßt sich aus der mehrheitsbezogenen Treuepflicht ein Gleichbehandlungsgebot ableiten, das diesen verpflichtet, Vorteile, die er einem Gesellschafter zukommen läßt, auch allen übrigen zu gewähren. Hierdurch entfällt der Anreiz, Lösegeld zu zahlen, wodurch potentiellen Erpressern glaubhaft signalisiert werden kann, daß sich ein Mißbrauch der Kontrollrechte zu Erpressungszwecken nicht lohnen wird (vgl. § 6 III. 4.).

d) Generell ist die Beschränkung mitgliedschaftlicher Rechte durch Treuepflichten kritisch zu hinterfragen. Gerade das für Publikumsgesellschaften einschlägige „Girmes"-Verfahren hat aufgezeigt, daß unangemessene Beschlußfassungen in erster Linie auf Informationsdefizite der Beteiligten zurückzuführen sind und nicht auf mißbräuchliche Absichten der Abstimmenden. Dieser Erkenntnis folgend sollte in Publikumsgesellschaften zwar eine inhaltliche Beschlußkontrolle im Wege einer Anfechtbarkeit treuwidriger Beschlüsse möglich bleiben, keinesfalls sollte jedoch eine Haftung für treuwidrige Stimmabgabe, die über eine Haftung für vorsätzliche Schadenszufügung hinausgeht, begründet werden. Angesichts der insoweit einschlägigen Haftungsnorm des § 826 BGB bleibt aber fraglich, ob es überhaupt einer eigenständigen Haftung für Verletzung mitgliedschaftlicher Pflichten bei der Stimmabgabe bedarf. (vgl. § 6 IV. 2.)

e) Angesichts der Informationsmißstände, die zwangsläufig mit Beschlußfassungen im Rahmen einer Versammlung mehrerer tausend Eigentümer einhergehen, bleibt für Reformüberlegungen *de lege ferenda* schließlich anzuregen, Hauptversammlungskompetenzen generell zurückzuführen und in Publikumsgesellschaften soweit wie möglich einseitige Regelungsstrukturen zu installieren. Die gegenwärtige Praxis, die seit der „Holzmüller"-Entscheidung genau den umgekehrten Weg beschreitet, ist zu kritisieren.

Für die verbleibenden Kompetenzen empfehlen sich Brief- oder Internetabstimmungen, die eine zeitnähere Entscheidung sowie größere Teilnahme erwarten lassen. Eine derartige Rückführung von Hauptversammlungskompetenzen ist aber nur zu rechtfertigen, wenn zuvor die Individualrechte der Aktionäre im Hinblick auf die Kontrolle der Verwaltung gestärkt und diesbezüglich auch alle Möglichkeiten eröffnet worden sind (vgl. § 6 IV. 3.).

# Literaturverzeichnis

Adams, Michael

Der Markt für Unternehmenskontrolle und sein Mißbrauch
AG 1989, 333 - 338

ders.

Ökonomische Analyse der Gefährdungs- und Ver-
schuldenshaftung
Heidelberg 1985

ders.

Ökonomische Theorie des Rechts
Frankfurt, Berlin u.a. 2002

ders.

Reform des Kostenersatzrechts bei Aktionärsklagen
mit Drittwirkung
AG 2000, 396 - 412

Alchian, Armen A.;
Demsetz, Harold

Production, Information Costs, and Economic Organization
62 A.Econ.Rev. 777 - 795 (1972)

Allen, William T.

The Corporate Directors' Fiduciary Duty of Care and
the Business Judgment Rule under U.S. Corporate
Law
in: Comparative Corporate Governance; S. 307ff
(hrsgg. v. Klaus J. Hopt; Hideki Kanda, u.a.)
Oxford 1998

Altmeppen, Holger

Anmerkung zu BGH NJW 1995, 1739ff („Girmes")
NJW 1995, 1749f

ders.

Grundlegend Neues zum „qualifiziert faktischen"
Konzern und zum Gläubigerschutz in der Einmann-
GmbH
ZIP 2001, 1837 - 1847

American Law Institute · Principles of Corporate Governance: Analysis and Recommendations
Volume 1: Parts I - VI (§§ 1.01 - 6.02)
St. Paul (Minn.) 1994
(zit.: A.L.I.)

Anderson, Alison Grey · Conflicts of Interest: Efficiency, Fairness and Corporate Structure
25 UCLA L.Rev. 738 - 795 (1978)

Axelrod, Robert · The Evolution of Cooperation
New York 1984

Baird, Douglas G.; · Game Theory and the Law
Gertner, Robert H.; · Cambridge (Mass.) London 1994
Picker, Randal C. · (2nd printing 1995)

Balotti, R. Franklin; · Delaware Law of Corporations & Business Organizations
Finkelstein, Jesse A. · tions
Volume 1 - Text
2000 Supplement
Gaithersburg, New York

Baumbach, Adolf; · GmbHG - Kommentar
Hueck, Alfred ( Begr.) · 16. Auflage, 1996
15. Auflage, 1988
München
(zit.: Baumbach-Hueck/Bearbeiter)

Baumgärtner, Thomas · Rechtsformübergreifende Aspekte der gesellschaftsrechtlichen Treuepflicht im deutschen und angloamerikanischem Recht
Frankfurt a.M. 1990
(zugl. Diss., Univ., Köln 1989)

Baums, Theodor · Aktienoptionen für Vorstandsmitglieder
in: FS für Carsten Peter Claussen; S. 3 - 48
(hrsgg. v. Klaus-Peter Martens u.a.)
Köln, Berlin, Bonn, München 1997

ders. · Der fehlerhafte Aufsichtsratsbeschluß
ZGR 1983, 300 - 345

ders.                    Der Geschäftsleitervertrag
Köln 1987
(zugl. Habil, Univ., Bonn 1985/86)

ders.                    Empfiehlt sich eine Neuregelung des aktienrechtlichen Anfechtungs- und Organhaftungsrechts, insbe-
sondere der Klagemöglichkeiten von Aktionären?
in: Verhandlungen des 63. DJT Leipzig 2000; Bd. I
Gutachten F
(hrsgg. v. der Ständigen Deputation des DJT)
München 2000
(zit.: Baums, DJT-F)

ders.                    Ersatz von Reflexschäden in der Kapitalgesellschaft
ZGR 1987, 554 - 562

ders.                    Shareholder Representation and Proxy Voting in the
European Union: A Comperative Study
in: Comparative Corporate Governance; S. 545ff
(hrsgg. v. Klaus J. Hopt, Hideki Kanda u.a)
Oxford 1998

Baums, Theodor      Bericht der Regierungskommission Corporate Gover-
(Hrsgr.)             nance
Köln 2001

Baur, Jürgen          Vertragliche Anpassungsregeln: Dargestellt am Beispiel langfristiger Energielieferungsverträge
Heidelberg 1983

Becker, Michael       Der Ausschluß aus der Aktiengesellschaft
ZGR 1986, 383 - 417

Beckerhoff, Tom      Treuepflichten bei der Stimmrechtsausübung und Ei-
genhaftung des Stimmrechtsvertreters
Frankfurt 1996
(zugl. Diss., Univ.; Bonn 1996)

Behrens, Peter        Die ökonomischen Grundlagen des Rechts: Politische
Ökonomie als rationale Jurisprudenz
Tübingen 1986
(zugl. Habil., Univ., Hamburg 1983/84)

| | |
|---|---|
| Bitter, Georg | Der Anfang vom Ende des „qualifiziert faktischen GmbH-Konzerns" WM 2001, 2133 - 2141 |
| Bötticher, Eduard | Gestaltungsrecht und Unterwerfung im Privatrecht Berlin 1964 |
| Bromberg, Alan R.; Ribstein, Larry E. | Bromberg and Ribstein on Partnership Volume I ( §§ 1.01 - 4.07 ) 1999 - 2. Supplement Gaithersburg, New York |
| Brox, Hans | Fragen der rechtsgeschäftlichen Privatautonomie JZ 1966, 761 - 767 |
| Brudney, Victor; Clark, Robert Charles | A new Look at Corporate Opportunities 94 Harv.L.Rev. 997 - 1062 (1981) |
| Bungert, Hartwin | Die Treuepflicht des Minderheitsaktionärs DB 1995, 1749 - 1756 |
| ders. | Gesellschaftsrecht in den USA 2.Auflage München 1999 |
| Buxbaum, Richard M. | The Internal Division of Powers in Corporate Governance 73 Cal.L.Rev. 1671 - 1734 (1985) |
| Carney, William J. | The Political Economy of Competition for Corporate Charters 23 J.o.Leg.Stud. 303 (1997) |
| Cary, William L. | Federalism and Corporate Law: Reflections Upon Delaware 83 YaleL.J. 663 - 705 (1974) |
| Clark, Robert C. | Agency Costs versus Fiduciary Duties in: Principals and Agents: The Structure of Business; S 55ff (hrsgg. v. John W. Pratt und Richard J. Zeckhauser) 2nd Printing Boston (Mass.) 1991 |

| | |
|---|---|
| ders. | Corporate Law<br>7th Printing<br>Boston, Toronto 1986 |
| Coase, Ronald H. | The Problem of Social Cost<br>3 J.o.LawEcon. 1 - 44 (1960) |
| Coffee, John C. Jr. | Liquidity versus control: The institutional investor as corporate monitor<br>91 Col.L.Rev. 1277 - 1368 (1991) |
| ders. | The mandatory / enabling balance in corporation law:<br>An essay on the judical role<br>89 Col.L.Rev. 1618 - 1691 (1989) |
| Conard, Alfred F. | Die Überwachung des Unternehmensmanagements<br>ZGR 1987, 181 - 218<br>(Original: 82 Mich. L.Rev. 1459 - 1488 (1989)) |
| Cooter, Robert;<br>Ulen, Thomas | Law and Economics<br>3rd Edition<br>Reading (Mass.), u.a. 2000 |
| d'Ambrosio, Thomas A. | The Duty of Care and the Duty of Loyalty in the Revised Model Business Corporation Act<br>40 Van.L.R. 663 - 692 (1987) |
| Demsetz, Harold | The structure of ownership and the theory of the firm<br>26 J.o. Law Econ. 375 - 390 (1983) |
| Diekgräf, Robert | Sonderzahlungen an opponierende Kleinaktionäre im Rahmen von Anfechtungs- und Spruchstellenverfahren<br>Heidelberg 1990<br>(zugl. Diss., Univ., Hamburg 1989/90) |
| Dreher, Meinrad | Die gesellschaftsrechtliche Treuepflicht bei der GmbH<br>DStR 1983, 1632 - 1636 |
| ders. | Treuepflichten zwischen Aktionären und Verhaltenspflichten bei der Stimmrechtsbündelung<br>ZHR 157 (1993) 150 - 170 |

| | |
|---|---|
| Duden, Konrad | Gleichbehandlung bei Auskünften an Aktionäre<br>in: FS für Ernst v. Caemmerer; S.499ff<br>(hrsgg. v. Hans Claudius Ficker, Detlef König, u.a.)<br>Tübingen 1978 |
| Easterbrook, Frank H. | Insider Trading as an Agency Problem<br>in: Principals and Agents: The Structure of Business;<br>S.81ff<br>(hrsgg. v. John W.Pratt und Richard J.Zeckhauser)<br>2nd Printing<br>Boston (Mass.) 1991 |
| Easterbrook, Frank H.;<br>Fischel, Daniel R. | Contract and Fiducary Duty<br>36 J.o.LawEcon. 425 - 446 (1993) |
| dies. | Corporate Control Transactions<br>91 YaleL.J. 698 - 737 (1982) |
| dies. | The Economic Structure of Corporate Law<br>3rd Printing<br>Cambridge (Mass.), London 1996 |
| Eggertsson, Thráinn | Economic behavior and institutions<br>Cambridge 1990 (Reprint 1991) |
| Eisenberg, Melvin Aron | The structure of corporation law<br>89 Col.L.Rev. 1461 - 1525 (1989) |
| Emmerich, Volker;<br>Sonnenschein, Jürgen | Konzernrecht<br>6.Auflage<br>München 1997 |
| Estreicher, Aleta G. | Beyond Agency Costs: Managing the Corporation for<br>the Long Term<br>45 RutgersL.R. 513 - 614 (1993) |
| Fama, Eugene F.;<br>Jensen, Michael C. | Seperation of Ownership and Control<br>26 J.o. Law Econ. 301 - 323 (1983) |
| Fastrich, Lorenz | Richterliche Inhaltskontrolle im Privatrecht<br>München 1992<br>(zugl. Habil., Univ., München 1988/89) |

Feddersen, Dieter;          Corporate Governance: Optimierung der Unterneh-
Hommelhoff, Peter;          mensführung und der Unternehmenskontrolle im
Schneider, Uwe              deutschen und amerikanischen Aktienrecht
(Hrsgr.)                    Köln 1996

Fillmann, Andreas           Treuepflichten der Aktionäre
                            Frankfurt a.m., Bern, New York, Paris 1991
                            (zugl. Diss., Univ., Mainz 1991)

Fine, Kathryn N.            The Corporate Governance Debate and the ALI Pro-
                            posals: Reform or Restatement?
                            40 Van.L.R. 693 - 736 (1987)

Fischer, Robert             Die Grenzen bei Ausübung gesellschaftlicher Mit-
                            gliedschaftsrechte
                            NJW 1954, 777 - 780

ders.                       Zur Methode revisionsrichterlicher Rechtsprechung
                            auf dem Gebiet des Gesellschaftsrechts
                            in: FS für Otto Kunze; S. 95ff
                            (hrsgg. v. Kurt Ballerstedt, u.a.)
                            Berlin 1969

Fleischer, Holger           Grundfragen der ökonomischen Theorie im Gesell-
                            schafts- und Kapitalmarktrecht
                            ZGR 2001, 1 - 32

Fletcher, W. Maede          Fletcher Cyclopedia of the Law of Private Corpo-
(Begr.)                     rations
                            Volume 12B
                            (Revised Vol. 1993; Cumulative Supplement 1999)
                            Deerfield, New York, Rochester

Flume, Werner               Allgemeiner Teil des Bürgerlichen Rechts
                            1.Band / 1.Teil: Die Personengesellschaft (1977)
                            1. Band / 2. Teil: Die juristische Person (1983)
                            Berlin, Heidelberg, New York, Tokyo

ders.                       Die Rechtsprechung des II. Zivilsenats des BGH zur
                            Treuepflicht des GmbH-Gesellschafters und Aktionärs
                            ZIP 1996, 161 - 167

| | |
|---|---|
| Frankel, Tamar | Fiduciary Law<br>71 Cal.L.Rev. 795 - 836 (1983) |
| Frühauf, Martin | Geschäftsleitung in der Unternehmenspraxis<br>ZGR 1998, 407 - 418 |
| Gadow, W.;<br>Heinichen E. (Begr.) | Großkommentar zum Aktiengesetz<br>4. Auflage; Berlin, New York<br>  6.Lieferung: §§ 241 - 255 (1996)<br>  11.Lieferung: §§ 92 - 94 (1999)<br>3. Auflage; Berlin, New York<br>  Band 1, 1.Halbband: §§ 1 - 75; (1973)<br>2. Auflage; Berlin<br>  Band 1: §§ 1- 144; (1961)<br>(zit.: Bearbeiter, in Großkomm. AktG) |
| Geßler, Ernst;<br>Hefermehl, Wolfgang;<br>Eckhard, Ulrich;<br>Kropff, Bruno | Aktiengesetz - Kommentar<br>Band II: §§ 76 - 147<br>München 1973/74<br>(zit.: Geßler/Bearbeiter) |
| Geßler, Ernst;<br>Hefermehl, Wolfgang;<br>u.a. (Hrsgr.) | Schlegelberger - Handelsgesetzbuch - Kommentar<br>Band III 1: ( §§ 105 - 160 )<br>5.Auflage<br>München 1992<br>(zit.: Schlegelberger/Bearbeiter) |
| Gordon, Jeffrey N. | Corporations, Markets and Courts<br>91 Col.L.Rev. 1931 - 1988 (1991) |
| ders. | The mandatory structure of corporate law<br>89 Col.L.Rev. 1549 - 1598 (1989) |
| ders. | Ties that bond: dual class common stock and the problem of shareholder choice<br>in: Corporate law and economic analysis; S. 74ff<br>(hrsgg. v. Lucian Arye Bebchuk)<br>Cambridge, u.a. 1990<br>(Reprint: 75 Cal.L.Rev. 1ff (1988)) |
| Grossfeld, Bernhard | Anmerkung zu OLG Hamburg JZ 1981, 231 („Holzmüller")<br>JZ 1981, 234 - 236 |

| | |
|---|---|
| Grundmann, Stefan | Der Treuhandvertrag<br>München 1997<br>(zugl. Habil., Univ., München 1994/95) |
| Grunewald, Barbara | Gesellschaftsrecht<br>4.Auflage<br>Tübingen 2000 |
| Haberlandt, Helmut | Auskunftserteilung außerhalb der Hauptversammlung<br>BB 1962, 1142 - 1144 |
| Hachenburg, Max | Aus dem Rechte der Gesellschaft mit beschränkter<br>Haftung<br>LZ 1907, 460 |
| Hachenburg, Max<br>(Begr.)<br>Ulmer, Peter (Hrsgr.) | Hachenburg - GmbHG - Großkommentar<br>8.Auflage<br>1.Band: §§ 1 - 34 (1992)<br>2.Band: §§ 35 - 52 (1997)<br>Berlin, New York<br>(zit.: Hachenburg/Bearbeiter) |
| Hansmann, Henry | The Ownership of Enterprise<br>Cambridge (Mass.), London 1996 |
| Hart, Oliver | Firms, Contracts, and Financial Structure<br>Oxford 1995 |
| Häsemeyer, Ludwig | Obstruktion gegen Sanierungen und gesellschafts-<br>rechtliche Treuepflichten<br>ZHR 160 (1996), 109 - 132 |
| Häuser, Franz | Unbestimmte „Maßstäbe" als Begründungselement<br>richterlicher Entscheidungen.<br>Berlin 1981<br>(zugl. Diss., Univ., Mainz 1978) |
| Hazen, Thomas Lee | Corporate Direktors' Accountability: The Race to the<br>Bottom - The second lap<br>66 N.C.L.Rev. 171 - 182 (1987) |

| | |
|---|---|
| Hedemann, Justus W. | Die Flucht in die Generalklausel - Eine Gefahr für Recht und Staat<br>Tübingen 1933 |
| Henn, Günter | Die Gleichbehandlung der Aktionäre in Theorie und Praxis<br>AG 1985, 240 - 248 |
| ders. | Die Rechte des Aktionärs<br>Köln 1984 |
| Hennrichs, Joachim | Treuepflichten im Aktienrecht<br>AcP 195 (1995) 221 - 273 |
| Henssler, Martin | Verhaltenspflichten bei der Ausübung von Aktienstimmrechten durch Bevollmächtigte<br>ZHR 157 (1993), 91 - 124 |
| Henze, Hartwig | Die Treuepflicht im Aktienrecht<br>BB 1996, 489 - 499 |
| Hess, Glen E. | Corporate Governance - Zum Stand der Diskussion in den Vereinigten Staaten<br>in: Corporate Governance; S. 9ff<br>(hrsgg. v. Dieter Feddersen, Peter Hommelhoff, Uwe Schneider)<br>Köln 1996 |
| Heuer, Carl-Heinz | Wer kontrolliert die „Kontrolleure"?<br>WM 1989, 1401 - 1408 |
| Hinnant, Walter R. | Fiduciary Duties of Directors: How far do they go?<br>23 WakeF.L.R. 163 - 180 (1988) |
| Hirschman, Albert O. | Abwanderung und Widerspruch<br>Tübingen 1974<br>(Originalausgabe: Exit, Voice and Loyalty, 1970) |
| Hirshleifer, Jack | The Private and Social Value of Information and the Reward to Inventive Activity<br>61 A.Econ.Rev. 561 (1971) |

| Hirte, Heribert | Mißbrauch aktienrechtlicher Anfechtungsklagen<br>BB 1988, 1469 - 1477 |

| Hoffmann, Thomas | Die Klagebefugnis des GmbH - Gesellschafters (actio pro socio)<br>GmbHR 1963, 61 - 63 |

| Holler, Manfred J.;<br>Illing, Gerhard | Einführung in die Spieltheorie<br>Berlin, Heidelberg 1991 |

| Hopt, Klaus J. | Gemeinsame Grundsätze der Corporate Governance in Europa?<br>ZGR 2000, 779 - 818 |

| ders. | Self - Dealing and Use of Corporate Opportunity and Information: Regulating Directors' Conflicts of Interest<br>in: Corporate Governance and Directors' Liabilities;<br>S. 285ff<br>(hrsgg. v. Klaus J. Hopt und Gunther Teubner)<br>Berlin, New York 1985 |

| Hopt, Klaus J.;<br>Kanda, Hidiki;<br>u.a. (Hrsgr.) | Comperative Corporate Governance - The State of the Art and Emerging Research -<br>Oxford 1998 |

| Horn, Norbert | Vertragsbindung unter veränderten Umständen<br>NJW 1985, 1118 - 1125 |

| ders. | Vertragsdauer<br>in: Gutachten und Vorschläge zur Überarbeitung des Schuldrechts; Band I; S. 551ff<br>(hrsgg. v. Bundesminister der Justiz)<br>Köln 1981<br>(zit.: Horn, Gutachten BJM I) |

| Horn, Norbert (Hrsgr.) | Heymann - Handelsgesetzbuch - Kommentar<br>Band 2: §§ 105 - 237<br>2.Auflage<br>Berlin, New York 1996<br>(zit.: Heymann/Bearbeiter) |

Hueck, Alfred    Das Recht der offenen Handelsgesellschaft
                 4.Auflage
                 Berlin, New York 1971

ders.            Der Treuegedanke im modernen Privatrecht
                 Sitzungsbericht der Bayerischen Akademie der Wis-
                 senschaften, Heft 7
                 München 1947

ders.            Der Treuegedanke im Recht der offenen Handelsge-
                 sellschaft
                 in: FS für Rudolf Hübner; S.72ff
                 (hrsgg. v. der Rechts- und Wirtschaftswissenschaft-
                 lichen Fakultät Jena)
                 Jena 1935

ders.            Inwieweit besteht eine gesellschaftliche Pflicht des
                 Gesellschafters einer Handelsgesellschaft zur Zustim-
                 mung zu Gesellschafterbeschlüssen?
                 ZGR 1972, 237 - 253

Hueck, Götz      Der Grundsatz der gleichmäßigen Behandlung im
                 Privatrecht
                 München, Berlin 1958
                 (zugl. Habil., Univ., Münster)

Hüffer, Uwe      Aktiengesetz
                 4.Auflage
                 München 1999

ders.            Gesellschaftsrecht
                 5.Auflage
                 München 1998

ders.            Zur gesellschaftsrechtlichen Treuepflicht als richter-
                 licher Generalklausel
                 in: FS für Ernst Steindorff; S.59ff
                 (hrsgg. v. Jürgen F. Baur)
                 Berlin, New York 1990

| | |
|---|---|
| Immenga, Ulrich | Bindung von Rechtsmacht durch Treuepflichten<br>in: FS 100 Jahre GmbH Gesetz; S. 189ff<br>(hrsgg. v. Marcus Lutter, Peter Ulmer, Wolfgang<br>Zöllner)<br>Köln 1992 |
| ders. | Die personalistische Kapitalgesellschaft<br>Bad Homburg v.d.H. 1970<br>(zugl. Habil., Univ., Bielefeld 1970) |
| Jensen, Michael C.;<br>Meckling, William H. | Theory of the Firm: Managerial Behavior, Agency<br>Costs and Ownership Structure<br>3 J.o.Fin.Econ. 305 - 360 (1976) |
| Jensen, Michael C.;<br>Ruback, Richard S. | The market for corporate control<br>11 J.o.Fin.Econ. 5 - 50 (1983) |
| Jickeli, Joachim | Der langfristige Vertrag: Eine rechtswissenschaftliche<br>Untersuchung auf institutionen-ökonomischer Grund-<br>lage<br>Baden-Baden 1996<br>(zugl. Habil., Univ., Tübingen 1994) |
| Jolls, Christine | Contracts as Bilateral Commitments: A New Perspec-<br>tive on Contract Modification<br>26 J.o.Leg.Stud. 203 - 237 (1997) |
| Joussen, Peter | Auskunftspflicht des Vorstandes nach § 131 AktG<br>und Insiderrecht<br>DB 1994, 2485 - 2489 |
| Kallmeyer, Harald | Pflichten des Vorstands der Aktiengesellschaft zur<br>Unternehmensplanung<br>ZGR 1993, 104 - 113 |
| Kern, Hans-Günther | Ökonomische Theorie der Langzeitverträge<br>JuS 1992, 13 - 19 |
| Kirchner, Christian | Neutralitäts- und Stillhaltepflicht des Vorstands der<br>Zielgesellschaft im Übernahmerecht<br>AG 1999, 481 - 492 |

ders.                    Zu den Grundlagen des Unternehmens- und Gesell-
                         schaftsrechts
                         AG 1985, 124 - 139

Klawitter, Uta Karen     Die GmbH & Co.KG im U.S.-amerikanischen Recht
                         Berlin 1997
                         (zugl. Diss., Univ., Osnabrück 1996)

Klein, Benjamin          Contracting Costs and Residual Claims: The Separa-
                         tion of Ownership and Control
                         26 J.o.LawEcon. 367 - 374 (1983)

Klein, Benjamin;         Vertical Integration, Appropriable Rents, and the
Alchian, Armen A.;       Competitive Contracting Process
Crawford, Robert G.      21. J.o.LawEcon. 297 - 326 (1978)

Klein, William A.        The modern Business Organization: Bargaining Under
                         Constraints
                         91 YaleL.J. 1521 - 1564 (1982)

Kort, Michael            Zur Treuepflicht des Aktionärs
                         ZIP 1990, 294 -297

Kowalski, André          Der Ersatz von Gesellschafts- und Gesellschafterscha-
                         den
                         Köln 1990
                         (zugl. Diss., Univ., Köln 1989)

Kraakmann, Reinier       Die Professionalisierung des Boards
                         in: Corporate Governance; S. 129ff
                         (hrsgg. v. Dieter Feddersen, Peter Hommelhoff, Uwe
                         Schneider)
                         Köln 1996

Krause, Hartmut          Zur „Pool- und Frontenbildung" im Übernahmekampf
                         und zur Organzuständigkeit für Abwehrmaßnahmen
                         gegen „feindliche" Übernahmeangebote
                         AG 2000, 217 - 222

Kreutz, Peter            Hinauskündigungsklauseln im Recht der Personen-
                         handelsgesellschaften
                         ZGR 1983, 109 - 122

| | |
|---|---|
| Krieger, Gerd | Aktionärsklage zur Kontrolle des Vorstands- und Aufsichtratshandelns<br>ZHR 163 (1999) 343 - 363 |
| Kübler, Friedrich | Gesellschaftsrecht im Spannungsfeld überlieferter Rechtsformen und moderner Regelungsprobleme<br>NJW 1984, 1857 - 1864 |
| Kübler, Friedrich;<br>Waltermann, Jens | Geschäftschancen der Kommanditgesellschaft<br>ZGR 1991, 163 - 174 |
| Küster, Werner | Inhalt und Grenzen der Rechte der Gesellschafter insbesondere des Stimmrechts im deutschen Gesellschaftsrecht<br>Berlin 1954 |
| Lamprecht, Philipp | Haftung des Aktionärs für die treuepflichtwidrige Stimmabgabe seines Stimmrechtsvertreters?<br>ZIP 1996, 1372 - 1375 |
| Lehmann, Jürgen | Mißbrauch des Auskunfts- Frage und Rederechts sowie im Spruchstellenverfahren<br>in: Mißbräuchliches Aktionärsverhalten; S. 51ff<br>(hrsgg. v. Wolfram Timm )<br>Köln 1990 |
| Lutter, Marcus | Anmerkung zu BGH JZ 1976, 561 („Audi / NSU")<br>JZ 1976, 562 - 563 |
| ders. | Das Girmes - Urteil<br>JZ 1995, 1053 - 1056 |
| ders. | Defizite für eine effiziente Aufsichtsratstätigkeit und gesetzliche Möglichkeiten der Verbesserung<br>ZHR 159 (1995) 287 - 309 |
| ders. | Die entgeltliche Ablösung von Anfechtungsrechten -Gedanken zur aktiven Gleichbehandlung im Aktienrecht-<br>ZGR 1978, 347 - 372 |
| ders. | Die Treuepflicht des Aktionärs<br>ZHR 153 (1989), 446 - 471 |

| | |
|---|---|
| ders. | Theorie der Mitgliedschaft<br>AcP 180 (1980), 84 - 159 |
| ders. | Treuepflichten und ihre Anwendungsprobleme<br>ZHR 162 (1998), 164 - 185 |
| ders. | Zur inhaltlichen Begründung von Mehrheitsentscheidungen<br>ZGR 1981, 171 - 182 |
| ders. | Zur Treuepflicht des Großaktionärs<br>JZ 1976, 225 - 233 |
| Lutter, Marcus;<br>Hommelhoff, Peter | GmbHG - Kommentar<br>15.Auflage<br>Köln 2000 |
| Lutter, Marcus;<br>Timm, Wolfram | Konzernrechtlicher Präventivschutz im GmbH-Recht<br>NJW 1982, 409 - 420 |
| Lüttmann, Ruth | Kontrollwechsel in Kapitalgesellschaften<br>Baden-Baden 1992<br>(zugl. Diss., Univ., Osnabrück 1992) |
| Manne, Henry G. | Mergers and the Market for Corporate Control<br>73 J.Pol.Econ. 110 - 120 (1976) |
| ders. | Some theoretical aspects of share voting<br>64 Col.L.Rev. 1427 - 1445 (1964) |
| Marsch-Barner,<br>Reinhard | Treuepflichten zwischen Aktionären und Verhaltenspflichten bei der Stimmrechtsbindung<br>ZHR 157 (1993) 172 - 191 |
| ders. | Treuepflicht und Sanierung<br>ZIP 1996, 853 - 857 |
| Martens, Klaus-Peter | Bestimmtheitsgrundsatz und Mehrheitskompetenzen im Recht der Personengesellschaften<br>DB 1973, 413 - 420 |

ders.                    Der Ausschluß des Bezugsrechts: BGHZ 33, S. 175
                         in: FS für Robert Fischer; S. 437ff
                         (hrsgg. v. Marcus Lutter, Walter Stimpel, Herbert
                         Wiedemann)
                         Berlin, New York 1979

ders.                    Die GmbH und der Minderheitsschutz
                         GmbHR 1984, 265 - 272

ders.                    Die Vergleichs- und Abfindungsbefugnis des Vor-
                         stands gegenüber opponierenden Aktionären
                         AG 1988, 118 - 126

ders.                    Mehrheits und Konzernherrschaft in der personalis-
                         tischen GmbH: zugleich ein Beitrag zur Abgrenzung
                         von Vertragsgesellschaft und Körperschaft
                         Köln 1970
                         (zugl. Diss., Univ., Köln 1969)

ders.                    Die Treuepflicht des Aktionärs
                         in: Rechtsdogmatik und Rechtspolitik; S. 251ff
                         (Hamburg Ringvorlesung; hrsgg. v. Karsten Schmidt)
                         Berlin 1990

ders.                    Mißbrauch des Auskunfts-, Frage und Rederechts so-
                         wie im Spruchstellenverfahren - Theoretische Grund-
                         lagen
                         in: Mißbräuchliches Aktionärsverhalten; S. 63ff
                         (hrsgg. v. Wolfram Timm)
                         Köln 1990

Matheson, John H.;       Corporate Law and the Longterm Shareholder Model
Olson, Brent A.          of Corporate Governance
                         76 Minn.L.Rev. 1313 - 1391 (1992)

Mc Murray, Marcia M.     An Historical Perspective on the Duty of Care, the
                         Duty of Loyalty and the Business Judgment Rule
                         40 Van.L.R. 605 - 629 (1987)

Merkt, Hanno             Unternehmensleitung und Interessenkollision
                         ZHR 159 (1995) 423 - 453

ders.                         US - amerikanisches Gesellschaftsrecht
                              Heidelberg 1991

Mertens, Hans-Joachim         Deliktsrecht und Sonderprivatrecht- Zur Rechtsfort-
                              bildung des deliktischen Schutzes von Vermögens-
                              interessen
                              AcP 178 (1978) 227 - 262

ders.                         Der Aktionär als Wahrer des Rechts?
                              AG 1990, 49 - 55

ders.                         Die Geschäftsführungshaftung in der GmbH und das
                              ITT-Urteil
                              in: FS für Robert Fischer; S.461ff
                              (hrsgg. v. Marcus Lutter, Walter Stimpel, Herbert
                              Wiedemann)
                              Berlin, New York 1979

Mestmäcker, Ernst-J.          Verwaltung, Konzerngewalt und Recht der Aktionäre
                              Karlsruhe 1958

Meyer-Landrut,                GmbHG - Kommentar
Joachim;                      Berlin, New York 1987
Miller, F. Georg;             (zit.: Meyer-Landrut)
Niehus, Rudolf J.
Milgrom, Paul;                Economics, Organization and Management
Roberts, John                 Englewood Cliffs (N.J.) 1992

Miller, Harvey R.             Corporate Governance in Chapter 11: The fiduciary
                              relationship between directors and stockholders of
                              solvent and insolvent corporations
                              23 Set.H.L.R. 1467 - 1515 (1993)

Nehls, Albrecht               Die gesellschaftsrechtliche Treuepflicht im Aktien-
                              recht
                              Hamburg 1993
                              (zugl. Diss., Univ., Hamburg 1992)

Nelle, Andreas                Neuverhandlungspflichten
                              München 1993
                              (zugl. Diss., Univ., München 1992/93)

Nitschke, Manfred          Die körperschaftlich strukturierte Personengesell-
                           schaft
                           Bielefeld 1970
                           (zugl. Habil., Univ., Münster 1966/67)

Noack, Ulrich              Moderne Kommunikationsformen vor den Toren des
                           Unternehmensrechts
                           ZGR 1998, 592 - 616

Obermüller, Walter         Die Diskussion in der Hauptversammlung der Aktien-
                           gesellschaft
                           DB 1962, 827 - 831

Oetker, Hartmut            Das Dauerschuldverhältnis und seine Beendigung
                           Tübingen 1994
                           (zugl. Habil., Univ., Kiel 1993/94)

Olson, Mancur              Die Logik des kollektiven Handelns
                           3. Auflage
                           Tübingen 1992
                           (Originalausgabe: The Logic of Collective Action,
                           1965)

Ott, Claus;                Die Anreiz- und Abschreckungsfunktion im Zivilrecht
Schäfer, Hans-Bernd        in: Die Präventivwirkung zivil- und strafrechtlicher
                           Sanktionen
                           (hrsgg. v. Claus Ott und Hans-Bernd Schäfer) S. 131ff
                           Tübingen 1999

Palmiter, Alan R.          Reshaping the Corporate Fiduciary Model:
                           A Directors' Duty of Independence
                           67 Tex.L.Rev. 1351 - 1464 (1989)

Pehle, Rudolf;             Richterliche Rechtsfortbildung
Stimpel, Walter            (Vorträge mit anschließender Aussprache)
                           Karlsruhe 1969
                           (zit.: Beitragender, in richterliche Rechtsfortbildung)

Piepenburg, Manfred        Mitgliedschaftliche Treuepflichten der Aktionäre
                           Hamburg 1996
                           (zugl. Diss., Univ., Trier 1996)

| | |
|---|---|
| Pindyck, Robert S.;<br>Rubinfeld, Daniel L. | Microeconomics<br>4th Edition<br>Prentice Hall (N.J.) 1998 |
| Polinsky, Mitchell A. | An introduction to law and economics<br>2nd Edition (8th Printing)<br>Boston, u.a. 1989 |
| Polley, Notker | Wettbewerbsverbot und Geschäftschancenlehre: Eine<br>Untersuchung am Beispiel der Geschäftsleitung von<br>US - Corporation und deutscher GmbH<br>Baden-Baden 1993<br>(zugl. Diss., Univ., Osnabrück 1992) |
| Posner, Richard A. | Economic Analysis of Law<br>5th Edition<br>New York 1998 |
| Priester, Hans-Joachim | Die klassische Ausgliederung - ein Opfer des Um-<br>wandlungsgesetzes 1999 ?<br>ZHR 163 (1999) 187 - 202 |
| Procaccia, Uriel | The Corporate Code as a Standard Form Contract:<br>General Theoretical Remarks and Implications for<br>German Law<br>ZGR 1990, 169 - 2o2 |
| Rebmann, Kurt;<br>Säcker, Franz Jürgen<br>(Hrsgr.);<br>Rixecker, Roland (seit<br>4.Aufl.) | Münchener Kommentar zum Bürgerlichen Gesetzbuch<br>4. Auflage<br>   Band 1: §§ 1 - 240 (2001)<br>3. Auflage<br>   Band 2: §§ 241 - 432 (1994)<br>   Band 5: §§ 705 - 853 (1997)<br>1. Auflage<br>   Band 3 / 2.Halbband: §§ 657 - 853 (1980)<br>München<br>(zit.: MüKo/Bearbeiter) |
| Redaktion der NJW | 63. Deutscher Juristentag<br>(Tagungsverlauf und Beschlüsse)<br>Beilage zu NJW 2001, Heft Nr. 3 |

| | |
|---|---|
| Rehbinder, Eckhard | Zum konzernrechtlichen Schutz der Aktionäre in einer Obergesellschaft<br>ZGR 1983, 92 - 108 |
| Reichert, Joachim;<br>Winter, Martin | Vinkulierungsklauseln und gesellschafterliche Treuepflicht<br>in: FS 100 Jahre GmbH - Gesetz; S. 209ff<br>(hrsgg. v. Marcus Lutter, Peter Ulmer, Wolfgang Zöllner)<br>Köln 1992 |
| Reul, Jürgen | Die Pflicht zur Gleichbehandlung der Aktionäre bei privaten Kontrolltransaktionen: eine juristische und ökonomische Analyse<br>Tübingen 1991<br>(zugl. Diss., Univ., Tübingen 89/90) |
| Reuter, Dieter | Die „Wesenselemente" der Personengesellschaft in der neueren Rechtsprechung<br>GmbHR 1981, 129 - 139 |
| RGRK | Das Bürgerliche Gesetzbuch - Kommentar<br>(hrsgg. v. den Mitgliedern des Bundesgerichtshofs)<br>Band II / Teil 4: §§ 631 - 811<br>12.Auflage<br>Berlin, New York 1978<br>(zit.: RGRK/Bearbeiter) |
| Richter, Rudolf;<br>Furubotn, Erik G. | Neue Institutionenökonomik<br>2.Auflage<br>Tübingen 1999 |
| Romano, Roberta | The Genius of American Corporate Law<br>Washington 1993 |
| Rottnauer, Achim E. | Gesellschaftsrechtliche Treuepflichten bei Holdingbildung durch Anteilseinbringung<br>NZG 2001, 115 - 121 |
| Rowedder, Heinz;<br>Fuhrmann, Hans;<br>Rittner, Fritz; u.a. | GmbHG - Kommentar<br>3.Auflage<br>München 1997<br>(zit.: Rowedder) |

Ruffner, Markus | Die ökonomischen Grundlagen eines Rechts der Publikumsgesellschaft
Zürich 2000

Säcker, Franz Jürgen | Vorkehrungen zum Schutz der gesetzlichen Verschwiegenheitspflicht und gesellschaftsrechtliche Treuepflicht der Aufsichtsratsmitglieder
in: FS für Robert Fischer; S. 635ff
(hrsgg. v. Marcus Lutter, Walter Stimpel, Herbert Wiedemann)
Berlin, New York 1979

Sandler, Todd | Collective Action
USA ( University of Michigan Press ) 1992

Schäfer, Hans-Bernd; Ott, Claus | Lehrbuch der ökonomischen Analyse des Zivilrechts
3.Auflage
Berlin, Heidelberg, New York 2000

Schanz, Kay-Michael | Feindliche Übernahmen und Strategien der Verteidigung
NZG 2000, 337 - 347

Schick, Werner | Anmerkung zu LG Düsseldorf ZIP 1991, 932 („Girmes")
ZIP 1991, 938 - 940

Schilling, Wolfgang; Winter, Martin | Einseitige Leistungsbestimmungsrechte in Gesellschaftsverträgen
in: FS für Ernst C. Stiefel; S. 665ff
(hrsgg. v. Marcus Lutter, Walter Oppenhoff, u.a.)
München 1987

Schlaus, Wilhelm | Auskauf opponierender Aktionäre
AG 1988, 113 - 117

Schmidt, Karsten | Die Behandlung treuwidriger Stimmen in der Gesellschafterversammlung und im Prozeß
GmbHR 1992, 9 - 14

ders. | Gesellschafterhaftung und „Konzernhaftung" bei der GmbH
NJW 2001, 3577 - 3581

| | |
|---|---|
| ders. | Gesellschaftsrecht<br>3.Auflage<br>Köln, Berlin, Bonn, München 1997 |
| ders. | Grundzüge der GmbH - Novelle<br>NJW 1980, 1769 - 1776 |
| ders. | Organverantwortlichkeit und Sanierung im Insolvenz-<br>recht der Unternehmen<br>ZIP 1980, 328 - 337 |
| Schneider, Uwe H. | Mehrheitsprinzip und Mitwirkungserfordernis bei Ge-<br>sellschaftsbeschlüssen<br>AG 1979, 57 - 68 |
| ders. | Mittelbare verdeckte Gewinnausschüttungen im<br>GmbH-Konzern<br>ZGR 1985, 279 - 306 |
| Schneider, Uwe H.;<br>Strenger, Christian | Die „Corporate Governance - Grundsätze" der Grund-<br>satzkommission Corporate Governance<br>AG 2000, 106 - 113 |
| Scholz, Franz (Begr.) | Kommentar zum GmbHG<br>Band 1: §§ 1 - 44, Anh. Konzernrecht<br>9.Auflage<br>Köln 2000<br>(zit.: Scholz/Bearbeiter) |
| Schöne, Torsten | Haftung des Aktinärsvertreters für pflichtwidrige<br>Stimmrechtsausübung<br>WM 1992, 209 - 214 |
| Sina, Peter | Voraussetzungen und Wirkungen der Delegation von<br>Geschäftsführerverantwortung in der GmbH<br>GmbHR 1990, 65 - 68 |
| Soergel, Hans Theodor<br>(Begr.) | Bürgerliches Gesetzbuch - Kommentar<br>11.Auflage 1986<br>Band 2 / 1: §§ 241 - 432 (1986)<br>Band 4: §§ 705 - 853 (1985)<br>Stuttgart, Berlin, Köln, Mainz<br>(zit.: Soergel/Bearbeiter) |

| Staub, Hermann (Begr.) | Großkommentar zum HGB<br>4. Auflage<br>9. Lieferung: §§ 161 - 177a (1987)<br>12. Lieferung: §§ 105 - 113 (1989)<br>3. Auflage<br>2. Band / 1. Halbband: §§ 105 - 144 (1973)<br>Berlin, New York<br>(zit. Staub/Bearbeiter) |
|---|---|
| Staudinger, Julius v.<br>(Begr.) | Kommentar zum Bürgerlichen Gesetzbuch<br>13. Bearbeitung<br>§§ 293 - 327 (1995)<br>12. Auflage<br>§§ 652 - 740 (1991)<br>11. Auflage<br>II. Band Teil 1b: § 242<br>Berlin<br>(zit.: Staudinger/Bearbeiter) |
| Steindorff, Ernst | Der Wettbewerber als Minderheitsaktionär<br>in: FS für Fritz Rittner; S. 675ff<br>(hrsgg. v. Manfred Löwisch, u.a.)<br>München 1991 |
| Stigler, George J. | The Economics of Information<br>69 J.o.Pol.Econ. 213 - 224 (1961) |
| Telser, L.G. | A Theory of Self-enforcing Agreements<br>53 J.o.Bus. 27 - 44 (1980) |
| Timm, Wolfram | Der Mißbrauch des Auflösungsbeschlusses durch den Mehrheitsgesellschafter<br>JZ 1980, 665 - 672 |
| ders. | Treuepflichten im Aktienrecht<br>WM 1991, 481 - 494 |
| ders. | Wettbewerbsverbot und „Geschäftschancen"- Lehre im Recht der GmbH<br>GmbHR 1981, 177 - 186 |

ders.              Zur Sachkontrolle von Mehrheitsentscheidungen im
Kapitalgesellschaftsrecht
ZGR 1987, 401 - 442

Tröger, Tobias     Treuepflicht im Konzernrecht
Köln, Berlin, Bonn, München 2000
(zugl. Diss., Univ., Tübingen 1999)

Ulmer, Peter       Die Aktionärsklage als Instrument zur Kontrolle des
Vorstands- und Aufsichtsratshandelns
ZHR 163 (1999) 290 - 342

ders.              Richterrechtliche Entwicklungen im Gesellschaftsrecht (1971 - 1985)
Heidelberg 1986

ders.              Von „TBB" zu „Bremer Vulkan" - Revolution oder
Evolution?
ZIP 2001, 2021 - 2029

Verhoeven, Thomas   GmbH - Konzern - Innenrecht: Grundsatzfragen des
geltenden Rechts
Bonn 1978
(zugl. Diss., Univ., Bielefeld 1976/77)

Weber, Martin     Vormitgliedschaftliche Treuebindungen
München 1999
(zugl. Habil., Humboldt-Univ., Berlin 1996/97)

Weipert, Lutz      Vorsorgliche Anpassung von Personengesellschaftsverträgen als Bestandteil der Pflicht zur verantwor-
tungsbewußten Unternehmensführung
ZGR 1990, 142 - 154

Weisser, Johannes   Corporate opportunities: Zum Schutz der Geschäftschancen des Unternehmens im deutschen und im US -
amerikanischen Recht
Köln, Berlin, Bonn, München 1991
(zugl. Diss., Univ., Bonn 1990)

v. Werder, Axel    Shareholder Value - Ansatz als (einzige) Richtschnur
des Vorstandshandelns?
ZGR 1998, 69 - 91

| | |
|---|---|
| Westermann, Harm Peter | Individualrechte und unternehmerische Handlungsfreiheit im Aktienrecht<br>ZHR 156 (1992) 203 - 226 |
| Wiedemann, Herbert | Anmerkung zu BGH JZ 1989, 443 („Linotype")<br>JZ 1989, 447 - 449 |
| ders. | Gesellschaftsrecht<br>Band I: Grundlagen<br>München 1980 |
| ders. | Konzernrecht<br>in: Festgabe aus der Wissenschaft, 50 Jahre Bundesgerichtshof<br>Band II, S. 337 - 366 (hrsgg. v. Andreas Heldrich u.a.)<br>München 2000 |
| ders. | Organverantwortung und Gesellschaftsklagen in der Aktiengesellschaft<br>Opladen 1989 |
| ders. | Rechtsethische Maßstäbe im Unternehmens- und Gesellschaftsrecht<br>ZGR 1980, 147 - 176 |
| ders. | Zu den Treuepflichten im Gesellschaftsrecht<br>in: FS für Theodor Heinsius; S. 949ff<br>(hrsgg. v. Friedrich Kübler)<br>Berlin, New York 1991 |
| Wilde, Christian | Informationsrechte und Informationspflichten im Gefüge der Gesellschaftsorgane<br>ZGR 1998, 423 - 465 |
| Williamson, Oliver E. | Credible Commitments: Using Hostages to Support Exchange<br>73 A.Econ.Rev. 519 - 538 (1983) |
| ders. | The Economic Institutions of Capitalism<br>New York 1985 |

Windbichler, Christine    Mißbräuchliche Aktionärsklagen
- Theoretische Grundlagen
in: Mißbräuchliches Aktionärsverhalten; S. 35ff
(hrsgg. v. Wolfram Timm)
Köln 1990

dies.    Zur Trennung von Geschäftsführung und Kontrolle
bei amerikanischen Großgesellschaften
ZGR 1985, 50 - 73

Winter, Martin    Eigeninteresse und Treuepflicht bei der Einmann-
GmbH in der neueren Rechtsprechung
ZGR 1994, 570 - 594

ders.    Mitgliedschaftliche Treuebindungen im GmbH-Recht
München 1988
(zugl. Diss., Univ., Heidelberg 1986/87)

Winter, Ralph K.    Government and the Corporation
Washington 1978

Zöllner, Wolfgang    Die Anpassung von Personengesellschaftsverträgen
an veränderte Umstände
Heidelberg, Karlsruhe 1979

ders.    Die Schranken mitgliedschaftlicher Stimmrechtsmacht
bei den privaten Personenverbänden
München, Berlin 1963
(zugl. Habil., Univ., München 1960)

Zöllner, Wolfgang    Kölner Kommentar zum Aktiengesetz
(Hrsgr.)    2. Auflage:
     Band 1: §§ 1 - 75 (1988)
     Band 2: §§ 76 - 117 (1995)
   1. Auflage:
     Band 2: §§ 148 - 290 (1985)
   Köln, Berlin, Bonn, München
   (zit.: Bearbeiter, in KölnKomm.)

**Frankfurter wirtschaftsrechtliche Studien**

Herausgegeben von
Theodor Baums, Andreas Cahn, Friedrich Kübler, Hans-Joachim Mertens,
Eckard Rehbinder, Gunther Teubner

**Peter Lang · Europäischer Verlag der Wissenschaften**

Thomas Zwissler

# Treuegebot – Treuepflicht – Treuebindung

**Die Lehre von den mitgliedschaftlichen Treuepflichten und Treuebindungen und ihre Anwendungsfelder im Recht der Aktiengesellschaft**

Frankfurt/M., Berlin, Bern, Bruxelles, New York, Oxford, Wien, 2002.
XVIII, 184 S.
Europäische Hochschulschriften: Reihe 2, Rechtswissenschaft. Bd. 3469
ISBN 3-631-39491-8 · br. € 35.30*

Gegenstand dieser Arbeit ist die Lehre von den mitgliedschaftlichen Treuepflichten und Treuebindungen. Ausgehend von der Frage, ob es ein Bedürfnis für solche Lehre gibt, werden zunächst ihre Aufgaben und die damit zusammenhängenden Anforderungen und Strukturen definiert. Sodann werden die bisher in Rechtsprechung und Literatur vertretenen Konzepte vorgestellt und ihre jeweilige Leistungsfähigkeit erörtert. Den Vorüberlegungen schließt sich die Ausarbeitung eines prinzipienorientierten Modells der Lehre von den mitgliedschaftlichen Treuepflichten und Treuebindungen an, das der Entwicklung ungeschriebener mitgliedschaftlicher Rechte und Pflichten dient. Im Mittelpunkt stehen dabei die Mitgliedschaft als Rechtsverhältnis sowie die allgemeinen gesellschaftsrechtlichen Prinzipien (Privatautonomie, Individual-, Gläubiger- und Funktionenschutz). Abschließend werden die Anwendungsfelder der Lehre von den mitgliedschaftlichen Treuepflichten und Treubindungen im Recht der Aktiengesellschaft ausgelotet und die aktuellen Diskussionsschwerpunkte vorgestellt.

Frankfurt/M · Berlin · Bern · Bruxelles · New York · Oxford · Wien
Auslieferung: Verlag Peter Lang AG
Moosstr. 1, CH-2542 Pieterlen
Telefax 00 41 (0) 32 / 376 17 27

*inklusive der in Deutschland gültigen Mehrwertsteuer
Preisänderungen vorbehalten
**Homepage http://www.peterlang.de**